승자와 패자의 갈림길 (5)

제5대 총선이야기
(1960. 7. 29)

장 맹 수 편저

선 암 각

| 승자와 패자의 갈림길(5) |

제5대 총선이야기

(1960. 7. 29)

초판인쇄 : 2024년 2월

편저자 : 장맹수

발행처 : 선암각

등록번호 : 제 25100-2010-000037호

주소 : 서울특별시 노원구 마들로 31

전화번호 : (02) 949 -8153

　　　　　　　　　　　　값 20,000원

승자와 패자의 갈림길 (5)

제5대 총선이야기
(1960. 7. 29)

장 맹 수 편저

선 암 각

목 차

책을 펴내며

[제1부] 자유당이 압승을 거둔 제4대 총선

제1장 민주당이 창당되어 자유당과 한판 승부를　　12
1. 원외와 원내 자유당이 합당하여 거대여당으로　　13
2. 자유당에 대항코자 정통야당인 민주당 출범　　22

제2장 자유당 후보들과 민주당 후보들의 각축전　　29
1. 언론자유 유린이라는 후유증만 남긴 선거법 협상　　30
2. 혁신정당의 지리멸렬로 자유·민주당 후보들 부상　　35
3. 총선 입후보자 868명, 무투표 당선자 9명　　44

제3장 여촌야도(與村野都)현상이 두드러진 선거결과　　48
1. 민주당은 46석에서 79석으로 큰 폭 신장　　49
2. 공명선거는 한낱 공염불이며 백년하청　　53
3. 제4대 총선에서 당선된 영광의 얼굴들　　56

[제2부] 자유당 독재정권의 단말마(斷末魔)

제1장 진보당 등록취소와 조봉암 사형   62
1. 우리나라 최초의 혁신정당 등록취소   63
2. 비운의 정치가 조봉암의 사법(司法)살인   71

제2장 독재정권 강화를 위한 보안법 파동   78
1. 보안법 개정안에 대한 문제제기와 공방   79
2. 무술경위를 동원하여 보안법 날치기 통과   84
3. 보안법 파동의 여진은 정국의 경색으로   87

제3장 경찰의 주도하에 실시된 재·보궐선거   92
1. 전국적으로 전개된 부정선거의 민낯   93
2. 국민정서에서 빗나간 부정선거 사후처리   98
3. 경찰의 불법주도로 자유당이 석권한 재선거   105

제4장 조병옥 대선후보 서거와 3·15 부정선거   123
1. 강경파와 온건파가 내홍(內訌)을 펼친 자유당   124
2. 고질적인 병폐를 드러낸 민주당 신·구파   131
3. 민주당 조병옥 대선후보 선출과 급서(急逝)   136
4. 이기붕 부통령 당선을 위한 3·15 부정선거   149

제5장 1950년대 후반의 시대적 상황   161

1. KNA여객기 납북(拉北)과 탑승객 송환   162

2. 사이비 종교에 경종을 울린 박태선 장로   163

3. 명분을 잃은 경향신문 폐간과 정간조치   167

4. 정치적 주요상황(狀況)과 사건의 일지   173

[제3부] 4·19 시민혁명과 7·29 제5대 총선

제1장 경찰독재국가인 자유당 정권의 몰락   194

1. 부정·불법 선거로 민심이반 현상 가속화   195

2. 경찰의 무자비한 탄압의 전형(典型)인 마산 의거   200

제2장 정권타도 성공으로 과도정부 수립   214

1. 들불처럼 전국으로 번진 부정선거 규탄대회   215

2. 이기붕 의장 집단 자살과 이승만 대통령 망명   222

3. 미국과 국민들의 전폭적인 지지를 받은 과도정부   233

제3장 의원내각제 개헌과 부정선거 원흉 처단   238

1. 자유당 의원들의 찬성으로 내각책임제 개헌   239

2. 발포책임자 색출(索出)과 처단이 지상과제   247

3. 3 • 15 부정선거 관련자 모두를 엄단　　　　　　251

제4장 정통야당 민주당이 압승한 제5대 총선　　　260
1. 고질적(痼疾的)인 민주당의 신 • 구파 갈등　　　261
2. 민주당의 독주(獨走)가 예상된 선거전　　　　　266
3. 분당(分黨)의 예상을 딛고 민주당이 압승　　　　272
4. 일부지역 재선거와 제2공화국 출범(出帆)　　　　283
5. 시·도별 광역선거에 의한 참의원 58명 선출　　　289
6. 시민혁명에 힘입은 5대민의원과 초대참의원　　　309

[제4부] 지역구별 불꽃 튀는 격전의 현장들

제1장 수도권 : 4대의원 당선율이 50%를 상회　　317
1. 지난 총선에서 낙선한 12명이 기사회생(起死回生)　318
2. 수도권 41개 지역구 불꽃 튀는 격전의 현장으로　　321

제2장 영남권 : 민주당의 신장(伸張)이 두드러져　　391
1. 민주당은 23석에서 59석으로 껑충 뛰어　　　　　392
2. 영남권 78개 지역구 불꽃 튀는 격전의 현장으로　399

제3장 강원·충청권 : 집권여당의 바람에 휘둘리고   521

1. 집권여당 바람이 자유당에서 민주당으로   522
2. 강원·충청권 55개 지역구 격전의 현장으로   528

제4장 호남권 : 집권당에 대한 반대 깃발을 높이 들고   608

1. 전국 선거구의 4분의 1을 점유한 호남권   609
2. 호남권 59개 지역구 불꽃 튀는 격전의 현장으로   614

책을 펴내며

우리나라의 고질적인 지역감정과 지역갈등을 영원히 종식(終熄)시키기 위해서는 지방행정구역을 과감하게 재편(再編)해야한다는 지론(持論)을 펼치기 위해 승자와 패자의 갈림길, 제18대 총선이야기를 발간한 것이 2010년 11월 11일이었다.

글 쓰는 재주가 남다르지 아니하고 문장력이 뛰어나지 아니함에도 불구하고 제13대(1988년)와 제14대(1992년)는 물론 제15대(1996년), 제16대(2000년), 제17대(2004년), 제19대 (2012년), 제20대(2016년) 총선 이야기와 제헌의원 선거에서 제20대 국회의원 선거를 요약한 역대 국회의원 선거 이야기까지 총 18권을 엮어냈지만, 정치권이나 출판업계에서 크게 주목을 받지 못했다.

그리하여 절필(絶筆)을 좌고우면(左顧右眄)했으나, 1960년대부터 60년이상 경상도 출신들이 집권하여 오면서 영남 패권주의를 조장하여 온 엄연한 사실을 적시(摘示)하고, 곡학아세(曲學阿世)한 정치인들이나 학자들의 그럴듯한 지역갈등 해소방안은 뜬구름 잡기에 불과하다는 것을 환기(喚起)시켜주기 위해 발간을 이어가기로 결단을 내렸다.

2020년 5월에는 승자와 패자의 갈림길 제9대(1973), 제10대(1978), 제11대(1981), 제12대(1985) 총선이야기 4권이 발간됨에 따라 이미 22권을 발간했다.

1만 2천여 페이지에 달하는 방대한 자료를 정리하고 1만 8천여 명에 달하는 인명(人名)을 수록하다보니 오자(誤字)가 듬성듬성 하는 부끄러움으로 총선 이야기 오정(誤訂) 묶음까지 발간했지만, 우리의 뇌리에서 잊혀져 가는 역사적 사건과 선거에 관한 진면목(眞面目)을 나름대로 집대성했다는 자부심으로 위안을 삼고 싶었을 뿐이다.

이번에는 일본의 쇠사슬을 벗어나 건국의 뱃고동을 울린 제헌의원 선거(1948년), 너도나도 선량(選良)이 되겠다고 2,225명이 운집(雲集)한 제2대 총선(1950년), 전쟁의 폐허속에서도 이승만 대통령의 종신집권을 위해 자유당이 총력을 경주한 제3대 총선(1954년), 이승만 정부의 실인심과 경찰력의 동원으로 여촌야도(與村野都) 전형을 보여준 제4대 총선(1958년), 장기집권에 의한 4월 혁명으로 정권교체를 갈망하는 유권자들의 기원을 담은 제5대 총선(1960년), 5·16 군사 쿠데타로 집권한 박정희 정부가 구(舊)정치세력을 규합한 연합군을 편성하여 대승을 거둔 제6대 총선(1963년), 박정희 정권의 장기집권을 위한 헌법개정을 구상하고 온갖 부정한 방법을 동원하여 민주공화당이 압승을 거둔 제7대 총선(1967년), 3선개헌으로 실시한 대통령선거에서 승리한 박정희 정부에 대한 반감이 표출되어 신민당이 선전한 제8대 총선(1971년) 이야기 8권을 단권(單券)으로 편집하여 함께 출간했다.

자유당 독재정권의 붕괴와 4.19 시민 혁명정신이 내면에 녹아 있는 제5대 총선 이야기 제1부에서는 거대 집권여당인 자유당에 대항코자 정통야당인 민주당이 출범하여 자유당과 한판 승부를 펼친 제4대 총선의 이모저모를 서술했다.

제2부에서는 우리나라 최초의 혁신정당인 진보당의 등록취소와 조봉암의 사법(司法)살인, 독재정권의 강화를 위해 무술경위 200명을 동원하여 날치기 통과된 보안법 파동, 경찰이 주도하여 부정선거를 자행하여 자유당이 연전연승을 거둔 국회의원 재·보궐 선거, 민주당 대통령 후보인 조병옥 박사의 서거와 이기붕 부통령 당선을 위한 3·15 부정선거, 명분을 잃은 경향신문 폐간과 정간(停刊)조치 등 자유당 정권 최후의 단말마(斷末魔)를 사실적으로 기술했다.

제3부에서는 경찰의 무자비한 탄압의 전형인 마산 의거에서 촉발되어 들불처럼 전국적으로 번진 부정선거 규탄대회, 이기붕 국회의장의 집단자살과 이승만 대통령의 망명으로 과도정부가 탄생되고 자유당과 민주당 구파가 연합하여 성공한 내각책임제 개헌의 과정, 1960년 7·29 제5대 총선에서 젊은 학도들의 피맺힌 절규와 신·구파의 고질적인 갈등에도 불구하고 민주당의 압승과 우여곡절을 겪은 제2공화국 출범을 생생하게 서술했다.

제4부에서는 전국 233개 선거구를 수도권, 영남권, 강원·충청권, 호남권으로 대별하여 권역별 특성을 기술하고 지역구에 뛰어든 후보들의 프로필, 승패의 갈림길과 승패(勝敗)상황을 분석하여 정리했다.

아무쪼록 부족되고 볼품없는 이 책을 통해 1천년 이상 면면히 흐르고 현대 정치사의 상수로 자리잡고있는 지역감정이라는 갈등이 우리의 후손들에게 영원히 남겨지지 않도록 지방행정구역을 과감하게 재편(再編) 되는 단초가 되고, 건국 이후 75년간 일어났던 여러가지 정치적 사건들을 다시 한번 되새겨 볼 수 있는 종합적인 자료로 활용되기를 바랄 뿐이다.

2023년 9월

장 맹 수

[제1부] 자유당이 압승을 거둔 제4대 총선

제1장 민주당이 창당되어 자유당과 한판 승부를
제2장 자유당 후보들과 민주당 후보들의 각축전
제3장 여촌야도(與村野都) 현상이 두드러진 선거결과

제1장 민주당이 창당되어 자유당과 한판 승부를

1. 원외와 원내 자유당이 합당하여 거대 여당으로

2. 자유당에 대항코자 정통야당인 민주당 출범

1. 원외와 원내 자유당이 합당하여 거대 여당으로

(1) 거대 집권여당인 자유당이 출범하여 족청계를 축출

국민방위군 사건과 거창 양민학살 사건 등으로 사회적 혼란이 가중되고, 정부에 대한 민심이반이 가속되어 원내에서 신임을 잃어가는 이승만 대통령으로서는 대통령 간선제로는 대통령에 재선되기 어려운 상황이 되었기 때문에 대통령 직선제를 채택하고, 자신의 재선을 위하여 집권여당인 자유당을 조직하는 한편, 대통령 직선제 헌법 개정안을 제출하고 국민운동을 전개하게 되었다.

원외 자유당은 조선민족청년단(족청)이 중심이 되어 그동안 이승만 대통령을 지지해 온 대한독립촉성국민회, 대한농민조합총연맹, 대한노동조합총연맹, 제헌동지회, 대한부인회 등의 단체를 그 기반으로 삼았으며, 이승만 대통령을 재선시키고 이범석을 부통령으로 앉혀 실권을 장악하려고 하였다.

그러나 오위영 의원을 중심으로 93명의 의원을 거느린 원내 자유당은 내각책임제 개헌을 성사시켜 이승만 대통령을 상징적인 국가원수에 그치도록 하고, 국무총리직에 있는 장면을 내각책임제하의 국무총리로 옹립하여 실권을 잡으려 하여 원외 자유당과 대립할 수밖에 없었다.

1951년 12월 원내 자유당은 창당대회를 개최하여 이갑성, 김동성, 김승환을 중앙위원회 부의장으로 선출했으나 당 대표는 선출하지 않았다.

같은 날 원외 자유당도 결당대회를 갖고 당수에 이승만, 부당수에 이범석을 선출하되 양측은 모두 당명을 자유당으로 하였다.

이승만 대통령이 제출한 대통령 직선제와 양원제를 주요내용으로 하는 헌법 개정안이 국회에서 1952년 1월 부결되었다.

당시의 의석분포는 원내 자유당 93석, 민주국민당 39석, 민우회 25석, 무소속 18석이었으며 개헌안 찬성의원은 19명에 불과했다.

개헌안 부결 이후 원내 자유당은 내각책임제 개헌에 대한 찬성과 반대의 입장에 따라 합동추진파와 합동반대파로 분열되었다.

원외 자유당은 민족자결단, 땃벌떼, 백골단 등 정체불명의 단체를 내세워 국회의원 소환, 국회해산 등을 요구하며 연일 시위를 벌리며 전국적으로 공포 분위기를 조성했다.

원외 자유당은 원내 자유당 가운데 전 국방부장관 신성모가 주도한 대한청년단 출신들을 중심으로 한 합동추진파인 삼우장파 45명의 의원들을 포섭하는데 성공했다.

이승만 대통령은 부산지역 일원에 출몰하고 있는 공비를 소탕하고 후방치안을 확보하기 위한 군사상의 필요라는 명분을 내세워 비상계엄령을 발동하고, 국회의원 47명을 태운 국회 통근버스를 군용 크레인으로 헌병대로 끌고 갔다가 11명의 의원들을 국제공산당 음모 사건 혐의자라며 구속했다.

국제구락부 사건과 이승만 대통령 저격사건으로 위축된 의원들을 설득하고 협박하여 국무총리 장택상의 계보인 신라회와 자유당 삼우장파가 주도하여 113명의 의원들로부터 발췌개헌안의 찬성 날인을 받아냈다.

민족자결단이 국회를 포위하여 생명의 위협을 느끼는 상황에서 출석을 거부하고 있는 의원들을 강제로 출석시켜 1952년 7월 신익희 국회의장의 사회로 열린 국회 본회의에서 발췌개헌안을 찬성 163명의 기립표결로 가결시켰다.

1952년 8월의 제2대 대통령 직접선거에서 이승만 대통령이 압도적 승리를 거둔 이후 원내와 원외 자유당의 합당문제가 끈질기게 거론되었으나 이루어지지 않다가, 1953년 5월 자유당 제4차 전당대회에서 원외 자유당과 원내 자유당의 통합이 성사되어 이승만 정권의 버팀목 역할을 하게 되었다.

장택상의 신라회를 흡수한 자유당은 무소속구락부 일부 의원을 입당시켜 원내의석 분포는 자유당 105석, 무소속 49석, 민주국민당 29석으로 자유당이 과반의석을 갖게 되었다.

자유당은 대통령 직선제 개헌에 공헌한 이범석의 민족청년단을 주축으로 한 족청계와 부통령 선거에서 경찰력을 동원하여 함태영 후보를 당선시킨 장택상 국무총리, 김태선 내무부장관 등 비족청계와의 갈등이 지속되었다.

자유당은 1953년 9월 이승만 대통령은 족청계의 진헌식 내무부장관, 신중목 농림부장관 등을 파면하고 족청계를 숙청하여 이승만, 이기붕 체제로 개편하면서 권위주의적인 정당체제로 전환되었다.

(2) 제3대 총선에서 56%인 114석을 확보한 자유당

1954년 제3대 국회의원 선거를 앞두고 자유당은 국민투표제, 3권 분립주의에 입각한 국무총리제 폐지, 이승만 대통령의 종신집권을 위한 3선 개헌을 지지해야 한다는 조건을 제시한 후 이를 수락하는 각서를 제출하는 후보에게만 자유당 공천장을 수여했다.

이번 선거는 북한지역으로 편입된 7개 선거구에서 선거 실시가 불가능하여 210개 선거구 가운데 203개 선거구에서만 의원을 선출하게 됐다.

자유당은 원내 자유당과 원외 자유당의 갈등을 빚어낸 공천대회를 선거구 단위로 개최하고 도당의 심사, 중앙당에서의 재심, 이승만 총재의 재가를 거쳐서 전국 203개 선거구의 후보자를 공천하는 등 자유당 통합 이후 처음 치르게 되는 국회의원 선거에 대비하여 전국적인 조직망을 가동시켰다.

야당 후보자들에 대한 탄압, 선거운동 방해가 전국적으로 전개되어 제1야당인 민주국민당은 전국에 77개구의 공천후보자만을 공천했고, 야당의 연합전선을 시도했으나 실패했다.

이번 선거에서 50% 이상의 의석을 확보하여 이승만 대통령의 권력 강화를 뒷받침할 수 있는 발판을 마련하기 위해 총력을 경주한 자유당은 전체의석인 56%인 114석을 확보했다.

자유당 공천후보로서 당선자는 99명이었으나, 공천을 받지 못한 채 입후보하여 당선된 15명을 합쳐 114석을 차지할 수 있었다.

민주국민당 15석, 국민회 3석, 대한국민당 3석, 제헌의원동지회 1석이며 무소속이 67석으로 나타났다.

제3대 총선은 야당 소속 입후보자들은 공포분위기 속에서 선거운동을 하는 등 무거운 선거분위기에서 우리나라 선거 사상 최초로 자유당과 민주국민당이 후보공천제를 채택하여 정당정치 제도화의 기틀을 마련했고, 제헌 및 제2대 국회의원 선거에서 난립상을 보인 정당, 단체들이 대폭 정비되었다.

선거과정 전반에 걸쳐 조직적인 부정이 개입된 가운데 소선거구, 다수대표제의 이점을 살린 자유당이 압승을 거두고 원내 안정세력을 구축할 수 있었다.

제2대 국회의원 중 재(再)당선자는 43명으로 낙선자 68명보다 25명이나 적어 물갈이가 대폭 이뤄졌다.

선거에서 승리한 자유당은 양대 정당구도의 확립을 위하여 국민투표제 및 국회의원 소환제 등의 내용을 담는 헌법개정을 단행하겠다는 당론을 확정했다.

(3) 종신 대통령을 위한 4사5입 개헌과 호헌동지회 결성

1954년 9월 자유당은 선거공약을 실천한다는 명분으로 이기붕 의원 외 135명의 서명을 받아 이승만 대통령에 한하여 중임제한을 폐지하는 종신 대통령제를 골자로 한 개헌안을 국회에 제출했다.

불과 2년 전 부산에서 정치파동을 일으키면서 발췌개헌에 의한 국민직선제로 제2대 대통령에 당선된 이승만 대통령은 종신 대통령을 꿈꾸면서 제3대 국회의원 선거에서 경찰력을 동원한 부정선거로 자유당이 114석을 확보했다.

이승만 대통령은 신익희 국회의장이 인도 뉴델리에서 6·25 동란때 납북(拉北)된 조소앙과 밀담하여 우리나라의 중립화를 도모했다는 '뉴델리 밀담설'을 조작하여 야당의 반발 기세를 꺾고서, 개헌안은 1인 장기집권을 위한 것이 아니라 국가안보 및 국체(國體)변경과 직결된 주요 사안을 국민투표에 부치기 위해 개헌을 하게된 것이라는 선전(宣傳)공세로 국민을 우롱(愚弄)하기도 했다.

개헌안을 11월 27일 국회에서 표결한 결과 재적 203명 중 가(可) 135표, 부(否) 60표, 기권 7표로 개헌 정족수인 136표에 1표가 미달하여 최순주 국회부의장은 부결되었다고 선포했다.

이튿날 자유당은 의원총회를 소집하여 공보처장 갈홍기의 이름으로 203명의 3분의 2는 135표라도 무방하다는 특별성명을 내고서 개헌안은 통과되었다고 의결했다.

자유당은 "어제 최순주 국회부의장이 본회의에서 개헌안 투표가 부결임을 선포한 것은 의사과장의 잘못된 산출 방법의 보고에 의하여 착오(錯誤)로 선포한 것"이라고 지적하고, "재적의원 203명의 3분의 2는 정확하게 135.333… 인데 자연인을 정수가 아닌 소수점 이하까지 나눌 수 없으므로 4사 5입의 수학적 원리에 의해 가장 근사치(近似値)의 정수인 135명임이 의심할 바 없으므로 개헌안은 가결된 것"이라고 발표했다.

1954년 11월 29일 최순주 국회부의장은 지난 회의에서 부결이라고 선포한 것은 계산 착오이므로 취소하고 가결되었다고 선포하자, 야당 의원들이 단상으로 뛰어 올라가 최순주 국회부의장의 멱살을 잡고 끌어내리는 등 난장판이 벌어졌지만, 역부족으로 개헌안이 유효하게 되어 이승만의 종신(終身) 대통령 길이 열리게 됐다.

헌법학자 유진오는 "각국의 전례는 이런 경우 찬성표 수는 적어도 반대한 3분의 1을 기준으로 하여 그 배수, 즉 68명의 배수인 136명이어야 하며, 부결을 선포한 만큼 사실의 착오가 아닌 이상 개헌안은 부결된 것으로 밖에 볼 수 없다"고 주장했다.

대법원장 김병로도 "4사 5입이란 본래 남은 4를 버리는 것이지 모자라는데 쓰는 것이 아니다"라고 밝혀, 개헌안 번복(飜覆)의 부당성을 지적했다.

우리 헌정사의 치욕적인 4사 5입 개헌은 이승만 대통령의 종신집권을 위하고 보장하는 개헌이었다.

이 사건으로 자유당 소장파인 손권배, 현석호, 김영삼, 민관식, 성원경, 유옥우, 김홍식, 김재황, 황남팔, 한동석, 이태용, 김재곤, 신정호, 도진희 의원들의 무더기 탈당이 뒤따랐고 민주국민당, 자유당 탈당 의원과 무소속 의원들이 규합하여 60여 명의 의원들이 호헌동지회를 결성했다.

호헌동지회는 신당 창당을 결의했으며 민주국민당의 김성수, 신익희, 조병옥, 김도연, 윤보선, 김준연, 무소속의 곽상훈, 장택상, 자유당 탈당파인 장면, 오위영, 김영선, 혁신세력의 조봉암, 서상일, 대한부인회의 박순천, 조선민주당의 한근조 등이 참여키로 했다.

(4) 자유당 이기붕 낙선하고 민주당 장면 부통령 당선

초대 대통령에 한하여 연임제한 규정을 적용하지 않기로 하는 내용의 개헌안을 가결시킨 자유당은 1956년 3월 전당대회에서 이승만과 이기붕을 대통령과 부통령 후보로 각각 선출했다.

그러나 노회(老獪)한 이승만 대통령은 "제3대 대통령에는 좀 더 박력(迫力)있는 인사가 나와 국토통일을 이룩해주기 바란다"며 불출마를 선언했다.

그러자 부통령 후보인 이기붕은 '각계 각층의 민의(民意)'를 대통령에게 보이라고 각종 기관과 단체에 동원령을 내렸다.

이에 이승만의 재출마를 요구하는 관제(官製) 데모가 경무대 어귀에 집결되었다가 전국적으로 퍼져 나갔고, 자유당 지방당부와 지방의회로부터 재출마를 간청하는 호소문, 결의문, 혈서가 수없이 답지(遝至)됐다.

그것도 부족하여 평소에는 서울시의 통행을 규제해 오던 우차와 마차의 통행을 허용하고 총동원하여, "노동자들은 이승만 박사의 3선(三選)을 지지한다"는 함성을 지르도록 하는 소위 '우의(牛意) 마의(馬意)'까지 동원됐다.

관제 데모가 절정에 이르자 이승만 대통령은 담화를 통해 "민의에 양보하여 종전의 결의를 번복하고 대통령 선거에 출마하기로 결심했다"고 밝히고 선거전에 나서는 곡예(曲藝)를 부렸다.

민주당은 선거 구호를 "못살겠다 갈아보자"로 내걸고 자유당의 실정과 독재, 부정부패를 공격하고 나서자, 자유당은 "갈아봤자 별 수 없다"는 구호로 맞서면서 조직망 확대에 총력을 경주했다.

정·부통령 선거과정에서 민주당 신익희 후보의 사망으로 대통령 선거전은 자유당의 이승만 후보와 진보당 조봉암 후보의 2파전 양상을 보였다.

신익희 후보의 사망으로 선거전 양상이 급변하면서 대통령보다는 누가 부통령에 당선되느냐에 더 큰 관심이 집중되었다.

대통령 선거에서 이승만 후보가 504만 6,437표를 얻어, 216만 3,808표를 얻은 조봉암 후보를 물리치고 당선됐다.

이승만 대통령의 득표율이 80%를 넘을 것이라는 예상을 뒤엎고 겨우 52% 수준을 맴돌았다.

조봉암 후보는 불법, 부정, 관권 개입 그리고 폭력이 난무한 악화된 선거 환경속에서 조직과 선거자금의 열세에도 불구하고 200여 만표를 획득하여 그의 인기와 지명도가 높았음을 보여주었다.

이번 선거에서 무효표가 185만 6,818표가 나온 것은 민주당 신익희 후보에 대한 추모(追慕)표가 포함된 것으로 추정됐다.

자유당 재건작업에서 제외된 족청계인 이범석이 장택상, 배은희 등과 규합하여 신당 운동을 전개하여 1956년 1월 민정당 발기대회를 개최하여 이범석과 장택상이 최고위원에 선출됐다.

그러나 3월 민정당 결당대회에서 족청계가 주축이 되어 이범석을 부통령 후보로 선출하자, 장택상 등 비족청계가 결별하고 탈당했다. 민정당을 개명한 국민당은 이범석을 부통령으로 지명했으나 국민당 최고회의 인준에 실패하여 무소속으로 출전했다.

그리하여 이번 부통령 선거에는 자유당 이기붕, 민주당 장면, 진보당 박기출 이외에도 무소속 이범석, 윤치영, 백성욱, 이윤영, 이종태 등 8명의 후보들이 난립됐다.

선거운동 기간 중에 이종태 후보는 이기붕 후보를 지지하며 후보직을 사퇴했고, 진보당 박기출 후보도 민주당 장면 후보를 지지하며 사퇴하여 6명의 후보들이 완주했다.

선거결과 민주당 장면 후보가 3,871,094 표를 득표하여, 3,783,108 표를 득표한 자유당 이기붕 후보를 87,986표 차로 누르고 당선됐다.

이리하여 정·부통령은 이승만·이기붕 체제가 아닌 이승만·장면의 엇바뀐 체제가 출범했다.

이범석 후보는 318,653표, 윤치영 후보는 238,879표, 백성욱 후보는 228,658표, 이윤영 후보는 34,835표를 득표하여 집권 여당인 자유당의 패배로 귀결됐다.

2. 자유당에 대항코자 정통야당인 민주당 출범

(1) 반(反)이승만의 범야세력이 결집하여 민주당 창당

민주당은 이승만 대통령의 4사 5입 개헌을 계기로 반(反)이승만 세력이 보수 연합으로 결집하여 출범했다.

원내의 호헌동지회를 모체로 하고 흥사단 계열, 자유당 탈당 의원, 2대 국회에서 무소속구락부로 활동했던 범야(汎野)세력이 규합하여 창당한 것이다.

이들은 정권 유지를 위해 불법과 전횡(專橫)을 거듭하는 이승만 정권을 타도하는 것이 당면 목표였기 때문에 이념의 동질성과 정책의 공조에서 출발한 것이 아니라, 범야 세력을 규합하는 하나의 결집체로서 출범한 것이다.

신당운동은 진보파의 조봉암과 이승만의 수족(手足) 노릇을 해 온 족청의 이범석, 전 국무총리 장택상의 참여문제를 둘러싸고 갈등을 겪는 등 내부 진통을 겪었으나, 이들의 참여를 거부한 채 민주국민당이 소리(小利)를 버리고 대동(大同)에 따르며 호양지심으로 기성조직을 버리고 흔쾌히 결속할 것을 호소하여 결집에 성공했다.

그리하여 조봉암, 서상일 등은 별도의 진보당 창당에 나서고 장택상, 이범석이 제외되자 이들은 국민당 결성을 추진했으며, 정계의 중진인 이인, 전진한, 윤치영 등도 민주당에 참여치 아니했다.

민주국민당의 신익희, 조병옥, 윤보선, 원내 자유당계의 장면, 오위영, 조선민주당의 한근조 그리고 무소속 곽상훈, 박순천이 주축이 된 민주당은 1955년 9월 18일 서울시공관에서 2,013명의 대의원이 참석한 가운데 창당대회를 개최하여 신익희를 대표 최고위원으로, 조병옥, 장면, 곽상훈, 백남훈을 최고위원으로 선출했다.

민주당의 창당은 개인의 인기만을 무기로 했던 무소속 정치인의 몰락과 정책정당의 탄생을 가져온 한국 정치사의 전환을 이룬 계기가 되었다.

특히 이승만 정권에 대한 체계적인 비판과 견제에 나섬으로써 본격적인 양당체제의 확립에 기여했으며, 수권(授權)과 대체세력으로 성장할 수 있는 발판을 만들었다.

이렇게 출발한 민주당은 민주국민당 계열의 신익희, 조병옥과 원내 자유당 계열인 장면, 오위영의 갈등이 조성되어 신·구파가 형성되고 1956년 5·15 정·부통령 선거를 앞두고 극심한 대립과 암투가 벌어졌다.

창당 당시에는 홍익표 총무부장, 현석호 조직부장, 조재천 선전부장, 정일형 섭외부장, 유진산 노동부장, 윤보선 의원부장, 서범석 청년부장, 최희송 조사부장, 이정래 재정부장, 조한백 훈련부장 등 야당사에 있어서 기린아(麒麟兒)들이 활약했다.

(2) 신익희 대통령 후보 사망으로 좌절을 맛본 민주당

1956년 5월 15일 실시된 제3대 대통령 선거와 제4대 부통령 선거에 나설 후보를 둘러싸고 민주당은 심각한 갈등 현상을 보였다.

민주국민당 출신인 신익희 후보와 원내 자유당 출신인 장면 후보가 대통령 후보선정에서 심각하게 대립했고, 부통령 후보에는 조병옥과 김준연이 경합을 벌였다.

수많은 회합과 타협 끝에 3월 29일 전국 대의원 대회에서 대통령 후보에는 구파의 신익희, 부통령 후보에는 신파의 장면을 선출하기로 합의했다.

민주당 신익희 후보는 진보당의 조봉암 후보와 야권후보 단일화 운동이 추진되었다.

조봉암 후보는 책임정치의 수립, 수탈 없는 경제체제의 실현, 평화통일의 성취 정책을 내세웠고, 신익희 후보는 내각책임제와 경찰의 중립화, 유엔 감시하의 남북한 총선거, 경제조항의 재검토 등을 협상 조건으로 내세웠으나 진전되지 못했다.

진보당은 대통령 후보를 포기할 테니 민주당에서 부통령 후보를 포기하라는 마지막 협상안을 제시했으나 이것도 결렬됐다.

선거가 중반전에 들어서면서 전국적으로 신익희 후보는 붐을 일으켜 지지세가 늘어나고, 대부분의 언론이 민주당에 동조하는 논조를 보이는 등 정권교체의 가능성이 급속도로 확산됐다.

30만 인파가 구름같이 모여든 한강 백사장 유세에서 신익희 후보는 "대통령은 우리 국민의 심부름꾼에 지나지 않는다. 심부름꾼이 잘못을 저질렀을 때는 주인이 갈아 치우는 것은 당연한 권리"라면서, 정권교체를 역설하여 열광적인 박수를 받았다.

신익희 후보는 선거를 열하루 남겨둔 5월 4일 장면 후보와 함께 호남지역 유세에 나섰다가 과로로 인하여 열차안에서 쓰러져 운명(殞命)하고 말았다.

제1야당인 민주당의 신익희 후보를 잃은 채 실시된 선거전에서 자유당 이승만 후보는 504만여 표를 얻어 216만여 표를 득표한 진보당 조봉암 후보를 꺾고 제3대 대통령에 당선됐다.

조봉암 후보의 득표에 버금가는 무효표 185만여 표는 신익희 후보에 대한 추모(追慕)표로 알려졌다.

대통령은 자유당 후보가, 부통령에는 민주당 후보가 당선된 것은 정·부통령 후보에 대해 별도로 투표하게 한 제도적 결함이었으며, 관권 개입과 집권 여당인 자유당의 전국적인 조직망 형성과 동원에도 불구하고 부통령엔 민주당 장면 후보가 당선되는 쾌거를 이뤄냈다.

(3) 대통령 승계가 두려워 자행된 장면 부통령 저격사건

민주당 전당대회가 열리고 있는 1956년 9월 23일 명동 시공관에서 한 방의 둔탁한 총성이 울려 퍼졌다. 총알은 요행히 장면 부통령의 왼손을 스쳤을 뿐 생명에는 지장이 없어 살인미수에 그쳤다.

피가 철철 흐르는 왼손을 들고 단상에 올라선 장면 부통령은 "여러분! 나는 무사합니다. 안심들 하십시오"라는 인사를 하고서 병원에 입원하여 치료를 받았다.

이날 전당대회에서 조병옥을 대표 최고위원으로 선출하고 장면, 곽상훈, 박순천, 백남훈을 최고위원으로 선출했다.

시종일관 축제 무드에서 연설을 마치고 단하로 내려와 만세를 부르며 열광하는 당원들을 헤치고 문을 빠져나가려는 순간에 저격사건이 발생했으며, 범인은 권총을 발사한 후 "조병옥 박사 만세"를 외쳐 민주당 신·구파 싸움으로 몰고 가려는 서툰 연극을 꾸몄다.

전당대회장 아래층에서 해링턴 권총으로 장면 부통령을 향해 저격한 범인은 민주당 당원들에게 붙잡혀 5분만에 사건 현장에 나타난 김종원 치안국장에게 인도됐다.

범인 김상붕은 "민주당 내분때문에 장면 부통령을 죽이려 했다"며 계속 유치한 연극을 벌였지만, 민주당은 "배후 조종자는 자유당 안에 있다"면서 진상과 배후 규명을 촉구하고 나섰다.

경찰의 수사에 따라 성동경찰서 사찰계 형사인 최훈이 체포되고 최훈의 배후조종자로 성동경찰서 사찰주임 이덕신 경위가 구속됐다. 그러나 경찰은 더 이상의 배후를 밝히려 하지 않았다.

경찰은 서울시경 사찰과장, 치안국 특정과장, 치안국 중앙사찰분실장 등에게서 거사(擧事)자금이 흘러나온 것까지는 파악이 되었으나 그 윗선은 밝히지 아니했다.

4월 혁명으로 사건 재조사가 진행되자 당시 치안국장이었던 김종원은 장면 부통령 저격 배후 조종자는 자유당 정책위원이자 이기붕 국회의장의 최측근인 임흥순이라고 자백했다.

재수사 결과 이기붕 국회의장의 지시에 의하여 임흥순이 총책을 맡아 이익흥 당시 내무부장관에게 지령했고, 이익흥 내무부장관은 김종원 치안국장에게 지시했다.

김종원 치안국장은 치안국 특정과장인 장영복과 중앙사찰분실장이었던 백사일에게 지시를 내렸다.

이들이 서울시경 사찰과장 오충환에게, 오충환은 성동경찰서 사찰주임인 이덕신에게 구체적 지시를 내렸다.

이덕신은 사찰계 형사인 최훈과 함께 범인 김상붕을 매수하여 저격하게 되었으며 이들은 모두 살인미수 혐의로 구속됐다.

장면 부통령 저격사건은 사형수 이덕신이 눈물로써 참회한 자백으로 배후 조종자는 이기붕, 임흥순, 이익흥, 김종원 등으로 밝혀졌고, 김종원 전 치안국장은 "장면 부통령 저격사건의 배후 조종은 임흥순 전 서울시장이다"라고 진술했다.

김종원은 진범인 김상붕을 즉시 체포하여 자유당의 미움을 받아 이기붕 때문에 치안국장을 그만두게 되었다고 푸념했다.

검찰은 장면 부통령 저격사건의 음모 발의혐의로 살인교사죄를 적용하여 이익흥 의원의 구속동의를 요청했다.

자유당은 이승만 대통령이 83세로 만약 고령인 대통령에게 유고가 된다면 장면 부통령이 대통령직을 계승하도록 되어있어 장면 부통령이 눈엣가시가 됐다.

정·부통령 취임식에서도 부통령의 자리가 마련되지 않아서 귀빈들이 앉은 자리의 맨 가장자리에 앉은 푸대접을 받았고, 취임 연설의 기회도 주지 않아서 별도의 성명서를 만들어 배포했는데, 자유당은 성명서 내용을 트집 잡아 '장면 부통령 경고결의안'을 발의하기도 했다.

제2장 자유당 후보들과 민주당 후보들의 각축전

1. 언론자유 유린이라는 후유증만 남긴 선거법 협상

2. 혁신정당의 지리멸렬로 자유·민주당 후보들 부상

3. 총선 입후보자 868명, 무투표 당선자 9명

1. 언론자유 유린이라는 후유증만 남긴 선거법 협상

(1) 여·야 협상대표회의를 개최하여 선거법을 협상

자유당은 선거법 협상을 위한 대표로 박세경, 박흥규, 조순, 한희석, 정존수 의원을 지명하여 선거공영제와 야당참관인 확대 및 선거위원회의 공정한 구성 등을 합의할 계획이다.

이에 국민주권 투쟁위원회에서는 민주당의 조재천, 유진산, 김의택과 정우회의 김홍식, 황남팔 의원을 대표로 선출하여 협상에 들어갔다.

자유당은 선거의 공영제, 입후보 난립의 방지, 선거사범의 엄벌주의를 채택하기로 했다.

야당측에서는 선거운동원의 활동을 최대한도로 완화 시킬 것과 합동연설회 회(回)수의 증가와 참관인의 검표권 부여를 주장하고 있지만 자유당은 줄곧 반대했다.

선거법 협상이 대부분 종료되자 이기붕 국회의장, 조병옥 민주당 대표, 장택상 국민주권투쟁위원장이 국회 통과를 위한 지도자 회의를 개최하여 공명선거를 보장하고 민의원, 참의원 선거법안을 동시에 상정하기로 합의했다.

협상선거법안에 '신문, 잡지 등의 불법이용의 제한'과 '허위보도 금지 조항'에 대해 언론활동의 방해를 이유로 반대여론이 대두됐다.

국회 출입기자단은 "선거법안은 언론의 자유를 위협, 침해하는 것으로 단정하고 전 언론인과 함께 투쟁할 것"을 천명(闡明)하는 결의문을 채택했다.

조병옥과 장택상은 이기붕 국회의장에게 언론의 자유를 침해하는 조항의 삭제를 요구했고 이기붕 의장도 노력할 것을 약속했다.

언론조항을 삭제하지 않자 선거법안에 민주당이 거부하여 여·야 공동제안이 거부됐고, 장면 부통령도 언론조항을 완전 삭제하여 협상에 유종의 미를 거두라며 개정안 촉구 담화를 발표했다.

동아일보에서는 '사필(史筆)은 감시한다 언론 탄압의 입법', '민주와 독재의 대결은 언론자유에서', '언론자유 구속은 악정이고 폭정이다', '언론자유 없는 곳에 민주주의는 사멸(死滅)한다'며 연일 규탄대열에 앞장섰다.

(2) 양두구육(羊頭狗肉) 격인 자귀수정으로 선거법안 의결

제3대 대통령 선거이후 자유당과 민주당은 제4대 국회의원 선거를 대비한 선거법 협상대표회의에서 소위 협상선거법안에 소선거구제, 정당추천위원의 선거관리위원회 참가, 후보자의 기탁금제, 선거공영제 강화, 참관인의 권한 확대, 선거사범 엄단 등을 규정하는 협상선거법안을 합의했다.

언론과 민주당에서 언론조항에 대한 문제를 끊임없이 제기하고 있음에도 불구하고, 국회는 협상선거법의 언론의 활동을 탄압할 수 있는 내용을 그대로 두고 약간의 자귀 수정과 형량의 감소만을 수정하여 의결했다.

국민과의 약속을 헌신짝처럼 버리고 이를 강행하려는 자유당과 굴욕적인 합작을 감행하는 민주당 일부 의원의 배신으로 협상선거법안이 통과하였고, 언론자유를 탄압할 수 있는 길을 마련하기 위한 여야의 합작품이라는 비난을 받았다.

독소조항은 "어떤 후보의 당락을 목적으로 허위사실을 보도할 수 없다"는 조항으로 박영종, 이철승, 민관식, 정준 의원들은 "자유언론 수호자를 자부하는 민주당은 국민을 기만하는 기만당이 되고 말았다"고 공격하며, 조병옥 대표와 욕설까지 주고받았다.

전진한 의원은 "몇몇 특권 정치인들이 야합하여 협상선거법안을 통과시켜 국민을 기만(欺瞞) 농락했다"고 성토했고, 이철승 의원은 이춘기 민주당 원내총무를 폭행하는등 여진은 이어졌다.

협상선거법에는 수뢰를 목적으로 어떤 입후보자를 해치거나 이롭게 하는 의도를 가진 허위보도 또는 다른 여하란 보도나 논평을 하는 자를 처벌하게 되어있다.

 이는 입후보자에 관한 기사의 성질에 대한 판단에 따라서 정부 관계자들이 전단적(專斷的)으로 해석할 수 있기때문에 그들은 마음대로 신문인들은 처벌할 수 있다고 언론인들은 주장했다.

민주당은 언론조항 삭제를 위한 선거법 개정안을 국회에 제출했으나, 자유당에서는 실시해 보기도 전에 고칠 수 없다는 입장을 밝혔다. 결국 4·19 혁명 이후에 독소조항은 삭제됐다.

(3) 조병옥 민주당 대표의 대표직 사퇴로 마무리

민주당은 언론조항에 관한 경위와 진사(陳謝)라는 성명에서 "언론조항의 완전 삭제 주장을 관철치 못한 역량의 부족을 자탄"하면서, "앞으로 동 조문의 완전 삭제에 적극 노력할 결심을 굳게 하는바이다"라고 성명했다.

국회에서는 "어떤 특정한 후보자에 대하여"를 "어떤 후보자에 대하여"로 자귀(字句)수정하여 정부에 이송하여, 한술 더 뜨는 자귀(字句)수정이라는 비판을 받았다.

민주당은 국민과의 약속을 배반하였다는 점을 둘러싸고 선거법 협상파에 대한 퇴진의 소리가 터져 나왔다.

선거법 협상이 민주당보다는 협상대표들의 사리(私利)에서 이루어지고 국가보다는 선거구의 방편에 치중하였다는 불만이 제기됐다.

조병옥 민주당 대표는 선거법에 대해 "나도 못났고 민주당도 못났다"고 말함으로써, 민주당의 과오를 솔직히 시인했다.

"선거법을 통과시켜서 부정투표를 막자는 데에 근거를 두었던 것이며 언론자유를 위해서 최대의 노력을 다하였으나 나도 못났고 민주당도 못났기 때문에 언론기관에게 만족을 줄 수 없는 결과를 가져왔다"고 부언(附言)하면서, "언론계에서 법률을 잘못 해석해 가지고 미리 겁에 질려 붓 들기를 주저한다면 이는 언론인들의 책임이다"라고 반격도 했다.

신문편집인협회는 "언론자유 박탈은 정치인의 자폭이며 자살이다"

면서, 악법철폐와 민권회복을 위해 끝까지 투쟁할 것을 선언했다.

민주당 유옥우 의원은 "여하간에 현행법 가지고는 표 도둑 맞을 것이 뻔한데 이것을 알고서야 어떻게 선거에 임하느냐"고 주장하며 협상대표들을 옹호했다.

민주당의 46명의 의원 중 37명이 선거법 통과에 찬성하고서 대표 최고위원의 사표 수리를 운위한다는 것은 "눈감고 아웅"하는 이중적인 기만행위라는 국민의 비판을 받아야만 했다.

조병옥 대표의 사표 수리는 신파들의 표리부동(表裏不同)한 양면 작전이 주효함으로써 이루어졌던 만큼, 언론자유의 수호보다는 국민의 주권을 파쟁의 미끼로 삼아 무자비한 음모를 감행했다는 비판의 목소리도 높았다.

조병옥 대표의 사표 파동은 민주당내에 세력을 강화하고 국민의 눈을 가려보려는 민주당내 신파들의 책동이라고, 구파 의원들은 앞다퉈 신파들을 공격하며 조병옥 대표를 옹호했다.

그러나 앞으로 철저한 국민의 규탄을 받게 될 것이라며 조병옥 대표는 사표서를 제출했고, 백남훈 최고위원을 대표로 선임됐다.

그러나 중앙상임위의 승인여부를 남겨뒀으나 조병옥 대표는 끝내 대표자리를 걷어찼다.

2. 혁신정당의 지리멸렬로 자유·민주당 후보들 부상

(1) 정치적 안정세력 확보를 다짐한 자유당 공천자 대회

자유당은 이용범 경남도당 위원장 타도운동을 전개한 바 있는 정해영, 황경수 의원 등 3명을 제명했다.

이에 정해영 의원은 "사필귀정이란 말이 현 집권당 밑에서는 통용되지 않고, 금번 조치에 대하여 자유당에는 아무런 미련이 없다"면서 자유당을 탈당했다.

두 의원의 제명에 대한 이견 등에서 이기붕, 강성태, 김법린 라인과 장경근, 임철호, 김의준 라인간에 대립각을 세우게 됐다.

이기붕 국회의장은 현역의원의 50%를 낙천한 무자비한 공천을 강행할 것을 발표하여 대폭적인 물갈이를 예고했지만, 실제는 현역의원 1백여 명을 공천하고 21명을 낙천시켜 공수표가 됐다.

자유당은 1차로 현역의원 65명을 포함하여 116명의 공천자를 결정하여 이승만 대통령의 재가를 얻어 확정했다.

여기에는 함두영(마포), 임흥순(성동갑), 남송학(용산갑), 황성수(용산을), 최인규(광주), 오재영(안성), 정운갑(진천), 김달수(공주을), 한광석(부여갑), 이원장(보령), 한희석(천안갑), 박세경(임실), 조순(곡성), 정명섭(나주을), 김성곤(달성), 김철안(금릉), 김기섭(충무), 이용범(창원을), 홍창섭(춘천), 김진만(삼척) 후보 등이 포함됐다.

자유당 당무회의에서 독단적으로 재조사하여 현역의원 30여 명을 낙천시킬 것이라는 풍문을 둘러싸고 내부 불신이 비등했다.

이러한 당무회의의 독선적 태도에 대해 일종의 공포감을 조성시키고 있을 뿐만 아니라 "민주국가에서는 있을 수 없는 독재"라는 비난을 받기도 했다.

이러한 여론 속에서 자유당은 현역의원 11명을 낙천시키고 76명에 달하는 공천자를 2차로 발표했다.

낙천된 현역의원은 김춘호(이리), 최병국(화성을), 장영근(단양), 나창헌(서산갑), 홍순철(아산), 정세환(고창갑), 신행용(무안갑), 조만종(밀양갑), 김형덕(밀양을), 김석우(제주), 오형근(가평)의원 등이다.

공천자에는 설경동(수원), 이익흥(연천), 오범수(청원갑), 진의종(고창갑), 김우동(선산), 이동령(문경), 구태회(진양), 김봉재(밀양을), 홍범희(원성) 후보 등이 포함됐다.

자유당은 9개 지구를 무공천으로 남겨두고 18명의 공천자를 3차로 발표하면서 사실상 공천을 종결했다..

이번 공천에서 윤재욱(영등포갑), 강성태(양주을), 김의준(여주), 정존수(평택), 장경근(부천), 임철호(부여을), 김법린(동래), 박현숙(금화), 최규옥(양구) 등은 포함됐으나, 경합지구인 이천(김병철, 이정재), 공주(염우량, 박충식), 고흥 을구(송경섭, 박철웅)등은 보류했다.

자유당은 서대문 을구에 최규남, 울산 을구에 김성탁, 화천에 박덕영, 성주에 이민석 등 5차공천자를 발표하여 공천을 마무리했다.

자유당은 공천자대회를 갖고 정치적 안정세력을 확보할 수 있도록 최대 의석을 확보하겠다는 결의를 다짐했다.

그들은 이승만 대통령은 자유당의 육성을 필생의 사업으로 생각하고 계시니 우리는 이에 보답토록 노력하는 한편, 자유당이 영구히 뿌리를 박을 수 있는 정당이 되어야겠다는 결의도 다짐했다.

(2) "썩은 정치 바로잡자"는 민주당 공천자대회

민주당은 207개 선거구에 497명이 신청했고 109개 선거구에는 단일공천신청 선거구로 특별한 사유가 없는 한 그대로 공천을 인정키로 하여 공천이 확정됐다.

경합지역구인 134개 선거구의 공천이 쉽지 않은 것은 민주국민당(구파) 출신들과 흥사단계(신파) 간의 대립이 계속되고 있기 때문이다.

민주당 최고위원회는 단일공천 신청자는 거의 전부 인정하되 당선 가망이 없는 경우에만 중앙당에서 관여하되, 공천에서 낙천한 자가 계속 입후보할 때에는 이유 여하를 막론하고 제명한다는 원칙을 세웠다.

민주당 당무위원회는 21개구 공천자를 발표했다. 이들은 지구당, 도당, 최고위원회와 선거대책위원회 연석회의에서 의견이 일치된 경우이다.

이상철(청양), 김영선(보령), 우희창(사천), 안만복(서산을), 고담룡(제주), 김옥천(북제주), 정헌주(사천), 김영삼(부산 서갑), 오위영(부산 동갑), 김응주(부산 중구), 최영근(울산갑), 김택천(울산을), 박창화(밀양갑), 최천(충무), 윤병호(부산진을), 서동진(대구갑), 이병하(대구을), 조재천(대구정), 조일환(대구무) 등이다.

민주당은 분규 중인 진천은 이충환, 대구 병구는 최희송, 동대문 을구는 이영준을 낙점하는 등 207개 선거구 중 185개의 공천자를 결정함으로써 선거전의 기선을 제압했다.

민주당은 공천자대회를 개최하여 "썩은 정치 바로잡자"는 구호를 내걸고, 백남훈 임시 대표는 "부통령 계승권을 삭제하여 영구집권을 기도하는 자유당을 분쇄하기 위해 민주당은 단결하여야 하며 당선 제1주의로써 국가와 민족을 위하는 단심(丹心)을 가지고 투쟁을 전개해야 한다"고 훈시했다.

(3) 이기붕 국회의장이 옮겨오자 이정재, 연윤희 등록 취소

이기붕 국회의장을 서대문 을구에서 무투표로 당선시키려는 자유당의 공작이 노골화됐다.

자유당은 공작의 일환으로 이 지역구의 민주당 공천자인 김산을 충북 단양으로 옮겨 무투표 당선시킨다는 계획하에 단양에 입후보하려는 여러 명의 인사들에 대하여 불출마 확약서를 받고 있었다.

이러한 공작을 탐지한 민주당 최고위원회는 공천자 김산으로부터 "민주당의 명예나 본인의 정치적 생명을 위해서 여하한 유혹에도 응하지 않겠다"는 각서를 받아 대응했다.

후보등록 마감을 불과 몇 시간 앞두고 자유당의 이재학, 임철호, 이흥직 당무위원들과 내무부차관, 치안국장 등이 연석회의를 개최하여 민주당 김산 후보의 등록에 대한 대책을 논의했다.

대책의 논의 결과 이기붕 의장을 자유당 이정재, 민주당 연윤희 후보가 등록한 경기도 이천으로 옮겨 등록하기로 결정했다.

민주당 연윤희 후보는 민주당과 사전 연락도 없이 등록을 취소했고, 울분을 토하던 자유당 이정재 후보도 등록을 취소함으로써 이기붕 국회의장의 무투표 당선이 확정됐다.

이기붕 국회의장이 등록하자 이정재 운동원들은 불만을 품고 농성하기도 했으나 다음날 홀연히 등록을 취소했다.

이흥직 자유당 선대위원장은 "자유당은 서대문 을구에서 가장 모범적인 선거가 실시될 것을 기대했으나, 김산 후보에게 의외의 사건이 발생하여 피차 명랑한 선거가 될 수 없으므로 이기붕 의장의 선거구를 옮기게 되었다"고 발표했다.

아울러 이흥직 위원장은 이천 군민들이 일찍부터 이기붕 의장의 출마를 열원(熱願)하여 왔고, 이천은 이기붕 의장의 선영(先塋)이 있는 연고지라고 주장했다.

민주당은 등록을 취소한 연윤회 후보에 대해 "이유여하를 막론하고 제명에 해당되는 반당행위다"라고 비난했고, 자유당은 이기붕 의장의 전구(轉區)에 따라 서대문 을구에는 문교부장관을 지낸 최규남 후보를 내세웠다.

(4) 무공천 지역에도 자유당 후보자 수두룩하게 등록

민주당과 자유당은 영수급 인사의 출마선거구에 대한 무공천 검토를 계속하여 논란이 지속됐다.

자유당에서는 무공천 선거구 교환을 희망했으나, 민주당에서는 무공천은 부당하다는 내용의 성명을 발표하여 무산됐다.

자유당은 야당의 영수급인 조병옥(성동을), 김준연(영암), 장택상(칠곡), 송방용(김제을) 후보 지역구에 대해 무공천 지구로 설정하기로 했다.

아울러 자유당은 공천 신청자가 없는 종로 갑구(윤보선), 대구 갑구(서동진) 등도 무공천 지역으로 남겨뒀다.

자유당에서 무공천 정책지구로 설정한 성동 을구, 칠곡, 영암 등에서 자유당원이 등록한 사건에 대해, 이기붕 국회의장은 "그것은 당에서 입후보 시킨 것이 아니다"면서, "자유당에서 정책적으로 무공천지구를 설정한 것은 동 지구에서 자유당원이 나오지 않을 것으로 믿고 한 것이니만큼 무공천지구에서 자유당원이 입후보 않기를 바란다"고 얼버무렸다.

자유당 공천을 받지 아니하고 출마한 지역구는 성동을(김재황), 이천(이정재, 이기붕), 공주갑(염우량, 박충식), 고흥을(송경섭, 박철웅), 영암(박찬일), 월성을(황한수), 칠곡(이수목), 함안(이중섭, 조경규), 창원을(이용범), 거제(반성환), 남해(김정기, 조주영), 홍천(이재학), 화천(원세덕, 최영선, 길호경, 김연우), 괴산(김원태, 안동준)이며 공천자가 있는 지역구는 월성을(이종준), 거제(진석중), 남해(차진칠), 화천(박덕영) 등이며 공주갑, 고흥을, 함안, 괴산 등은 후보자 자유경쟁을 방임한 지역구이다.

(5) 분열과 검거 선풍으로 지리멸렬한 진보 혁신정당

보수야당인 민주당의 창당과정에서 배제된 조봉암, 서상일, 박기출, 신숙 등 혁신세력은 1956년 1월 진보당 추진위원회를 구성하여 본격적인 창당 활동에 들어갔다.

진보당 추진위원회는 "우리는 공산독재는 물론 자본가와 부패분자의 독재도 이를 배격하고 혁신정치를 실현한다", "생산분배의 합리적 통제로 민족자본을 육성한다", "민주우방과의 유대하에 민주세력이 결정적 승리를 얻을 수 있는 조국통일의 실현을 기한다"는 등의 강령도 채택했다.

진보당 추진위원회는 1956년 5월 정·부통령 선거에 대통령 후보에 조봉암과 부통령 후보에 서상일을 지명하였으나, 서상일이 후보 수락을 거절함에 따라 박기출을 부통령 후보로 추대하였다.

진보당과 민주당이 대통령 선거전에 협상을 시도했으나 실패했다.

실패한 이유는 진보당이 민주당과는 이질적으로 맞서는 사회주의자들의 정당이었다는 견해도 있으나, 실제적으로는 선거연합 과정에서 대통령, 부통령 후보 조정에 실패한 것이 크게 작용했다.

진보당은 대한민국의 정통성과 주권을 모든 정책의 전제로 시인하였음에도 불구하고 좌경적인 정당이라는 인식을 주게 되어 탄압을 받았고, 비밀당원을 운영한 치밀한 조직과 젊은 구성원들, 급진적인 이념은 자유당과 민주당 모두에게 위협적인 존재로 인식되었기 때문이다.

신익희 후보가 서거하자 부통령 박기출 후보는 야당 연합전선 형성을 위해 사퇴하고, 대통령 조봉암 후보는 216만여 표를 얻어 이승만 후보에 이어 차점자가 됐다.

그러나 진보당 조직과정에서 의견대립을 빚어 서상일계가 탈퇴하는 등 곡절을 거쳐 조봉암계 단독으로 1956년 11월 진보당 창당대회를 개최하여 위원장에 조봉암, 부위원장에 박기출과 김달호, 간사장에 윤길중을 선출했다.

서상일은 비혁신계 정치인들과의 광범한 제휴를 주장한 반면, 조봉암은 순수혁신계 인사들만의 정당 결성을 주장하여 대립양상을 보였다. 결국 서상일은 잔보당 추진위원회를 탈퇴하고 민주혁신당을 창당했다.

서상일, 장건상, 신도성, 윤길중, 김기철, 김수선, 정화암 등 혁신계 인사들은 좌익 전력이 있는 조봉암의 지도 여부를 둘러싸고 난관에 봉착했고, 혁신정당의 주도권 문제가 통합의 걸림돌이 되어 무산됐으며, 이러한 파벌주의와 주도권 다툼은 범혁신세력의 통합을 가로막는 요인이 되었다.

진보당의 창당과정에서 이탈한 서상일, 이동영, 고정훈, 정구삼 등은 1956년 민주혁신당 추진위원회를 개최하여 위원장에 장건상, 부위원장에 서상일을 선출했다.

그러나 장건상, 서상일이 주도권 장악문제로 대립이 격화되어 분열상태를 가져왔고 결국에는 장건상, 김성숙 등 6명이 지하세력과 합작했다는 이유로 제명조치됐다.

검찰은 4대 총선을 앞두고 진보당에 대한 침투공작을 전개해오던 간첩사건과 관련하여 국가보안법 위반혐의로 진보당위원장 조봉암, 부위원장 김달호와 박기출, 간사장 윤길중 등 간부진을 전격적으로 구속했다.

아울러 공보실은 미군 점령시절의 군정령(軍政令)을 원용하여 진보당을 등록취소하는 조치를 강행했다.

이로 말미암아 진보당원들은 뿔뿔이 흩어졌고 반목(反目)과 분열을 일삼던 혁신계열은 위축되어 움츠러들었다.

이번 4대 총선에는 혁신계에서는 독립노농당(김두한, 전진한, 유화룡, 홍익선, 김용환), 통일당(김준연, 김태룡, 이정우, 이병규, 이찬순), 민주혁신당(정순학, 신태권, 서상일, 김수한, 노기만), 무소속(김성숙) 등으로 분열되어 출전하여 통일당 김준연 후보 이외에는 아무도 당선의 영광을 차지하지 못했다.

3. 총선 입후보자 868명, 무투표 당선자 9명

(1) 3.7대 1의 경쟁률에서 자유당과 민주당 후보들의 각축

자유당은 공천 후보 216명에 무공천 후보 21명 등 237명이 등록했고, 민주당은 공천 후보 199명에 무공천 후보 12명 등 211명이 등록했다.

그리고 통일당이 13명, 노농당이 7명, 민주혁신당이 6명, 국민회 11명, 기타 소수정당 12명, 무소속 385명으로 868명이 등록하여 평균 3.7대 1의 경쟁률을 보였다.

무투표 당선지구는 이천의 이기붕, 홍천의 이재학, 명주의 박용익, 영덕의 김원규, 양산의 지영진, 부산 영도갑의 이영언등 6곳이다

입후보자 가운데 배은희(대구갑), 서상일(대구을) 후보가 72세로 최고령 후보이고 이상하(경주)후보가 27세로 최연소 후보이다.

연령은 40~50세가 365명으로 가장 많고 현역의원이 168명이다. 학력은 대졸이 474명으로 가장 많고 중학교 졸업도 196명에 달하고 있다. 여성 후보는 6명뿐이다.

자유당은 이기붕 의장의 선거구 이동을 비롯해서 무투표 당선지구에서의 야당 후보자의 등록 방해 내지 강압적인 취소 조치에 대한 야당공세가 치열했고, 139명에 달하는 낙천자의 반발적인 입후보는 선거조직을 지리멸렬시키고 산표(散票)의 결과를 가져와 개헌

선 확보의 목표달성을 어렵게 했다.

자유당은 139명에 달하는 낙천자들이 자유당과의 당초의 서약에도 불구하고 입후보함으로써 그들이 발판으로 삼고 있는 기존세력과 공천자 중심으로 새로 개편된 신세력 사이에 대립과 갈등이 노출되어 조직에 심대한 균열(龜裂)을 초래했다.

영천 갑구 김귀암 후보가 입후보를 사퇴함에 따라 자유당 김상도 후보의 무투표 당선이, 영양에서도 무소속 김은호 후보의 등록이 무효되어 자유당 박종길 후보의 무투표 당선이 확정됐다.

울릉의 무소속 허필 후보가 사퇴함에 따라 자유당 최병권 후보의 무투표 당선이 확정되어 무투표 당선 지역은 9곳으로 늘어났다.

강원 인제 민주당 김대중 후보의 등록이 무효되고 선거운동이 시작되면서 성주의 신동욱 후보 등 많은 후보들이 중도 사퇴하여 최종 등록후보는 무소속 357명, 자유당 236명, 민주당 199명등 841명으로 집계됐다.

(2) 낙천(落薦)하고 무소속으로 입후보하면 선거법 위반

이번 선거에서 개헌선인 3분지 2이상의 의석 확보를 목표로 삼고 있는 자유당은 낙천자들의 입후보 사퇴공작을 추진하는 한편, 당선될 확률이 높은 무소속 후보들의 포섭 등 양면작전을 구사했다.

자유당은 낙천한 인사들이 줄줄이 입후보하여 중대한 시련을 맞고 있다. 자유당 낙천 인사 52명이 후보등록을 했다가 자유당 간부진의 간곡한 권유에 따라 김삼상(합천을), 남정섭(대전을), 이상희

(서산을) 등 8명이 출마를 포기했다.

자유당 공천에서 낙천하고 입후보한 139명 가운데 이기붕 의장의 설득으로 9명이 사퇴를 약속했으나 목표에 크게 미달하여 자유당은 이들을 모두 제명할 것을 결의했다.

그러나 선거일이 박두한 차제에 제명한다 하더라도 공천자에게 별반 도움이 되지 않을 뿐만 아니라 오히려 혼란을 조장시키고, 당선되면 포섭의 명분이 서지 아니한다는 이유 등으로 보류했다.

"각 정당의 공천에서 낙천되고서 무소속으로 입후보한 자는 선거법에 저촉된다"고 단정(斷定)한 검찰측의 견해 표시로 자유당, 민주당의 낙천자로써 탈당을 하지않은 채 무소속으로 입후보한 무소속 후보들이 충격 속에 빠졌다.

사위(詐僞)로 후보 등록한 자는 6개월 이하의 징역이나 금고 또는 5만 환이하의 벌금에 처한다는 규정에 저촉된 후보들은 자유당은 100여 명, 민주당은 19명으로 추산되었다.

자유당 이재학 국회부의장은 이 문제에 대하여 좀 더 연구해 보아야 할 것이라고 명확한 태도를 밝히지 않았다.

민주당은 무투표 당선지구의 대부분이 극심한 등록 방해로 인하여 이루어졌다는 사실을 들어 대정부 및 대자유당 공격을 시도했다.

"선거구의 이해는 국가적 이해에 우선할 수 없다"고 대항하고 있지만, 자유당 후보들의 권력과 금력을 동원하여 "학교 교사(校舍)를 증축한다", "교량을 가설한다", "도로를 재포장해준다", "수리공사를 확충한다"는 공약에 민주당 후보들은 적절한 대응 방안을 마련하지 못하여 열세 극복을 위해 속수무책일 수밖에 없었다.

이인갑 경주경찰서장은 "민주당에 투표하는 유권자는 사상을 의심한다"는 망언(妄言)도 쏟아내는 분위기 속에서 총선이 치뤄졌다.

(3) 민주당은 31개 지역구를 무공천지역으로 방치(放置)

공천을 받지 아니하고 민주당으로 출전하면 제명하겠다는 엄포에도 불구하고 광주 을구의 조국현, 금릉의 박용준, 정주영, 선산의 박기홍, 충무의 백중한 후보들이 출전했다.

민주당은 동대문갑(민관식), 괴산(김원태), 옹진(유영준), 단양(조종호), 공주갑(박충식), 진안(이옥동), 임실(박세경), 옥구(양일동), 해남갑(김병순), 영암(김준연), 진도(손재형), 군위(박만원), 영양(박종길), 영천갑(김상도), 칠곡(장택상), 선산(김우동), 울릉(최병권), 진양(구태회), 양산(지영진), 창원갑(김형돈), 남해(김정기), 합천갑(유봉순), 합천을(최창섭), 홍천(이재학), 횡성(장석윤), 영월(정규상), 평창(황호현), 인제(나상근), 명주(박용익), 울진(전만중), 남제주(현오봉) 지역구의 공천을 포기하여 자유당이나 무소속 후보들의 당선에 조력(助力)했다.

이 가운데 야당 인사로는 민관식, 양일동, 김준연, 장택상 후보 등을 들 수 있을 뿐이며 나머지 지역은 대부분 자유당 후보들이었다.

제3장 여촌야도(與村野都)현상이 두드러진 선거결과

1. 민주당은 46석에서 79석으로 큰 폭 신장

2. 공명선거는 한낱 공염불이며 백년하청

3. 제4대 총선에서 당선된 영광의 얼굴들

1. 민주당은 46석에서 79석으로 큰 폭 신장

(1) 개헌선 확보를 호언(豪言)하던 자유당은 126석 뿐

투표일을 전후하여 각 지방에서 부정투표, 탈법행위 등으로 인한 폭력사태가 다수 발생했다.

무소속 후보자들의 출마와 당선이 대폭 감소했고, 난립했던 정당·단체가 대폭적으로 정비됐다.

이념정당에 대한 거부감 때문에 혁신계 정당들은 의석을 획득하지 못했다. 특히 조봉암 진보당 위원장의 검거로 혁신정당들의 선거활동은 크게 위축됐다.

여촌야도의 투표행태가 나타났다. 자유당은 주로 소도시와 시골지역에서, 야당인 민주당은 대도시에서 승리했다.

선거결과 233석 중 자유당 126석, 민주당 79석, 무소속 27석, 통일당 1석의 의석 분포로 나타났다.

자유당은 과반수인 126석을 획득하여 원내 안정세력을 이루게 되었으나 개헌선에는 미치지 못하였다.

제3대 국회의원 선거에서는 46석을 획득했던 민주당은 반이승만 정치세력을 규합하여 79석을 차지하여 양당 구도의 기반을 마련했다.

223명의 당선자 가운데 48%인 112명의 초선 당선자가 배출했다. 이는 기성 정치인에 대한 불신과 자유당과 민주당의 공천에서 신인들이 다수 공천을 받았기 때문이다.

무투표 당선지구는 모두 자유당 현역의원으로 이기붕(이천), 이재학(홍천), 박용익(명주), 이영언(영도갑), 지영진(양산), 김원규(영덕), 김상도(영천갑), 박종길(영양), 최병권(울릉) 후보 등이다.

(2) 자유당과 민주당은 농촌과 도시를 양분(兩分)

우리나라의 도시는 일본 통치시대의 부(府)에서 출발됐다. 8·15 해방 당시 전국적으로 24부(府)가 있었는데 북한지역에 9부, 남한지역에 15부로 나뉘었다.

 남한에는 서울, 인천, 개성, 대전, 청주, 전주, 군산, 이리, 광주, 목포, 부산, 진주, 마산, 대구, 춘천 등이었으나 미군 군정기간 동안 서울시를 도(道)와 동등한 지위로 승격시켰고, 1949년에는 서울시를 서울특별시로 개칭하고 수원, 여수, 순천, 포항, 김천 등 5개읍을 시로 승격시켰다.

1953년 휴전과 함께 개성시가 북한지역으로 넘겨지고 1955년에는 제주, 원주, 경주, 충무, 강릉, 진해, 충주, 삼천포 등 8개읍이 시로 승격하면서 1 특별시 26개시(市)체제가 됐다.

서울 16개구, 부산 10개구, 대구 6개구, 인천과 광주 3개구, 대전과 전주 2개구 등 42개구와 수원 등 20개시의 20개구등 62개구가 시(市)지역 선거구였다.

시(市)지역에서 자유당은 서대문을(최규남), 충주(홍병각), 대전갑(정낙훈), 군산(김원전), 이리(김원중), 광주병(박홍규), 대구병(이우줄), 대구기(이순희), 포항(하태환), 부산 서갑(이상룡), 부산 영도갑(이영언), 부산 동래(김인호), 강릉(최용근) 등 13명의 당선자를 배출하여 21.0% 수준이었다.

반면 민주당은 171개의 군(郡)지역에서 양주갑(강영훈), 가평(홍익표), 용인(구철회), 화성을(홍봉진), 영동(민장식), 음성(김주묵), 제천(이태용), 공주을(김학준), 논산을(윤담), 서천(우희창), 홍성(유승준), 서산갑(전영석), 완주을(배성기), 금산(유진산), 남원갑(조정훈), 정읍갑(나용균), 정읍을(송영주), 고창을(홍순희), 김제갑(조한백), 김제을(윤제술), 익산을(윤택중), 무안을(유옥우), 무안병(김삭), 함평(김의택), 영광(조영규), 완도(김선태), 의성갑(김규만), 안동갑(권오종), 영천을(권중돈), 경산(박해정), 성주(주병환), 밀양갑(박창화), 밀양을(김정환), 동래(조일재), 통영(서정귀), 사천(정헌주) 후보 등이 당선되어 26개구에 불과하여 15.2% 수준에 불과했다.

(3) 무소속 당선자 26명에 대한 양당의 포섭 작전

개헌선인 156석 확보를 호언(豪言)하던 자유당은 간신히 과반의석을 차지하였을 뿐 의외의 참패를 당했다. 자유당의 패인은 공천이 독재적이고 불합리한 데 기인되었다는 불평이 뛰어나왔다.

민주당은 당초 목표했던 개헌저지선인 78석을 돌파한 것을 대승리로 보고 개가(凱歌)를 올렸다.

자유당은 343만 4,180표를 득표했고, 민주당은 283만 209표를 득표하여 표차(票差)는 겨우 60여 만표에 불과했다. 전국 주요도시를 민주당이 제압하였다는 사실과 함께 종래의 자유당에 대한 신임은 현저하게 감퇴되고 있다는 사실을 증명해 주었다.

자유당은 김법린(원내총무), 염우량(원내부총무), 김종신(예결위원장), 송우범(국방위원장), 강세형(외무위원장) 후보들이, 민주당은 이석기(원내총무), 현석호(조직부장), 소선규(정책위원장), 김영선(정책위원), 신각휴(충북도당위원장), 이정래(재정부장), 김판술(정책위원), 이충환(정책위원) 후보들이 낙선했다.

자유당은 자유당 공천에서 낙천되었거나 무소속으로 입후보하여 당선된 서임수(철원), 유기수(정선), 최석림(고성), 이사형(나주갑), 정세환(고창갑), 이옥동(진안), 김향수(강진), 손재형 (진도), 박상길(함양), 황호현(평창), 반재현(청도), 김정근(상주), 현오봉(남제주), 조종호(단양), 박병배(대덕) 당선자들에 대한 포섭공작을 벌였고, 민주당 당선자에게까지 마수를 뻗쳐 개헌선을 넘어서고자 물불을 가리지 아니했다.

자유당은 국회 개원전에 서임수, 유기수, 최석림, 이사형, 김향수, 손재형, 이재현, 박상길, 신영주, 정세환 의원 등 10명을 영입하여 136석을 확보함으로써 개헌선을 돌파했다.

2. 공명선거는 한낱 공염불이며 백년하청

(1) 전국 곳곳에서 투·개표 불법상황이 발생

투표당일 일련의 폭행사건은 살벌한 분위기를 조성함으로써 유권자들의 주권 행사를 방해하는 동시에 무더기 표의 투입 등을 자행하려는 자유당 후보자들의 사주(使嗾)에 의한 폭행으로 추측되었다. 이리하여 자유당이 부르짖던 공명선거, 자유분위기 보장은 끝내 단장(斷腸)의 장송곡을 울리고 말았다.

투표 당일 146매의 투표용지를 도난당하고 지서 순경이 50매가량의 무더기 표를 투입한 경남 창녕에서는 개표가 중단되어 수만명의 군중들이 "부정선거 밝혀라"는 구호를 외치며 시위를 벌였다.

전북 이리에서는 "선거사무 종사원들을 불신임한다"고 외치는 데모대들이 개표소에 난입하여 취재기자들을 폭행하는 난동으로 개표가 중단됐다.

전남 보성에서는 교육감이 학교 직원을 총동원하여 학교를 휴교상태로 방치하여 놓은 채 선거운동을 했고, 투표때에는 대리투표, 무더기 투표를 하다가 개표 때에는 폭력배들이 난입하여 민주당 이정래 후보와 야당 참관인들을 폭행하여 이정래 후보와 야당 참관인들이 모두 퇴장하여 자유당 단독으로 개표를 진행했다.

경남 울산 을구에서는 정해영 후보 지지자들이 수백명 떼를 지어 경찰서와 지서를 습격한 불상사를 일으켰다.

대구 병구와 대구 기구에서 정체불명의 청년들이 야당측 선거위원 및 참관인들을 집단 구타하는 사건이 발생되어 개표가 중단됐다.

서울 서대문 을구에서는 5명의 민주당 운동원이 10여 명의 괴청년들로부터 테러를 당했고, 이를 취재하던 동아일보 기자 2명도 무차별 폭행을 당했다.

동아일보 포항지국장도 투표상황 취재 중 수명의 괴한들에게 폭행을 당했다.

서울 용산에서는 장면 부통령 비방 포스터를 뜯고 있던 민주당 당원들이 반공청년단원들에게 집단폭행을 당해 입원했다.

(2) 민주당 조병옥 최고위원 항변과 당선무효 속출

민주당 조병옥 최고위원은 중앙선거위원회를 방문하여 대구, 창녕, 이리 등의 개표중단 사태에 대하여 엄중 항의하고 조속한 해결을 촉구했다.

조병옥 최고위원은 "이승만 대통령과 이기붕 국회의장은 내무부 장관 및 모든 경찰관을 징계에 회부하고 썩어빠진 대한민국의 민주주의를 소생하라"고 역설했다.

민주당은 "국민주권을 유린(蹂躪)하는 5·2 총선거의 추악상"이라는 성명서를 발표하고, 정부 및 자유당이 공약한 공명선거는 여지없이 파괴됐다고 비난했다.

더구나 김산 후보의 억울함은 천하가 다 아는 일인데 미미한 범죄혐의로 구속까지 하였으니 천인공노할 일이라고 폭로했다.

이번 선거기간중 발생한 선거법 위반은 1,065건이 발생하여 2,442명이 입건됐다.

당선무효 소송이 44건, 선거무효 소송이 32건 제기되어 불법선거 등으로 대법원에서 영일을(자유당 김익로), 인제(자유당 나상근), 영덕(자유당 김원규), 보성(자유당 안용백), 양산(자유당 지영진), 영주(자유당 이정희) 등 8개 지역의 선거가 무효판결을 받아 재선거가 실시됐다.

또한 개표 부정으로 선산(자유당 김우동에서 무소속 김동석), 대구을(자유당 이순희에서 민주당 최희송), 대구병(자유당 이우줄에서 민주당 임문석)에서 당선자가 뒤바뀌었다.

3. 제4대 총선에서 당선된 영광의 얼굴들

(1) 선거구 30곳을 증설하여 233개 선거구 획정

국회의원 선거구는 제헌의회에서는 200석이었다가 2대 총선에서는 210석으로 증설되었으나, 7개 선거구가 휴전협정으로 북한에 넘겨져 3대 총선에서는 203개 선거구에서 선거가 실시됐다.

이번 총선에서 강원도의 수복(收復)지구인 철원군, 화천군, 인제군, 양양군, 금화군, 양구군, 고성군이 새롭게 선거구로 증설됐다.

또한 서울의 동대문을, 경기도의 옹진, 연천, 강원도의 원성, 충북도의 중원, 충남도의 대전을, 당진을, 천안을이 신설됐다.

전북에서도 전주을, 남원을이 전남에서도 광주병, 무안병이 증설됐으나 서울의 마포 갑·을구와 전남 광산의 갑·을구가 통합됐다.

경북에서는 대구정, 대구무, 대구기구가 증설되고 월성이 갑·을구로 분구되어 4개구가 증설됐고, 경남에서는 부산시에 구제(區制)가 실시되면서 5개구가 10개구로 증설됐고 충무, 진해, 삼천포가 시로 승격하면서 분구되어 8개구가 증설됐다.

(2) 임기가 단축된 제4대 국회의원 당선자 현황

자유당: 126명

○ 서울(1명) : 최규남(서대문을)

○ 경기(14명) : 이성주(고양), 최인규(광주), 강성태(양주을), 이익흥(연천), 윤성순(포천), 유용식(양평), 김의준(여주), 이기붕(이천), 유영준(옹진), 오재영(안성), 정존수(평택), 장경근(부천), 손도심(화성갑), 정대천(파주)

○ 충북(8명) : 홍병각(충주), 오범수(청원갑), 곽의영(청원을), 김선우(보은), 권복인(옥천), 정운갑(진천), 김원태(괴산), 정상희(중원)

○ 충남 (15명) : 정낙훈(대전갑), 유지원(연기), 박충식(공주갑), 김공평(논산갑), 한광석(부여갑), 임철호(부여을), 이원장(보령), 김창동(청양), 윤병구(예산), 이민우(아산), 유순식(서산을), 인태식(당진갑), 원용석(당진을), 한희석(천안갑), 김종철(천안을)

○ 전북 (10명) : 김원전(군산), 김원중(이리), 이존화(완주갑), 김진원(무주), 정준모(장수), 박세경(임실), 임차주(순창), 안균섭(남원을), 신규식(부안), 김형섭(익산갑)

○ 전남 (18명) : 박흥규(광주병), 이정휴(광산), 국쾌남(담양), 조순(곡성), 이갑식(구례), 황숙현(광양), 이은태(여천), 이형모(승주), 안용백(보성), 손문경(고흥갑), 박철웅(고흥을), 구흥남(화순), 손석두(장흥), 김병순(해남갑), 김석진(해남을), 나판수(무안갑), 정명섭(나주을), 변진갑(장성)

○ 경북(24명) : 이우줄(대구병), 이순희(대구기), 하태환(포항),

김성곤(달성), 박만원(군위), 윤용구(청송), 박영교(의성을), 김익기(안동을), 박순석(영일갑), 김익로(영일을), 박종길(영양), 김원규(영덕), 이협우(월성갑), 이종준(월성을), 김상도(영천갑), 정남택(고령), 김철안(금릉), 조광희(상주갑), 김우동(선산), 이동녕(문경), 정재원(예천), 이정희(영주), 정문흠(봉화), 최병권(울릉)

○ 경남 (20명) : 김인호(부산 동래), 이상룡(부산 서갑), 이영언(부산 영도갑), 구태회(진양), 이영희(의령), 조경규(함안), 지영진(양산), 안덕기(울산갑), 김성탁(울산을), 강종무(김해갑), 이종수(김해을), 김형돈(창원갑), 이용범(창원을), 진석중(거제), 김정기(남해), 손영수(하동), 김재위(산청), 서한두(거창), 유봉순(합천갑), 최창섭(합천을)

○ 강원 (15명) : 최용근(강릉), 임우영(춘성), 이재학(홍천), 홍범희(원성), 박현숙(금화), 박덕영(화천), 최규옥(양구), 나상근(인제), 홍승업(고성), 이동근(양양), 박용익(명주), 김진만(삼척), 전만중(울진), 정규상(영월), 장석윤(횡성)

○ 제주 (1명) : 김두진(북제주)

민주당: 79명

○ 서울 (14명) : 윤보선(종로갑), 한근조(종로을), 주요한(중구갑), 정일형(중구을), 이영준(동대문을), 유성권(성동갑), 조병옥(성동을), 서범석(성북), 김상돈(마포), 김도연(서대문갑), 엄상섭(용산갑), 김원만(용산을), 윤명운(영등포갑), 유홍(영등포을)

○ 경기 (8명) : 김재곤(인천갑), 곽상훈(인천을), 김훈(인천병), 홍길선(수원), 강영훈(양주갑), 홍익표(가평), 구철회(용인), 홍봉진(화성을)

○ 충북 (4명) : 이민우(청주), 민장식(영동), 김주묵(음성), 이태용(제천)

○ 충남 (6명) : 진형하(대전을), 김학준(공주을), 윤담(논산을), 우희창(서천), 유승준(홍성), 전영석(서산갑)

○ 전북 (11명) : 유청(전주갑), 이철승(전주을), 배성기(완주을), 유진산(금산), 조정훈(남원갑), 나용균(정읍갑), 송영주(정읍을), 홍순희(고창을), 조한백(김제갑), 윤제술(김제을), 윤택중(익산을)

○ 전남 (10명) : 정성태(광주갑), 이필호(광주을), 정중섭(목포), 정재완(여수), 윤형남(순천), 유옥우(무안을), 김삭(무안병), 김선태(완도), 조영규(영광), 김의택(함평)

○ 경북 (8명) : 이병하(대구을), 조재천(대구정), 조일환(대구무), 김규만(의성갑), 권오종(안동갑), 권중돈(영천을), 박해정(경산), 주병환(성주)

○ 경남 (15명) : 김응주(부산 중구), 김동욱(부산 서을), 이만우(부산 영도을), 박순천(부산 동갑), 오위영(부산 동을), 이종남(부산 부산진갑), 박찬현(부산 부산진을), 허윤수(마산), 김용진(진주), 최천(충무), 박창화(밀양갑), 김정환(밀양을), 서정귀(통영), 정헌주(사천), 조일재(동래)

○ 강원 (2명) : 박충모(원주), 계광순(춘천)

○ 제주 (1명) : 고담룡(제주)

통일당: 1명

○ 전남 (1명) : 김준연(영암)

무소속: 27명

○ 서울 (1명) : 민관식(동대문갑)

○ 경기 (3명) : 이재형(시흥), 정준(김포), 윤재근(강화)

○ 충북 (1명) : 조종호(단양)

○ 충남 (1명) : 박병배(대덕)

○ 전북 (3명) : 이옥동(진안), 정세환(고창갑), 양일동(옥구)

○ 전남 (3명) : 김향수(강진), 이사형(나주갑), 손재형(진도)

○ 경북 (6명) : 신도환(대구갑), 문종두(김천), 반재현(청도), 장택상(칠곡), 김정근(상주을), 안용대(경주)

○ 경남 (5명) : 주금용(진해), 이재현(삼천포), 최석림(고성), 박상길(함양), 신영주(창녕)

○ 강원 (3명) : 서임수(철원), 황호현(평창), 유기수(정선)

○ 제주 (1명) : 현오봉(남제주)

[제2부] 자유당 독재정권의 단말마(斷末魔)

제1장 진보당 등록취소와 조봉암 사형
제2장 독재정권 강화를 위한 보안법 파동
제3장 경찰의 주도하에 실시된 재·보궐선거
제4장 조병옥 대선 후보 서거와 3·15 부정선거
제5장 1950년대 후반의 시대적 상황

제1장 진보당 등록취소와 조봉암 사형

1. 우리나라 최초의 혁신정당 등록취소

2. 비운의 정치가 조봉암의 사법(司法) 살인

1. 우리나라 최초의 혁신정당 등록취소

(1) 혁신계열의 분열로 1956년 11월에야 진보당 창당

한국 정당사상 첫 혁신정당인 진보당은 1956년 11월 조봉암을 중심으로 한 진보세력에 의해 조직됐다.

보수야당인 민주당의 창당 과정에서 배제된 조봉암, 서상일, 박기출, 신숙 등 혁신세력들은 혁신계 신당을 창당할 것을 결의하여 1956년 1월 진보당 추진위원회를 구성하여 본격적인 창당활동을 추진했다.

"우리 민족의 자주독립과 민주주의 쟁취의 역사적 성업인 3·1 운동의 숭고한 정신을 다시 환기하고 계승하여, 우리가 당면한 민주수호와 조국통일의 양대과업을 수행할 수 있는 혁신적 신당을 조직하고자 이제 분연히 일어섰다. 우리는 진정한 혁신은 오로지 피해를 받고있는 대중 자신의 자각(自覺)과 단결에 의해서만 실현될 수 있다는 것을 깊이 인식하고 관료적 특권정치의 배격과 대중 본위의 균형있는 경제체제를 확립할 것을 기약하고, 국민대중의 토대위에 선 신당을 발기하고자 한다"고 발기취지문에서 밝혔다.

그러나 조직과정에서 의견 대립으로 서상일계가 탈퇴하는 등 우여곡절을 거쳐 조봉암계 단독으로 진보당 창당대회를 가졌다.

진보당 추진위원회는 1956년 5월 제3대 대통령 선거에 조봉암을 내세웠고, 부통령 후보에는 박기출을 내세웠으나 박기출 후보는 야당 연합전선 형성을 위해 민주당 장면 후보를 지지하며 사퇴하고, 조봉암 후보는 216만여 표를 얻어 차점자가 되었다.

진보당은 창당대회에서 책임있는 혁신정치, 수탈없는 계획경제, 민주적 평화통일의 3대 정강(政綱)정책을 채택하고 위원장에 조봉암, 간사장에 윤길중을 선임했다.

(2) 총선을 앞두고 진보당 간부진의 대대적인 검거 선풍

경찰은 진보당위원장 조봉암, 부위원장 김달호와 박기출, 간사장 윤길중, 재정부장 조규택, 선전부장 조규희, 진보당헌 초안자인 성균관대 교수인 이동화 등을 극비리에 전격적으로 구속했다.

경찰은 진보당 사무실과 조봉암 위원장 자택을 수색하여 불법적으로 소지한 권총과 실탄도 압수했다.

조봉암 자택에서 압수한 불온 문건에는 비밀당원 명부와 소련이나 북한 등에서 개최한 각종 공산당대회의 결의문 원문(原文)등이 포함됐을뿐 아니라, 김일성에게 보내는 자필 서한도 발견됐다고 경찰당국은 일방적으로 발표했다.

그러나 경찰당국은 "국가 변조를 기도했다", "국가보안법 위반이다"라고 되풀이하면서, 과거에 검거됐던 간첩 박정호와 정우갑 사건을 읊조리고 있을 뿐 구체적 범죄사실은 얼버무렸다.

경찰당국은 진보당이 괴뢰 간첩들과 접촉이 있는 사실외에 진보당 정책으로 내건 '평화통일론'이 북괴의 '평화통일론'과 노선 및 방법이 똑같아 국가변란의 위험을 내포한 국가보안법 위반이라는 궁색한 변명만 늘어놓았다.

그리고 서정학 치안국장은 1946년 조봉암이 박헌영에게 '절연장'을 보냈으나 공산당 탈당성명서를 낸 사실이 없다는 점을 강조하면서, "현재까지 조사한 결과 진보당은 그동안 북괴 간첩의 배후조종하에서 북괴의 통일노선을 영합(迎合)지지하고 있다는 사실이 판명됐다", "남북 연립정부를 수립한다는 국가변란을 목적으로 한 음모를 획책중에 있다는 사실이 판명됐다"는 수사결과를 발표했다.

경찰은 진보당 조직부장 이명하, 경기도당위원장 김기철, 재정부부간사 신창균, 교양담당 간사 김병휘 등 4명을 추가 구속했다.

검찰에서도 4대 국회의원 선거를 앞두고 진보당에 대한 침투공작을 전개해 오던 간첩사건과 북괴들이 부르짖은 소위 평화통일운동에 직접 호응하는 움직임과 나아가서는 남북협상까지 획책하려던 일부 인사들의 비밀언동이 드러남으로써 국가보안법 저촉(抵觸)행위로 검거한 것이라고 구속사유를 밝혔다.

서울지검 조인구 부장검사는 "진보당은 대한민국과 북한이 동시에 총선거를 실시할 것을 주장했는데, 이는 반공하는 국시에 위배되는 용공정책으로 국가보안법 위반이다"라고 구속사유를 설명했고 평화통일 운운의 구호가 국시(國是)에 위반된다고 추가 표명했다.

정순석 검찰총장은 "진보당은 불법 결사된 단체다", "최근에 물적 증거가 드러남으로써 수사에 착수한 것이다", "국회의원 선거와의 관련은 전혀 근거없는 소리이며 검찰의 수사가 정치성을 내포할 수 없는 것이다"라고 정치성이 없음을 거듭 밝혔다.

대검찰청 오제도 주임검사는 "진보당이 등장한 지는 오래되지만 그 불법결사의 물적 증거가 최근에 드러났으면 구속할 수도 있는 문제가 아니냐"고 전격구속에 대한 해명에 급급했다.

국가보안법 위반 혐의로 구속 중인 김달호 의원의 석방결의안에 대해, 이재학 국회부의장은 "자유당은 아직 아무런 고려도 하지 않고 있다"고, 민주당에서도 "당국에서 수사 결과가 명백히 밝혀지기 전에 국회에서 석방 결의를 운운한다는 것은 경솔한 결과를 초래할지 모른다"고 냉담한 반응을 보였다.

윤길중은 구속적부심사 법정에서 "김달호 의원은 경찰에게 실컷 얻어 맞았다"고 지인들에게 전했다.

조봉암, 김달호 등 피고인들은 "남북한 총선거가 왜 위법이냐"면서, 오히려 북진통일이 휴전협정과 국제법의 위반이라고 역공(逆攻)을 펼쳤다.

그러나 서울지법 김재옥 부장판사는 증거인멸 및 도피의 우려가 있다며 피고인 전원의 구속적부심사 신청을 기각하여 구속을 이어갔다.

(3) 진보당은 평화통일론의 빌미로 간첩과의 접선을 기도

진보당 사건은 '중앙정치'란 잡지에 조봉암이 집필한 '평화통일론' 논문을 게재하여 경찰이 이를 문제 삼은 것이다.

이 논문에서 대한민국과 북한 괴뢰정권이 다 같이 정부를 해체하고 통일선거를 실시해야 한다고 주장했다.

수사당국에서는 대한민국의 정부를 해체한다는 것이 대한민국 헌법을 부인하고 주권을 부인한다는 논리가 성립되어 불법으로 간주하고 있다고 밝혔다.

조봉암은 문제의 평화통일론을 간부들과 상의하고서 진보당 기관지인 '중앙정치'에 게재했다고 해명했다.

경찰은 조봉암이 비밀당원 명부를 김세룡에게 지령하여 친지인 김정호 집에 감추게 한 사실이 있으며, 김정호는 비밀서류 일부를 소각하여 증거를 인멸했다고 발표했다.

경찰은 비밀당원과 후원자에 대한 대대적인 수사를 벌였으나 소득이 없어 수사가 답보상태임을 시인하면서도, 1956년 6월 북파 간첩 박정호가 조봉암을 만났다는 사실은 진보당 면회부(面會簿)에서 확인했으며, 조봉암은 밀사를 북괴에 보냈고 북괴는 1개월 동안 밀봉(密封)교육 후 밀사를 돌려보냈다고 발표했다.

 검찰은 국가보안법 위반혐의로 간첩 박정호와 근로인민당 장건상, 김성숙 등 혁신계 인사 20명을 추가로 구속했다.

신태악 변호사는 진보당 사건과 간첩 박정호 사건과의 분리를 신청했으나 재판부는 관련사건이라며 분리심리를 기각했다.

서울지법 윤학노 부장판사는 간첩 박정호에게 사형을 언도하고 "혁신세력을 규합하여 이미 비합법화된 근로인민당의 재건을 꾀하였다"는 혐의로 기소된 장건상, 김성숙 등 15명에게는 무죄를 선고했다.

그러나 검찰은 무죄 판결을 받은 장건상 등 15명을 범죄사실을 별건으로 추가하여 새로이 입건하기로 결정했다.

(4) 진보당의 남파 간첩과의 접선을 집중 부각

경찰은 진보당 간부가 간첩 박정호로부터 전달받은 북괴의 지령문을 소각하여 증거를 인멸했다고 발표했다.

간첩 박정호는 진보당 침투 공작 로비로 3만 달러를 북괴에서 받아 진보당에 침투했으며, 로비를 받은 진보당은 창당 당시의 당헌에 평화통일의 노선을 변조한 혐의가 있다고 경찰 당국은 밝혔다.

또한 경찰은 진보당을 영도하는 지도층이 적색 간첩과 야합함으로써 진보당이 북괴 지령으로 조종(操縱)되어 왔다고 밝혔다.

서정학 치안국장은 "북한에서 밀파된 적색간첩들과 야합하여 창당 당시의 진보당 노선을 변조하여 국시를 위반한 사실이 판명되었다"고 진보당의 위법사항을 설명했으나, 명백한 위법사실을 적시(摘示)하지는 못했다.

서정학 치안국장은 지난 4월 이후 진보당 조직확대 지령을 받은 박정호 등 14명이 조봉암과 접선하여 무력 통일이 아닌 평화통일을 내용으로 한 진보당 정강(政綱)변경 지령의 실현을 위해 공작금 1만 달라를 활용했으며, 간첩 정우갑은 재일(在日)조총련으로부터 진보당에 가입하여 평화통일 공작을 전개하라는 지령을 받고 조봉암과 접선했다고 덧붙였다.

간첩 홍종생은 제4대 총선에서 진보당에 자금을 제공하여 당선에 협력하라는 지령을 받고 암약했다면서, 경찰은 진보당과 간첩들과 연계만을 강조했을뿐 구체적 범죄사실은 밝혀내지는 아니했다.

조봉암은 간첩 박정호를 만나지 아니했고, 간첩 정우갑은 재일교포로 일본의 사정을 듣고 싶어 6명이 함께 만났을 뿐이며, 북한에 있는 김약수는 한민당 소속으로 함께 의정(議政)생활을 했으나 절친하지 않아 밀사를 보낼 관계가 결코 아니다라고 항변했다.

그러나 조봉암은 북한 괴뢰집단으로부터 밀파된 간첩들과 접선, 야합한 사실을 시인했다고 경찰은 밝혔다.

경찰은 조봉암이 간첩 박정호, 정우갑, 김경태 등과 접선한 사실에 대해서는 '7인 위원회'를 구성하여 '재야혁신세력 주비위원회'를 만들었던 장건상, 김성숙 등이 증인이 될 수 있다고 주장했다.

경찰은 간첩 김정호가 진보당에 전달한 지령은 국제적 혁명세력의 강화, 의회투쟁을 위한 원내진출, 사회주의의 흡인력 확장 등 공산당 선언과 일치한 내용이었다고 밝혔다.

정순석 검찰총장은 "조봉암, 윤길중은 재일 조총련에서 밀파된 정우갑과도 합류하여 괴뢰로부터 진보당 확대지령까지 받았다"고 추가 설명했다.

(5) 창당 1년 3개월 만에 진보당은 등록취소

이승만 정부는 소위 진보당 사건이라는 재판이 진행 중인 1958년 2월 평화통일론, 북한이 밀파한 간첩과 접선, 북한에 밀사 파견, 북한 공작대원들과 접선, 진보당원을 의회에 진출시켜 대한민국을 파괴하려는 기도 등의 이유를 들어 서둘러 진보당의 등록을 취소시켰다.

정부가 진보당의 등록을 취소함으로써 진보당은 창당한 지 1년 3개월 만에 합법 정당으로서의 자격을 상실했다.

오인환 공보실장은 "국가보안법 위반 및 간첩의 혐의를 받고있는 진보당 간부들에게 판결을 내리는 것은 법원의 권한이지만, 정당 등록에 관한 사항은 공보실의 소관사항으로 정당이 국법에 저촉되는 행위를 하는 경우 이를 의법(依法)조치하는 것은 공보실의 권한이다"라고 당당하게 밝혔다.

공보실은 진보당은 대한민국의 국법과 유엔의 결의에 위반되는 통일방안을 주장하였다고 등록 취소사유를 밝혔다.

진보당이 북한 공산당과 접선했다는 사실만으로도 진보당은 대한민국의 합법적인 정당으로서 인정받을 자격이 없다고 덧붙였다.

공보실은 진보당이 공산당 비밀당원과 공산당 동조자들을 국회의원에 당선시켜 그들을 통하여 대한민국을 음해, 파괴하려고 기도하여왔다는 논리를 전개했다.

최치환 서울 시경국장은 "가급적 진보당이 불법화되기 전에 모든 간판을 떼도록 종용하겠다"고 으름장까지 놓았다.

2. 비운의 정치가 조봉암의 사법(司法) 살인

(1) 이승만 대통령의 좋은 적수로 부상한 조봉암

간첩 및 간첩방조, 국가보안법을 위반한 조봉암은 일찍이 강화군청 근무 중 3·1 운동에 가담하여 1년간 서대문 형무소에 수감됐고, 도일(渡日)하여 사회주의 체제로의 한국독립을 목표로 항일투쟁을 전개하다가 귀국하여 김약수 등과 무산자동맹 및 서울청년회를 조직했다.

1925년에는 조선공산당을 조직하여 코민테른 한국지부로 인정을 받고서, 모스크바 공산대학 출신인 김조이와 결혼했다.

중국의 공산당 창시자 진독수와 함께 활동하다가 중국 상해에서 일본 경찰에 체포되어 신의주 형무소에서 7년간 감옥생활을 했다.

1944년 일본 헌병에 또 다시 체포되어 옥고를 치뤘으나 8·15 해방을 맞아 방면(放免)됐다.

조선공산당 인천지구책으로 활동하다가 모스크바 삼상회의를 지지하는 박헌영에게 신탁통치 반대를 공개 주장하며, 결별을 선언하여 박헌영에 의해 조선공산당으로부터 출당(黜黨)조치를 당했다.

1948년 제헌의원 선거에서 인천 을구에 출전하여 당선되고 초대 농림부장관에 발탁됐으며, 제2대 국회의원에도 인천 병구에서 당선되고, 1952년 대통령 선거에 출전하여 이시영과 신흥우를 꺾고 차점 낙선했다.

1955년 민주당 입당이 좌절되자, 재야 혁신세력을 총규합하여 새로운 정당을 모색하여 윤길중, 서상일 등과 진보당 결당 추진위원회를 조직했다.

1956년 정·부통령선거에서 '남북의 평화통일', '수탈없는 경제체제', '혁신정치의 구현'을 내걸고 선전하여 신익희 후보의 서거로 이승만 대통령에 이어 차점으로 낙선했다.

조봉암은 남파된 대남간첩 박정호와 밀회하고 북한에 성명 미상의 밀사를 파견한 것으로 알려졌으나, 본인은 밀사를 파견한 사실을 극구 부인했다.

이승만 대통령은 중공군의 북한으로부터의 철수에 즈음하여 "중공군이 우리나라를 떠나서 돌아오지 않는다면 우리는 전국을 통한 자유선거로 자발적으로 통일을 달성할 것이다"는 평화통일에 대한 담화를 발표하기도 했다.

그리하여 진보당의 평화통일론이 국가보안법에 위배되어 진보당 간부 모두가 구속되고 합법적인 진보당이 등록취소되어야 하느냐는 문제는 많은 논란을 가져왔다.

(2) 북괴 간첩 양명산과의 접선만을 시인한 조봉암

육군 방첩특무대는 조봉암과 접선한 거물급 대남 괴뢰간첩 양명산을 검거했다고 발표했다.

양명산은 조봉암과 3~4차에 걸쳐 밀회하고, 조봉암의 조카에게 북괴의 공작금을 건넸으며, "과거 박헌영에 대한 비판을 북한에서도 동정한다", "혁신정당의 정치투쟁을 지원하라"는 북괴의 지령을 받고 조봉암에게 이를 전달했다.

또한 양명산은 조봉암에게 생활비조의 공작금 500백만 환을 지원한 것을 시인했고, "남한에서 언론기관, 신문, 잡지사 등을 조속히 운영하여 일반인에게 평화통일론을 널리 주입(注入)시키라"는 지령과 함께 추가 자금지원을 약속했다고 덧붙였다.

육군 방첩특무대는 양명산이 북괴로부터 4만 달러 공작금을 받아 진보당 확대 공작비로 모두 소진했다는 영수증까지 확보했으며, 이들의 밀회장소는 시내 요정이나 진관사 등 교외라고 밝혔다.

조봉암이 양명산으로부터 사업하는데 개인적 원조 운운은 구실에 불과하고 북괴와 내통하여 국가 전복을 기도했다고 설명했다.

검찰은 육군 방첩특무대로부터 이첩받아, 북괴 간첩 양명산을 12차례에 걸쳐 북한을 다녀왔으며, 진보당의 정치자금으로 1천 5백만 환과 2만 7천 달라를 조봉암에게 전달한 밀사로 기소했다.

양명산과 조봉암은 신의주 감옥에서 감옥 동지로 극진하게 지낸 처지였으며, "양명산이 이북을 왕래한 자란 것을 전혀 모르고 교제했다"는 조봉암은 양명산으로부터 1천만환 정도의 자금을 얻어 썼다는 것을 시인했다.

조봉암 피고는 "나는 사실 양명산 피고가 특무대에서 진술한 내용을 믿지 않으며, 현재까지 공판 진행상황을 보건데 양명산이 북괴와 접선은 사실인 것 같다"며 양명산은 나도 속이고 괴뢰집단도 속인 셈이라고 주장했다.

조인구 서울지검 부장검사는 진보당의 평화통일론은 자유민주주의를 지양(止揚)하는 불법결사의 오도된 통일론이라며 조봉암, 양명산에게 사형, 윤길중에게 무기, 박기출과 김달호에게는 20년 징역을 구형했다.

진보당 신도성 피고는 "진보당의 평화통일론은 이북 괴뢰가 주장하는 평화통일론과는 사뭇 다르다"고 주장했다.

이를 받아들여 유병진 부장판사가 주심을 맡은 서울지법 재판부는 조봉암, 양명산은 각각 징역 5년, 김정학, 이동현에게 각각 징역 1년, 윤길중, 박기출, 김달호 등 17명에게 무죄를 선고했다.

유병진 부장판사는 "평화통일론은 문제가 안 되거든"이라고 소신을 피력했고, 조인구 부장검사는 쓴웃음을 지었다.

판결 뒤 법원 청사에서는 반공청년을 자처하는 괴청년 수 백명이 몰려들어 "친공(親共)판사 유병진을 타도하라", "조봉암을 간첩혐의로 처형하라"고 외치며 난동을 부렸다.

조인구, 방재기 검사들은 항소심에서 "진보당은 사회주의를 내세우고 평화통일을 부르짖으며 북한 괴뢰와 내통한 국시를 위반한 불법단체"라고 주장하며 1심과 같이 사형을 구형했다.

박기출 피고인은 "진보당이 대한민국을 변란케 한 비합법적인 집단이라고 해석하는 것은 독재주의 국가에서만 있을 수 있는 일이다"라고 최후 진술했다.

양명산 피고는 항소심에서 "조봉암 피고는 이북과 아무런 연락도 한 일이 없다"고 사건의 핵심진술을 완전 번복했다.

양명산 피고는 없는 사실을 있는 것 같이 조작한 것은 순전히 육군 방첩특무대에서 조작한 것을 무조건 시인한데 불과하다고 설명하면서, 방첩특무대 조사관은 "당신 스스로가 최고 악질이 되어다오. 그러면 당신은 재판에 회부되어도 한 두번 심문받고 나올 것이며 조봉암은 사형감이다"라는 설명을 받고 송청되자, 조인구 부장검사는 "당신이 나가면 다시는 이북에 가지 말고 이남에 영주하라"고 일러 주었다면서, 육군 방첩특무대에서의 진술을 전면 부인했다.

양명산 피고는 "검찰조서에서 강조한 박일영이란 조직책이 조봉암에게 돈을 보내고 지령을 주었다고 되어 있으나 박일영은 알지도 못하고 만난 일이 없으며, 괴뢰 정보단체 사장인 김난주로부터 지령을 받았다는 것도 실존하지 아니한 인물로 완전하게 날조(捏造)된 것"이라고 증언했으나, 조인구 부장검사는 "양명산이 살고 싶다는 의욕에서 조작된 발악"이라고 일소에 붙였다.

1심에서 5년 징역형을 선고받았던 조봉암, 양명산 피고들이 2심에서는 사형을, 무죄를 선고받았던 윤길중, 김달호 등은 3년 징역형을 선고받아 법을 믿고 사는 피고들이 다시 긴장했다.

(3) 이승만 정권의 사법살인으로 회자된 조봉암 사형집행

대법원에서는 간첩 박정호에게는 사형을 언도하되 근로인민당원인

장건상 등 14명에게는 무죄를 확정했다.

반공청년단원을 자처한 청년들이 "조봉암을 간첩혐의로 처형하라"는 데모가 연일 계속된 분위기에서 재판장 김세원, 주심 김갑수, 간여검사 오제도의 대법정에서 조봉암과 양명산에게는 사형을, 윤길중, 박기출등 진보당 간부들은 무죄를 선고했다.

주심 김갑수 대법관은 조봉암의 간첩 양명산과의 접선, 국가보안법 위반, 무기 불법소지 등을 모두 유죄로 인정했다.

그러나 진보당이 국가변란을 기도한 결사는 아니며, 그 정책으로 내건 평화통일론은 언론의 자유의 한계를 벗어나지 않았기 때문에 무죄라고 선고했다.

대통령 후보였던 조봉암을 제거하기로 작정한 이승만 정권은 구속된 진보당 간부들에게 모진 고문을 자행하면서, 살려줄 테니 조봉암이 간첩이었다는 사실만을 진술하라는 등 사건조작을 위해 수단과 방법을 가리지 않았다.

정치적 구명운동으로 조봉암이 전과(前過)를 뉘우치고 이승만에게 충성을 다짐한다는 성명을 내는 구상을 했으나, 조봉암은 "나는 비록 법 앞에 죽음의 몸이 되었다고 하여도 나의 조국 대한민국에 대한 충성은 스스로 의심할 수 없다는 것을 밝힌다"면서, 타협을 거부하고 죽음의 길을 선택했다.

사형수 조봉암은 신태악, 윤길중, 김달호 변호사를 선임하여 재심을 청구했다.

재심사유로는 육군 방첩특무대 수사관 고영섭이 간첩 양명산을 장기간 불법감금하고 진술조서를 변조했음을 시인했다는 사유였다.

그러나 김갑수 대법관은 "강제고문에 의하여 그릇 작성된 조서와 증거를 가지고 사실과 달리 오판했기 때문에 청구한다는 재심의 사유를 인정할 수 없다"면서 기각결정을 내렸다.

재심청구는 사형을 선고했던 김갑수 재판관에 의해 기각되고 가족들의 눈물겨운 구명 탄원도 무위에 그친 채 법무부장관 홍진기와 이승만 대통령의 확인을 거쳐 재심청구가 기각된 이튿날 사형이 집행됐다.

조봉암은 마지막 술 한잔과 담배 한 대를 간청했으나 거절되자, 설교와 기도를 부탁하며 조용히 교수대의 이슬로 사라졌다.

조봉암의 죽음이야말로 독재정권이 얼마나 잔인할 수 있는가를 극명하게 보여준 사례로서 이승만의 '사법살인'이 먼 훗날까지 회자됐다.

석방된 김달호 의원은 "조봉암에게 무기 불법소지를 적용하여 판결한 것은 수긍이 되나 기타 다른 죄명으로 유죄판결을 한 것은 대법원의 권위 있어야 할 판결이 명백한 오판이 되고 말았다"고 지적했다.

제2장 독재정권 강화를 위한 보안법 파동

1. 보안법 개정안에 대한 문제제기와 공방

2. 무술경위를 동원하여 보안법 날치기통과

3. 보안법 파동의 여진은 정국의 경색으로

1. 보안법 개정에 대한 문제 제기와 공방

(1) 독재정치 강화에 악용될 소지가 있는 보안법

국가보안법은 여수·순천에서의 국방경비대 14연대 반란 직후인 1948년 12월 1일 이승만 정권에 의해 제정됐다.

제4대 총선에서 개헌선을 확보하지 못한 채 갈수록 지지기반을 상실해간 자유당은 제4대 대통령 선거전을 겨냥하여 야당의 발을 묶고 언론에 재갈을 물릴 목적으로 보안법을 강화하는 데 눈을 돌렸다.

자유당은 이와같은 숨겨진 목표아래 간첩을 색출하고 좌경세력을 발본색원한다는 명분을 들어 새 보안법안을 국회에 제출했다.

정부는 1958년 8월 9일 "현행 국가보안법은 북한 괴뢰정권의 위장 평화통일 공작을 주 임무로 하는 간첩과 국가변란을 목적으로 하는 천태만상(千態萬象)의 범죄를 충분히 단속할 수 있는 법조항이 결여되었다"는 이유를 들어 국가보안법 개정안을 제출했다.

새 보안법은 간첩행위를 극형에 처하되 간첩활동의 방조행위에 대해 범죄구성의 요건을 명확히 하고, 간첩죄 피고인은 변호사 접견을 금지하며, 상고심의 제도를 폐지한다는 내용이 포함됐다.

민주당과 일부 무소속의원들은 "간첩 개념의 확대 규정은 정·부통령 선거를 앞두고 야당과 언론인의 활동을 제약하고 탄압하려는 저의가 숨어있다"면서, "변호사의 접견 금지와 3심제의 폐지는 명백한 헌법위반"이라며 반대에 나섰다.

언론에서도 보안법 개정의 반대이유를 우리는 공산주의로부터의 지나친 피해 망상증이나 피해 공포의식에 사로잡혀, 정부에게 국민생활에 대한 통제권을 완전히 집중하게 된다면 인간으로서의 기본권리를 상실하게 된다. 또한 권력의 위임자와 수임자 간에 필요하고 충분한 신뢰가 없다면 국가생활을 지속하기 어렵다.

모든 사람을 시의(猜疑)하고 적의 오열(五列)이 아닌가하고 의심하여 파렴치한 밀고제도와 인간성을 전적으로 무시한 권력적인 강제로 겨우 제도와 질서를 유지한 공산주의 체제와 본질적으로 동일한 사회체제로 전락하게 된다.

개인의 안전과 자유와 권리가 정치권력에 의해서 제멋대로 유린당하게 된다면 그것은 법이 있으면서 법이 없는 공포사회의 출발을 의미하게 된다.

국가기밀이나 정보의 탐지·수집·누설을 가벌(可罰)행위로 규정하여 죄형법정주의라는 근대국가의 기본 원리와 헌법상 확립된 원칙을 무시하는 입법이라 할 것이다.

그리고 단체나 집단의 지령을 받고 집회를 하거나 문서 등을 반포하여 헌법상의 기관이나 그 구성원의 명예를 훼손한 자는 10년 이하의 징역에 처한다는 것은 신문이나 잡지에서 정부기관이나 요인을 비판할 경우 북한괴뢰의 지령을 받고 한 것으로 문초(問招)를 당하지 않으리라는 보장이 없기 때문이다.

우리의 정부와 국회는 언론자유를 사갈(蛇蝎)처럼 미워하고 총포 화약류처럼 위험시하여 이를 기회 있을 때마다 철저히 단속하여 온 반민주적 의욕과 나쁜 전통을 가지고 있다.

"구속된 날부터 10일간 변호인과의 접견을 금지할 수 있다"는 규정은 기본인권을 무시하고 피의자를 불안과 공포의 도가니에 몰아 넣게 할 우려가 있다.

이는 "누구든지 체포, 구금을 받을 때는 즉시 변호인의 조력을 받을 권리와 그 당부의 심사를 법원에 청구할 권리가 보장된다"고한 헌법 규정에 명백하고 직접적인 위반이다.

그리고 수사기관에서 작성한 피의자의 심문조서는 피의자가 공판정에서 그 내용을 인정하지 아니할 때에도 증거를 삼을 수 있다는 조항은 고문, 폭행, 협박, 신체적 구속의 부당한 장기화로 인한 의제(擬制)자백(自白)에는 증거능력을 인정할 수 없다는 규정에 정면 배치된 것이다 등을 나열하며 보안법 반대를 주장했다.

(2)자유당과 민주당의 극렬한 보안법 공방전

민주당과 무소속 의원 95명은 '국가보안법 개정 반대투쟁위원회'를 구성하여 위원장에 백남훈, 지도위원에 조병옥·곽상훈·장택상 의원을 추대하여 범야 연합전선으로 저지투쟁에 나섰다.

자유당도 반공투쟁위원회를 구성하고 장택상 의원을 회유하여 위원장으로 추대함으로써, 범야 연합전선의 붕괴를 기도하면서 강행 통과를 서둘렀다.

반공투쟁위원장에 장택상 의원이 선출되자, 장택상 위원장은 "호랑이를 잡으려면 호혈(虎穴)에 들어가야 한다"며, 마치 자유당을 장중(掌中)에 넣기 위해 반공투위원회에 들어간 인상을 풍겼다.

장택상은 "조병옥을 용공주의자라고 하는 자야말로 망국(亡國) 도배(徒輩)이며 그들을 국외로 추방해야 한다"고 주장했다.

신보안법 공청회에서 정체불명의 청년들이 야당측 연사들에게 공산당을 운운하며 욕설을 해댔다. 자유당 원내대책위원회는 보안법 개정을 조속히 통과할 것을 의결했다.

민주당 조재천 선전부장은 "자유당이 국민 전체의 자유와 주권을 억압하려는 것은 민주적 방식으로는 현 정권을 유지할 수 없기때문에 강압적 수단에 호소하려는 것을 입증한 것이다"며 최대의 투쟁을 전개할 것을 선언했다.

민주당 윤명운 의원은 부산에서 5. 26 국회의원 연금 사례를 언급하며 보안법 개정을 반대했고, 민주당 윤제술 의원은 "국가보안이 아니라 정권의 영속(永續)을 위한 자유당 보안법"이라고 독설(毒舌)을 퍼부었다.

그러나 정부·여당 연석회의에서 정부는 신국가보안법을 이번 회기 내에 국회에 제출하기로 결의했다.

민주당 의원총회는 각계에서 물의를 자아내고 있는 신(新)국가보안법안을 "공포정치의 우려가 농후할 뿐더러 민주주의의 말로에 돌입하는 중대사태"라며 한사(恨死)코 좌절시키자는데 의견의 일치를 보았다.

민주당은 "신국가보안법안이 서독, 영국, 미국 등에 비해 가혹하다"는 결론을 내고, 유진산 원내총무는 "불행한 사태를 각오하면서 민주당은 신국가보안법을 반대한다"는 결의를 다짐했다.

조병옥 민주당 대표도 "국가보안법을 폐기하는 방향으로 싸우다가 옥쇄(玉碎)할 수밖에 없다"고 비장한 결의를 표명했다.

자유당도 원내에 반공투쟁위원회를 결성하기로 했으나, 이 위원회가 과거 '땃벌떼', '백골단'과 같은 정치적 압력단체라는 나쁜 인상을 국민에게 줄 우려가 있어 주춤했다.

이승만 대통령은 "신국가보안법은 합법적인 자유를 제한하거나 억제하려는 의도를 갖고있는 것이 아님에도 불구하고 정치적인 분쟁으로 혼란상이 계속되고 있다"면서 보안법 개정을 옹호했다.

한국신문편집인협회에서는 언론인으로서 "공연히 허위의 사실을 적시 또는 유포하거나 인심을 혼란케 하여 적을 이롭게 한 자는 5년 이하의 징역에 처한다"는 조항은 위정자에 대한 비판을 막으려는 조항으로 반대하지 아니할 수 없다고 주장했다.

또한 피고인의 의사에 반하여 사법경찰이 작성한 조서의 증거능력을 인정한 조항은 경찰에 의한 자백의 강요가 없지 아니한 현 시대에 있어서는 중대한 차질을 가져올 우려가 있다고 덧붙였다.

민주당과 무소속 85명의 의원들은 "민주주의의 장송곡과 함께 일당 독재정치가 출현하려는 이 아슬아슬한 찰나에 국가보안법 개악 반대 투쟁에 생사를 도(賭)한다"는 선언서에 서명했다.

무소속의 양일동, 이재형, 이옥동, 문종두, 박병배, 조종호, 윤재근, 주금용, 장택상, 정준 의원이 참여했다.

2. 무술경위를 동원하여 보안법 날치기 통과

(1) 민주당의 끈질긴 방해와 법사위원회 소동

신 국가보안법안이 상정된 법사위는 자유당 손도심 의원이 보안법은 공산당을 잡자는 것이지 용공분자를 잡자는 것이 아니라며 욕설을 퍼붓자, 민주당 의원들이 항의와 난투로 수라장화 됐다.

법사위에 모여들었던 여·야 의원들은 사소한 언쟁 끝에 육탄전이 전개됐고, 야당의원들의 줄기찬 방해투쟁으로 국가보안법안에 대한 홍진기 법무부장관의 제안 설명이 저지됐다.

홍진기 법무부장관은 "이러한 분위기에서는 국무위원의 위신을 지킬 수 없으므로 제안설명은 제안이유서를 인용(引用)한다"고 말을 맺었다.

민주당 유진산 원내총무는 "만일 자유당이 보안법안 중 몇 개 조문을 철회하고 민주당과 협의한다면 민주당이 응할 용의가 있다"고 강온전략을 전개했다.

민주당은 독소조항으로 규정한 9개 조항을 삭제할 경우에는 구태여 보안법안 자체를 비토할 이유가 없다고 결의했다.

자유당은 민주당이 법사위에서 보안법 심의를 극도로 방해할 때에는 본회의에 직접 상정을 검토했다.

법사위에서 민주당 의원들이 식사하러 간 사이에 자유당 단독으로 3분 만에 전격적으로 보안법안을 통과하자, 민주당은 반대농성 투쟁에 돌입했다.

민주당 의원 전원이 의사당 사수에 들어가 외투를 이불삼아 깊어가는 역사의 밤을 맞이했다.

민주당은 법사위의 통과를 원상으로 복귀시키라는 통고문을 자유당에 보냈다.

(2) 민주당 의원들을 감금하고 자유당 단독으로 의결

자유당 정부는 강행통과를 위해서 내무부와 은밀한 협의를 거쳐 극비리에 전국 각지의 경찰서에서 유도와 태권도 유단자인 무술경관 3백 명을 임시로 특채하여 3일 동안 국회 경위의 역할을 담당할 훈련을 시켰다.

무술경위들은 사회를 맡은 한희석 국회부의장을 에워싸고 본회의장에 난입(亂入)하여, 연 6일째 철야농성으로 지칠 대로 지친 야당의원들을 무자비하게 구타하고 지하실에 감금시켰다.

무술경위들의 폭행으로 야당 의원들의 비명이 의사당 안팎에 메아리쳤다.

무술경위들에게 반항하다가 박순천, 김상돈, 허윤수, 유성권, 윤택중, 김웅주, 김재곤 의원들이 중경상을 입고 세브란스 병원에 입원하여 응급치료를 받았다.

이렇게 야당의원들을 폭행한 무술경위들이 의사당의 모든 출입문을 지키고 있는 가운데, 한희석 국회부의장의 사회로 자유당 의원들만으로 본회의가 열렸다.

농성야당 의원 축출의 광풍(狂風)이 지나간 후 자유당 의원들은 태연히 국가보안법안, 참의원 선거법안 등을 일사천리(一瀉千里)로 통과시켰다.

국회 지하실에 감금당하고 있던 야당 의원들은 법안들이 통과된 이후에 무장 경관들로부터 비로소 석방됐다.

민관식 의원은 감금 여섯시간을 회고하며 "우리는 개처럼 끌려 들어 갔어요. 우리는 그곳에서 엄숙히 애국가를 봉창(奉唱)하고 만세를 불렀지요"라며 눈에는 눈물이 글썽거렸다.

보안법이 통과된 후 지하실 구석에 감금돼 있던 야당의원들의 금족령이 풀리자, 이들은 태평로 의사당 앞에서 "보안법 무효", "민주주의 만세"를 외쳤다.

무술경관들의 폭력에 의하여 6시간 동안 감금당하였던 농성 야당 의원들이 의사당 밖으로 밀려 나와 "대한민국의 간판을 갈아라"라고 아우성치며 울부짖었으나 강제로 차에 태워 귀가조치됐다.

폭력에 의하여 국회의사당에서 축출당한 민주당 의원들은 24일 불법 통과한 모든 안건의 무효화를 선언하고 투쟁방법을 강구했다.

민주당 의원들은 '보안법 파동'을 계기로 국회에서 통과된 모든 안건의 무효확인건을 처리하게 위한 임시회 소집을 요구했다.

3. 보안법 파동의 여진은 정국의 경색으로

(1) 전국적인 데모 확산과 민권수호연맹 결성

경찰은 서울을 비롯한 부산, 대구, 마산, 충무, 전주, 대전, 충주, 전주, 이리, 인천, 정읍에서 일어난 데모를 진압하기위해 삼엄(森嚴)한 경비태세를 갖추고 비상태세에 돌입했다.

보안법 개악 반대 전국 국민대회 발기위원회는 국회의 불법적인 처사는 완전 무효일 뿐 아니라 정치도의와 의회정치의 기본원칙을 유린한 폭거라고 규탄하고, "이제 전 국민은 용감히 궐기해서 우리의 민주주의를 기사(旣死)에서 회생시키는 구국대열에 참집(參集)하자"고 호소했다.

재야인사를 총망라하여 '민권수호연맹'을 발족시켰다. 민권수호연맹은 "범국민적인 결속으로 일체의 비민주적 경향을 타파한다. 국민의 기본권을 수호한다"고 결의했다.

미국의 뉴욕타임즈도 자유 위협에 불안요소가 있어 보안법 발효에 관한 관심은 당연하다는 비판 논문을 게재했다.

서울시청 앞 광장에서 보안법 개악(改惡) 반대 데모가 일어나자, 경찰은 강력히 저지하여 충돌이 불가피했다.

보안법 반대 국민운동 저지는 법에 명문(明文)규정은 없는 조치이지만 경찰에서는 "공안유지를 위해 필요하다"고 강조했다.

민주당 김대중은 "국민대회 준비측에서는 법적절차를 갖추고 질서 정연하게 시가행진을 하겠다는 충정을 감안하면 당국에서 집회를 불허한 것은 심히 유감스러운 행위"라며 평화적 시위를 가질 수 있는 배려를 촉구했다.

보안법 파동에 대해 지성인들은 마치 경찰국가의 인상을 주고 있으며 평화로운 데모는 막을 수 없는 일이며 잘못을 저지른 정부, 여당에서 독소조항을 고쳐야 한다고 주장했다.

김병로 전 대법원장은 신보안법은 무효이며 국민은 악법폐지를 요구할 권리가 있고 경찰의 집회금지는 위법이라는 의견을 피력했다.

민주당은 파동 당시의 의장단의 총퇴진을 요구하면서 민의원 총사퇴를 제안했으나 자유당의 반응은 냉담했다.

국가보안법 개악 반대 전국 국민대회가 1,500명이 참석한 가운데 개최됐으며 시, 도 결성대회를 갖추기 위한 준비도 추진했다.

민주당 의원들은 보안법 반대 데모가 경찰의 탄압으로 말미암아 중지됨을 계기로 야당 존재가치 상실로 반대 활동의 체념상태에서 의원직 총사퇴서를 제출하자는 의견이 속출했다.

그러나 조병옥 민주당 대표는 "오늘의 국가적 긴장 상태는 대한민국의 위신을 손상시키고 있으므로 빈대를 잡기 위하여 집을 태울 수는 없는 처지인 만큼 대국적 견지에서 이 사태가 수습되기를 요망한다"고 주장했다.

국회의사당 앞에서 "신보안법은 무효"라며 삐라를 살포하여 만세 삼창을 한 서울시민 14명을 경찰은 연행했다.

경찰은 13일 개최되는 국민대회를 불허하기로 결정하고, 전국 각지에서 산발적으로 일어나는 데모를 진압하기 위해 오는 15일부터는 삐라 살포와 각종 데모를 새 보안법을 적용하여 처벌하기로 했다.

국가보안법 개악을 반대하는 민주당의 마이크 방송을 둘러싸고 이를 제지하려는 경찰들과의 대치로 민주당사 주변의 일대는 수라장을 이루었다.

경찰관 50여 명은 유리창을 부수고 민주당사에 난입하여 부녀자 8명을 종로경찰서로 연행했다.

(2) 여야 영수(領袖)회담에서도 실마리를 찾지 못하고

조병옥 민주당 대표는 자유당은 계속 정권을 유지하기 위해 압박과 탄압의 정책을 사용하고 있어 한국은 전체주의적 경찰국가가 될 위협에 직면해 있다면서 자유당의 완고(頑固)파를 비난하며 새 보안법 중 최소 6개 조문의 수정을 희망했다.

민주당 의원총회에서는 보안법 파동의 주역인 한희석 국회부의장의 사회를 거부하기로 결의했다. 그리고 악용 가능성이 배제된 보안법 대안을 준비했다.

또한 민주당은 무술경위를 공무방해 및 상해 등 죄목으로 집단 고발키로 결의했다.

보안법 파동의 시국을 수습하기 위한 이기붕, 조병옥 회담이 소득 없이 결렬되고, 이승만 대통령과 조병옥 대표와의 면담도 불발되어, 보안법 파동은 장기화 태세에 돌입됐다.

민권수호 국민총연맹은 제4대 국회의 해산을 요구하고 거국적 국민운동을 전개하며 난국의 타개를 호소했다.

반대 투쟁에 대한 경찰의 강력한 저지로 연맹의 활동이 위축되자 민권수호 국민총연맹에서 김창숙, 신숙, 서상일, 전진한, 정화암, 이인, 조경한, 장홍염 등 비민주당 계열 인사들이 탈퇴함으로 사실상 와해(瓦解)됐다.

한희석 국회부의장은 "책임을 가진 사람으로서 법에 의한 조치를 할 수밖에 없었다"며, "보안법 사태는 상상도 하기 싫은 슬프고 가슴 아픈 일이었다"고 국회에서 답변했다.

한희석 국회부의장은 경호권 발동은 합법적이었으며 신규 채용된 경위는 임시직원이었다는 담화를 발표했다.

자유당은 민주당의 보안법 5개항 요구조건을 회의 의제로 수락하여 여·야 지도자회의를 개최했으나 무산됐고, 보안법 반대투쟁은 싱거운 공포(空砲)로 흐지부지되고 그 덕택으로 보안법은 산후 몸조리로 휴양 중이며, 1960년 정·부통령 선거까지 거구(巨軀)를 감춘 빙산으로 똬리를 틀고 있었다.

사퇴서를 제출한 한희석 국회부의장은 "잘못 물러나다가는 민주당의 요구대로 보안법 파동에 인책 사퇴하는 꼴이 될 것이므로 기회를 봐서 물러나라"는 자유당의 주장에 엉거주춤했다.

야당의원들의 불신임과 사회 거부를 받아 왔던 한희석 부의장은 임시회 폐회 하루를 앞두고 "국회의 원활한 운영을 위할 뿐아니라 자유당 중앙위원회 부의장으로 1960년 정·부통령 선거를 대비하여 사임코저 한다"고 사표를 제출하여 수리됐다.

국회는 1개월 반(半)만에 이기붕 국회의장이 지명한 임철호 의원을 국회 부의장으로 선출했고 민주당은 백지투표로 반발했다.

4·19 혁명 이후 보안법 파동 당시 불법적 음모, 무술경위 동원의 경과 등이 밝혀졌고, 위헌적 독소(毒素)규정을 제거한 국가보안법 개정안이 1960년 5월 31일 국회를 통과했다.

보안법 파동에 동원된 경위 등은 민주당 정권에서 폭력으로 민주주의를 말살한 독재자의 졸도(卒徒)라고 매도되며 300명의 명단이 지상에 공개됐다.

폭행, 협박, 상해, 불법감금죄로 무술경위들을 단두대에 세워야 한다는 여론도 급물살 타고 구속할 기세까지 치달렸다.

제3장 경찰의 주도하에 실시된 재·보궐 선거

1. 전국적으로 전개된 부정선거의 민낯
2. 국민정서에서 빗나간 부정선거 사후처리
3. 경찰의 불법주도로 자유당이 석권한 재선거

1. 전국적으로 전개된 부정선거의 민낯

(1) 자유스런 선거분위기가 유린되어 공명선거는 공염불

제4대 총선에선 깡패 아래에 형사가 있고, 형사 밑에는 국회의원이 있다는 말이 회자(膾炙)됐다.

깡패가 행패를 부린 것을 경찰이 부인하고 있고, 경찰이 선거에 개입한 사실을 자유당이 부인하고 있고, 자유당은 부정선거 사건을 민주당의 조작이라고 뒤집어씌웠으며, 공정한 언론기관의 보도를 허위·날조라는 렛텔을 붙였다.

제약 많은 협상선거법 관계로 두드러지게 눈에 띄는 선거전은 없는 반면 폭력과 관권, 금권이 난무하는 각종 선거 방해사건이 경향(京鄕) 각지에서 점증하여 자유스러운 분위기는 어김없이 유린되고, 번번이 부르짖던 공명선거도 공염불이 됐다.

대구는 수 많은 폭력배들이 공공연하게 야당 입후보자의 운동원들의 집을 습격하여 폭행하는 등 공포의 도시로 몰아갔다.

"서동진 개자식 운동을 하면 용서 안한다"등의 폭언과 함께 야당후보 운동원에 대한 폭행이 사흘 동안 계속되어 대구를 암흑천지로 만들었다.

서대문 을구에서는 야당후보 운동원 5명이 괴청년들로부터 집단테러를 당했고 취재기자 2명도 집단 폭행을 당했다.

동아일보 포항지국장도 취재하던 중 수명의 괴한들에게 폭행을 당한 사건이 발생했다.

이와 같은 폭행사건은 살벌한 분위기를 조성함으로써 유권자들의 자유로운 주권행사를 방해하는 동시에 무더기표의 투입 등을 자행하려는 자유당 입후보자들의 비민주적이고 악랄한 수단이 아닌가 추측되어, 자유당이 한결같이 부르짖던 공명선거와 자유분위기 보장이 끝내 단장(斷腸)의 장송곡을 울리고 말았다.

장면 부통령은 "금번 실시된 선거상황을 들건데 실로 건국이래 가장 비합법적인 사태가 도처에서 발생되었음을 알 수 있는데, 만일 이를 묵과한다면 우리나라 민주정치의 전도(前途)는 암담하게 될 것을 우려함으로써, 이에 일언을 가하여 관계 당국자들의 반성과 개오(改悟)를 촉구한다"는 성명서를 발표했다.

이에 국무위원들은 "장면 부통령은 신성한 부통령의 의무를 떠나서 정부와 민간을 이간(離間)시켜 가지고 개인의 세력 부식에만 급급하여, 역사상 가장 명랑한 4대의원 선거를 역사상 유례없는 부정선거라고 단정(斷定)하여 나라의 위신에 중대한 영향을 주었다"고 반박했다.

(2) 개표소의 난동으로 7개 선거구에서 개표가 중단

전국적으로 순조롭게 진행된 개표가 대구병, 대구기, 의성갑, 창녕, 무안병, 고창을, 이리 등 7개 선거구의 개표가 중단됐다.

대구 병구와 대구 기구에서는 민주당 후보들이 리드하자 폭도들이 동원되어 야당 참관인들을 퇴장시켰고, 이 과정에서 경찰관의 탈법적인 발악이 있었다.

자유당을 비호(庇護)하는 어깨 선거위원들에 의해 야간 개표가 강행되었다가 정전사태와 폭력 발동이 반복되었고 빈대, 피아노, 올빼미표 등 엉터리 개표 등으로 자유당 후보들이 모두 당선됐다.

투표함 사수를 위해 개표장 입구에 거적을 펴고 밤을 새운 우옥분 여사를 '대구의 잔다르크', '대구의 어머니', '민주주의의 여상'으로 칭송을 받았다.

투표함을 지키던 아들이 폭도들에게 두들겨 맞을 때 우옥분 여사는 "매를 맞아도 비겁하지 말라"고 외쳤고, 군중들도 "우리가 있다. 용감히 싸워라", "어머니의 고함을 똑바로 들어라"라고 격려하여 대구의 밤하늘에 눈물마저 흘리게 했다.

대구에서는 개표 광경을 감시하려던 군중들은 기마경찰대의 발굽에 못 이겨 해산되었고, 민주당 선거위원은 얼마나 다급하였던지 "나는 포기하였으니 살려 주시요"하면서 와들와들 떨고만 있었다.

창녕에서는 무더기표, 용지도난, 대리투표 등 여러 사건이 일어나자 수 만명의 군중이 철야농성을 하면서 부정을 밝히라고 아우성쳤다.

이리에서는 상급 선관위의 개표중지 명령을 거부하고 자유당 독단으로 암흑과 공포와 전율(戰慄)에 뒤엎인 폭력단의 만행을 허용한 가운데 개표를 진행했다.

전주지법 판사의 재개표 중지명령을 거역하고 투표함의 차압명령도 무시하면서 개표를 단행한 이철호 이리선거위원장이 고발됐다.

의성 갑구에서는 정체불명의 청년들이 야당측 참관인들을 납치, 구타하는 사건이 발생하여 개표가 중단됐다.

무안 병구와 고창 을구에서도 무더기표, 대리투표를 하고서 개표 때에는 폭력배들이 야당 참관인을 내몰아 개표가 중단됐다.

이처럼 전국 곳곳에서 개표가 중단되고 정전되고 자유당 단독 개표가 진행되는 부정개표가 만발했다.

민주당은 "이번 선거는 교계(較計)와 간지(奸智)와 만행과 강도행위로 충만한 추태(醜態)의 선거였다"고 논평했다.

(3) 선거법 위반에 대한 야당(野黨)편향 무더기 기소

대구, 이리, 무안 등지를 비롯한 일부 선거구에서의 폭력과 경찰의 엄호 아래 감행된 개표의 추악상은 국민의 분격을 자아냈다.

더구나 수사기관에서는 야당 후보들에 대한 일방적인 선거법 위반 혐의 입건 조치는 야당의 개헌저지선을 파괴하려는 수단으로도 보였다.

협상 선거법에 의한 사전선거운동 혐의로 전남 무안경찰서에서 14명을 입건하여 구속을 신청하여 선거사범 1호를 기록했다.

홍진기 법무부장관은 선거법 위반으로 당선자 18명, 낙선자 12명이 현재 내사(內査)중에 있다고 발표했다.

당선자는 조한백, 최천, 민장식, 홍익표, 유진산, 허윤수, 구철회, 이필호(민주당) 이우줄, 조경규, 곽의영, 이익흥, 국쾌남, 구흥남(자유당) 김정근, 박병배(무소속) 후보 등이다.

민주당 조병옥 최고위원은 홍진기 법무부장관을 방문하여 항의하는 한편 여야 후보의 공평한 처리를 요청했다.

민주당은 대구 병구 등 일부 선거구에서 폭행과 관권으로 자유당 후보를 억지 당선케 한데 대해 민주주의의 반역행위라고 힐난하면서, 이와같은 부정한 방법에 대한 자유당 후보의 당선은 인정할 수 없는 만큼 당선무효 소송에서 정당한 판결이 이루어져야 할 것이라고 주장했다.

민주당은 개헌선 확보에 실패한 자유당이 호헌선(護憲線)을 붕괴하기 위한 정략으로 보고 호헌선을 사수하기 위해서는 어떠한 희생이라도 불사한다는 강경한 태도를 보였다.

이번 총선에는 233개 선거구 가운데 78개 선거구에서 선거소송이 제기됐다.

지난 총선에서 25건이 제기된 것에 비하면 자유분위기 속에서 실시되지 않았다는 것이 반증되고 있으며, 소송의 70%인 55개 선거구에서는 자유당 당선자이다. 이는 무소속으로 당선되었다가 자유당에 입당한 7명이 포함됐다.

이번 총선을 놓고 자유당은 "잘된 공명선거"라고 호평하고 있고, 민주당은 "유례 없는 강탈선거"라고 비난했다.

2. 국민정서에서 빗나간 부정선거 사후처리

(1) 무투표 당선지역구에서 등록방해 항의가 속출

이천에서 등록취소한 민주당 연윤희 후보는 "도처에서 모여든 20여 대의 짚차와 무장경찰 그리고 100여 명의 어깨들의 횡행(橫行)으로 계엄령하와 같은 살풍경을 이루었기 때문에 공포를 느껴 등록을 취소한 것이다"라고 호소했다.

그러나 몇 일 후에는 "이번의 등록취소는 이기붕 의장과 싸워 봤댔자 도저히 승산이 없기때문에 쓸데없이 만용(蠻勇)을 부리다가 패가망신을 하기보다는 뒷날을 기대하는 것이 현명할 것 같아서 취한 것이고, 결코 어떤 압력에 눌려 취소한 것이 아니다"라고 번복했다.

이기붕 후보의 이천을 비롯하여 무투표 당선지구는 홍천(자유당 이재학), 명주(자유당 박용익), 영덕(자유당 김원규) 양산(자유당 지영진), 영도갑(자유당 이영언) 등 6개 지역구였다.

그러나 영천 갑구의 김귀암, 영양의 김은호, 울릉의 허필 후보가 선거기간중에 사퇴하여 김상도, 박종길, 최병권 등 자유당 후보들이 모두 무투표 당선되어 무투표 지역은 9개 지역구로 늘어났다.

무투표 지역에서 야당이나 무소속 후보자의 등록방해, 강압적인 취소 등이 있었으나, 대법원은 "이기태의 등록서류심사를 고의로

8시간이나 지연시켜 마감시간을 넘김으로써 무투표 당선시켰다"며 경남 양산의 당선자 지영진 의원과 민주당 김영수 후보의 등록무효는 불법이라며 경북 영덕의 당선자 김원규 의원의 무투표 당선을 취소시켜 2개 지역구에서만 재선거가 실시됐다.

(2) 개표 부정으로 3개 선거구 당선자가 번복(飜覆)

대법원 백한성 재판장은 대구 기구의 선거소송에 대하여 자유당 이순희 후보의 당선을 무효화하고 민주당 최희송 후보의 당선을 확정시켰다.

판결이유는 최희송 후보의 유효표가 이순희 후보의 표 속에 혼재하거나 무효표 속에서 최희송 후보의 유효표가 다수였음이 인정됐기 때문이었다.

당초의 개표결과는 자유당 이순희 후보가 218표로 앞섰으나, 재검표결과는 민주당 최희송 후보가 2,747표차로 승리했다.

대구 병구의 재검표 결과 당락이 뒤바뀌었다. 개표결과 자유당 이우줄 후보가 678표 차로 승리했으나, 재검표에서는 민주당 임문석 후보가 2,800표차로 승리하여 '표도둑을 찾아달라'고 아우성치는 대구시민의 원한이 마침내 풀리었으며, 밤중에만 개표를 한 올빼미 개표가 백일하에 폭로된 셈이다.

대구 병구 당선자인 자유당 이우줄 후보가 소위 쌍가락지표의 지시 혐의로 구속됐다.

불법개표를 진두지휘한 박종무가 대구지검에 자수하여 대구지역 개표장에서의 테러를 폭로했다.

박종무는 깡패 13명을 취할 정도로 술을 먹이고 개표를 마친 후 여비를 두둑히 주어 귀향시켰다고 진술했다.

법원에서도 자유당 후보를 당선시키려고 야간만 개표를 진행한 관련자 46명에 대해 모두 유죄판결을 선고했다.

경북 선산에서는 환표 여부를 밝혀 달라는 소송에서 재검표 결과 무소속 김동석 후보가 당초에는 자유당 김우동 후보에게 930표 뒤졌으나, 재검표 결과 450표 앞서 당선이 번복됐다.

이로써 대구 병구(자유당 이우줄 → 민주당 임문석), 대구 기구(자유당 이순희 → 민주당 최희송), 경북 선산(자유당 김우동 → 무소속 김동석)에서 당선자가 뒤바뀌었다.

(3) 불법선거, 부정개표도 법망(法網)을 피해 당선을 보장

경남 밀양 을구 투표함 재검표 결과 민주당 김정환 후보 투표 뭉치속에 무소속 엄익순 후보에게 투표한 500표 뭉치가 발견되어 당락이 엇갈리게 되었으나, 투표용지의 빛깔과 선거위원장의 도장이 달라 고의적으로 사후에 바꿔치기한 것이 아닌가하는 의구심으로 당락이 번복되지 아니했다.

24표 차로 당락이 엇갈린 경북 의성 갑구의 재검표 결과 무효표가 된 대부분이 쌍가락지표로 이를 유효표로 간주하면 수치상 당락 번복이 확실시 되지만, 쌍가락지표의 유효표 산정이 어려워 민주당 김규만 후보의 당선이 유지됐다.

전남 화순 선거구에서는 민주당 후보의 성명란을 가리고 투표케 한 소위 아이롱표가 다량으로 발견되어 선관위의 논쟁을 불러왔다. 그러나 자유당 구흥남 후보의 당선에는 영향을 미치지 못했다.

경북 상주 갑구 선거소송 현장검증에서 "대리, 이중 투표하는 것을 봤다"는 증인이 증언했지만, 법원에서 인정하지 아니하여 당락에는 영향을 미치지 못했다.

경북 금릉 선거구에서는 투표용지 1천매가 선거위원장의 직인이 달라 당선자 김철안과 낙선자 우돈규 후보의 당락이 번복될 것으로 예상됐다. 그러나 법원은 직인이 다른 투표지를 유효표로 인정하여 자유당 김철안 후보의 당선을 추인했다.

그리고 철원(당선자 서임수), 문경(당선자 이동녕) 지구도 원고 패소 판결로 당선이 확정됐다.

전북 이리는 재검표 결과 당선자 김원중보다 민주당 이춘기 후보가 916표 앞서 당선자가 번복됐다.

그러나 대법원에서 오손된 무효표를 대구병, 대구기, 부산 서구 갑에서는 유효표로 간주했지만, 이리에서만은 유일하게 무효표로 간주하여 김원중 후보의 당선이 유지됐다.

대법원은 경북 금릉, 경북 영양, 전북 이리의 선거소송을 기각하고 기각 이유를 입증할 만한 자료가 없다고 설명했고, 당선무효 판결이 예상됐던 천안 갑구, 당진, 강릉, 아산, 옥구 지역구도 원고 청구기각 판결이 내려져 자유당 후보들의 당선이 유지됐다.

강원도 양구 선거구에서 자유당 최규옥 당선자가 법원에 보전되어 있는 투표함속의 투표용지를 조작 환표하여 놓았다고 최규옥 의원의 전 비서였던 신중곤이 검찰에 자수하여 부정을 폭로하고 철창 행을 감행했다.

신중곤은 김재순의 유효표를 무효표로 조작하고 투표용지를 500매 절취하여 최규옥 유효표로 조작했다고 주장했다.

그러나 신중곤의 선거부정 폭로는 허위로 판명됐고, 신중곤은 "고독하고 저주받은 환경의 세상을 뒤흔들고 싶었다"고 자백했지만 후유증을 남겼다.

사천 환표사건의 김항곤 피고인에게 항소심에서도 징역 1년 6개월이 선고됐다.

김항곤 피고인은 자유당 공천을 받고 민주당 정헌주 후보에게 패배했으나, 정헌주 후보가 선거기간중 허위사실을 유포했고, 부정개표 등을 조작하였으며, 투표함 봉인을 뜯고 투표용지를 반출한 혐의 등으로 고소했다.

사천에서 발생한 사후 환표사건에 대한 공판에서 김항곤 피고는 사주한 일이 없다고 주장하였지만, 이송우 피고는 부탁받고 했다고 상반된 진술을 펼치고 있어 법원의 판결이 주목을 받았다.

환표사건의 효시인 정읍 환표사건이란 전북도의원 선거 때 고부에서 정읍으로 수송 도중 경찰관들이 투표함을 뜯고 환표함으로써 민주당 은종숙 후보가 낙선하고 자유당 후보가 당선된 사건이다.

(4) 영일 을구 자유당 김익로 후보 재공천은 민심이반

대법원 김갑수 부장판사는 경북 영일 을구(당선자 김익로) 선거를 무효판결했다.

민주당 김상순 후보가 등록을 마쳤으나 선관위에서 집행유예 기간 만료 후 2년이 경과하지 않았다는 이유로 등록이 취소되었으나, 집행유예 기간이 만료하면 피선거권이 복원되므로 2년이 경과할 필요가 없다고 해석하여 무효화시켰다.

이재학 국회부의장은 영일 을구 선거무표 판결은 사법부의 권위를 추락시킨 오판이라는 발언으로 징계동의안이 제출됐으나 자유당의 엄호로 부결됐다.

재선거에서 자유당은 김익로 후보를 재공천하여 민주당 김상순 후보를 324표차로 꺾고 재당선의 기쁨을 맛보았다.

그러나 민주당은 영일 을구의 선거의 자유분위기 파괴상을 들어 항의하는 동시에 삼엄한 경찰의 경비 속에서 깡패들이 공공연히 개표소 안에 침입해서 멋대로 난동을 감행하여 "민의가 폭력 앞에 압살(壓殺)되었다"고 당선무효 소송도 제기했다.

영일 을구 표도둑 이부진 피고가 방례원 부장판사와 한옥신 부장검사 입회하에 실시된 현장검증에서 이영재에게 받은 표뭉치를 김익로 자택에 전달한 것 모두 허위자백이라고 주장했다.

대구지검 한옥신 부장검사는 김익로 형제에 대해 "혐의 없다"고 불기소 결정을 했다. 이는 준기소명령이 내릴 것이라는 세평(世評)을 뒤집은 검찰 사상 유례없는 모순된 처사였다.

검찰은 절취한 표를 김익로 집에 전달했는데 이를 뒷받침할 증거가 없다고 본 것이다.

대구 고법도 김상순 후보가 제기한 재정신청을 기각하여 김익로 후보의 범죄는 증거가 없다는 이유로 무죄 판결했다.

대법원의 상고심을 앞두고 이영재 피고는 김익로 후보 집에서 일부 선관위원도 참석하여 표도둑 계획을 모의했고, 개표 중 정전도 우연히 한 것이 아니라고 자필 상고이유서에서 밝혔다.

 이영재 피고는 표도둑은 치밀한 계획으로 계획됐으며, 고의적인 정전이 되자 깡패들의 선동으로 집기와 의자 등이 난무하여 암흑속의 수라장이 되자, 정연보 피고가 투표지 네 뭉치 350표를 훔쳤다고 표도둑 사실을 자백했고, 이덕우 개표원도 350표 도난사실을 인정했다.

350표를 도둑질한 이부진이 현장 검증에서 자연스럽게 도둑질한 표를 배금련을 거쳐 김익로에게 건네준 그 때의 상황을 재연(再演)했고, 개표소인 대송국민학교 김응룡 교장은 정전(停電) 사고에 대한 진술을 이랬다 저랬다 갈팡질팡했다.

그러나 인위적 정전 혐의가 짙다고 개표원 이덕우가 진술했고, 이영재가 350표 훔친 사실을 자백했으며, 개표소 난입한 깡패들은 김익로 후보 측에서 숙식을 제공한 인물들로 밝혀졌다.

대법원(배정현 재판장)은 영일 을구 재선거에 대한 선거무효 판결을 내렸다. 개표상황을 참관한 한옥신 부장검사의 보고와 홍진기 법무부장관이 용단으로 부정선거를 자인할 수밖에 없었다.

3.경찰의 불법주도로 자유당이 석권한 재선거

(1) 불법선거로 10개 선거구에서 재선거 실시

민주당 김상순 후보의 등록무효가 불법으로 대법원의 선거무효 판결로 1958. 9. 19일 경북 영일 을구에서 재선거가 실시됐고, 대법원에서 불법선거로 인한 선거무효 판결로 1959년 6월 강원 인제, 경북 영덕, 월성 을구, 경남 울산 을구에서 재선거가 실시됐다.

뒤늦게 전남 보성의 불법선거로 인한 선거무효, 경남 양산의 무투표 당선의 하자로 인한 당선무효로 1959년 6월 재선거가 실시됐다.

재선거에서 당선된 김익로 후보의 표도둑이 판명되어 영일 을구에서 재재선거가 실시됐고, 경북 영주 선거구에서 1천 표의 위조표가 뒤늦게 발견되어 대법원이 일부지역 선거 무효판결이 내려져 자유당 이정희 의원이 의원직을 상실하여 일부 재선거가 실시됐다.

대법원의 선거무효 판결로 무투표 당선된 자유당 지영진, 자유당 김원규 의원을 비롯하여 자유당 나상근, 자유당 이종준, 자유당 김성탁, 자유당 안용백 의원들이 의원직을 잃었다.

영일 을구의 재재선거는 경찰들의 불법선거 자행으로 후보자들이 선거를 보이콧했고, 동시에 실시한 경북 영주에서도 후보자들이 사퇴하여 의미있는 선거결과를 만들어내지 못했다.

(2) 경북 영일 을구 : 등록무효 번복(飜覆)으로 실시된 재선거에서 표도둑을 감행하여 재당선된 자유당 김익로

지난 4대 총선에서 제헌, 2대, 3대의원인 자유당 김익로 후보가 32,108표를 득표하여 4,368표를 득표한 의사출신인 무소속 이신근, 2,534표를 득표한 경성일보 포항지국장 출신인 최장수 후보들을 꺾고 4선의원 금자탑을 쌓아 올렸다.

민주당 김상순 후보는 등록무효됐고, 치안국장으로 명성을 드높인 무소속 김종원 후보는 선거운동 기간중에 사퇴했다.

대법원은 민주당 김상순 후보가 등록을 마쳤으나 선거관리위원회에서 집행유예기간 만료 후 2년이 경과하지 않았다는 이유로 등록을 취소했으나, 집행유예기간이 만료되면 피선거권이 복원되므로 2년이 경과할 필요가 없는데도 등록을 취소한 채 선거가 실시된 것은 무효라며 선거무효를 선고했다.

그리하여 실시한 재선거에서 자유당에서는 지난 4대 총선에서 당선된 김익로 후보를 재출전시켰고, 민주당에서는 등록무효로 출전치 못한 김상순 후보를 공천하여 설욕전을 펼치도록 했다.

한국무역협회 부산지점장 출신인 김헌수 후보가 무소속으로 출전했고, 지난 4대 총선에도 출전했던 이신근 후보가 무소속으로 출전하였다가 중도에 사퇴했다.

자유당 김익로 후보는 전국에서도 총선에서 4연승을 거둔 의원은 3명에 불과하여 지명도는 다른 후보들을 압도하고 있으나, 선거무

효로 인한 재선거에 대한 원죄로 민심이반을 감지할 수 있었다.

민주당 김상순 후보는 지명도와 재력에서 뒤지고 있으나 젊은 패기를 앞세워 추격전을 전개하고 있으며, 지난 총선에서 뛰었던 무소속 이신근 후보의 사퇴가 표의 응집력을 높여 주기를 기대했다.

그러나 선거결과는 224표 차로 자유당 김익로 후보가 재당선됐으나, 김익로 후보의 하수인이 고의적인 정전(停電)을 틈타 김상순 후보에게 기표한 350표를 도둑질한 것이 재판과정에서 드러나 재재선거를 치르게 됐다.

□ 득표상황

후보자	정당	연령	주요 경력	득표 (%)
김익로	자유당	53	3선의원(1,2,3대)	14,310 (46.8)
김상순	민주당	41	지구당위원장	13,986 (45.8)
김헌수	무소속	51	무역협회 지점장	2,255 (7.4)
이신근	무소속	46	의사	사퇴

(3) 강원 인제 : 선거무효를 이끌어 냈던 민주당 김대중 후보는 27%의 득표율로 또 다시 참패를

지난 4대 총선에서 대한염업조합장인 자유당 나상근 후보가 20,727표를 득표하여 경찰서장과 강원도경 보안과장을 지낸 무소속 신형규 후보와 농림부장관 비서관을 지낸 무소속 엄각종 후보

들을 제치고 당선됐다.

대법원의 선거무효 판결로 실시된 재선거에서 자유당은 인제경찰서장을 지낸 전형산을, 민주당은 흥국해운과 목포일보 사장을 지낸 김대중, 전북 경찰서장과 30사단장을 지낸 무소속 김응조, 국제인권옹호연맹 한국회장인 이활 후보들이 무소속으로 출전했다.

이 지역구는 지난 부통령 선거에서 자유당 이기붕 후보는 5만 2천여 표를 득표했지만, 민주당 장면 후보는 1천 3백여 표를 득표한 고장이다.

군인들이 전체 유권자의 52%를 점유하고 있으며, 자유당 전형산 후보는 경찰서장 시절 인심을 잃지는 않았다는 평이다.

민주당은 자유당이 나상근, 전형산 후보로 분열되고 자유당 인제 군당 위원장 출신인 이활 후보의 잠식을 기대할 뿐이고, 지난 4대 총선에서는 고성에서 낙선한 김응조 후보는 초록은 동색이라는 동지 의식에 의한 군인들의 표에 기대를 걸고 있었다.

공천에서 떨어진 나상근 의원이 출마 준비를 서둘렀다가 결국 꿈을 접었고, "내 고장 사람을 뽑자"는 전형산 후보가 무소속 이활 후보의 사퇴로 대승을 거둘 수 있었다.

등록 무효를 당하자 소송을 제기하여 선거무효를 이끌어내고 분전(奮戰)한 김대중 후보는 타지(他地) 출신이라는 약점과 유권자의 대부분이 군인이라는 옹벽을 넘어서지 못했고, 장군 출신인 김응조 후보의 득표력도 보잘 것 없었다.

□ 득표상황

후보자	정당	연령	주요 경력	득표 (%)
전형산	자유당	35	인제 경찰서장	21,665 (70.1)
김대중	민주당	33	목포일보 사장	8,483 (27.4)
김응조	무소속	49	전북 경찰국장	802 (2.5)
이 활	무소속	52	인권연맹지회장	사퇴

(4) 경북 영덕 : 대리투표와 공개투표의 성행으로 승리할 수 있는 선거에서 패배했다고 항변(抗辯)한 민주당 김영수

지난 4대 총선에선 3대의원인 자유당 김원규 후보가 비행사 출신인 민주당 김영수 후보의 등록무효로 무투표 당선됐으나, 대법원의 선거무효 판결로 재선거가 실시됐다.

재선거에서는 남선무역 대표로 지난 4대 총선에서 당선된 김원규 후보가 재출전했고, 등록무효로 출전하지 못했던 민주당 김영수 후보가 민주당으로 출전했다. 육군대령 출신으로 제5관구 부사령관을 지낸 김도영 후보가 무소속으로 출전했다.

김원규 후보는 주민들한테 인심을 잃은 일이 없을 뿐 아니라 인심을 얻고 있다는 평이고, 김영수 후보는 권력과 금력이 있는 자유당을 소송으로 이겨 똑똑하다는 평을 받고 있으며, 인물에서 앞서기 보다 일종의 동정을 받았다.

"못보겠다 당파싸움"을 구호로 내건 김도영 후보는 군인 출신으로 제대 군인들의 전폭적인 지지를 기대했다.

경찰의 선거 개입이 눈에 띄지는 않지만 "만약 이번에 선거가 잘못되면 입건된다"는 소문이 나돌아, 과거 좌익계열 주민들의 오금이 떨게하고 있을 뿐이다.

김영수 후보의 참모였던 강대진, 방상곤이 김원규 후보 추천인으로 이중 추천하여 등록무효를 이끌어 내는 배신적인 모략을 했다.

면(面)조직은 물론 이·동 조직까지 완비한 자유당에 비해 민주당은 일반인의 가슴 속에서 울어나오는 동정 내지 촉망을 바라는 길밖에 없는 실정이다.

그러나 방대한 조직을 구비한 자유당은 경북도의원 출신인 김중한이란 암초가 도사리고 있어 압승을 거둘지는 미지수이다.

출마를 준비했던 김중한 후보의 불출마로 김원규 후보의 낙승이 기대된 운명의 투표일에 긴장과 초조 속에 비상사태와 같은 긴장 상태에서 실시된 투표에서 리·동 조직까지 완비하고 경찰의 지원까지 받은 자유당 김원규 후보가 대승을 거두었고, 군인 출신으로 선전을 기대했던 무소속 김도영 후보의 득표력은 미미했다.

선거에서 패배한 민주당은 "본래 선거엔 돈과 인물과 조직이 필요한데 우리는 이 3대 요건이 모두 결핍되어 있는데다, 경찰의 선거 간섭은 가장 교묘하게 음성화하여 가고 있는 것이 패배의 원인이 되었다"고 선거에서의 패배원인을 선거부정의 탓으로 돌렸고, 김영수 후보는 대리투표와 공개투표로 승리를 놓쳤다고 아쉬워했다.

□ 득표상황

후보자	정당	연령	주요 경력	득표 (%)
김원규	자유당	48	3대의원(영덕)	23,298 (59.1)

김영수	민주당	51	비행사	14,363 (36.5)
김도영	무소속	37	육군 대령	1,744 (4.4)

(5) 경북 월성 을구 : 자유당에서 민주당으로 정당 소속을 변신하여 한판 승부를 펼쳤으나 또 다시 낙선한 황한수

지난 4대 총선에서는 경동중 교장 출신인 자유당 이종준 후보가 헌병사령부 서무과장 출신인 자유당 황한수, 경북도의원 출신인 무소속 손삼호 후보들을 꺾고 당선됐다.

이종준 후보는 8,597표, 손삼호 후보는 7,295표, 황한수 후보는 7,288표였고, 수산업연합 경북지부장 출신인 민주당 이대곤 후보는 4,975표, 경찰서장 출신인 무소속 서영출 후보는 4,891표, 무소속 심봉섭 후보는 3,493표를 득표했다.

선거관리위원회는 안강 제2투표구의 행방불명된 1,719표의 원인도 밝히지 못한 채 투표함 검증을 완료했고, 대법원은 이를 문제 삼아 월성 을구 3개구 투표구의 재선거 실시를 판결하여 당선자 이종준의 의원 자격이 상실됐다.

월성 을구 일부지역 재선거를 앞두고 민주당 공천을 받은 이대곤 후보가 사퇴하고, 자유당 황한수 후보가 민주당 공천을 받아 서영출, 심봉섭, 황한수, 이종준 후보의 대결로 압축됐다.

후보자들의 열성적인 선거운동에도 불구하고 유권자들의 무관심으로 합동연설회는 청중이 없어 두 번이나 유회(流會)됐다.

자유당에서 민주당으로 변신한 황한수 후보가 군인 출신이라는 이점과 제1야당 후보라는 강점을 내세워 강세가 예상됐으나, 재선거 지역을 제외한 지역에서 당선자 이종준 후보와의 표차가 너무 많아 재선거에서 이를 극복할 수가 없었다.

5명의 괴한이 민주당 선거운동원 김선달의 가택을 수색하고서 밀주조 혐의로 압력을 행사하는 등 재선거 과정에서 현저(顯著)한 부정이 있었다고 국회 시찰단도 임무를 포기했다.

민주당은 재선거의 부정사실를 폭로하고 최인규 내무부장관에 대한 불신임 결의안을 제출했으나, 자유당은 최인규 내무부장관 문책을 강력하게 반대했다.

□ 득표상황

후보자	정당	연령	주요 경력	득표 (%)
이종준	자유당	51	경동중 교장	10,606 (41.3)
손삼호	무소속	39	경북도의원	7,645 (29.8)
황한수	민주당	32	헌병사 서무과장	7,406 (28.9)
이대곤	민주당	59	수련 경북지부장	사퇴
서영출	무소속	53	경찰서장	사퇴
심봉섭	무소속	29	건국대 중퇴	사퇴

(6) 경남 울산 을구 : 자유당 경남도당위원장 경쟁에서 패배하고 재선거에서도 고배를 마신 정해영

지난 4대 총선에서는 풍곡연탄 사장인 자유당 김성탁 후보가 17,682표를 득표하여 대한연탄 사장으로 14,703표를 득표한 무소속 정해영 후보를 꺾고 당선됐다.

2대 의원을 지낸 민주당 김택천 후보는 3,753표 득표에 머물렀다.

대법원의 일부지역 선거무표 판결에 따라 울산 을구 14개 무효투표구에서 재선거가 실시됐다.

12개 유효투표구의 득표는 김성탁 7,270표(자유당), 정해영(무소속) 6,072표, 김택천(민주당) 1,482표였다.

부산지검 한옥신 부장검사는 무소속 정해영 후보의 인쇄물을 비밀리에 압수하여 사전선거운동 저촉여부를 검토중에 있어 벌써부터 긴장감이 감돌았다.

정해영 후보 운동원 윤정만은 경찰관을 가장한 정체불명의 괴한 3명에게 "이 자식 너 정해영의 선거운동원 아닌가"하며 구타를 당하여 전치 4주의 상해를 입고 입원했다.

정해영 후보는 경관 5백 명이 현지에 집결했으며 공무원들이 공공연하게 자유당 공천입후보자의 선거운동을 하고 있다고 고발장을 제출했다.

경남도당 내분이 극도화, 노골화되고 있고 자유당 내 파쟁이 선거 전에 재연(再燃)되어 괴이한 선거 폭풍이 휘몰아쳤다.

투표구별로 배치된 경찰관들이 갑자기 농민 복장으로 변장(變裝)하여 음성화한 선거분위기가 감지됐다.

합동강연회를 했댔자 자유당 공천 후보는 할 말이 없다는 생각으로 합동연설회를 개최하지 않았고, 경찰관들은 "정부에서 요구하는 인물을 뽑아 달라"고 주민들을 설득했다.

비자유당 계열의 어느 면장에게 경찰은 "집 밖에 나오지 말라. 당신의 얼굴을 유권자가 보면 마음이 달라진다"고 경고하여 스스로 집 안에 감금하기도 했다.

각 지서의 경찰관들은 사표를 제출했는데 개표가 끝났을 때 성적이 좋으면 사표를 돌려주고 성적이 좋지 않으면 사표를 수리하고 말 것이라는 소문이 나돌았다.

투표소로 향하는 길에는 50m 거리로 무장 경관이 배치되어 계엄령하를 방불케 했고, 사복으로 선거운동에 매진(邁進)했던 고급경찰관들은 정복(正服)으로 갈아입고 투표소 밖에 진을 치고 있어 유권자들에게 압박감을 주었다.

투표결과 자유당 김성탁 후보가 당선됐으나 선거의 여파가 확대되어 자유당 경남도당의 내분은 격화가 예상됐다.

최인규 내무부장관은 무장경관을 동원한 것은 어디까지나 선거질서를 유지하기 위한 것 뿐이라고 해명했고, 민주당 국회의원들이 구타당한 것은 법에 금지되어 있는 투표소내에 들어가고자 하여 일어난 사건이라고 변명했다.

□ 득표상황

후보자	정당	재선거투표	기득표	누계 (%)
김성탁	자유당	11,620	7,270	18,890(50.1)
정해영	무소속	9,878	6,072	15,950(42.3)
김택천	민주당	1,397	1,482	2,879(7.6)

(7) 전남 보성 : 변복(變服)한 경찰관이 배치된 상황에서 자유당 황성수 후보가 90%에 육박한 득표율로 당선

지난 4대 총선에선 문교부 편수국장 출신인 자유당 안용백 후보가 제헌의원인 민주당 이정래 후보를 34,990표 대 26,386표로 꺾고 당선됐다.

선거운동 기간에는 교육감이 학교 직원을 총동원하여 학교를 휴교상태로 방치한 채 선거운동을 했고, 투표때에는 깡패들이 지역을 들면서 공포분위기를 조성했다.

선거 이후 환표사실을 폭로한 제보자가 있어 경찰의 조사가 실시됐고, 경찰조사에서 주모자 이 모 피고는 환표사실을 부인하고 양 모 피고는 경찰서장실에서 위조표를 만들었다고 진술했다.

그러나 보성 환표사건 첫 공판에서 자수한 두 피고인은 선거위원들이 밤에 먹는 참에 수면제를 넣어 선거위원들을 잠들게하고 환표한 현장을 똑똑히 보았다고 진술했다.

보성지역 환표사건 공판에서 위조표를 인쇄한 최효열 산양인쇄소 대표를 법정구속했다.

그리하여 대법원에서 보성 선거구의 무효판결이 내려짐으로써 안용백 의원이 의원직을 상실하고 재선거가 실시됐다.

이번 재선거에는 자유당은 일본 동북제대 출신으로 전남도지사와 국회부의장을 지낸 황성수 후보를 공천했고, 민주당은 일본 동경

제대 출신으로 제헌의원을 지낸 이정래 후보를 내세워 격돌토록 했다.

자유당 당무위원과 최인기 내무부장관, 홍진기 법무부장관 연석회의에서 이번 재선거에는 정원외의 경찰관을 배치하거나 파견하지 않기로 합의했고, 민주당은 선거시찰단을 파견하기로 결정했다.

그러나 변복(變服)한 5~6백명의 경찰관들이 부락마다 배치하여 간접적인 위협 태도를 보였다.

이정래 후보 연설장에 폭력배 수 십명이 사회자를 동쟁이질하고 사진 찍는다고 기자들에게도 폭행하는 등 난장판이 벌어졌다.

3인조 또는 5인조를 조직하여 서로 투표내용을 보이고 투표함에 넣은 공개투표설이 나돌았고, 민주당 참관인들이 연금상태에 있다가 구출되기도 했다.

민주당에서는 개표 참관을 거부하고 선거 포기를 선언했다. 그러나 김두일 중앙선거위원장은 모범적인 선거관리였다고 자랑했다.

공개투표가 자행된 선거전에서 자유당 황성수 후보가 90%에 근접한 득표율로 당선됐다.

□ 득표상황

후보자	정당	연령	주요 경력	득표 (%)
황성수	자유당	42	2선의원(2대,3대)	54,258 (89.7)
이정래	민주당	60	제헌의원(보성)	6,214 (10.3)

(8) 경남 양산 : 민주당 서순칠 후보와 무소속 정현학 후보의 사실상의 선거포기로 자유당 지영진 후보가 대승을

지난 4대 총선에서는 3대의원인 자유당 지영진 후보가 무투표 당선됐다.

이번 재선거에는 무투표 당선된 지영진 후보가 자유당 공천으로 한국무진 부산진지점장을 지낸 서순칠 후보가 민주당 공천으로, 송설매양조 사장인 정현학 후보가 무소속으로 출전하여 3파전이 전개됐다.

이번 선거운동 기간동안 거의 모든 지역에서 화수회(花樹會)니 종친회의 잔치가 벌어졌고, 자유당 경남도당위원장이었던 이용범이 주도한 2천명이 모인 이씨 화수회에서 자유당 후보의 지지발언을 공공연하게 자행했다.

민주당 유진산 의원은 이번 재선거는 악랄해가는 선거권 유린이라고 지적했고, 자유당은 민주당의 선거 거부는 당선에 대한 자신이 없는 탓이라고 규탄(糾彈)했다.

민주당이 선거를 포기하고 자유당원과 기자들만 참관한 개표 결과 자유당 지영진 후보가 88% 득표율로 당선됐다.

민주당 조재천 의원은 "관권과 폭력 밑에 야당 참관인은 축출당하고 공개투표가 강행된 이번 선거는 선거가 아니고 투표라는 정치적 부역(負役)의 고난으로서 천도(天道)가 무심치 않은 이상 민족과 역사의 심판이 내려질 것을 자유당은 알고 있어야 한다"고 담

화했고, 지영진과 황성수 의원들의 의원 선서에 민주당 의원들은 모두 퇴장했다.

□ 득표상황

후보자	정당	연령	주요 경력	득표 (%)
지영진	자유당	60	3대의원(양산)	17,736 (88.1)
서순칠	민주당	46	한국무진 지점장	1,977 (9.8)
정현학	무소속	41	송설매양조 사장	416 (2.1)

(9) 경북 영주 : 민주당 황호영 후보의 사퇴와 무소속 박용만 후보의 선거 포기로 재당선된 자유당 이정희

지난 4대 총선에서는 3대 의원인 자유당 이정희 후보가 18,815표를 득표하여 자유당 조직부장 출신인 무소속 박용만, 재무부 이재국장 출신인 무소속 황호영, 무명의 민주당 김기석 후보들을 꺾고 당선됐다.

박용만 후보는 17,372표를, 황호영 후보는 12,654표를 득표했지만 김기석 후보는 1,578표에 머물렀다.

대법원은 경북 영주선거구에 대해 일부 선거 무효판결을 내려 이정희 의원이 의원직을 상실했다. 무효판결 이유는 1천표의 위조표가 발견되어 이것이 선거 승패에 영향을 미쳤기 때문이다.

이번 재선거 지역은 영주읍 제1, 제2 투표구와 풍기면 제1, 제2, 제4 투표구이다.

영주군청 직원과 영주교육청 직원들이 황호영 후보 인사장을 회수하는 소동을 벌였고, 수많은 경찰관과 괴한들이 집결하여 공개투표를 강행할 기세여서 일촉즉발의 분위기가 조성됐다.

무장 경찰관과 자유당 완장 부대가 동원되어 3인조 공개투표가 자행되자, 무소속 황호영 후보가 입후보 사퇴를 선언하고, 박용만 후보도 선거 포기를 선언했다.

그리하여 자유당 입후보자에 의한 단일 선거가 되고 말았으며, 민주당은 투표참관인과 선거위원 전원이 철수했다.

박용만, 황호영 후보는 선거관리의 부정을 지적하며 선거소송을 제기했고, 민주당은 임시국회를 소집하여 선거 간섭을 규탄하고 최인규 내무부장관을 불신임할 기세였다.

공개가 보장되는 자유투표를 감행하는 것은 다가오는 3월의 정·부통령 선거를 앞두고 큰 제사에 작은집 돼지를 잡는 것이라는 비난을 받기도 했다.

□ 득표상황

후보자	정당	연령	주요 경력	득표 (%)
이정희	자유당	57	3대의원(영주)	24,888 (67.2)
박용만	무소속	37	자유당 조직부장	12,122 (32.8)
황호영	무소속	41	재무부 이재국장	사퇴

(10) 경북 영일 을구 : 경찰과 반공청년단의 주민 압박에 선거 포기를 선언한 민주당 현석호

우리나라 선거사상 처음으로 대법원에서 선거무효 판결을 받아 실시된 1958년 9월 19일 재선거에서 자유당 김익로 후보가 14,310표를 득표하여 13,986표를 득표한 민주당 김상순 후보를 224표 차로 꺾고 당선됐다.

무소속 김헌수 후보는 2,255표를 득표하고 무소속 이신근 후보는 중도에 사퇴했다.

김익로 후보 측의 표도둑 사실이 판명되어 대법원에서는 김익로 후보의 당선이 무효되어 재재선거가 실시됐다.

자유당은 두 번이나 선거무효 소송으로 의원직을 잃은 김익로 후보를 배제하고, 일본 명치대 출신으로 대검찰청 검사와 내무부 차관을 역임한 김장섭 후보를 공천했고, 민주당은 예천에서 3대의원에 당선됐으나 지난 4대 총선에서 낙선한 현석호 후보를 내세웠다.

이에 김익로 후보가 무소속으로 도전하여 3파전이 전개됐다.

무소속 김익로 후보는 자기가 자유당에서 과거하였던 관권의 선거간섭보다 벌써 더 심하게 자유당에서 관청을 이용한 탄압을 하고 있다고 불평했다.

김익로 후보가 돌연 후보직을 사퇴함으로써 자유당 김장섭, 민주당 현석호 후보의 대결로 압축됐다.

김익로 후보의 사퇴를 간곡하게 권유하는 자유당의 공한(公翰)과 한희석 중앙위원회 부의장의 사신(私信)에 의해 사퇴가 이루어졌으며, 사퇴의 이면에는 정치적 흥정이 숨어있는 것으로 추측되었다.

육군 방첩특무대에서 민주당 훈련부 차장 박신철을 간첩으로 구속하여 현석호 후보를 간첩과 관련되었다고 자유당에서는 선전공세를 펼쳤다.

자유당원들의 "현석호 후보가 검거되었다", "현석호 후보는 당선되어도 소용없다"는 모략선전이 기승을 부렸다.

이 지역에 아무런 연고가 없는 현석호 후보는 박신철 간첩사건에 아무런 관련이 없다는 해명에 급급하고, 김익로 후보가 자유당 공천자인 김장섭 후보를 공개적으로 지지하여 자유당 김장섭 후보의 압승이 예상됐다.

경찰이 현석호 후보 선전홍보물을 강탈하여 민주당은 고발을 준비했고, 자유당의 책임자가 인솔하는 3인조, 5인조 집단에 의한 부정투표와 공개투표 등 선거사상 부정과 협잡의 오점을 찍었다.

현석호 후보는 "선거가 아니라 강도행위이다"라면서, 반공청년단이 정모를 쓰고 완장을 달고 노골적인 선거간섭은 다가오는 정·부통령 선거의 예행연습으로 보이기도 했다고 현지상황을 전했다.

현석호 후보는 유권자의 재강압이 염려되어 선거를 포기한다는 성명을 발표했다.

현석호 후보의 선거포기로 자유당의 무법천지가 횡행하는 선거전에서 자유당 김장섭 후보는 87.4%의 득표율로 당선됐다.

선거법 위반으로 구속된 김선태 의원은 영일 을구에서 연설할 때 "이승만 대통령이 구중궁궐에 유폐(幽閉)되어 일선에서 밥이 끓는

지 죽이 끓는지 모르고 있다고 비난했을 뿐"이라고 해명했다.

홍진기 법무부장관의 김선태 의원의 불구속 수사를 지시하여 김선태 의원은 석방되어 불구속 상태에서 재판을 받게 됐다.

□ 득표상황

후보자	정당	연령	주요 경력	득표 (%)
김장섭	자유당	49	내무부차관	16,039 (87.4)
현석호	민주당	53	3대의원(예천)	2,304 (12.6)
김익로	무소속	56	4선의원(영일을)	사퇴

제4장 조병옥 대선후보 서거와 3·15 부정선거

1. 강경파와 온건파가 내홍(內訌)을 펼친 자유당

2. 고질적인 병폐를 드러낸 민주당 신·구파

3. 민주당 조병옥 대선후보 선출과 급서(急逝)

4. 이기붕 부통령 당선을 위한 3·15 부정선거

1. 강경파와 온건파가 내홍(內訌)을 펼친 자유당

(1) 내각책임제 개헌이 강온파 대치(對峙)의 시발점

이범석, 진헌식 등 족청계를 밀쳐내고 원내와 원외가 통합하여 출범한 자유당의 이재학 국회부의장, 이성주 원내총무들은 "일반국민이 정치제도의 새로운 형태를 기대하고 있기 때문"이란 이유로 조속한 시일 내에 내각책임제 개헌을 추진하기로 내부적으로 합의하고 민주당의 호응을 기대했다.

그러나 민주당은 "자유당은 민주주의를 논할 자격과 가치가 없는 인간들의 집단이기 때문에 내각책임제를 그들과 논의할 생각이 없다"고 일축했다.

이승만 대통령은 자유당과 민주당에서 논의되고 있는 내각책임제에 대해 나로서는 현 제도를 개정하여야 할 아무런 이유가 없다고 강조하여 내각책임제 논의를 잠재웠다.

난만하게 무르익어 가던 내각책임제 개헌 공작이 이승만 대통령의 반대적인 의사표시로 일조(一朝)에 좌절됐다.

1960년 정·부통령선거에서 확고한 승리를 잃어버린 듯한 자유당은 내각제 개헌, 보수합당을 내걸고 야당진영을 붕괴시키고 현 정권의 유지책을 모색하고 있었다.

경무대를 다녀온 이재학 의원은 "언론 조항을 보안법에 삽입한 주모자가 강경파 두목인 박용익 의원이었다고 실토하고 박 의원을 규탄한다"고 밝혔다.

이재학 의원 등 온건파들은 "보안법 중에 언론조항을 삽입한 것은 이승만 대통령의 의중이 아니었으며 박 의원이 주도했다"며 그의 제명을 제기했고, 박용익 의원을 중심으로 한 장경근 의원 등 강경파들은 대통령 중심제를 고수하며 온건파들과 사사건건 대립했다.

이처럼 자유당 내에서도 민주당과 연합하여 내각책임제 개헌에 의한 영구적인 집권을 기대한 온건파와 보안법 개정 등을 통한 강압적인 통치체제 유지로 집권 연장이 가능할 것이라는 강경파의 내홍은 끊임없이 지속되어 왔다.

(2) 자유당의 2인자로 군림한 이기붕 국회의장

자유당은 국회부의장과 상임위원장 선임을 놓고 임철호, 장경근, 김의준 라인과 이재학, 강성태, 김법린 라인이 심각하게 대립한 것으로 알려졌다.

국회부의장 1석을 민주당에 할애하기로 결정했으나 의원들의 반대로 위기감을 느낀 자유당은 국회부의장은 민주당 구파인 김도연이나 윤보선을 지명한다는 소문을 퍼뜨려 발끈한 신파 쪽에서 부의장 1석을 걷어차도록 전략을 꾸며 열매를 차지할 수 있었다.

민주당 의원들은 백지투표를 한 가운데 이기붕을 국회의장으로 선출하고, 이기붕 국회의장의 지명으로 이재학, 한희석 의원을 국회 부의장으로 선출됐다.

의원 총회에서 투표제를 주장한 장경근, 임철호 의원들은 이기붕 의장에게 임명권 일임을 주장한 이재학, 강성태 의원들에게 도전했다 패배했다.

그리하여 자유당 당무회의에서 단 한 표의 차이로 의원들의 투표제에서 이기붕 의장의 지명제로 결정됐다.

1958년에는 이기붕 국회의장의 지명으로 전원(조경규), 법사(김의준), 외무(윤성순), 내무(김원태), 재경(이갑식), 예결(최인규), 국방(하태환), 문교(안용백), 부흥(이형모), 농림(변진갑), 상공(이영언), 보사(김익기), 교체(정명섭), 징계(손영수), 운영(조순) 위원장이 선출됐고, 소장파 의원들은 당의 쇄신과 발전을 주장하면서 이재학 국회부의장 등의 퇴진을 시도하기도 했다.

자유당은 민주당의 선거방해 사건 관계자료를 경찰로부터 넘겨받아 검토하자, 민주당은 적반하장(賊反荷杖)이라고 발끈했다.

자유당 조순 의원은 보안법 파동에 대한 책임을 통감하고 사직한 한희석 국회 부의장의 사표가 무기명 투표에 의해 처리되지 않았기 때문에 불법이며, 임철호 국회 부의장 지명 자체가 불법이라고 주장하여 혼선을 야기했다.

이기붕 의장은 1959년 제4대 하반기 국회의 골격을 전원(김익로), 국방(유지원), 문교(이존화), 부흥(구흥남), 농림(신규식), 상공(이영언), 법사(박세경), 외무(윤성순), 내무(박순석), 예결(박흥규), 보사(김익기), 교체(정명섭), 징계(정존수), 운영(박용익) 위원장을 지명하여 마무리하고 차기 부통령 선거에 매진했다.

(3) 끊임없이 뒤뚱거리는 거함(巨艦) 자유당 호

이용범, 정해영 의원들의 암투로 파행을 거듭하여 정해영, 황경수 의원들이 제명되는 아픔을 간직한 자유당 경남도당 년차대회에서 이기붕 의장이 지명한 손영수 의원을 배격하고 김종신 의원을 경남도당위원장으로 선출하여 이기붕 의장의 지명권을 불신임했다.

김종신 경남도당위원장이 대회의 합법성을 주장하고 사퇴 권고를 거부하여 파행은 갈수록 악화됐고, 압박에 의한 김종신 위원장 사퇴에 일부 대의원들은 집단탈당도 불사하겠다는 결의를 다짐했다.

자유당 강경파는 합법적 대회이므로 위원장을 유임시키고 위원장을 사퇴시킨 배경의 설명을 요구했다.

민주당이 범칙물자 처분사건에 자유당 강경파인 김의준, 임철호, 장경근, 박만원 의원등이 관련되었다고 폭로함으로써, 강경파는 온건파의 민주당과의 타협적인 제의를 강력하게 공격함으로써 양파의 파쟁이 확대됐다.

정국수습을 위해 마련되었던 여·야 협의회의는 자유당의 보안법 개정 약속을 끝내 거부하여 아무런 소득 없이 결렬됐다.

경남 합천군민들이 "최창섭 의원이 당선된 선거는 폭행과 협잡으로 일관되고 그로 인한 희생자 수는 사망자 4명, 불구자 9명, 부상자 112명 등으로 무법천지였다"고 수사당국과 요로에 진정했다.

최창섭 의원은 "간첩 모략 연극을 꾸민 것은 내가 아니라 합천 을구에서 낙선한 정용택과 그를 사주한 유봉순 의원이 틀림없다"고 해명했다.

자유당 중앙감찰위원회는 간첩 무고(誣告)사건으로 물의를 일으켜 오던 최창섭 의원을 제명했다.

최창섭 의원 간첩 무고사건 공판에서 이팔승 피고는 "이 사건 모두 최창섭 의원이 조작한 무고 사건이다"고 증언했고, 결국 최창섭 의원은 징역 2년을 선고받고 법정에서 구속됐으며 의원직도 상실했다.

(4) 전당대회에서 이승만, 이기붕을 정·부통령 후보로

1959년 6월 29일 자유당 전당대회에서 대통령 후보에 이승만 대통령을 지명하고 부통령 후보엔 이기붕 국회의장을 지명했다.

이기붕 중앙상임위원회 의장은 개회사에서 "당내의 일절의 파벌이나 대립이나 분규를 제거하고, 자유당은 천하의 공당이요 대여당의 긍지와 금도(襟度)를 가져야 할 것이다"라고 밝혔다.

집행부 의장단에는 이기붕, 이재학, 정문흠, 임철호, 이중재, 유각경 등을 선출하고 1,111명 중 1,008명이 참석한 전당대회에서 중앙상임위원회 부의장에 한희석을 선출하고 정·부통령 지명대회를 마치고 폐회했다.

이기붕 국회의장은 "개헌운동 하는 사람들이 기어이 해보자고 하면 해 보겠다"며, 내각책임제 개헌을 전당대회 이후에도 추진할 의사가 있음을 비추었다.

자유당은 대통령 선거에 대비한 조직 전략으로 군인, 경찰 및 일반 행정관청 침투공작의 차원으로 공무원의 정치적 성분을 전국적으로 조사하여 비자유당계 공무원을 정리하는 강압적인 대책을 수립하여 추진했다.

이승만 정부는 내무부장관은 교통부장관인 최인규, 재무부장관은 부흥부장관인 송인상을, 부흥부 장관은 차관인 신현확을 승진 발령하여 선거체제 내각을 완성했다.

최인규 내무부장관은 취임식에서 공무원은 직무시간 이외에는 대통령 선거운동이 가능하다고 선언했다.

최인규 내무부장관은 "대통령에 충성하지 않은 공무원은 정부에 둘 수 없다"고 발언하여 논란이 일어나자, 최인규 내무부장관은 충성심이란 군주국가의 충성이 아니라 대통령의 명령에 복종하라는 뜻이라며 공무원은 근무시간 이외에는 정부시책을 계몽할 의무가 있다고 변명했다.

최인규 내무부장관은 "우리 국무위원(12부 장관)들은 이승만 대통령의 열두 제자로서 그를 받들고 있으므로 백성이 우리 이외 다른 사람에게 정권을 맡기지 않을 것"이라고 공언했다.

2. 고질적인 병폐(病弊)를 드러낸 민주당 신·구파

(1) 창당과정에서부터 면면히 흘러온 신·구파의 갈등

한국민주당에 뿌리를 두고 민주국민당 출신인 신익희, 조병옥, 윤보선, 김도연, 유진산 등이 구파이고, 자유당 출신 의원이었지만 이승만 정부의 4사 5입 개헌에 반대하며 내각책임제를 주장했다가 호헌동지회에 집결한 장면, 오위영, 박순천 등을 신파라고 하며 민주당 창당 과정에서부터 형성된 파벌이다.

장택상 국무총리 비서출신으로 자유당 의원이었다가 호헌동지회에 참여했던 김영삼은 신파가 아닌 구파였고, 민주당 선전부차장 출신인 김대중은 구파가 아닌 신파에 몸을 담았다.

민주당 신파로 활동했던 이철승은 유진산 휘하로 들어가면서 구파 출신들과 어울렸다.

민주당의 원내총무 경선은 1차에서는 오위영 32표, 김의택 28표, 윤보선 6표, 윤제술 5표, 홍익표 2표였으나 2차 투표에서 오위영 37표, 김의택 34표, 기권 3표였고, 3차 투표에서 오위영 39표, 김의택 35표로 신파 측의 승리였다.

부총무 경선에선 김의택이 49표로, 조영규 24표를 누르고 당선됐으며 신·구파의 세력은 우열을 가리기 어려웠다.

1956년 신·구파의 타협에 의해 대통령은 구파의 신익희, 부통령은 신파의 장면으로 후보를 결정하여 정권교체를 열망했으나 선거를 11일 앞두고 신익희 후보의 사망으로 장면 후보가 부통령에 당선됐다.

1956년 정·부통령 선거를 전후하여 대통령 후보가 있는 신파에서는 대통령 중심제를 선호한 반면, 신익희 후보를 잃은 구파에서는 내각책임제를 선호하는 경향이 뚜렷했다.

1958년 10월 전당대회에서 대의원 916명이 참석하여 대표최고위원에 조병옥, 최고위원에 장면, 곽상훈, 박순천, 백남훈을 선출했다.

김선태 의원은 유진산 총무에 대해 "사기로 원내총무에 당선된 자", "법률에 무식한 자"라고 비난한데 대해, 구파 측에서는 "당의 명예를 위해서라도 사기로 당선 운운은 철저히 규명 조치해야 한다"며 징계를 주장했다.

그러나 김선태 의원이 "사기로 당선 운운은 당에서나 투표 때 부정이 있었다는 것이 아니고, 유진산 총무와 자기 개인 간에 주고받은 이야기일 뿐이다"라고 해명하고 사과하여, 유진산 총무의 사퇴를 반려하여 내분을 수습했다.

민주당 신파 의원들은 혁신구락부를 발족하여 내각제 개헌설을 타파시키면서, 장면 부통령을 차기 대선후보로 지명될 수 있도록 조직의 확대에 전력을 기울였다.

그러나 유진산 민주당 원내총무는 1960년 대선 전에 내각책임제 개헌안을 제출하겠다고 상반된 의견을 밝혔다.

조병옥 민주당 대표도 "10월 전당대회에서 내각책임제 개헌안을 채택할 것이며 시기는 당론에 의해 결정하겠다"고 발표했다.

내각책임제 개헌을 둘러싸고 신.구파간 논쟁을 전개했으나 결국 대통령 직선제를 고수하기로 결정했다.

구파에서는 박순천 최고위원을 김도연으로 대체하자는 안이 제기됐으나 신파의 강력한 저지로 무산됐다.

전당대회에서는 공명선거를 위한 통합선거법 제정, 참의원 선거의 법정기일내 실시, 국가보안법의 개악 배격, 지방자치제의 비민주화 반대 결의를 했다.

중앙위의장에는 윤보선, 부의장에는 이상철을 유임한 것은 구파의 의중이었고 승리였다.

중앙위원 536명 가운데는 조중서, 홍용준, 천세기, 유치송, 허길, 신각휴, 이충환, 성태경, 이석기, 김영선, 이상철, 성기선, 이상돈, 김판술, 이춘기, 신현돈, 홍영기, 조규완, 김문옥, 고몽우, 윤추섭, 김우평, 남정수, 지영춘, 이정래, 민영남, 서동진, 임문석, 이상면, 박준규, 우홍구, 박해충, 최태능, 김준태, 정문수, 현석호, 김영삼, 정진화, 박영록, 양덕인, 김준섭, 김대중, 김옥천, 소선규, 신하균, 김상현, 성원경, 송필만, 이시목, 김현기, 양회영, 구철회, 신흥균, 박찬희, 정규헌, 김진구, 고재청, 황남팔, 황호영, 사 준, 강승구, 오홍석, 김두섭, 양해준, 엄병학, 조연하, 양회수, 김녹영, 정순조, 최의남 등이 포함됐다.

(2) 정통야당(正統野黨)인 민주당에 대한 시련은 지속

1958년 10월 실시한 대구시장 선거에서 민주당 조준영 후보가 유효표의 59%인 98,780표를 득표하여 자유당 배정원 후보 15,890표 보다 많아 압도적 당선을 일구었다.

이를 계기로 민주당은 공명선거가 이루어지면 차기 정권은 민주당의 손에 돌아온다고 자신하고 있었다.

정권 쟁취에 대한 신념과 의욕에 불타는 것은 자유당 정권이 장기 집권하여 국민에게 권태심리를 유발하고 있었기 때문이었다.

최인규 내무부장관은 정당에 소속하고 있는 시·읍·면장은 그 소속 정당을 탈당하라고 지시하고, 불응하면 징계하겠다고 밝혔다.

최인규 장관과 경북도지사의 조준영 대구시장의 민주당 탈당을 지시했음에도 불응하자, 대구시의회는 민주당을 탈당하지 않은 조준영 시장에 대해 불신임을 결의했다.

이에 민주당은 조준영 대구시장의 불신임결의 무효청구 소송 및 집행정지 가처분신청을 했으나, 대구고법에서 가처분 신청이 기각되어 조준영 시장은 취임 8개월 만에 시장직에서 물러났다.

광주시장 김일도는 대구시장과 같이 자유당에 의해 불신임 결의가 임박하자, 재빨리 민주당을 탈당하여 자리를 유지할 수 있었다.

민주당 이충환 의원은 "6. 25 때에는 관리나 자기의 비위에 거슬리는 사람을 부역자로 몰아치는 것이 일쑤였는데, 요즈음 관리들의 목을 자르려면 민주당으로 몰아치우면 그만인 모양이고, 실제 지방에 가면 이러한 일은 허다하게 발생하고 있다"고 지적했다.

자유당은 총선거 분위기 조성 문제가 끝나자 장면 부통령 승계를 부정하는 개헌 문제가 터져 나오고, 그것이 끝나자 이제는 법정(法廷)내에서 반공청년단 시위사건이 터져 나왔다.

4대 총선에서 무소속으로 당선한 의원 10명이 자유당에 입당했고 남은 무소속 당선자 가운데 반재현, 이옥동, 김정근, 신도환, 현오봉, 안용대 의원은 자유당으로, 민관식, 양일동, 조종호, 주금용, 문종두 의원은 민주당으로 옮겨가고, 장택상, 이재형, 박병배, 정준, 황호현, 윤재근 의원만 무소속으로 남을 것으로 예상됐다.

그러나 민주당을 선택할 것이라는 조종호 의원은 자유당으로 기울었다.

(3) 민주당 의원들의 탈당 공작과 자유당 입당

자유당은 무소속 의원의 영입이 일단락되자 민주당 의원들에 대한 회유와 협박에 의한 탈당 공작이 공공연하게 자행됐다

민주당을 탈당하고 자유당에 입당한 권오종(안동) 의원은 급서했고 유진산, 윤제술, 김의택 의원들이 조병옥 후보의 수술이 끝날 때까지라도 탈당을 보류해 달라고 눈물로 호소했으나 김주묵(음성), 송영주(정읍을) 의원들이 탈당했다.

민주당 민관식 의원은 귀한 양심이 돈에 의해서 매수되고 있는 것이 오늘의 현실이라며, 애석(哀惜)한 것은 돈에 매수된 선량을 뽑아 준 선거구민이라고 주장했다.

민주당을 탈당한 김주묵, 송영주 의원들은 몇 백만 환이라는 탈당

상여금에 휘말렸다는 설이 폭로되고, 특히 김주묵 의원에 대해서는 "반역자가 부끄러움을 느끼지 못하고 반역행위에 가담하고 있으니 세상은 말세라"라고 개탄의 대상이 되기도 했다.

허윤수(마산) 의원의 민주당 탈당에 대해 김의택 원내총무는 "탈당하는 사람들은 이념의 차에서 탈당하는 것이 아니라 돈과 감정의 소치"라며 벌써 7명의 의원들이 탈당했다고 푸념했다.

자유당은 무소속으로 당선된 조종호(단양) 의원 등을 입당시켰을 뿐만 아니라 민주당 공천으로 당선된 구철회(용인), 김주묵(음성), 유승준(홍성), 조정훈(남원갑), 송영주(정읍을), 홍순희(고창을), 김삭(무안병), 권오종(안동갑), 김규만(의성갑), 허윤수(마산), 박창화(밀양갑) 의원들을 입당시켜 세를 부풀렸으며, 민주당에서 자유당으로 변절한 의원들의 대부분은 정치생명을 이어가지 못했다.

3. 민주당 조병옥 대선후보 선출과 급서(急逝)

(1) 동상이몽에서 조병옥·장면 후보들의 암중모색

조병옥, 장면 민주당 지도자들은 각각 당의(黨議)로 정하여 주면 대통령에 입후보하겠다고 선언하고, 지명대회에서 투표방식에 의하여 결정하는 것이 민주적인 방식이라면서, 어떤 대표나 기구를 통한 타협 공작에 반대하고 자유로운 경쟁을 거쳐 지명대회에서 투표로 결정되어야 한다고 주장했다.

민주당 내에서는 조병옥, 장면 양 후보 중 대통령 후보로 지명되지 않는 다른 한 분은 부통령 후보로 나서는 대신 집권 후에는 내각책임제 개헌하의 국무총리가 된다는 타협안은 "네가 집권을 해서는 나라꼴이 안 될 것이기 때문에 내가 집권한다"는 심사(心思) 때문에 불가능할 것이라는 쑥덕공론이 지배적이었다.

조병옥, 장면 최고위원은 "정·부통령 후보의 지명은 선의의 자유경쟁과 민주방식에 의하여 결정되는 것이 원칙이므로 당원들은 인화와 단결로 잡음을 일소하라"고 공동성명서를 발표했다.

민주당은 대통령 선거보다는 지명전, 지명전보다는 주도권으로 신·구파 파쟁에 휩쓸리고 있었다.

민주당 구파의 김재곤 의원은 "생리가 맞지 않으면 따로따로 노는 것이 좋겠다"고 구파의 입장을 대변했고, 신파의 엄상섭 의원은 "조병옥 대통령 후보가 지명을 받은 날에는 당수(黨首)를 우리에게 준다면 표면적인 협조는 하되, 당수마저 안 준다면 우리 신파는 표면적 협조마저 거절하겠다"고 신파의 속내를 드러냈다.

민주당은 68개 지역구의 조직을 완료한 가운데 구파 32개구, 신파 28개구, 중도파 8개 지역구로 구파가 우세한 것으로 알려졌다.

철원(최열), 천안을(이상돈), 영일을(김상순), 평창(백낙삼), 경산(박해정), 무안갑(김옥형), 무안병(김영진), 천안갑(김기환), 양구(이동희), 담양(김동호), 마산(허윤수), 양주을(신홍균)은 구파가 차지했고, 원성(박천석), 광주을(이필호), 전주을(이철승), 공주갑(박휴서), 영도을(이만우), 순창(홍영기), 인천병(장병모), 종로을(한근조), 서천(홍일섭), 고령(김상호)는 신파가 차지했다.

조일환(대구무), 김진원(강릉), 박주운(여주), 송을상(부안) 위원장은 중도로 알려졌다.

민주당 개편대회에서 종로갑(윤보선), 양주갑(강영훈), 안동을(박해충), 의성갑(오재수), 영천을(허수), 홍성(윤대영), 목포(김문옥), 청원을(김창수), 전주갑(유청), 충무(최천), 김제을(윤제술), 상주갑(홍정표)는 구파가, 마포(김상돈), 청양(이상철), 성주(주병환), 광양(엄상섭)은 신파가 차지했다. 최성석(장수), 박창화(밀양갑), 이태원(강진) 위원장은 중도파로 분류됐다.

신파 조재천 의원의 "부통령으로 나가는 분이 당수직을 맡는 동시에 집권시는 내각책임제하의 국무총리를 겸하자"는 안에 신파 측은 찬성한 반면, 구파측은 어불성설이라고 일언지하에 일축했다.

민주당 신파는 구파에서 당수와 대통령 후보 독점을 고집할 경우에는 혁신세력과 합쳐 신당을 만들지 모른다고 시사(示唆)하고 있어 내분은 미묘한 방향으로 흘렀다.

대통령 후보 지명전을 치열하게 전개하고 있는 민주당은 기정 방침대로 대통령 후보와 대표를 겸임케 하려는 구파와 양(兩)직을 분리하려는 신파의 흥정이 좌절되어 전당대회의 귀추(歸趨)가 주목되었다.

(2) 시·도위원장 선거에서 구파의 일방적 승리

시·도 위원장은 전당대회 대의원 지명권을 가지고 있을 뿐 아니라 중도적인 지구당위원장을 회유하고 설득하는데 유리하여 시·도 위원장을 어느 파에서 차지하느냐에 따라 지명전의 판세를 좌우하게 되어있다.

서울은 신파의 김상돈 의원이 당선됐으나, 경기도에서는 구파의 홍길선 의원이 93표로 신파로 81표를 얻은 홍익표 후보를 꺾었고,

충남도에서도 구파의 윤담 후보가 84표로, 신파 출신으로 71표를 얻은 김영선 후보를 눌렀다.

강원도당 대회에서 계광순 위원장을 비롯한 부위원장 모두 구파측이 승리하자, 구파의 서범석 의원은 "감자밭에서 장미꽃이 피었다"고 우세한 신파에게 승리한 소감을 피력했다.

대통령후보 지명전의 전초전인 경북도당위원장 선거에서도 구파의 권중돈 후보가 신파의 주병환 후보를 물리치고 당선되어 지명전에 영향을 미치게 됐다.

전북도당은 구파인 윤제술 의원이 신파의 이철승 의원을 94표 대 79표 꺾었고, 충북 도당대회에서도 구파의 송필만 후보가 신파의 이태용 후보를 50표 대 48표로 승리했다.

전남도 위원장 선거에서도 구파의 장병준 후보가 147표로, 신파의 양병일(63표) 후보를 꺾었다.

민주당 내부에서는 도당대회에서 승리한 구파는 만약 장면 박사가 부통령 후보를 거절한다면 김도연 박사를 내세워야 한다는 주장으로 설왕설래했다.

괴한이 2차례나 난입하여 기물을 부수고 사람을 폭행하여 대의원 20여 명이 부상을 당하는 등 불상사로 중단되었다가 재개된 민주당 경남 도당대회장이 또 다시 난장판이 됐다.

민주당은 대회를 방해한 정체불명의 괴한이 경찰의 사주(使嗾)에 의하여 행동한 것으로 단정했다.

조순 자유당 선전위원장은 경남도당 폭력 방해사건에 대한 민주당의 비난은 적반하장격이라고 반박성명을 내면서, "만일 민주당이 경찰의 사주에 따라서 분규를 일으켰다고 한다면 민주당은 경찰의 괴뢰당이 된단 말이냐"라고 야유(揶揄)했다.

최남규 경남 경찰국장도 "경찰국장을 고발해서까지 자당의 추상(醜相)을 은폐하려는 민주당에 대해서 동정을 보낸다"고 반박했다.

장면 최고위원은 "경남도당 문제는 조병옥 대표가 책임질 문제"라며 "도당대회에서 난동자는 마땅히 징계를 받아야 한다"고 주장하자, 조병옥 대표는 "신파가 조직적인 명령계통을 통하여 내가 자유당과 야합했느니, 지명전에 금권, 폭력 및 경찰을 작용했느니 하여 나의 지지자들을 민주반역자로 만들었다"고 흥분했다.

장면 부통령은 "정국을 명랑하게 하기위하여는 정권을 교체한 길밖에 없으며 당원들은 철통같이 단결하여 임전태세를 갖추어야 한다"고 격려하며 무마하고자했다.

(3) 조병옥 대표의 대선후보 경쟁포기 선언

조병옥 민주당 대표는 "내가 포기하는 것만이 민주당의 분규를 수습하고 민주당을 살리는 길이다"면서, 대통령 후보 지명경쟁을 결연(決然)히 포기한다고 선언했다.

조병옥 대표는 "도대체 금력, 폭력, 경찰과 야합 등등의 허구한 중상(中傷)이 튀어나온 것은 민주당을 위하여 천만유감이다. 허위선전하여 민주당의 위신을 실추시켜 국민의 빈축(嚬蹙)을 사게 된다면 우리들은 영원히 역사의 죄인이 되고 말 것이다"라고 밝혔다.

장면 부통령은 "대통령 후보 지명에 관하여는 당의에 의하여 결정될 것임에도 불구하고 당의에 물어보기도 전에 돌연히 단독적으로 불출마 의사를 표시함은 납득하기 어렵다"고 반박했다.

신파의 이상철 의원은 조병옥 대표의 포기선언을 순진하게 받아들여, 부통령 후보에는 구파의 윤보선 의원을 추대하고 민주당의 대표에는 조병옥 추대를 주장했다.

중도파 의원들은 장면 부통령도 지명전 경쟁 포기를 종용(慫慂)한데 대해, 장면 부통령은 자기마저 포기선언을 하면 민주당내에 더 큰 혼란이 일어날 것이라며, 돈암동 조병옥 자택을 찾아 최고위원회를 개최하여 당내분규 수습책과 필승의 선거태세 형성을 위한 토의를 하기로 합의했다고 밝혔다.

구파의 서정귀 의원은 "장면 부통령이 '조병옥 박사를 대통령으로 밀고 내가 부통령으로 나가겠다'는 성명 한 장만 발표하면, 전국 당원들의 결속은 물론 전 국민들이 민주당을 종전보다 더 지지할 것이다"라고 정치의 도의를 거론했다.

박순천 최고위원은 자기 지구당을 수습하지 못한 책임차원에서, 곽상훈 최고위원은 금권의 발동에 의한 매표, 폭력을 쓰는 더러운 민주당에는 있을 수 없다며 사직원을 제출했다.

장면 부통령은 "민주당이 위기에 직면해 있으나 절대로 민주당이 깨어지지는 않을 것이며, 만일 당을 깨트리게 된다면 역사상 죄인이 된다"고 박순천, 곽상훈 최고위원들을 위무했다.

(4) 지명대회에서 조병옥, 장면을 정·부통령 후보로

조병옥 대표는 대선 후보 경쟁 포기성명을 사실상 번의하기 위해 "오직 당의 명령만이 나를 구속할 수 있다"는 성명서를 발표하여 지명대회에서 대통령 후보로 지명될 경우 수락할 것임을 시사했다.

대의원 966명이 참석한 지명대회에서 대통령 후보에 구파의 조병옥, 부통령 후보에 신파의 장면 후보가 지명됐다.

조병옥 후보는 484표로 대통령 후보에, 장면 후보는 481표로 부통령 후보에 지명됐다. 표차는 단 3표였다.

대통령 후보만을 단일로 투표하여 최고득표자는 대통령 후보에, 차점자는 부통령 후보에 지명한다는 규칙에 따른 것이다.

조병옥 후보는 "1960년 선거를 통하여 정권의 평화적 교체를 이룩함으로써 책임정치를 실시하고 농업경제를 재건하고 공업국을 건설하겠다"고 선언했다.

조병옥 후보는 국민 여러분은 민주주의 자체를 소생케 하고 쓰러져 가는 대한민국의 집을 지탱하기 위해서 용감하고 현명하게 선거전에서 판단을 내려 주기를 바란다고 당부했다.

민주당은 지난 수개월 간 지명에 관한 자유경쟁을 함에 있어 다소간의 우여곡절로 국민에게 염려를 끼친 바도 있었으나, 오늘 민주방식에 의하여 지명 결정됐으며 전체 당원은 이 결정에 흔연히 복종하고 일사분란의 태세로 강철같이 단결할 것을 결의했다.

민주당은 전당대회에서 "민주당을 깨지 않으려면 장면 박사에게 대표 최고위원을 양보하라"는 위협(威脅)속에서 968명의 대의원 비밀투표에서 장면 후보가 518표로, 447표를 얻은 조병옥 후보를 제치고 대표최고위원에 당선됐다.

그리고 최고위원회는 장면, 조병옥, 곽상훈, 백남훈, 박순천, 윤보선으로 구성할 것을 만장일치의 찬성으로 결정했다.

민주당은 535명의 중앙위원 명단을 발표하였고 중앙위원회 의장은 김도연(구파), 부의장은 이상철(신파)로 절충했으나 최희송을 선출하여 구파에서 독식했다.

최고위원회에서 전형한 367명의 중앙상임위원에는 성원경, 소선규, 홍사승, 정규헌, 사준, 남정수, 박찬, 이시목, 김재순, 주도윤, 양병일, 김녹영, 김태동, 서기원, 신하균, 김동명 등이 포함됐고 지구당 위원장 추천으로는 김재광, 오홍석 등이 포함됐다.

(5) 조병옥 민주당 대선 후보의 치료차 도미(渡美)

이승만 대통령은 "우리가 싸울 때는 싸우더라도 우리 사이야 친한 친구가 아니요"라고, 새해 인사차 만남에서 조병옥 후보를 위로했다.

장가다루 때문에 건강문제를 둘러싸고 비상한 관심을 집중시키고 있는 조병옥 후보는 "앞으로 입원할 생각은 없으며 선거유세에서 연설할 자신이 있다"고 강조했다.

"80세를 넘은 분이 무엇을 한다고 그러는데 나는 아직 67세야"라고 큰 소리친 조병옥 후보는 "미국에 가서 수술을 받더라도 시간적인 면에서 국내에서 수술을 받는 것과 별 차이가 없을 것 같다"고 미국행을 변명했다.

이기붕 국회의장은 조병옥 후보의 병문안에서 "우리가 벌써 늙어서 병까지 들었구려"하여 보는 사람들의 눈시울이 붉어지게 했다.

치료차 미국으로 떠나는 조병옥 후보는 "정권의 교체를 갈망하는 민주당과 국민의 의욕을 달성하기 위하여 선거 전사(戰士)로 뽑힌 자기로서 이 시기에 도미하게 된 것을 심통(心痛)하고 죄송하게 생각하니 건강이 회복되는 대로 귀국하여 민주 제단에 제물을 각오하고 최대의 투쟁력을 발휘하여 선거전에 임하겠다"고 선언했다.

조병옥 후보는 "이번 정·부통령 선거에는 공명성 유지가 제일 긴요할 것"이라고 전제하고, "만일 이것이 파괴된다면 민주정치는 말살될 것"이라고 부연했다.

조병옥 후보는 항간의 억측을 의식하여 "정치인으로서의 인생관에 대하여 철이 들은 나로써 생(生), 부(富), 귀(貴)에 애착을 가지면 천하대세를 논할 수 없다는 것 쯤은 잘 알고 있는 처지인데, 이러한 위기에 직면해서 내가 꾀병을 앓을리가 있겠느냐"고 항간(巷間)의 억측을 부정했다.

조병옥 후보를 환송키 위한 10여 대의 버쓰와 짚차가 조 후보를 뒤따를 때 '조국은 기다린다. 조 박사를', '민족은 기원한다, 조 박사의 완쾌를'이라는 프랭카드가 휘날렸다.

(6) 국민의 애도(哀悼) 속에 조병옥 후보마저 서거

조병옥 후보의 박준규 비서는 민관식 의원과의 통화에서 "수술은 2시간 반만에 완료하였으며, 위의 극소부분을 절단하여 위암(胃癌)이 아니라는 것이 결과적으로 나타났다"면서 수술결과는 양호하므로 2월 하순에는 귀국할 수 있을 것 같다고 전했다.

조병옥 후보는 미국에서 "우리 민주당은 정권교체가 되어도 자유당과 공무원을 복수하지는 않겠다"는 메시지를 보내왔다.

조병옥 후보는 미국 육군병원에서 실시한 복부수술 후 2월 15일 심장마비로 서거했다. 국무회의는 조병옥 후보의 장의(葬儀)를 국민장으로 결정하고 유해는 특별기편으로 환국했다.

민주당은 선거 강연을 중지할 것을 모든 지구당에 지시했고, 자유당도 별도의 지시가 있을 때까지 선거유세 및 행사를 일절 중지하도록 지시했다.

민주당 의원들은 "대통령 후보만 내세우면 모두 다 돌아가시니 이것이 어찌된 휘귀(稀貴)한 운명이냐", "우리는 앞으로 어떻게 될 것인가"라며 망연자실(茫然自失)했다.

하늘이 무너진 듯 땅이 꺼진 듯한 이 비보(悲報)를 들은 국민들은 4년 전 호남선 야간열차에서 급서한 해공 신익희 선생의 후보에 접했던 놀라움보다 더 큰 경악과 실망을 맛본 듯했다.

"정의에는 생명을 걸 수 있으나 사악(邪惡)을 멀리하고 우직(愚直)하나 간계(奸計)를 부릴 줄 모른다"는 유석 조병옥 박사의 서거(逝去)는 대한민국의 손실이 아닐 수 없으며, 국민의 애도는 끊이지 아니했다.

국민들은 비통한 표정을 짓고 "이것이 모두 천운을 못 만난 탓이다"라고 독백 아닌 독백을 털어 놓았다. 조병옥 박사의 장지는 우이동 수유리로 결정됐다.

조병옥 박사의 유해는 공군 군악대의 구슬픈 조악(弔樂)으로 긴장과 침묵으로 파묻힌 공항의 싸늘한 분위기 속에서 "기회 잃은 우리 백성들은 어디로 가오리까, 16년 집권 맡기시려고 먼저 가셨나이까"라며 수많은 군중들이 오열한 가운데 20일 하오 환국했다.

하늘도 울고 땅도 울고 흐느끼는 속에 유해 봉영식(奉迎式)을 마치고 가랑비를 받으며 유해는 성북동 자택에 안치됐다.

조병옥 박사 빈소를 다녀간 조객이 3만 명을 돌파한 가운데 25일 서울운동장에서 영결식을 거행키로 했다.

하늘도 슬퍼 가랑비 내리는 이날 서울운동장이 미어지도록 모인 시민들은 비통(悲痛)에 잠겼으며, 유해마저 떠나보내는 슬픔에 흐느껴 울었다.

조용순 장례위원장은 "조병옥 박사는 돌아갔어도 그의 창업은 건국 청사에 길이 빛날 것이며 역사를 장식할 것"이라고 찬양했다.

연도에는 수십만 명의 군중들이 묵묵히 부슬비를 맞으며 비통한 장송(葬送)을 했다. 하늘도 눈물로 굳어지고 부산, 대구, 광주 등 각지에서 경찰들의 방해 속에서도 추도식을 거행했다.

(7) 조병옥 후보의 서거(逝去)에 따른 정치적 파장

장면 부통령 후보는 조병옥 박사의 장례가 끝나면 새로운 선거대책을 세울 것이지만, 선거포기는 생각하지 않는다고 말했다.

장면 민주당 대표는 "조병옥 박사의 유지를 받들어 건전한 야당 육성에 힘을 다하겠다"면서, "당내의 인화를 성취하기 위해 자기 자신부터 파벌 관념을 완전히 없앨 것을 결심했다"고 발표했다.

김병로 전 대법원장은 "민주당을 건전야당으로 육성해야 한다"면서, "무엇보다도 민주당은 힘을 모아서 부통령선거에서 만이라도 승리를 거두도록 해야한다"고 강조했다.

조순 자유당 대변인은 "조병옥 박사가 급서하여 정권 담당의 자격을 상실한 민주당으로서 장면 씨가 의연히 이번 선거에 부통령 후보를 고집한 것은 정치적 파렴치(破廉恥)한 행위"라고 비난했다.

민주당 주요한 정책위의장은 최인규 내무부장관에게 "야당에게 기회를 줄 수 있도록 하는 것이 정치의 의요, 원칙이다"면서, 정부통령 선거의 연기를 요청했다.

조재천 민주당 선전부장은 "조병옥 박사에 대한 추모투표는 법적, 정치적인 의미가 있는 까닭"이라며 추모 투표를 역설했고, 자유당 한희석 의원은 "돌아가신 분에게 투표를 하라는 것은 있을 수 없다"고 격분(激忿)했다.

자유당 이성주 의원은 죽은 사람에게 투표를 하라는 민주당이나 이에 응하여 추모투표를 하는 국민들은 민족반역자라고 비난했다.

구파의 유진산, 김의택, 민관식, 윤제술, 정헌주, 이민우, 유옥우, 유홍, 서범석, 정중섭, 이병하, 정성태 등 12명의 의원들은 송진우, 장덕수, 김성수, 신익희, 조병옥 등의 유지(遺志)를 계승한 단체결성을 결의했다. 그러나 이번 대선을 포기하거나 민주당 신파와 메별(袂別)하는 것은 아니라고 해명했다.

"가련다 떠나련다 장면박사 홀로두고, 신 박사 뒤를 따라 조 박사는 떠나가네, 유정천리 꽃이 피고 무정천리 눈에 오네"라는 개사(改辭)된 유정천리가 국민들 가슴속에 회자됐다.

4. 이기붕 부통령 당선을 위한 3·15 부정선거

(1) 3월 조기 선거는 정치도의상 어긋난 결정

장면 민주당 대표는 이승만 대통령에게 3월 선거를 반대하고 5월 선거를 희망한다는 요청서를 송부(送付)했다.

이는 조병옥 후보의 도미치료와 대통령 선거는 전임 대통령의 임기가 끝나기 30일 전에는 시행되어야 한다는 헌법 규정에 따라 5월 중에 실시해야 한다는 것이다.

민주당은 정·부통령 선거의 3월 실시를 반대하는 범야적 운동을 전개하기로 하는 한편, 내무부와 법무부 양 장관을 정치적중립 인사로 교체하여 공명선거를 보장할 것과 반공청년단의 즉시 해체를 요구하는 결의문을 채택했다.

민주당 의원들은 최인규 내무부장관을 방문하여 민주당은 3월 조기선거를 반대하며, 5월 중에 정·부통령 선거를 실시할 것을 공식적으로 요청했다.

만주당은 조기 선거 반대이유로 5월은 농번기가 아니고, 조병옥 후보의 치료기간을 틈타서 허(虛)를 찌르려는 것은 정치도의에 벗어난 행위이며, 헌법 정신에도 위반된다는 점을 강조했다 민주당 윤제술 의원은 자유당이 선거에 자신이 있다면 왜 비겁하다는 욕까지 얻어 먹어가면서 3월 선거를 강행할까라고 성토했다.

이승만 대통령이 재가하고 전 국무위원이 부서(副署)한 조기선거 실시 이유로서, 농시(農時)를 피하자는 원칙과 정국의 조기 안정(安定)을 목적으로 한 것이라고 발표했다.

최인규 내무부장관은 "정·부통령 선거는 3월 15일 실시한다"면서, "자유당이 설혹 3월 선거를 반대하는 일이 있더라도 정부는 3월 선거를 단행할 것"이라는 방침을 분명히 했다.

민주당 조한백 총무부장은 "정·부통령 선거를 계기로 금년에는 혼연일체의 선거태세를 갖추겠다"면서 신·구파의 단합을 촉구했고, 민주당은 각계 인사들을 망라하여 정·부통령 선거전에 대비하여 공명선거 촉진위원회를 구성키로 결의했다.

민주당은 서울 장충단 공원에서 3월 선거 반대 국민성토대회를 개최했다.

민주당은 10만여 명이 모인 장충단공원 집회에서 조기선거 규탄대회를, 자유당은 6만여 명이 동원된 서울운동장에서 이승만 대통령 출마 환영 강연대회를 개최하여 제4대 대통령, 제5대 부통령 선거전의 막이 올랐다.

장충단공원 규탄대회에서 박순천 의원은 "시들어가는 국민, 소수만이 잘 살고 있다"고, 김산 연사는 "모리배(謀利輩)에 살림 못 맡긴다. 청년은 선두서라", 조재천 의원은 "자유당은 부정, 불법을 감행하니 자기표를 지키자", 주요한 의원은 "주인은 우리 국민, 횡포한 관권 분쇄하라"고, 최영근 연사는 "정권교체의 여건이 좋다. 민주주의를 찾자"고 절규(絶叫)했다.

이승만 대통령 출마환영 대회에서 구철회 의원은 "분파 싸움 안된다. 지도자는 생사초월 해야", 손도심 의원은 "반대를 위한 반대는 부당, 건강과 국운은 관계있다"고 주장했다.

(2) 동일티켓 개헌은 이 대통령의 말 한마디로 수면아래로

현오봉, 이은태, 한광석 의원 등 자유당 소장파 의원들은 정·부통령의 동일티켓 개헌을 주장했고, 자유당 강경파들의 협조로 개헌무드를 조성했으며 민주당도 동일티켓 개헌을 놓고 공방을 벌였다. 민주당 윤제술 의원은 "정·부통령 선거법 개정이 혹시 동일티켓제 개헌과 관련이 될까 두려워서 개정안의 제안을 반대하는 의원들이 있다고 한다면 그들은 피해망상증에 걸린 사람들"이라며, 도대체 선거법을 고치지 않고 어떻게 선거를 하자는 것이냐고 개헌 반대론자들을 성토했다.

이승만 대통령은 정·부통령 통일티켓만을 위한 개헌은 좋으나, 국무총리제 부활 등의 개헌이나 선거법을 개정하는 것은 좋지 않다는 것을 표명했다.

이기붕 국회의장은 "민주당 측이 개헌 공동제안에 응하지 않으면 자유당은 개헌을 하지 않겠다"고 선언했다.

최인규 내무부장관은 동일티켓 개헌에 대해 "이승만 대통령은 누차에 걸쳐 3, 4년을 허송세월하다가 선거가 임박한 이제와서 헌법을 개정한다는 것은 옳지 못하다고 말씀하신 걸 되새겨야 한다"면서, 개헌론을 일거에 잠재웠다.

자유당 소장파 의원들이 무모한 동일티켓 개헌을 제창하여 이기붕 의장의 당선율을 높여주려 하다가 개헌도 되지 않고, 오히려 이기붕 국회의장이 당선에 자신을 잃은 듯한 인상을 국민에게 주었다.

자유당은 선거법 개정을 묵살하고 국회 폐회 즉시로 본격적인 선거운동에 돌입했다.

(3) 최인규 내무부장관의 망언과 자유당의 기세등등

이번 대선에서 대통령 후보는 1번 조병옥(민주당), 2번 이승만(자유당)으로, 부통령 후보는 1번 이기붕(자유당), 2번 김준연(통일당), 3번 임영신(대한여자국민당), 4번 장면(민주당)으로 결정됐다.

최인규 내무부장관은 "민주당은 도저히 승리할 가망이 없다"고 단언하며, "민주당이 설사 선거에 승리한다고 가정하더라도 정권을 담당하고 유지할 능력이 없다"고 주장했다.

이에 민주당 김의택, 윤명운, 조재천 의원들이 최인규 내무부장관을 항의 방문했다. 이에 최인규 내무부장관은 일절의 선거강연은 여·야를 막론하고 보장하며, 강연 장소와 시간은 여·야에게 균등한 기회를 부여할 것이라고 약속했다.

또한 반공청년단이나 깡패들이 선거를 방해 못하도록 하고, 야당 연사 및 의원들의 신변을 보장할 것을 각 지방당국에 공문으로 시달할 것도 공언했다.

최인규 내무부장관의 "참의원 선거는 정·부통령 선거 전에는 실시되기가 어렵다", "자유당에게 공포감을 갖는 쓸개 빠진 공무원은 내쫓겠다", "자유당을 리드하는 공무원들을 파격적으로 승진시키겠다"는 발언에, 민주당 서범석 의원은 대통령에게 충성을 하는 것이 국가에 충성이 될 수 있는 공무원 국가관의 시정책의 강구와 경찰인사의 공정성을 촉구했다.

민주당은 보성, 양산 지역구 재선거에 대한 책임뿐아니라 각 지방에 돌아다니면서 시국강연이라는 명칭하에 공공연한 정·부통령 선거운동을 감행하면서, 강제로 농민들을 동원하여 물의를 일으킨 최인규 내무부장관에 대한 불신임안을 제기했다.

최인규 내무부장관의 불신임결의안에 대해 가(可) 107표, 부(否) 107표로 부결됐으나, 자유당 의원 20여 명이 자유당의 명령에 반기(叛旗)를 들어 찬성표를 던진 것으로 판명됐다.

이기붕 의장은 "행동통일이 안 되어서 매우 유감스럽다"고 불쾌한 표정을 지었다.

최인규 내무부장관은 국민위안회에서 "이 나라를 이승만 대통령에게 맡겨야만 공산당에 빼앗기지 않는다"라고 기염을 토했다.

이성우 내무부차관도 "공무원법에 공무원이 정당에 가입하지 못한다는 명문 규정이 없다"며, 공무원의 정치운동과 정당 가입은 다르다고 주장했다.

그러나 법무부는 "공무원법에 의하여 공무원이 정치운동을 할 수 없다는 것은 법무부의 일관된 견해"라고 밝혔다.

자유당 정존수 의원은 "지금 정권야욕에 불타는 일부 야당을 제외하고는 자유당원, 공무원 등 전 민족이 자유당의 승리를 위하여 궐기(蹶起)하고 있다"고 주장했다.

대구 수성천변에서 개최한 자유당 선거 연설에 20만명의 청중이 운집한 것을 두고, 민주당 이철승 의원은 "대구시민이 20만 명이나 동원된 것을 자랑하는 것은 도리어 대구 시민을 모독하는 짓"이라고 폄하했고, 자유당 최갑환 의원은 "이번 강연은 조직이 잘 된데 그 공이 있는 것"이라며 강제적인 동원설을 부인했다.

자유당은 "민주당은 떳떳하게 국민의 심판을 받으라"며, "민주당은 명분없는 부통령 선거나마 끝까지 정정당당하게 싸우라"고 특별성명을 발표했다.

3인조를 창안한 이존화 자유당 조직위원장은 "대통령엔 이승만 대통령이 7할이상 득표할 것이고, 부통령은 이기붕 의장이 6백여만 표, 장면 박사가 4백만 표 정도 얻게 될 것"이라고 기세등등했다.

조순 자유당 선전위원장도 "3인조, 9인조 공개투표는 있을 수 없는 허위 날조(捏造)이다"면서, 후일 역사가에 의해서 정확히 기록될 것이라고 부연(敷衍)했다.

자유당 조순 선전위원장은 "3인조, 9인조의 조직은 자유당의 기본 조직으로 투표소에 함께 갈 수 있으나 공개투표는 위헌이다"면서, 자유당의 방대한 조직으로 중소도시에서도 승리가 가능하다고 예상했다.

최인규 내무부장관은 투표장에서 비밀투표 내용을 공개해 달라고 강요하는 자는 긴급 구속하겠다는 것이 정부의 방침임을 천명하며,

야당 참관인은 그 신분이 엄연히 보장될 것이라고 공언했다.

최인규 내무부장관은 "민주당이 민심을 격화(激化)시켜 놓은 다음에 선거전 패배가 자명해지면 선거를 포기하고 말 저의에서 나온 것"이라고 부정선거 규탄을 반박했다.

(4) 공명선거 추진과 민주당의 소극적 대응

민주당은 내각책임제 지향 등 선거공약 7장과 대일관계(對日關係) 정상화 등 20개 항목의 실천요강을 발표했다.

민주당 주요한 의원은 종교계 뿐아니라 관청, 실업계, 각 업종의 조합 심지어 자동차 운전수까지 조합을 통하여 모조리 자유당에 강제 입당시키고 있는 형편이라고 비난했다.

자유당은 민주당에 구체적인 증거를 요구하자, 민주당은 비밀증거 자료를 밝힐 단계에서 제시하겠다고 발뺌했다.

"김승호는 어느 나라 국민이기에 국민장까지 모신 고(故)조병옥 박사에게 상스러운 험구를 놀린단 말인가"라는 비난이 비등한 가운데, 장면 부통령이 20만 명이 운집한 서울운동장에서 현 정부의 실정을 신랄하게 비판하고 정권교체를 절규했다.

장면 부통령은 "신·구파의 장벽을 없애고 물에 씻어버리는 것이 고(故) 유석 선생의 유지일 것이니 앞으로 민주당은 단합하는 길 뿐이다"고 강조했다.

장면 부통령은 "자유당이 허무맹랑한 개인적인 인신 공격을 나에게 집중하고 있다"면서, "내가 집권하면 신교(新敎)는 탄압을 받고 정치는 로마 교황의 간섭과 지령대로 될 것"이라는 공격은 네가 카톨릭 신자이기 때문에 받은 공격이지만 있을수 없다고 강조했다.

공명선거추진 전국위원회 결성대회가 각계 대표 3백여 명이 참여한 가운데 거행됐다.

이 대회에서는 "국민주권을 탈환하여 민주주의를 구출하고 부정선거 분쇄투쟁을 최후의 일각까지 전개한다"는 선언문을 채택했다.

공명선거추진위원장에 장이욱, 부위원장엔 김팔봉, 이관구를, 고문에 김창숙, 장택상, 김성숙, 고희동, 김준연, 임영신을, 최고위원에는 김병로, 전진한, 백남훈을 선출했다.

이승만 대통령은 대구, 밀양, 대전 등 진해 별저에서 전용열차편으로 서울에 도착할 때까지 역두(驛頭)에서 선거유세를 펼쳤다.

열렬한 민주당 간부였던 박봉애 여사가 자유당으로 변절하여 민주당에게 독설을 퍼붓자 "전부(前婦)를 욕하는 후처의 뭣 같다"고 고소(苦笑)하는 청중도 많았다.

(5) 폭력이 난무한 공포분위기에서 치러진 선거

선거가 종반전에 접어들자 경찰이 민주당의 삐라를 뺏어 찢어버리고, 마이크 절단과 파괴 등을 버젓이 감행하고, 벽보 첨부 등을 방해하는 등 전국 각지에서 선거테러가 빈발했다.

구국철혈(救國鐵血)동지회라는 단체에서 장면 부통령 후보를 중상하고 모략하는 벽보를 부산시내의 도처에 부착한 대해, 최남규 경남 도경국장은 '애국정신의 발로'라고 찬양했다고 시민들이 발끈했으나, 최남규 도경국장은 묵묵부답했다.

장면 부통령 비방 포스터를 뜯고 있던 민주당 당원들이 반공청년단원들에게 집단 폭행을 당해 입원했다.

여수시 민주당 정재완 의원의 사위이며 여수시당 재정부장인 김용호 씨가 8명으로 추산되는 괴한들로부터 곤봉과 철봉으로 테러당하여 절명했다.

최인규 내무부장관은 여수 경찰서장이 민주당 조재천 의원의 6촌 동생이라며 쓴 웃음을 지었다.

전남 광산에서 자유당 연설회장에서 공명선거를 외치던 이상철 씨를 반공청년단장 오세열이 단도로 찔러 절명했고, 동료 김 모 씨도 중태이다. 자유당은 사망한 이상철은 민주당원이 아니고 자유당원이라고 주장했다.

민주당 서범석 의원은 "선거가 있을 때마다 민주주의는 향상되지 않고 협잡, 살인, 도둑질하는 것만을 국민이 배우게 되니 선거는 결과적으로 국민의 도의심을 타락시킬 뿐이다"라고 개탄했다.

(6) 조직적인 부정선거와 이기붕 부통령 당선

경주에서 모의투표 용지 7만 매를 인쇄한 것으로 인하여 민주당은 모의투표지는 선거법 위반이라고 지적하고 폐기토록 선거위원회에 요청했다.

이승만 대통령도 최인규 내무부장관에게 모의투표 하지말라고 특별지시했다.

유권자들은 거의 대부분이 자유당의 3인조, 9인조라는 강철조직에 묶여서 모든 경찰이 투표소에 집결되는 삼엄한 공포분위기 속에서 공개투표가 감행됐다.

부통령 선거에는 자유당의 강철조직이 결정적으로 선거분위기를 지배하고 있어 이기붕 후보의 당선이 전망됐다.

민주당은 사전투표를 위해 참관인의 입장 방해를 지령한 반공청년단의 선거계획과 사복(私服) 경찰관들이 공개투표를 지휘하고 있다고 폭로했다.

"공개투표 않으면 빨갱이로 본다"는 3인조, 9인조 지령이 폭로되고 무법, 폭력, 자랑, 트집에서 나아가 살인사태까지 빚어낸 이번 선거전에서는 3인조, 9인조, 모의투표 등 이때까지 듣지도 보지도 못했던 새로운 부정 방법이 횡행했다.

민주당은 정부가 유령 선거인명부 작성, 자연적인 기권의 권유 등은 물론 유권자의 4할 이상을 사전투표 해놓고 나머지는 3인조 내지 9인조로서 공개투표하여 자유당 후보가 85%이상의 득표를 하기 위하여 일선 경찰에 지시된 경찰의 선거대책 요강의 지령을 폭로하고, 중앙선거위원회에서 이의 방지조치를 요청했다.

이에 임철호 국회부의장은 "그건 세계적인 극작가의 각본이다. 굉장한 상을 주어야 할 것이다"라고 부인했다.

조병옥 후보의 서거로 단독 입후보한 자유당 이승만 후보는 951만 2,793표를 득표하여 제4대 대통령에 당선됐다.

부통령 선거에서는 자유당 이기붕 후보가 823만 587표(79.0%)를 득표하여, 184만 4,257표(17.7%) 득표에 그친 민주당 장면 후보를 꺾고 제5대 부통령에 당선됐다.

김준연 후보는 24만 5,526표(2.4%)를 득표했고, 임영신 후보는 9만 9,090표(0.9%)를 득표했다.

(7) 심상찮게 발생한 학생들의 저항과 시위

민주당 부통령 장면 후보의 선거연설회가 열린 2월 28일은 일요일임에도 불구하고 강제 등교 명령은 받은 대구시내의 경북고, 대구고, 경북여고, 경북사대부고 등 8개교 1천여 명의 학생들이 학원의 정치도구화 반대를 외치면서 시위를 하다가 수십 명의 부상자를 내고 백여 명이 경찰에 연행됐다.

학교 당국에서는 경북도청의 지시로 일요일 등교를 강행한 것이라고 해명했다.

자유당에서는 대구의 2. 28 학생 데모는 민주당의 사주에 의한 동원이라고 폄하(貶下)하지만, 그들은 이구동성으로 "우리는 백합과 같이 결백하다. 순결한 학생운동을 정당의 조종에 의한 것이라함은 천만부당한 발언"이라고 주장했다.

광주에서도 장면 부통령 유세 날을 맞아 도로 포장공사로 통행을 부자유스럽게 할 뿐 아니라 광주 시내 전 극장이 무료 개방됐으며, 주민들은 반장 집에 모여 집단 입장의 사례가 많았다.

서울에서도 장면 부통령 선거강연회에 참가하고 나온 1천여 명의 학생들은 "부정선거를 배격한다"는 구호와 애국가를 부르며 데모하여 수십명의 학생들이 연행됐다.

대전에서도 1천여 명의 학생들이 "학원을 정치도구화 말라"고 외치며 유혈사태를 벌여, 경찰의 제지로 40분 만에 진압됐으며 80여 명이 경찰에 연행됐다.

제5장 1950년대 후반의 시대적 상황

1. KNA 여객기 납북(拉北)과 탑승객 송환

2. 사이비 종교에 경종을 울린 박태선 장로

3. 명분을 잃은 경향신문 폐간과 정간 조치

4. 정치적 주요상황(狀況)과 사건의 일지

1. KNA 여객기 납북(拉北)과 탑승객 송환

(1) 부산에서 서울을 향한 여객기가 납북

1958년 2월 18일 부산을 출발한 KNA(대한국민항공사) 여객기가 승객 28명 등 32명을 태우고 서울 여의도 공항에 도착할 예정이었으나, 연락이 두절되었다가 휴전선 넘어 북괴군 기지에 착륙한 것으로 미군이 알려왔다.

유엔군 사령부는 북괴에 비행기와 승객의 송환을 요구했다. 북괴에서는 "KNA기와 승무원들은 의거(義擧) 입북한 것인 만큼 한국 정부와 논의할 사항이다"라며 유엔군의 송환 요구를 일축했다.

경찰은 공산당의 소행으로 추측하고 탑승객 명단에 대한 성분 조사에 들어갔다.

납북된 KNA 여객기 송환절차를 토의하기 위해 소집된 판문점 정전위원회에서 북괴는 남북 정부간의 직접 협상 없이는 송환할 수 없다며 무성의한 대응으로 결렬됐다.

그러나 이튿날 속개된 회의에서 승객 26명(한국인 22명, 미국인 2명, 서독인 2명)을 해당국에서 인수증에 서명해 준다면 송환하겠다고 돌변했다.

그러나 납북기의 기체 송환에 대해서는 아무런 언급이 없었다.

송환 승객에는 경남 합천의 유봉순 의원, 김기완 공군 정훈감이 포함되었으며 이들의 귀환은 납북된 지 19일 만이다.

인수증에 대한 서명문제로 결렬되는 등 파란(波瀾)을 거듭하다가 대한적십자사 김호진 공보부장의 서명으로 매듭됐다.

납북(拉北)을 주도한 것으로 알려진 김택선, 김길선을 포함하여 김미숙 등 6명은 송환되지 않았다.

(2) 납북(拉北)된 32명 가운데 26명은 귀환(歸還)

납북 여객기가 경기도 평택 상공 위에서 돌연 총기를 가진 괴한들이 "모두들 손을 들어라, 꼼짝하면 죽여버린다"는 고함소리에 반항할 여유도 없이 모든 승객들이 손을 들자, 괴한들은 정무영 소령과 정주영 대위의 머리를 함마로 때려 실신시켰다.

북한 상공을 날으던 여객기가 순안 비행장에 도착하기 전 괴한들은 "안심하라. 생명은 보장한다"고 위무했다.

1958년 3월 15일 서울시청 앞 광장에서 납북인사 귀환 보고대회가 개최되어 유봉순 의원은 "북괴는 평화공세에 광분하고 도처에 김일성의 초상화 사태를 빚고있다"고, 김기완 대령은 "전향(轉向)을 적극 강요받았다"고 실토했다.

송환자들은 "지난 18일 동안은 죽음의 나날이었고 우리들에게는 밤낮의 차별이 없는 공포에 싸인 칠흑(漆黑)의 그날 그날이었다"고 체험담을 쏟아냈다.

이번 납북사건은 북괴가 미리 꾸며 놓은 강도행위였고, 신체적 고문은 없었지만 심문이 매일 계속되어 정신적 고문은 대단했다.

소련의 특별지령으로 탑승객을 송환했다는 설이 난무한 가운데, 경찰당국은 수사선상의 인물을 6명으로 압축하고 북괴의 계획적인 흉계에 의한 납북으로 추정하고 배후 색출에 노력했다.

경찰당국은 수배 중인 강 모라는 간첩이 배후에 있고, 황해도 사리원 출신인 김택선, 김길선이 주동했다고 발표했다.

납북 여객기와 탑승 인사들의 송환을 요구하는 국민총궐기대회가 중앙청앞 광장에서 성대하게 거행됐으나, 여객기 송환은 끝내 이뤄지지 않았다.

2. 사이비 종교에 경종(警鐘)을 울린 박태선 장로

(1) 박태선 장로 구속으로 신앙촌이 와르르

검찰은 종교의 자유를 미끼로 그릇된 믿음만을 뿌려 온 것으로 보이는 '하나님의 사자'요 '천년성의 성주'인 박태선 장로를 구속했다.

박태선 장로가 건설한 신앙촌에는 광신(狂信)과 맹신(盲信)의 푸닥거리 속에서 낀 먼지를 씻기 위함인지 하얀 눈이 뿌려 주었다.

검찰이 박태선 장로를 사기, 위증, 상해 등 혐의로 구속하자, 신앙촌의 신자들은 크게 놀라는 표정으로 한탄과 당황의 빛을 보였다.

신앙촌 내에서는 찬송가를 부르며 진흙 구덩이에서 흙을 파내며 일하고 있던 어린 소년과 소녀로 구성된 '자진봉사대원'들과 박태선 장로로부터 병을 치료하기 위한 안찰기도를 받으러 온 시골 아주머니들의 모습들이 보였다.

박태선 장로 집의 현관문이 잠기자 성수를 배급 받으러 온 신도들도 발길을 돌렸다. 말썽 많은 안찰(按擦)기도와 성수(聖水)는 신앙촌 안의 박 장로 집의 안방과 부엌에서 성행됐다.

박태선 장로의 구속에 "정말이야", "어떻게 되나"라는 말이 오고 간 신앙촌 입구에 세워진 크리스마스 츄리와 산타클로스 할아버지는 야릇한 인상을 주었다.

경찰은 박태선 장로의 구속으로 신도들이 집단적인 구명운동을 전개하는 한편 석방 데모를 일으킬 우려가 있다고 보고 신자들의 거처와 동태를 엄밀히 내사할 것을 지시했다.

(2) '영생불멸', '천년성의 성주'인 박태선교는 사교집단

'영생불멸'을 외치며 '천년성의 성주'로 자처해 오며 '감람나무'를 자처해오던 박태선 장로가 구속되자, 박태선 장로 개인의 죄과와 아울러 박태선 장로교 자체가 정교냐 사교냐의 논란을 불러왔다.

문교부는 서울대 신사훈, 김기두 교수들을 초빙하여 논의 끝에 "자연인 박태선이 자기 스스로를 신격화하여 대중을 현혹케 함으로써 반사회적 기만행위를 하였으니 사교(邪敎)로 규정할 수 있다"는 결론을 내렸다.

"신앙의 대상이 되는 절대자는 현존인이 될 수 없다. 그러므로 박태선 장로교는 이단이며 박태선 장로가 행한 행위는 가정과 직장을 파괴하는 사기행위가 되고, 박태선 장로교는 사회적으로 도저히 용납할 수 없는 존재다"라고 결론을 맺었다.

박태선 장로 사교사건 증인으로 나타난 장 모 여인은 "박 장로가 수많은 여신도들과 혼음(混淫)을 했으며, 그 중에서도 원 모라는 여신도와 혼음한 광경을 직접 목격했다"고 증언했다.

서울에 사는 강 모 씨는 2년 전부터 아들과 가정을 버리고 한 두 주일씩 외박하고 돌아오라는 권유에도 마이동풍으로 박태선 장로교를 믿는 부인과 이혼소송을 제기했다.

박태선 장로는 "성경을 악의적으로 해석하여 몽매(蒙昧)한 부녀자들로부터 6억 5천만 환의 금품을 사취하고, 안찰기도 운운으로 신도들을 상해했다"는 죄목으로 검찰로부터 5년징역 구형을 당했다.

그러나 김동현, 한격만 변호인들은 "검찰이 종교, 교파간의 싸움에 관여하여 신성불가침한 신앙의 자유를 침해했다", "동방의 의인, 감람나무라고 지칭한 것은 예수의 종이요, 사자라는 뜻으로 사교나 이단(異端)으로 단정할 수 없다", "종교란 인간의 지식과 과학으로 판단할 수 없는 것이다. 초과학적인 것이 성서다"라고 주장하며 변호했다.

(3) 박태선 장로는 오랜 공판 끝에 징역 1년형 사법처리

박태선 장로는 "연보를 사기로 보고 설교내용을 트집 잡는다는 것은 공산주의식 방식이다"라고 항변했으나, 서울지법은 박태선 장로를 곡학아세, 혹세무민, 상해감금 등 죄목으로 2년 6개월의 징역형을 선고했다.

박태선 장로는 "성화(聖火)는 조작이 아니고 이 자리에서 찍어 보일 수 있다"고 최후 발악을 했고, 수십 명의 신도들은 "안 내주면 가만 안 둔다"고 판사실에 난입했고, 신문기자들에게도 원고를 빼앗고 사진기를 파손하는 광태(狂態)를 보였다.

법원에서 소란을 피운 박태선 장로회 광신도 4명을 법정모독, 특수폭행, 치상혐의 등으로 법정구속했고, 공판정에서 박태선 장로는 "나는 하나님의 은혜를 받아 기도를 하면 이슬이 내린다"라는 등 횡설수설했다.

서울고검 윤두식 검사는 "박태선 피고가 주장하는 안찰기도, 성화, 성수라는 표현은 무고한 교인을 상대로 금품을 사취한 한낱 수단 방법에 지나지 않는다"며 징역 5년을 구형했다.

박태선 장로의 항소심 공판에서 4억 5천 9백만 환의 신앙촌 입주금을 받은 데 대한 기부금지법 위반과 경력에 대한 위증 등을 유죄로 인정하여 징역 1년 형을 선고했다.

다만 연보금에 대한 사기와 기만적인 설교방법에 대해서는 무죄를 인정했다.

보석으로 석방된 박태선 장로교인 일가 5명이 하느님의 묵시(默示)라며 인천 앞바다에 투신자살한 사건도 발생했다.

3. 명분을 잃은 경향신문 폐간과 정간(停刊)조치

(1) 이승만 정부는 경향신문을 행정명령으로 폐간

경찰은 경향신문 편집국장 강영수를 연행하여 여적의 필자를 신문했지만, 강영수 국장이 안 밝히자 마침내 압수수색에 들어갔으며, 경찰은 압수수색한 이유로 필자를 알기 위한 필적감정용이었다고 밝혔다.

해방 후 처음으로 '내란의 죄'의 저촉 여부에 혐의를 두고 언론기관에 대하여 압수수색한 경향신문 필화사건에서, 경찰은 압수한 여적(餘滴)의 원고를 돌려주지 않고 필자도 소환조차 하지 않은 가운데 새삼스럽게 학술면의 검토 결과만을 기다렸다.

필자가 주요한 의원임을 스스로 밝혔음에도 불구하고 여적 등의 원고는 돌려주지 않고 수사가 어디에 초점을 두고 있는지조차 의문투성이다.

주요한 의원은 서울시경의 소환에 불응했다. 서울시경에서는 주요한 의원에 대해 구속영장을 신청했으나 법원에서는 발부를 보류했다. 그리하여 검찰은 불구속 기소했다.

검찰은 "남파된 간첩을 체포했다"는 기사를 보도한 경향신문 기자 2명을 신국가보안법의 기록증거물의 효용멸실(21조) 위반혐의로 구속하여 신국가보안법의 오용의 우려를 실감했다.

정부는 미군정 법령 제88호에 의거하여 '정부와 여당의 지리멸렬' 기사에 허위사실을 보도했고, '여적'난을 통해 헌법에 규정한 선거제도를 부정한 동시에 폭동할 것을 선전했으며, 홍천의 모 사단 유류 부정사건을 허위보도하였고, 간첩 하 모 체포 기사를 게재하여 간첩들의 도피를 용이하게 하였으며, 이승만 대통령 기자회견 기사에서 국가보안법 개정도 반대라는 제목으로 허위보도 하였다는 이유 등을 들어 발행허가 취소를 송달했다.

경향신문은 1946년 6월 24일 발행허가가 났으며 지령 4325호에 이르렀다.

정부는 경향신문은 천주교 서울교구 유지재단에 의해 운영되어 종교와 정치가 혼동하여 절제없는 정부 비난과 허위보도를 계속해 오고 있음은 실로 유감된 일이라고 밝혔다.

경향신문 이관구 주필은 "사법부의 판결없이 행정조치로서 그것도 합법 여부가 의문시되는 미군정 법령을 근거로 해서 발행허가 자체를 취소한다는 것은 부당하다. 그리하여 행정소송 및 가처분 신청을 하겠다"는 의사를 밝혔다.

(2) 경향신문의 폐간조치로 정국(政局)이 긴장

경향신문의 행정처분을 계기로 국내 정국은 아연 긴장된 분위기가 조성됐다.

전성천 공보실장은 장면 부통령이 경향신문의 행정조치를 가리켜 내년 선거를 앞둔 야당 탄압의 전초전(前哨戰)이라고 말한 것은 전연 사실무근이라고 반박했다.

경향신문 행정조치와 관련하여 공보실장이 면회를 거부했다고 미국 대사관에서 항의했다. 미국의 다울링 주한대사는 폐간조치에 찬성할 수 없다는 뜻을 분명히 밝혔다.

 민주당은 경향신문 폐간은 정부가 권력을 남용하고 있을 뿐 아니라 헌법정신에 배치되는 것으로 폐간 명령을 취소하라고 요청했다.

민주당은 '언론탄압 대책위원회'를 구성하여 각계 각층과 제휴하여 범국민적 운동을 전개하기로 했다.

정부는 "1월 이래 최근까지의 사설 및 이승만 대통령 기자회견의 허위 보도, 여적(餘滴)란의 폭동 조장사건, 간첩기사의 조사방해 등 국가안전과 국민의 자유를 위하여 군정법령을 적용하여 폐간조치했다"고 설명했다.

한국신문편집인 협회는 경향신문 폐간 조치는 언론자유를 침해하고 민주주의 역사상 큰 치욕을 남겼다고 주장하면서 취소를 요청했다.

또한 군정법령 제88호가 당시 공산주의자들의 전폭적 선전공작을 억제하기 위한 목적이었다는 다울링 미국대사의 성명을 지지한다는 성명서도 곁들였다.

경향신문 발행인 한창우는 전성천 공보실장을 상대로 행정처분의 근거로 군정법령 제88호를 적용한 것은 대한민국 헌법에 저촉한다 등의 이유로 행정처분 취소청구 소송을 제기했다.

전성천 공보실장은 "경향신문 폐간 조치는 재고(再考)할 필요도 없고 또한 이미 생명을 잃은 사체(屍體)로 다시 부활시킨다는 것은 하나님만이 할 수 있는 일"이라고 반박했다.

조용순 대법원장은 군정령 제88호는 현재까지 살아있는 법령이라고 행정명령의 합법성을 변호했다.

대한변호사협회는 경향신문 폐간 조치는 언론탄압이라고 주장했다.

주요한 의원은 "이미 죽어버린 미군정 법령을 가지고 국가 위신에 관계되는 언론탄압을 자행하고 있으니 경향신문 판권(板權)을 부활시켜야 되지 않겠느냐"고 항변했다.

전성천 공보실장은 "군정법령은 엄연히 살아있고 그 법에 저촉되어 죽어버린 만큼 부활의 길은 재판에서 승소하는 길 밖에 도리가 없다"면서 폐간조치의 정당성을 설파하자, 민주당은 전성천 공보실장 파면권고안을 제안했다.

경향신문사 한창우 발행인은 경향신문 발행 허가 정지의 행정처분을 취소해 달라는 본안소송과 그 효력의 정지 가처분신청을 서울고법에 청구했다.

경향신문은 폐간 조치로 270명의 종업원이 실직되고 재정적으로 큰 손실을 입게 됐다며 발행허가 취소의 집행정지 가처분을 법원에 제출했다.

(3) 법원이 폐간 효력을 정지하자 정부는 경향신문을 정간조치

서울고법 홍일원 재판장은 경향신문 폐간 효력을 정지했다. 재판부는 폐간할 경우 회복 못할 막대한 손해회피 방안이 필요하고 행정재량권을 과중하게 남용했다고 판결 이유를 밝혔다.

김병로 전 대법원장도 가처분 조치는 적절했다고 소감을 밝혔다.

이승만 정부는 임시 국무회의를 거쳐 경향신문에 대한 발행허가 취소처분을 철회하고 발행허가를 정지한다는 결정을 발표했다.

이에 민주당은 이번 정부의 처사야말로 야비(野卑)한 정부의 저의를 그대로 노출한 것이라고 주장하고, 앞으로 그 책임을 철저히 따지겠다고 선언했다.

편집인협회는 출판물 허가제는 위헌이며, 군정법령 제88호 폐기를 청원하면서 국회에 언론자유 보장을 촉구했다.

경향신문 소송대리인인 정구영 변호사는 군정법령의 위헌제청을 헌법위원회에 제기했다.

서울고법은 "군정법령은 법률이 아니고 하나의 실효(失效)된 명령이었다"고 결론을 내리자, 위헌제청요구 각하가 당연하다고 법조계에서 입을 모았다.

그러나 서울고법은 "군정법령 제88호는 위헌이 아니고 아직도 유효하므로 언론을 제한할 수 있는 만큼 경향신문 무기정간 처분은 행정재량권의 한계를 벗어난 것이 아니다"는 이유로 집행정지 가처분신청을 기각했다.

4. 정치적 주요상황(狀況) 및 사건의 일지

(1) 1958년 : 제4대 총선에서 자유당이 과반의석 확보

○ 1/1 검찰은 민주당 장충단집회 방해사건의 배후 추궁을 못한 채 정치깡패 유지광 1명만 기소

○ 1/9 선거법 협상 후유증으로 조병옥 민주당 대표 사직, 백남훈 최고위원이 대표직을 대행

○ 1/13 자유당은 당 위신의 손상 등의 혐의로 정해영, 황경수 의원을 제명 조치

○ 1/14 경찰은 진보당의 조봉암, 김달호, 박기출, 윤길중, 이동화 등 간부진 7명을 긴급 구속

○ 2/4 영등포역 구내에서 경인(京仁) 통근열차가 전복하여 5명 즉사, 5명은 생명 위독

○ 2/11 시외버스가 송아지 피하려다 대전 금남교 난간을 받고 전복하여 23명이 익사, 구출된 6명도 중상

○ 2/14 올해 대학졸업생은 1만 7천여 명, 취직할 곳은 전무 상태, 교육당국에서도 속수무책

○ 2/18 KNA 여객기 승객 28명 태운 채 월북, 북한 순안비행장

에 강제 착륙한 듯

○ 2/22 일본에 밀항하여 오랫동안 억류되었던 교포 249명 귀국, 무표정한 얼굴, 입국심사를 거쳐 귀향(歸鄕)길에

○ 2/26 정부는 남북통일방안 등의 불법성을 지적하며 혁신정당인 진보당을 등록취소

○ 2/28 한일회담 대표단 구성, 수석대표에 임병직, 대표에 장경근, 이호 등 임명

○ 3/2 자유당은 제4대 총선 공천후보자 116명 발표, 현역의원 65명 포함

○ 3/8 KNA 납북기 탑승자 유봉순 의원 등이 포함된 26명 송환, 납치범 등 6명은 미귀환

○ 3/25 불량학생의 행패 격증, 2개월 동안에 살상, 폭행 등 4천여 건 적발

○ 3/26 서울 서대문 을구 이기붕의 상대 후보인 민주당 김산, 간통혐의로 피소됐으나 본인은 터무니 없는 조작이라고 항변

○ 3/29 내무부는 경찰력을 총동원하여 깡패 소탕령, 첫날에 2,289명 검거 선풍

○ 4/3 미군이 우편물 집재소의 근처를 배회한다고 소녀를 사살

○ 4/12 제4대 총선입후보자 868명 등록, 무투표 당선자는 6명

○ 4/12 공군수송기 납북(拉北) 기도, 권총 대고 조종사 협박, 격투 끝에 위기를 모면

○ 4/22 점심 못 가져오는 아동 서울시내만 2만여 명, 국민학교 취학불능도 2천여 명

○ 4/28 자유당은 낙천자의 제명을 선거조직의 혼란을 우려하고 당선후 포섭을 고려하여 보류(保留)

○ 4/30 도처(到處)에서 짓밟히는 공명선거, 폭력, 관권, 금권이 난무하고 각종 방해로 자유 분위기에 이상기류 형성

○ 5/1 연평도 조기잡이 어선단 피습, 북괴의 무장 경비정이 포격하여 납치 등 만행(蠻行)

○ 5/5 제4대 총선 결과 자유당 126석으로 개헌선 좌절, 민주당 79석으로 비약적인 발전, 여러 개표소에서 개표 중단 소동

○ 5/15 장면 부통령 총선의 비합법성을 열거하며 불법과 무법을 조속 시정(是正)않는 한 모든 선거는 무의미하다고 성토(聲討)

○ 5/16 자유당은 중앙위에서 국회부의장, 상임위원장 후보를 이기붕 국회의장에게 지명을 일임키로 의결

○ 5/16 다시 이어진 서울의 동맥 한강 인도교 8년 만에 복구

○ 5/26 무장한 간첩에 경관 피살, 소련제 권총 빼앗고 격투 중 단도로 가슴 찔려 경찰관은 순직(殉職)

○ 6/4 선거소송 78개구에서 제기, 피소자의 70%가 자유당원

○ 6/8 제4대 국회 개원, 의장 이기붕, 부의장 이재학, 한희석 선출, 민주당 원내총무에 오위영 선임

○ 6/10 이승만 대통령은 김동현 후보 비토 후 6개월 만에 조용순을 대법원장에 임명

○ 6/10 고양군 한강연안에서 무장보트를 타고 집단 남하한 간첩 3명을 사살하고 1명을 생포

○ 6/16 제4대 총선 대구 개표 때의 선거테러범 자수, 13명을 모아 취할 정도로 술 먹이고 테러 후 파출소에 피신시켰다고 자백

○ 6/22 대법원은 경북 영일을구 선거무효 판결, 자유당 김익로 의원 자격상실, 이재학 국회부의장은 판결 오판발언으로 징계소동

○ 7/1 서울시경은 사창(私娼)굴 주변에 천막 치고 단속 결행, 뿌리 뽑겠다는 결의를 다짐

○ 7/12 수해(水害)로 이재민 7만 7천여 명, 사망 79명, 부상 101명, 피해액 110억 환 발생

○ 7/19 위험한 강과 바다에서의 목욕과 수영, 하루에 10명 익사

○ 8/25 전국적으로 뇌염이 창궐(猖獗)하여 1,255명이 발생하여 226명이 사망, 국민학교도 무기 휴학, 아동보호에 긴급조치

○ 9/5 탈교(脫敎)한 집사가 맹랑한 설교로 이혼 강요 등 갖가지 비행을 연출했다고 박태선 장로의 전도관 내막 폭로

○ 9/10 국방부는 동해안에서 괴뢰군 무장선 격파, 남파간첩 4명 생포, 2명 사살했다고 발표

○ 9/13 뇌염이 해방(解放) 이후 최고조로 5,854명이 발생, 사망자 1,342명 달해

○ 9/16 북괴는 남한 청년들을 납치하여 교육시켜 남파, 남파(南派) 대기자 1,300명 추정

○ 9/17 경북 영일 을구 재선거는 관권과 민권의 대결, 갖은 탄압과 폭력으로 위협, 투표일 앞두고 폭풍전야의 격동

○ 9/21 대법원 대구 기구(己區)당선 무효 판결, 당선자를 자유당 이우줄에서 민주당 최희송으로 번복

○ 9/22 경북 영일 을구 자유당 김익로 후보 당선, 민주당 선거소송 제기, 정계에 중대파문, 표 도둑질 등 난장판 개표, 정전과 함께 괴한 난입, 350표 도난 등 암흑 속에 수라장

○ 10/1 전남 보성에서 투표용지 1만 매를 위조하여 환표한 사실을 개표종사원과 경관들이 증언

○ 10/31 민주당 전당대회 개최, 대표 최고위원 조병옥 선출

○ 11/6 이승만 대통령 한·월의 군·경(軍·警)유대 강화 협의차 월남(越南)방문코자 했으나 비행기 고장으로 오키나와에 기착

○ 11/11 북괴의 무장선이 동해상에 출현하여 어선 두 척과 선원 11명 납치

○ 11/13 신앙촌 현장 검증, 박태선 장로 관중 주시속에 안찰기도 실현, 가관(可觀)과 괴언(怪言)에 폭소 연발

○ 11/19 경기도 부천 압파도 근해에서 북괴의 간첩선과 해상혈투, 적선(敵船)은 서남방으로 도주

○ 12/5 집총(執銃)거부한 안식교도 7명에 징역 6월 군법회의에서 선고, 계속 단호한 조치 언명

○ 12/7 민주당 보안법 개정 반대 공청회, 괴한들이 난입하여 기물을 파괴하는 등 난동으로 유산(流産)

○ 12/17 간첩 박정호 사형, 그러나 연루하여 피소된 근로인민당 장건상 위원장 등 14명은 무죄 석방

○ 12/20 보안법 반대 항쟁 농성, 민주당 의원들 분노의 절정, 의사당 사수를 위해 외투로 이불 삼아

○ 12/25 자유당 단독으로 보안법 개정안 의결, 야당의원들을 폭력 감금 뒤에 축출, 의사당 앞에서 난투극, 무장 경관들이 의원들을 강제로 차에 태워 귀가시켜

○ 12/29 자유당의 내각책임제 개헌론 제안, 민주당은 자유당은 개헌을 논의할 자격이 없다며 정면으로 거부

(2) 1959년 : 진보당 등록취소, 조봉암 대통령 후보 사형집행

○ 1/27 보안법 발효 후 재연된 보안법 반대 데모, 서울에서 경기도의원들이 주도, 경찰이 강제 해산하고 16명을 연행

○ 2/5 재일교포 북송의 부당성을 지적하는 대일각서 유태하 주일공사를 통해 전달

○ 2/6 대구시의회 민주당 조준영 시장 사퇴권고안 의결, 예산안

심의를 거부하여 대구시 살림 마비상태

○ 2/14 전국 각지에서 재일교포 북송 반대 데모, 일본의 친공(親共)정책을 규탄, 서울에서 2만여 명이 모여 분노 표출

○ 2/18 경향신문 여적(餘滴)의 필자 주요한 구속영장 신청, 법원에선 영장 발부 보류

○ 3/7 충남 청양에서 시외버스가 60m 절벽으로 추락하여 4명 즉사, 10명 부상

○ 3/14 법칙물자 처분사건 계기로 자유당의 강경파와 온건파의 파쟁 심각, 강경파 팽창에 타격을 주어 온건파 우세

○ 3/18 경북도지사가 민선 공무원 정치문제 참여금지 규정을 들어 조준영 대구시장에 민주당 탈당을 지시

○ 3/21 이승만 대통령은 내무 최인규, 재무 송인상, 부흥 신현확, 농림 이근직, 교통 김일환 장관 등을 임명

○ 3/24 최인규 내무부장관 취임식에서 공무원은 근무시간 외에는 대통령 선거운동 가능하다고 선언

○ 4/1 자유당 경남 도당대회에서 이기붕 의장이 추천한 손영수를 외면하고 김종신을 위원장으로 선출

○ 4/4 대구 병구 올빼미 개표사건 선고 공판에서 이우줄 의원 구속, 46명에 유죄판결, 자유당 후보 당선시키려고 야간만 개표 인정

○ 4/10 충북 진천에서 시외버스와 열차가 건널목에서 충돌하여 4명 죽고, 76명 중경상

○ 4/14 최인규 내무부장관은 전국 시·읍·면장 등에게 당적 이탈 지시, 불응자는 의법 징계를 경고

○ 4/17 미국용 제트기가 민가에 추락하여 5명 사망, 기체 전파

○ 4/29 누대(累代)를 이어온 무당 가정을 저주하여 친부모를 타살한 6대 독자, 악의 종자가 저지른 전율(戰慄)할 범죄

○ 5/1 군정법령을 적용해 국가의 안전을 방해하는 허위보도 등 5개항의 이유를 지적하며 경향신문에 폐간 명령

○ 5/6 조봉암은 고문으로 만든 허위 조서 등의 채택 사유 등으로 진보당 사건 재심 청구

○ 5/31 경남 산청에 공비 3명 출현, 비행기로 귀순을 종용하는 삐라 살포

○ 6/6 당선무효로 인한 재선거에서 자유당 전형산(인제), 자유당 김원규(영덕) 후보 당선

○ 6/21 경남 울산 을구 재선거에서 경찰관 등이 농민으로 변장하여 삼엄한 검문, 음산한 선거분위기 조성

○ 6/24 이번 재선거에서도 자유당 김성탁(울산을), 자유당 이종준(월성을) 후보들이 당선, 자유당의 독무대가 지속

○ 6/27 서울고법에서 경향신문 폐간 효력을 정지하자, 정부에서는 정간(停刊)조치로 폐간 효력을 유지시켜

○ 6/29 자유당 전당대회에서 이승만을 제4대 대통령 후보로, 이기붕을 제5대 부통령 후보로 지명, 총재에 이승만, 중앙상임위 의

장 이기붕, 부의장 한희석 추대

○ 7/18 부산 공설운동장에서 시민위안회 잔치에 갑자기 소나기가 쏟아지자 귀가하려는 군중들에 밟혀 67명 사망, 2백여 명이 부상

○ 7/27 연평도 남방 해상에서 해군 경비정이 북괴 무장간첩선과 교전 끝에 격침시켜, 5명을 사살하고 2명을 생포

○ 7/31 대법원에서 재심의 거증(擧證)사유를 인정할 수 없다며 조봉암 재심 청구를 기각

○ 8/1 조봉암 사형 집행, 술 한 잔과 담배 1대 거절당하고 조용히 교수대의 이슬로 사라짐

○ 8/8 선거제에서 임명제로 지방자치법 개정으로 정부는 시·읍·면장 559명을 자유당계 출신들을 임명

○ 8/24 대법원은 경남 사천 환표사건의 주범 자유당 김항곤 후보에게 1년 6개월 징역형 선고

○ 8/29 뇌염이 미군 부대까지 침입, 전국에 만연되어 288명의 환자 중 69명 사망

○ 9/2 국회의 간부 후보 인선을 이기붕 의장에게 일임키로 자유당 의원 총회에서 만장일치로 의결

○ 9/6 자유당 강·온파 대립격화, 국회부의장 임철호, 원내총무에 정문흠 등 강경파 득세, 박만원 예결위원장 후보 사퇴

○ 9/9 군인 20여 명이 자기들의 싸움 말린다고 집단 폭행, 폭행당한 행인은 입원 중에 절명

○ 9/12 전남 보성의 재선거에서 난장판 된 선거연설장, 폭력배 10여 명이 민주당 연설회 사회자 동댕이질

○ 9/13 재선거에서 자유당 황성수(보성), 지영진(양산) 후보 당선, 민주당은 개표 참관을 거부코 퇴장

○ 9/18 태풍 사라호 피해 심각, 수재민 35만여 명, 가옥 7만여 동 파손, 929명 사망이나 실종, 수해(水害) 총액 2백억 환

○ 10/4 제주 근해에 일본어선 150척 출현하여 평화선 침범코 공공연히 어로(漁撈)행위

○ 10/8 이성우 내무부차관 공무원의 정당가입 못 한다는 규정이 없고, 개인 의사 막을 수 없다고 공무원 정치운동에 새로운 해석

○ 10/9 법무부에서는 공무원의 정치운동 참여는 위법이며 당연히 징계대상이라고 유권(有權)해석

○ 10/11 조병옥 민주당 대표, 민주당 내분 수습위해 민주당을 살리는 유일한 길이라고 대통령 후보를 포기선언

○ 10/13 파주 일대 미군 부대를 무대로 행패를 부린 깡패단 126명을 검거

○ 10/15 국회는 임철호 국회부의장 선출, 15개 상임위원장도 자유당이 독식(獨食), 민주당은 백지 투표

○ 10/17 목포에서 추수하고 돌아오던 선박이 전복되어 농부 10명이 익사

○ 11/5 대법원은 경북 영일 을구 선거무효 판결, 행방불명된 350

표 인정, 김익로 의원 다시 의원직 상실

○ 11/11 민주당 경남 도당대회장 난장판, 괴한이 난입하여 폭행, 대의원 20여 명이 부상

○ 11/17 북괴의 어선 납북 기도에 대한 보호조치로 동해안 어로 저지선을 38도 30분으로 변경하여 축소

○ 11/23 유봉순 의원 간첩 밀고 사건과 관련하여 보안법 위반 혐의로 구속 요청을 받은 최창섭 의원을 자유당에서 제명 조치

○ 11/26 조병옥 후보는 나의 의사는 당명(黨命)만이 구속할 수 있다면서 대통령 후보 사퇴를 번의(翻意)

○ 11/27 민주당 대통령 후보에 조병옥 484표를 득표하여 481표를 득표한 장면을 3표 차로 꺾어

○ 11/28 민주당 대표에는 장면 후보가 518표를 득표하여 당선, 최고위원에는 조병옥, 백남훈, 곽상훈, 윤보선, 박순천 선출

○ 11/30 영화배우 김희갑 구타 사건으로 임화수 불구속으로 입건, 검찰은 구속을 지시

○ 12/3 다량의 아편을 가지고 남북을 왕래한 간첩 3명을 체포

○ 12/6 최인규 내무부장관 "대통령에 충성하지 않은 공무원은 정부에 둘 수 없다"는 발언이 파문을 야기

○ 12/14 북송반대의 함성 춘천, 서울 대회에 50만여 명이 참가, 철시(撤市)하고 데모에 참가

○ 12/16 대법원에서 정읍 환표사건 상고 기각 판결, 경찰관의 환

표(換票)사실을 인정

○ 12/29 양초공장 숙직실에서 촛불 켜놓고 잠자다가 화재로 6명이 소사

(3) 1960년 : 부정선거를 규탄하는 시민혁명으로 정권교체

○ 1/1 1960년 예산액 4,237억 환 국회 통과, 국방부 예산 1,484억 환, 문교부 예산 615억 환, 내무부 예산 503억 환

○ 1/7 이승만 대통령 선거법 개정 등은 반대하고 정·부통령 동일 타겟 개헌안은 찬성

○ 1/12 전남 흑산도 해역에서 중공 무장 선단에 우리 해안 경비정 피습, 교전 끝에 5명 전사, 선체 일부 피해

○ 1/13 공작금 20만 달러를 살포(撒布)한 민주당 훈련부 차장 및 장교 8명 등 대규모 간첩단 검거

○ 1/24 경북 영주·영일을구 재선거, 민주당은 선거포기 선언, 반공청년단 간섭은 노골적, 자유당 이영희(영주), 김장섭(영일을) 후보 당선, 투표소 주위는 완전히 포위되고 5인조끼리 보이며 투표

○ 1/28 귀성(歸省)열차 탑승에 몰려든 군중들이 서울역 구내에서 압사 사건 발생, 31명 사망, 41명 중경상

○ 1/30 민주당 조병옥 대선후보 치료차 도미, "낫는 대로 달려오

리"라며 공명선거를 요구

○ 2/2 정·부통령 선거 3월 15일 실시키로 국무회의 의결, 민주당은 내무부장관과 법무부장관 교체 요구

○ 2/8 자유당의 이승만 대통령 출마 환영강연회는 6만 명이, 민주당의 조기(早期)선거 규탄강연회는 13만 명이 운집

○ 2/17 조병옥 후보 서거, 국민장으로 결정하고 장지는 우의동 수유리, 사인은 심장마비, 청천벽력의 비보에 전 국민은 경악

○ 2/25 1960년도 미국의 대한 군사 원조액은 2억 899만 달러로 확정, 미국 원조액 250억 달러의 절반 이상은 구라파에 할애

○ 2/26 조병옥 국민장 엄수, 온 겨레 애도속에 영결, 연도에 수십만 군중, 각지에서도 추도식

○ 2/27 민주당 구파 원내교섭 단체구성, 선거포기나 신파와 메별 않은 조건으로

○ 3/1 대구의 4개 고교 1천여 명 민주당 강연회 참석을 우려해 휴일 등교에 궐기하여 항의, 학원에 자유를 달라고 절규

○ 3/3 부산 국제고무공장 화재로 여공(女工)등 62명 소사, 담뱃불로 인화, 한 때 부산진 일대가 아비규환

○ 3/5 광주 민주당 장면 후보 연설회 날 전 극장 무료 개방, 도로포장 공사로 통행 부자유

○ 3/9 충남 대전에서도 1천여 명의 학생 "학원을 정치도구화 말라"고 데모, 경찰과 충돌로 유혈사태를 연출, 80여 명 연행

○ 3/12 민주당원 두 번째 피살, 반공청년단원이 칼질, 형사들은 구호 요청하자 뺑소니, 전국에서 민주당원 56명 부상

○ 3/15 일찍이 없던 공포분위기 조성하고, 사복경관이 3인조 투표 강행하도록 지휘, 참관인 입장 방해

○ 3/16 공공연한 공개투표, 민주당 선거무효 선언, 전 참관인 철수, 자유당은 간악(奸惡)한 정략적 술책이라고 비난

○ 3/17 자유당 이승만, 이기붕 정·부통령 당선, 마산에선 소요사태로 시가전을 치룬 도시같이 찬바람만 쌩쌩

○ 3/19 이기붕은 3인조 투표는 합법(合法)이며 내각책임제 개헌은 불고려(不考慮)한다고 성명, 민주당 의원들은 국회에서 총퇴장

○ 3/20 최재유 문교부장관 학원 내 배치된 경찰관 철수 요구할 의사도, 인책할 생각도 없다고 밝혀

○ 3/24 최인규 내무부장관 후임에 홍진기 법무부장관 전보, 부산에서 1천여 명의 학생 "정부는 마산 사건에 책임을 지라"고 데모

○ 3/28 마산사건 국회조사위 "고문한 경관 전원 구속", "민주당 사주 없다" 결론을 맺었으나 자유당은 공산당의 개재(介在) 주장

○ 3/30 재일교포 제1진 344명 귀국, 이제 그립던 고향땅에 안착

○ 4/6 해병대 훈련병 2백명이 "배고파 못 살겠다"고 외치며 데모

○ 4/7 군중, 학생 수 천명이 재선거 실시등을 요구하며 부정선거 규탄 데모, 중앙청 앞서 경찰과 충돌

○ 4/12 홍진기 내무부장관은 손석래 마산경찰서장 파면하고, 마

산 사건 관련자 11명을 구속하여 기소하라고 지시

○ 4/14 마산데모 연 3일 째 계속, 8개 고교생 1천여 명이 부슬비 맞으며 시가행진, 경찰은 최루탄 발사

○ 4/16 이승만 대통령은 마산 사태는 공산당이 조종한 혐의가 있다고 거듭 담화

○ 4/19 고려대 전교생 참가 마산학생 석방 등 요구하며 데모, 국회의사당 앞까지 진출, 다시 격화된 학생데모

○ 4/20 부정선거 규탄 데모 전국에 10만 명으로 확대, 경무대 앞서 일대 혼란 야기, 데모군중에 무조건 일제히 사격, 피살자 수십명에 이르자 서울, 부산 등 대도시에 계엄령 선포

○ 4/22 비상사태 인책 차원에서 전 국무위원, 자유당 당무위원 사표 제출, 민간인 사망자 111명, 부상자는 740명에 도달

○ 4/24 4·19사태 울분 못 참겠다면서 폭정에 경종(警鐘)을 울리고자 장면 부통령 사임서 발표.

○ 4/25 이승만 대통령 자유당 총재직 사퇴, 전 국무위원 사표 수리, 민주당은 이승만 대통령 하야 권고 긴급동의안 제출

○ 4/27 국회는 이승만 대통령 하야(下野)결의, 정·부통령 재선거 실시, 노도같은 수십만 데모 있자 중대성명, 역사적 시민혁명 성공, 전국에 환호성 충천(衝天)

○ 4/28 이승만 대통령 국회에서 사임서 의결, 12년간 집권에 종지부, 힘찬 민권 승리의 새 아침

○ 4/29 이기붕 일가 경무대 내에서 권총 자살, 이강석이 차례로 쏘아, 정치깡패 이정재 구속, 이승만 대통령 저격미수범 김시현 출감

○ 4/30 부정선거 원흉(元兇)으로 최인규 전 내무부장관 체포

○ 5/3 국회의장에 민주당 곽상훈 선출

○ 5/19 산업채권 43억 환을 박용익, 김영찬, 송인상이 주도하여 몽땅 선거자금화

○ 5/19 장면 부통령 저격 사건 조종은 임흥순 전 서울시장이 했다고 당시 시경국장 김종원 폭로

○ 5/20 4·19 순국학도 합동위령제 거행, 47주(柱)의 명복 기원, 민주의 혈(血) 길이 빛나리

○ 5/22 검찰은 부정선거 수괴(首魁)로 최인규, 한희석, 이강학, 이성우, 최병환 등을 기소

○ 5/24 정부는 이재학, 박용익, 임철호, 조순, 정문흠, 정존수 등 여섯 의원 구속 동의 요청, 국회는 구속 동의에 혼선

○ 5/30 이승만 대통령 부처(夫妻) 미국으로 극비리에 망명, 허정 과도정부 수석이 주선, 외무부차관만 외롭게 전송

○ 6/1 자유당 의원 101명 자유당 탈퇴 성명, 무소속으로 잔류, 선거자금 관련자 6명 기소

○ 6/6 검찰은 부정선거 원흉으로 국무위원, 자유당 기획위원 등 23명을 선거법 위반으로 모두 기소

○ 6/11 국회부의장 김도연, 이재형 선출, 3차 결선투표 끝에

○ 6/13 민주당 신구파 분열위기에 직면, 정치자금 유입설 서로 폭로, 주먹질까지 연출

○ 6/14 최초 발포 명령은 법무부장관 홍진기로 판명, 검찰은 홍장관을 살인죄로 추가 입건

○ 6/15 자유당을 이탈한 41명의 의원들은 헌정동지회 발족

○ 6/16 내각책임제 개헌안 국회 통과 찬성 208명, 반대 3명으로

○ 6/20 미국 아이젠하워 대통령 거족적 환영리에 입경(入京), 한미협조 더욱 긴밀화, 전대미문의 인파가 도열(堵列)

○ 6/25 정무차관제를 도입한 정부조직법 개정안 의결

○ 6/28 민·참의원 선거일 7월 29일, 7월 2일까지 입후보 등록

○ 6/30 민주당 공천분규 극렬화, 공천한 후보 제명 소동, 혁신진영도 세 갈래로 분열

○ 7/2 자유당은 붕괴되고 혁신계열은 위축되어 총선거 경쟁률 예상외로 저조, 민의원 5대 1, 참의원 2대 1

○ 7/5 부정선거 원흉들 29명 첫 공판, 암흑의 장막 걷히는 역사적인 날로 기록

○ 7/18 서울 주변 산(山)마다 판자집 난립, 혁명 후 적발된 것만 3천 6백여 건, 선거 끝나야 중점적으로 단속 하겠다고

○ 7/23 자유법조단 민주당 구파와 제휴할 용의 있으며 보수신당

결성키로 결의, 대통령에 김병로 추대

○ 7/25 보안법 파동의 주역인 무술경위 300명 명단 공개, 폭력으로 민주주의 말살한 독재의 졸도로 규탄

○ 7/29 전례(前例) 없는 자유 분위기 속 양원 동시 선거, 혁명으로 쟁취한 제2공화국 첫 총선

○ 7/31 민주당 예상외로 압승, 신·구파 서로 백중, 사고지구 일부 재선거, 영남 몇몇 곳에서 큰 소란

○ 8/1 민주당 구파는 분당의 조건이 조성됐다며 일당독재 배격하고 양당정치 지향코자 분당 결의, 당선자 복당 주장

○ 8/1 중앙선거위원회는 11개구 재선거 확정, 참의원 재선거도 불가피, 난동주동자 322명을 구속

○ 8/9 민의원 의장 곽상훈, 부의장 이영준, 서민호 선출, 참의원 의장 백낙준, 부의장 소선규 선출

○ 8/13 대통령 윤보선 선출, 208표로 압도적 당선, 거국내각을 희망, 경제안정 제1주의를 지향

○ 8/14 일부지역 재선거 실시하여 개표 완료, 민주당이 압승

○ 8/17 윤보선 대통령 국무총리에 김도연 지명 국회에 통고

○ 8/18 김도연 국무총리 인준안 과반에서 1표 부족하여 부결, 가(可) 111표, 부(否) 112표로

○ 8/20 장면 국무총리 인준, 가(可) 117표, 부(否) 107표로 과반수에서 2표 초과

○ 8/22 경무대 4인(윤보선, 장면, 곽상훈, 유진산) 회담에서 조각 원칙에 극적 합의

○ 8/24 장면 국무총리 조각 완료, 신파 일색으로 구파에선 정헌주(교통) 입각, 구파는 교섭단체 등록을 재확인

○ 8/27 정헌주 의원 발언에 구파 격분, 단상에서 일대 완력 소동, 멱살잡고 서로 으르렁

○ 8/31 검찰은 발포명령자인 홍진기 장관에 사형 구형, 이정재, 유지광, 임화수에 10년 구형

[제3부] 4 · 19 시민혁명과 7 · 29 제5대 총선

제1장 경찰독재국가인 자유당 정권의 몰락
제2장 정권타도 성공으로 과도정부 수립
제3장 의원내각제 개헌과 부정선거 원흉 처단
제4장 정통야당 민주당이 압승한 제5대 총선

제1장 경찰독재국가인 자유당 정권의 몰락

1. 부정·불법선거로 민심이반 현상 가속화

2. 경찰의 무자비한 탄압의 전형(典型)인 마산의거

1. 부정・불법선거로 민심이반 현상 가속화

(1) 민주당은 3. 15 대통령 선거는 불법무효라고 선언

민주당은 "3. 15 대통령 선거는 불법무효"라고 선언하고, 개표에도 민주당 측의 선거인과 참관인은 참가하지 않겠다고 밝혔다.

그리고 민주당은 "이승만 박사 집권 12년 동안에 갈수록 불법화하고 추잡해진 부정선거 양상은 드디어 악의 절정에 도달했다.

자유당은 최후발악으로 모든 경찰국가 수법을 총동원하여 최고의 최악의 선거를 감행할 것을 결의하고, 헌법정신에 위배되는 조기선거, 무수한 유령유권자의 조작, 야당 선거운동원의 살상 자행, 야당 참관인의 입장거부 및 축출, 헌병・경찰・폭한에 의한 공포분위기 조성, 투표개시전 4할 무더기표 투입, 3인조 강제 편성 투표, 4할 공개투표 강요 등으로 자유선거와 비밀투표 제도를 완전 파괴했다"면서, 이번 선거는 전적으로 불법이며 무효임을 선언했다.

"대단히 피스풀한 투표가 진행되고 있다"는 최인규 내무부장관의 말과 달리, 대구 임문석 의원은 "대구 시내에서는 3인조, 5인조의 공개투표가 진행되고 있다. 특히 투표소에는 자유당원이 배치되어 있으며 번호표 소지자에 한해서 투표장에 들어가게 하고, 그것도 3인조를 짜서 들어가게 하는 형편이며, 민주당 선거위원 및 참관인은 사전에 위협(威脅)하여 투표소에 참석치 못하게 하고 있거나 퇴장을 시키고 있다"며 현장분위기를 전했다.

전남 광주에서 이필호 의원이 '민주주의 장송 데모대'를 결성하여 장장(葬章)을 두르며 백건(白巾)을 쓰고서 "민주주의는 절명하였다", "우리의 자유를 찾자"고 외치며, 1천여 명의 군중이 운집하여 300여 명의 무장 경찰들과 대치하여 일대 수라장이 벌어졌다.

무수한 무장(武裝)경찰관을 동원하여 마치 계엄령하를 방불케 하는 등 공포선거가 이루어진 이번 선거는 유권자들이 극도의 위압감을 느끼면서 귀중한 한 표를 행사했다.

자유당과 내무부는 "3・15 부정선거 규탄 데모"를 불법으로 규정하고 이를 허가하지 않기로 했다.

민주당이 주도한 3. 15 부정선거 규탄 데모가 수십만 시민들의 소극적인 지지속에 거행됐고, 경무대를 향한 데모대와 경찰이 충돌하여 혼란이 야기됐다.

민주당 박순천 최고위원이 '이번 선거는 선거가 아니라 국민주권의 강탈행위'라는 선언문을 낭독하고, 데모대는 "3. 15 선거는 불법이며 무효다", "이승만 정부는 물러가라"는 구호를 제창했다.

서울시청 앞에 집결된 데모대는 해산 후에도 2천여 명의 학생들은 "살인 선거 물리치자", "이승만 정권 물러가라"를 외쳐대자, 경찰과 데모대 사이에 충돌이 벌어지고 욕설과 구타가 빈발했다.

민주당은 3. 15 선거에 대해 공개, 사전, 무더기 투표 등으로 사상 최악의 불법선거라며 선거무효 소송을 대법원에 제출했다.

(2) 자유당은 민심이반은 행정부의 충성심 탓이라고 변명

이승만 대통령은 이번 선거는 사소한 불상사는 있었으나 비교적 규율있게 진행됐으며, 마산 폭동사건 등 난동으로 범법한 자들은 법에 의거해 엄중 처단해야 한다고 강조했다.

그리고 이번 선거로 대통령과 부통령이 같은 정당에서 선출되었으므로 앞으로 나라 일이 잘되어 갈 것이라고 전망했다.

이기붕 부통령 당선자는 "3. 15 선거는 공명선거랄 수밖에 없다"면서, "3인조식 투표방법은 불법이라고는 볼 수 없다"고 단정했다.

정·부통령 선거에서 승리한 자유당은 "집권을 계속하게 되는 본당으로서의 중책을 통감한다"면서, "승자의 긍지와 아량으로 여・야 협조를 도모하고 국력신장에 총력을 경주할 각오"라고 밝혔다.

한희석 자유당 중앙위원회 부의장은 "이번 선거수행은 기획위원의 의견이 일치된 것 이외에는 단독으로 감행할 일이 없다"면서, 앞으로 지방선거에서도 3인조 활동을 활용할 것이라고 밝혔다.

만약 3인조 조직이 공개투표와 관련했다는 비난이 있다면 5인조, 9인조로 변환시키겠다고 천명했다.

조순 자유당 선전위원장은 당무위원들의 자진사퇴 문제에 대하여 "그것은 자유당에 대한 일종의 모략"이라고 일축하고, 민심의 이탈은 행정부의 충성심 탓으로 돌렸다.

대선에서 승리를 가져오기 위하여 결과적으로 민심과 완전히 이탈되고 만 자유당은 "행정부의 그릇된 충성심 때문에 자유당과 정부가 국민의 불신을 받았기 때문"이라고 평가했다.

민심수습 차원에서 자유당 김원전 의원은 "자유당은 잘못한 것을 우선 깨달아야 되고 인책과 사과를 한 연후 불순분자를 숙당한 다음 민심수습을 하는 방향으로 나아가야 한다"고 주장했다.

신문사 주간과 IPI 대표단이 내한(來韓)중에 예기치 않게 전성천 공보실장이 경질되고 최치환이 임명됐다.

(3) 미국의 부정적 시각과 최인규 내무부장관 경질

아이젠하워 미국 대통령은 한국의 선거 기간중 발생하였던 모든 폭력행위를 개탄하고, 그와 같은 폭력행위는 한국의 민주주의 발전에 지장을 초래할 것이라고 우려했다.

양유찬 주미대사는 "유감스러운 폭력 사건의 발생으로 이승만 대통령과 그의 자유당이 얻은 압도적인 승리를 망쳤다"고 허터 미국 국무장관과의 회담에서 밝혔다.

AFP 통신은 이기붕 씨가 부통령으로 당선됐기 때문에 이론상으로는 자유당의 계속 집권은 확보된 셈이지만, 병약한 이기붕 씨가 이승만 대통령의 독재적인 정권을 유지하는 것은 물론 자유당의 급속한 붕괴(崩壞)조차 저지할 수 있으리라고 보는 사람은 아무도 없다고 전망했다.

미국은 한국에서 일어나고 있는 계속적인 폭력사태에 관심을 표명하고 있으나, 아이젠하워 대통령의 6월 중 방한을 취소할 징조는 보이지 않고있다.

양유찬 주미대사는 마산 학생들의 시위를 가리켜 공산주의자들의 사주(使嗾)에 원인을 돌리고 있으나, 미국의 관리들은 마산시위를 정부를 비난하는 젊은이들 가운데서 일어난 소위 통제되지 않는 불만으로 규정하는 시각적인 격차를 보였다.

최인규 내무부장관은 "여수, 광산 살인사건은 투표전에 발생했으며 투표가 끝난 다음에는 마산 폭동사건으로 사상자를 내게 하였으므로 선거의 치안 책임을 담당한 나로서는 도의적인 책임을 지고 물러나겠다"고 선언했다.

이승만 대통령은 최인규 내무부장관의 사표를 수리하고 홍진기 법무부장관을 전임했다.

홍진기 내무부장관은 최남규 경남 경찰국장을 해직하고, 손석래 마산경찰서장 등을 경찰사문(査問)위원회에 회부했다.

홍진기 내무부장관은 경찰의 발포행위가 과도한 처사이고 또한 수습방법이 졸렬(拙劣)했다고 마산사건을 언급했으며, 3. 15 대통령 선거는 약간의 무리는 있었으나 선거 시행이 민주적으로 수행되었다고 언커크에 의견을 제출했다.

장택상 의원은 "마산에서 일어난 사건은 각하의 영광 있는 과거에 큰 오점이고 간신배의 감언에만 속지 말고 정계로부터의 은퇴만이 명예를 유지되는 길이며, 총은 한국의 청소년을 쏘라고 준 것이 아니다"며, 이승만 대통령 하야를 권고하는 서한을 공개했다.

2. 경찰의 무자비한 탄압의 전형(典型)인 마산 의거

(1) 자유당 정권 붕괴의 빌미가 된 제1차 마산 의거

1960년 3월15일 '선거 포기선언'을 한 민주당원 30여 명이 마산 시내를 행진했다. 1천여 명의 군중들이 데모대열에 호응하자, 경찰은 데모를 주도한 민주당원 6명을 연행했다.

부정선거에 대한 반발적인 폭발인 이날의 데모로 3개의 파출소가 파손됐고, 자유당 허윤수 의원집과 서울신문 마산지국이 반파(半破)되고 100호 이상의 상가와 민가의 유리창이 파괴됐다.

소방차의 살수(撒水)공세에도 불구하고 군중들은 소방차를 향하여 돌팔매질로 대항했고, 남성동 파출소에서 운집한 군중들을 향해 경찰들이 발포하기 시작하여 중학생 2명이 총에 맞아 즉사했다.

학생들이 경찰관의 곤봉세례에 해산되었고, 심하게 구타당하여 부상자들도 속출했다.

200여명의 학생들이 경찰서로 연행된 것을 목격한 군중들이 흥분하여 경찰서에 돌을 던졌고 북마산 지서에서도 발포했다.

전기가 갑자기 꺼진 북마산 지서에서 초롱불을 켜고 군중들과 대결하다가 후퇴하자 화염이 충천하기 시작했다.

갑자기 불이 꺼진 것은 남전(南電)의 고의적인 처사로 생각하고 군중들은 남전의 마산지국과 서울신문 마산지국을 습격했다.

허윤수 의원집에 몰려간 군중들은 돌로 가구까지 모조리 파괴했다.

이날의 데모로 하병열, 오성원, 김용호, 김동섭, 김이철 등 5명이 사망하고 56명의 주민과 학생들이 위독한 상태였다.

마산사건에 대해 조순 자유당 대변인은 "민주당의 선동에 의한 폭도가 개표를 방해할 목적으로 투석, 파괴, 방화 등의 폭동을 감행했다"고 규정했지만, 조재천 민주당 대변인은 "민주당의 선동을 운운(云云)하지만 민주당이 선동을 한다고 해서 생명을 무릅쓰고 수천 명이 나오겠는가?"라고 반문했다.

자유당은 민주당이 배후에서 사주하였다고 주장하면서, 당시 무학산에 봉화(烽火)가 올라가고 데모 군중들은 인민공화국 만세를 부른 사람도 있었다고 주장했으나 사실이 아닌 것으로 판명됐다.

대검찰청은 북마산 파출소 방화범으로 운전수 박세현을 체포하고 고등학생 수명을 지명 수배했다.

부산의 고등학생 1천여 명은 부산역 부근에서 "정부는 마산사건에 대한 책임을 져라", "구속된 학생을 즉시 석방하라", "부정선거를 다시하라"등의 구호를 외치면서 마산학생들의 지원데모를 벌였다.

(2) 발포명령자는 손석래 마산경찰서장으로 판명

검찰은 발포명령을 내린 자가 누구인가를 색출하는데 증인이 나타나지 않았다. 아울러 이 사건의 배후 조종 관계의 유무(有無)도 밝혀내지 못했다.

이강학 치안국장은 이번 사건은 배후에서 공산당이 조종한 혐의가 있다고 밝히면서 그 증거는 아직 밝혀져 있지 않다고 얼버무렸다.

이성우 내무부차관도 마산사건은 민주당원 등이 모의하여 선동한 것이며, 경찰의 총기사용은 중앙의 지시없이 경비경찰관의 판단에 의한 것으로 사망자는 4명이고 부상자는 45명이라고 밝혔다.

대검찰청 소진섭 차장검사는 사망자는 8명이고 부상자는 14명이라고 정정 발표했으나, 행방불명된 사망자가 상당수에 달한다고 주민들은 수군거렸다.

경찰이 양민을 무차별 체포하는데 깡패까지 동원되었으며, 경찰이 데모대에 무차별 집중사격을 하여 학생들이 집단적으로 쓰러진 것을 본 연후에 학생들과 시민들이 비로소 돌을 던지기 시작했다는 목격담도 나돌았다.

데모주동자로 몰려 구속되었다가 석방된 학생들은 "주동은 무슨 주동이냐 우리의 데모는 순수한 애국심의 발로였으며 누구의 선동에 의한 것도 아니고 자연발생적인 깨끗한 학생운동에 지나지 않았다"고 밝혔다.

그들을 조사한 경찰은 "안 했다"고 말하면 "했다"고 써 놓고 무조건 날인을 강요하는 일이 있는가 하면, 경찰의 비위에 맞는 말을 하면 안 때리고 사실대로 말하면 때리기만 하더라고 전하면서, "석방시키면서도 경찰에서 때리더란 말은 발설(發說)하지 말라고 다짐까지 받았다"고 폭로했다.

미국의 AP통신은 마산에서 벌어졌던 유혈폭동 때의 희생자들의 대부분이 경찰의 총탄에 의하여 등을 맞았던 것이라는 논란이 있다고 보도했다.

드디어 발포명령은 손석래 마산경찰서장이 명령했다는 증언이 속출했고, 마산 시내의 모든 중, 고등학교는 4월 22일까지 등교 중지명령을 내렸다.

손석래 마산경찰서장은 내무부 당국의 지시에 의한 것은 아니고 발포명령은 자신이 하였다고 시인(是認)하면서, 만약 발포를 안 했던들 개표장인 마산시청은 물론 마산시 전체가 불바다가 되었을 것이라고 주장했다.

손석래 마산경찰서장은 사망자는 오발(誤發) 그리고 유탄(流彈)등으로 인한 것이지만, 부상자는 폭도들 자신들이 서로 곤봉(棍棒)등으로 때리고 밟고하여 발생한 것이라고 증언했다.

이성우 내무부차관도 마산경찰서 경찰관들이 최후수단으로써 군중들에게 직접 발사했다고 국회에서 증언했다.

부산지검 한옥신 부장검사는 마산 데모사건을 5열의 조종으로 허위 조작하기 위해 총탄에 쓰러진 시체 속에다 "이승만을 죽여라", "인민공화국 만세"등의 삐라를 시체 주머니에 넣은 것은 손석래 마산경찰서장이 주도한 것을 밝혀냈다.

마산 사건을 수사한 검찰은 데모를 주동한 혐의로 정남규 민주당원 등 24명을 구속하여 기소했다.

(3) 제1차 국회 조사위원회 조사도 정쟁의 도구로 전락

국회는 마산 데모사건의 진상을 조사하기 위하여 조사위원회를 구성하여 마산에 파견했다.

민주당 의원들은 마산사건에서 민주당의 사주는 없었다는 결론을 맺고, 마산사건 당시 동원되었던 경찰관들은 전원 지나친 수사와 무자비한 고문을 자행하여 직권남용 및 중상해 혐의로 구속을 해야한다고 결의했다.

고문당한 피해자는 69명이라고 민주당이 고문 경관들을 고발했고, 김원태 자유당 의원도 고문한 사실을 시인했다. 신도성 경남도지사도 고문경관 수사를 지시했다.

데모 주모자인 정남규는 "이 사건은 경찰 자신들이 미리 만들어 놓은 각본에 무조건 도장을 찍은 것에 불과하다. 나를 남로당에 가입하였다고 하지만 전혀 터무니없는 날조다"라고 반격했다.

그러나 자유당 유순식 의원은 "마산 사건은 소요의 수법으로 보아 공산당의 사주(使嗾)의 징후가 있다"고 발언하자, 민주당 조일환 의원은 "경찰안에 빨갱이가 있는 것 같다. 그렇지 않고야 시민을 마구 쏠 리가 있느냐"고 반격했다.

민주당 민관식 의원은 "동족을 무차별하게 총살한 마산사건은 천인이 공노(共怒)할 비극임에 틀림없다"고 격분하면서, "피해자 가족들이 병원에 가면 경찰들이 당신들은 빨갱이 아니냐는 위협을 받고 있다"고 질타했다.

민주당 윤형남 의원은 "발포 책임자 5명이 국가공무원일 뿐 아니라 그들의 불법행위를 인정하고 그들을 구속한 이상 우선 입원환자 40여 명, 재가(在家)환자 123명에게 치료비를 지원해야 한다"고 주장했다.

국회 조사위원회는 여야 의원들의 시각과 관념이 달라 격론을 벌인 끝에 완전 결렬되어 자유당과 민주당은 각각 별도의 보고서를 제출하기로 했다.

국회 조사위원들의 민주당 의원들은 사건의 동기를 경찰의 지나친 자극이라고 주장하고 있으나, 자유당 의원들은 공산 오열의 책동이라고 단정했을 뿐이다.

자유당 의원들은 데모의 배후에 공산 오열이 개재해 있어 소요화됐고, 야간에 군중이 파출소에 투석을 한 불법성이 충돌을 일으켰으며, 경찰의 발포는 부득이했다고 주장했다.

자유당은 국회 휴회를 결의하여 마산 소요사건을 냉각시켜, 민주당의 원내투쟁을 약화시키려고 기도했다.

(4) 마산사태의 수습이 정국의 현안(懸案)으로 부상

경남도 경찰국 김경술 수사과장은 이번 사건으로 경찰에 연행된 사람은 232명이고 21명은 구속 송청했으며, 이번 사건은 민주당의 지령(指令)에 의하여 발생한 것이고, 파출소를 방화한 것도 민주당원의 조직적인 지령에 의해 감행된 것이라고 주장했다.

민주당 김선태 의원은 60여 명이 경찰의 고문으로 목불인견(目不忍見)인 상처를 입었다고 묻자, 김경술 수사과장은 전혀 그런 사실이 없고 그런 지시를 한 일이 없다고 잡아뗐다.

김선태 의원이 현재 행방불명된 자가 5명이나 있는데 그들이 왜 행방불명되었을 것이냐고 추궁하자, 김경술 수사과장은 아는 바 없다고 답변했다.

김선태 의원은 "건저내지 않은 시체들이 마산 바다속에 수없이 있으니까 고기떼가 모여들지 아니한 것도 아니요"라고 마산사건에 대한 미봉책을 질타했다.

신도성 경남도지사는 마산사건이 정치적으로 피치 못할 동기에서 이루어졌다는 확증을 잡았다며, 우발적이었다고 주장한 손석래 마산경찰서장을 입건하겠다고 확인했다.

홍진기 내무부장관은 손석래 전 마산경찰서장 등 3명을 마산사건을 미연에 방지하지 못하여 사태를 어지럽게 하였다고 파면조치했고, 신임 조인구 치안국장도 "마산사건에 있어서 관련 경찰관을 철저히 조사하겠다"는 각오를 밝혔다.

부산지검 한옥신 부장검사는 정남규 등 민주당원 5명은 소요죄로, 경찰관 6명은 직무집행법 위반죄로 구속 기소했다.

한옥신 부장검사는 5명의 구속한 경찰관들이 정당방위라고 주장하는 사실의 반대증거 포착을 위해 피해자들의 증인신문을 강행했다.

피해자들은 데모에 참가하지도 않고 무심히 보행 중 무조건 경찰관들에게 강제로 체포되어 파출소 및 경찰서안에서 무자비한 고문을 당했는가 하면, 경찰관이 집까지 찾아와서 구타(毆打)를 당했다고 증언하기도 했다.

(5) 김주열 군의 시체(屍體)인양이 제2차 마산의거로

제2차 마산사태는 해변에서 발견된 시체를 도립병원에서 해부한 결과가 소문으로 퍼지자, 500여 명의 군중들이 모여들어 구호를 외치며 파출소를 습격했다.

이어 1천여 명으로 늘어난 데모대는 마산경찰서장을 납치하여 폭행했고, 경찰의 사격으로 1명이 사망했다.

4월 11일 발생한 제2차 마산사건 이튿날에도 시민들이 도립병원 및 경찰서를 중심으로 집결하여 경찰은 강력한 저지선을 구축했다.

그러나 개방된 도립병원에서 김주열 군의 참혹한 시체를 본 시민들의 분노는 시간이 갈수록 고조되어 갔다.

마산고, 마산공고 학생들은 "민주정치 바로잡자"는 프랑카드를 선두로 마산시내를 휩쓸었고, 사고발생 방지차원에서 김치은 마산고 교장이 데모대 선두에 섰다.

8개교 고교생 1천여 명이 부슬비를 맞아가며 3일째 데모가 계속되자, 경찰은 강경 태도로 돌변하여 평화적 시위에도 불구하고 물감물을 뿌려대며 최루탄을 발사하여 4명이 중태이다.

골목마다 군중들이 웅성대고 데모대에 가담할 기세를 보이고 있으며, 대부분의 상가는 철시했다.

마산상고 학생들도 "협잡선거 다시하자", "마산사건은 경찰이 책임지라"는 구호를 부르짖으면서 데모대에 합류했다.

붉은 염색물을 담은 소방차를 동원하고 개방된 도립병원을 200여 명의 무장경찰이 봉쇄했다. 이로써 제2차 마산사건으로 1명이 총에 맞아 죽었고 11명이 부상을 입었다.

야간 통금시간 연장을 남용하여 마산 경찰들은 1천여 명에 달하는 사람들을 통금위반으로 검거하여 데모 가담자를 색출하는데 주력하여 비난을 받았다.

4월 14일에는 시가지는 조용한 가운데 1천 명이 넘는 무장경찰관들은 50m 간격을 두고 배치하여 통행인을 감시했다.

경찰은 고등학생 수명을 이번 데모사건의 주동자로 지목하고 연행했으며, 이같은 사태가 제3의 데모도화선이 되지 않을까 우려됐다.

경찰은 이번 사건으로 21명이 부상을 당했으며 2명은 위독하다고 발표했다.

검찰은 "이번 제2차 마산사건의 발생동기는 김주열 군의 시체가 너무나 비참한 형태로 나타난 것과 제1차 마산사건 때의 고문 경찰관들을 방치하고 있었다는데서 시민 및 학생들이 들고 일어났다"고 분석했다.

부산지검장은 김주열 군의 사인은 최루탄이 박혀졌기 때문이라며, 제2차 데모사태 때 검찰에서 구속한 자는 20명이라고 증언했다.

국회는 제2차 마산사건 국회조사위원회를 구성했다. 자유당 8명, 민주당 6명, 무소속 1명으로 구성됐다.

마산 앞바다에서 인양한 시체 해부 현장을 목격한 민주당 조일재

의원은 "해부 결과 악골(顎骨)과 돌기골에 상처가 있고 내출혈이 있어 바다에 투신 자살 하였거나 익사한 것이 아니라, 마산사건 때 맞아 죽은 사람을 바다에 내던진 것이 분명하다"고 단정하고, 검찰이 시체 해부결과를 공개하지 않고 있음을 비난했다.

홍진기 내무부장관은 물에 떠오른 시체를 보이지 않으려던 경찰과 보려는 군중 사이의 충돌이 제2차 마산사태의 원인이었으며, 최악의 경우외에는 발포를 하지 말라고 지시했다고 변명했다.

국회 조사위원회는 김주열 군의 눈에 박힌 최루탄을 박종표 경위가 쏘았다는 것이 확실하다는 김봉진 경비주임의 진술을 청취했다.

마산경찰서 박종표 경비주임이 손석래 마산경찰서장과 협의한 후 짚차에 김주열 군의 시체를 싣고 가 마산세관 앞바다에 유기했다고 자백했다.

김주열 군은 200명이 넘는 남원 군민들의 애도속에 전북 남원군 금지면 고향 뒷산에 안장됐다.

공부시키기 위해 마산으로 보냈다가 무참한 시체로 맞이하게 된 부모들은 실신한 사람모양 허탈상태에 빠졌다.

김주열 군의 모친은 "내 자식을 죽인 자를 빨리 잡아서 총살시켜 달라, 그렇지 못한다면 현 정부는 물러나야 할 것이다"라고 절규했다.

(6) 사태의 원인을 공산당 조종으로 몰아간 정부와 자유당

마산은 조봉암 후보표가 제일 많이 나온 곳이고 공산당원이 많았던 곳으로 민주당의 데모가 끝난 뒤 조직적인 소요가 일어났고, 제2차 데모 때에도 북괴 방송에서 데모 사실을 발표한 점을 볼 때 공산당의 사주가 있지 않았나 하는 추측은 근거가 없지 않다고 자유당식 사고를 떨쳐 버릴 수는 없었다.

그리하여 자유당은 제2차 마산사건을 5열과 결부하여 국회에 보고할 예정이었으나, 민주당 양일동 의원은 "고문한 경찰관을 구속도 않고 행방불명자들이 공산당이니 산으로 갔느니 떠들었으나 지금 바다에서 떠올라 왔지 않느냐"고 반박했다.

대검찰청 소진섭 차장검사는 제2차 마산사건에 대해 "현재까지는 적색 오열 분자가 개재하여 조종하였다는 확증을 잡지 못했다"고 밝혔다.

그러나 신도성 경남도지사는 제1차 마산 데모는 부정선거에 대한 시민의 항거임이 분명하지만, 제2차 마산데모는 김주열 군의 시체가 시민에 자극을 준 것은 사실이지만 시위방법이 과거 남로당의 수법과 같기 때문이라고 적색 오열의 개연성을 부연(敷衍)설명했다.

더구나 조인구 치안국장은 현지 조사한 결과 적색분자에 대한 심증을 얻었다고 발표했다.

그 증거로는 "데모에 거지 행색을 한 자가 다수 참석했고, 죽창 등을 들고 날뛴 것은 공산당의 개입이 틀림없지만 조리나 이성으로써 사태를 해결할 수 없다는 점에서는 그 성격이 다르다"며 공산분자들이 편승(便乘)하고 있다는 것을 시사했다.

이승만 대통령은 마산사건에는 공산당의 배후조종 혐의가 개재(介在)해 있다고 전제하고, 가중하고 가탄할 난동행위는 그냥 둘 수는 없으며 법으로 엄격히 다스려야 한다고 역설했다.

더욱이 고문경찰관의 처벌 등 마산 사태를 수습할 방책에 대해서는 전혀 언급하지 않고, 어린 학생들을 방임한 책임은 그들의 부모에 있다고 경고하고, 난동행위는 결국 공산당에 좋은 기회를 주는 결과밖에 되지 않는다고 국민들을 위협했다.

한옥신 부장검사는 "마산 사건에 오열이 개재된 여부는 속단을 불허하며 객관적인 파괴양상만으로 원인을 규정할 수 없다"고 공산당이 개재되어 있지 않음을 간접적으로 입증했다.

민주당 우희창 의원은 "마산사건의 원인이 자유당 경남도당 내분이란 사실이 밝혀지고 있으니 정부에서 공산오열의 사주 운운한 의미는 바로 자유당 내 오열이 사주했다는 것이 아니냐"고 통박하면서, 마산시민을 공산당으로 본다면 전 국민이 가만이 있지 않을 것이며 마산 사태는 마산 의거로 불러야 한다고 주장했다.

(7) 마산사태에 대한 미봉책이 자유당 정권의 붕괴로

민주당 이종남 조사위원은 동양주정에서 이기붕 후보에게 투표한 빡빡한 투표용지 30매를 발견했다고 지적하여 주목을 끌었다.

민주당 김용진 의원은 "세칭 고문 경찰관이 백주거리를 활보하고 다닌다는 것은 시민의 분노를 더하게 하고 있으므로 조속한 체포로 민심수습을 기하라"고 촉구했다.

민관식 의원은 국회에서 "제1차 마산사건에서 발포 경찰관과 고문 경찰관을 즉각 처벌하지 않는 이유가 무엇이냐", "김주열 군의 시체를 바다에 넣은 자가 누구냐"고 추궁했다.

민주당 조사위원들은 민주당에서 허윤수 의원의 탈세사건을 무마해 준다는 명목으로 동양주정의 헐값 매수, 선거 3일 전 5백 명의 직원을 해고시킨 것 등이 자유당 마산시당 내분과 겹쳐 폭동 소요의 원인이 되었다고 주장했다.

이러한 주장의 근거로 자유당 허윤수 의원 집과 자유당 이용범 의원이 거주한 오동동 파출소, 동양주정이 이번 소요 사태로 철저하게 파괴되었기 때문이라고 열거했다.

민주당 윤보선 의원은 조인구 치안국장은 시민 백여 명이 마산경찰서 무기고에 들어가 수류탄 13개를 가져갔다고 발표했으며 그러한 사실은 무기고에 수류탄 1개가 터졌다고 했으나, 수류탄으로 한 명의 사상자도 발생한 적이 없고 무기고 출입문조차 열어진 흔적이 없다고 치안국장의 거짓말을 질타했다.

김종신계 자유당 마산시당 간부들은 "허윤수 의원과 같이 국민의 원한을 사는 사람은 당에서 제명되어야 한다"고 국회 조사위원들에게 건의했다.

이승만 대통령은 마산사태를 너무나 안일하게 대처했다. 이 대통령은 마산사태의 수습책에 관한 견해를 개진하겠다고 한 장면 부통령의 공식 면담요청을 분망(奔忙)하다는 이유로 거절했다.

자유당은 장면 부통령의 공한은 국민을 자극케 하고 데모 내지 폭동화한 행위를 두호(斗護)하는 것이라고 비난했다.

홍진기 내무부장관을 초치한 질의에서 장택상 의원은 이승만 대통령에게 그 자리를 물러나라고 하든지, 부정선거에 대해 국민에게 사과하도록 건의할 용의가 있는가라고 질의했다.

이에 홍진기 내무부장관은 대통령 선거는 부정선거가 아니고 이승만 대통령의 당선을 의심한 사람이 없으므로 이 대통령에게 하야나 사과를 건의할 생각이 없다고 단언하면서, 3. 15 대통령선거에 대한 부정 여부는 대법원의 결과를 기다리겠지만 부정은 영구히 은폐할 수 없다고 믿는다고 답변했다.

법무부차관은 "3. 15 대통령선거는 부정선거가 아니었으며 마산에 있어 데모대원들이 흉기를 들고 데모한 것은 불법일 뿐 아니라 데모는 경찰의 허가를 받아야 한다"고 답변하여, 야당의원들의 분노를 부채질했다.

김준연 통일당 위원장은 이기붕 의장에게 "이씨 왕조를 복구할 생각이 없고 대한민국을 보존할 생각이 있다면 깨끗이 부통령 사퇴원을 중앙선거위원회에 제출하고 그 취지를 설명할 것"을 서한으로 보냈다.

제2장 정권타도 성공으로 과도정부 수립

1. 들불처럼 전국으로 번진 부정선거 규탄대회
2. 이기붕 의장 집단 자살과 이승만 대통령 망명
3. 미국과 국민들의 전폭적인 지지를 받은 과도정부

1. 들불처럼 전국으로 번진 부정선거 규탄대회

(1) 마산에 이어 고려대 학생들이 선봉에 나서

1960년 4월 18일 고려대생 3천여 명은 안암동 교정에서 출정대회를 갖고 동대문, 종로, 광화문을 거쳐 국회의사당에 이르는 5km의 행진을 감행했다.

고려대생들은 '마산 학생들의 석방을 요구한다', '학원의 자유보장을 요구한다', '기성세대를 불신하며 반성을 촉구한다'는 결의문을 채택했다.

경찰관은 인(人)의 장막을 쌓아 데모 학생들을 구타하거나 연행하면서 필사적으로 저지했으나, 스크람을 짠 학생들은 포위망을 돌파하고 전진했다.

연도(沿道)에 늘어선 시민들은 데모 학생들에게 박수로 성원했다.

경찰들의 방해를 돌파하고 국회의사당에 도착한 1천여 명의 학생들은 농성에 들어가면서 무능정치, 부패정치, 야만정치, 독재정치, 몽둥이정치, 살인정치를 집어치우라고 요구했다.

유진오 고려대 총장은 "학생들이 사회적 부정에 이처럼 항거할 용기를 가졌다는 것을 나는 도리어 좋다고 생각한다. 그러나 수도 서울의 교통을 여러분은 막고 있으니 사태가 이 이상 계속되면 치안방해가 됨을 면치 못할 것이다. 의기(意氣)는 장하다고 볼 수 있으나 일에는 한도가 있는 법이다. 연행된 고려대생 30여 명은 곧 석방해 줄 것은 서울 시경국장이 약속했다. 여러분은 이성을 회복하여 학교로 돌아가자"고 호소했다.

중앙청에는 무장경관 60여 명이 집결되어 있고 경기도청 근처에는 300명의 청년들이 집합되어 있었다.

동대문 주위에는 몽둥이를 든 깡패 50여 명이 택시를 타고 다니면서 시민들은 위협했고 경찰들은 이를 방관했다.

경찰과 군인에 쫓겨 고려대 교정에 몰려든 2,000명의 군중 가운데 엄중한 심사를 거쳐 부녀자들은 돌려보내고 주모자 40여 명을 경찰에 인계했다.

서울지검 검사장은 귀가하는 고려대 학생 데모대에 덤벼들어 쇠갈구리 등으로 다수의 부상자를 만든 깡패들과 그 배후조종자를 철저히 색출하겠다고 약속했다. 따라서 임화수, 유지광 등이 곧 검거될 것으로 관측됐다.

송요찬 계엄사령관도 조인구 치안국장에게 고려대 학생들을 습격한 깡패들을 조속히 체포하라고 지시했다.

(2) 데모하는 학생들에게 총탄 세례(洗禮)를 퍼부어

각 대학에서는 사이비 민주주의 독재를 배격할 것과 데모가 이적 (利敵)이 아니라 폭정이 이적이라는 것을 지적하는 격문과 결의문을 채택했는데 이것은 3·15 대통령선거의 부정을 규탄하는데 귀일되었다.

1960년 4월 19일 대학생들은 정오를 기해서 광화문에 집결하여 구호를 제창하며 경무대와 서대문 이기붕 의장댁으로 돌진했다.

서울대, 동국대, 연세대, 성균관대, 건국대, 경기대, 중앙대, 홍익대생들의 뒤를 동성고, 휘문고, 대광상고 학생들이 뒤따랐다.

데모대는 경무대 앞과 이기붕 의장 댁까지 육박하였으나 무차별 사격을 받고 피살자와 총상자가 속출되는 일대 비극이 연출됐다.

부정선거 규탄 학생데모가 전국에 확대되어 10만여 명의 대학생과 고교생, 일반시민들은 노도(怒濤)와 같이 서울 시내의 질서를 무너뜨렸다.

정부는 서울, 부산, 대구, 광주, 대전 등 5대 도시에 경비계엄령을 선포하고, 군인들이 대거 출동하는 등 유사이래 최초의 초비상사태가 벌어졌다.

데모대에 의해서 방화된 서울신문, 반공회관, 태평로 파출소 등은 흑연(黑煙)을 하늘로 내뿜으며 완전 소각됐고, 소방차는 데모대에 장악되어 소화기능이 마비된 상태이다.

처음에 소극적인 성원과 박수를 보내던 시민들이 '만세'소리와 함께 경찰저지선을 뚫고 데모대에 완전 합류했다. 더구나 다수의 부녀자들과 소녀들도 손수건을 흔들며 응원했다.

경찰은 바리케이트를 치고 최루탄을 발사하고, 소방차는 적색물대포를 발사하여 데모대 진압에 나섰다.

계엄령 공포와 더불어 밤새에 진주(進駐)한 군인들이 시내 요소요소에 배치되어 일단 소동은 가라앉았다. 공포에 떨고 있는 시민들은 경찰의 동정을 살피고 있을 뿐 행인은 거의 없었다.

서울대 출정선언문에서 "민주주의를 위장한 백색전제주의에 대한 항의를 가장 높은 영광으로 자부한다. 관료와 경찰은 민주를 위장한 가부장적 전제권력의 하수인으로 전락됐다. 선거권마저 권력의 마수 앞에 농단(隴斷)되었다. 우리는 기쁨에 넘쳐 자유의 횃불을 올린다. 우리는 깜깜한 밤의 침묵에 자유의 종을 난타하는 타수의 일익임을 자랑한다"는 요지를 밝혔다.

임철호 국회부의장은 "이번에 일어난 사태 가운데 방화, 파괴 등은 5열의 짓인지 모른다", "이번 사태를 가리켜 의거니 데모니 하는 것은 정말로 개탄할 일이다"면서, 4. 19 사태를 재빨리 5열과 결부시키기에 급급했다.

(3) 이승만 대통령은 사태수습을 위해 계엄령 선포

학생들의 데모로 서울시내의 교통이 차단됐고, 은행은 수표의 교환이 전혀 불가능했으며 상가는 거의 철시했다.

송요찬 계엄사령관은 연행 중인 학생, 시민들 가운데 혐의없는 자는 조속히 석방하고, 경찰에 의한 보복행위는 일체 용서할 수 없다고 사태수습방안을 발표했다.

계엄사령부는 이번 사태로 구속된 사람은 전국적으로 62명이라고 밝혔다.

4. 19 비상사태에 대한 책임을 지고 전 국무위원들이 이승만 대통령에게 사표를 제출했고, 자유당 당무위원 전원도 이승만 총재에게 사표를 제출했다.

계엄사령부는 서울시내 사망자는 97명, 부상자가 535명이며, 서울 이외에서도 사망자 16명, 부상자 102명이라고 발표했다.

송요찬 계엄사령관은 학생들의 평화적인 시위에 깡패나 공산당들이 조력하여 파괴행위를 하지 않았나 우려하고 있다고 밝혔다.

장면 부통령은 4. 19 사태의 근본적인 수습방안은 선거를 다시 하는 길뿐이라며 무엇보다 경찰의 중립화가 중요하다고 역설했다.

무소속 양일동 의원은 "이번 4. 19 학생 사건에 경무대 앞에서 발포했다는 것이 애국혁명가로서의 이승만 대통령의 명예에 큰 손상을 가져왔다"고 주장했다.

이기붕 국회의장은 "정국의 수습책으로 부통령 당선을 사퇴하는 것이 어떠냐"고 상의하자 거절했으며, 자유당 간부들은 이를 만류하는 방향으로 진언했다.

자유당 이성주 의원은 "4. 19 사태가 벌어진 직접적인 동기는 고려대 데모대들을 깡패가 습격한 데에 있다"고 단정했다.

(4) 전국적으로 번져 나간 부정선거 규탄 데모

청주공고, 청주상고, 청주고 등 학생 2천여 명이 데모하여 경찰 짚차와 기마대에 투석하는가 하면, "정부는 마산 학생사건에 책임져라"등의 구호를 외쳤고, 경찰들의 연막탄(煙幕彈)으로 해산되었으나 청주시내의 공기는 험악했다.

부산에서도 동래고 학생 1천 3백여 명이 데모를 감행하자, 이를 해산시키기 위해 긴급 동원된 무장 경관들은 공포와 최루탄으로 저지에 나섰다. 이날 데모로 동래고 학생 1명과 경찰관 8명, 소방관 2명이 부상을 당했다.

대구를 비롯한 인천, 목포, 이리에서도 데모가 연달았다.

광주와 전주, 대전에서도 데모가 대규모로 발생하고 춘천에서도 발생하여 전국적으로 데모가 들불처럼 번져갔다.

전국 시, 읍까지 번져 나간 데모를 경찰 병력을 동원하여 막기에는 임계점(臨界點)에 도달했다.

(5) 미국의 비판적 반응과 장면 부통령 사퇴

허터 미국 국무장관은 한국정부가 자유민주주의에 합당치 않는 압적(壓的)수단을 쓰고 있다고 비난했다.

허터 국무장관은 "이승만 정부는 언론자유, 집회 및 출판의 자유를 보호하기 위한 효과적인 조치를 취하라"고 호소하면서, "이승만 정부가 정치적 반대파에 대해서 공정치 못한 차별조치를 취하고 있다"고 지적했다.

허터 국무장관은 "한국에서 일어나고 있는 심각하고 계속적인 국민의 불안과 폭력행위에 대해서 미국 정부가 더욱더 심각한 우려를 가지고 있음"을 밝혔다.

미국 국무성은 한국정부와 한국의 반정부 시위자들에 대하여 이 이상 더 유혈(流血)없이 정당화 될 수 있는 불평을 해결하라고 촉구했다.

이러한 상황에서 장면 부통령이 부통령직을 사임했다, 장면 부통령의 사퇴에 대해 이재학 국회부의장과 정문흠 자유당 원내총무는 사퇴를 하는 이유에 대하여 납득할 수 없으며, 임기를 몇 달 앞두지 않는 지금 사임을 받아들이지 않을 것이라고 폄하(貶下)했다.

그러나 맥카나기 주한미국 대사는 장면 부통령의 부통령직 사퇴에 대해 권력에 도취하여 압제와 폭정을 계속하는 이승만 정부에게 경종(警鐘)을 울리고 나아가서, 자유와 민주정신을 이 땅에 소생시켜 국가위기를 극복하는데 일조가 되기를 바란다고 염원했다.

아울러 이승만 대통령은 3. 15 대통령선거의 불법과 무효를 솔직히 시인하고 12년간 누적된 비정(秕政)에 대하여 책임을 지고 물러나야 할 것이라고 덧붙였다.

이기붕 국회의장은 부통령의 당선을 사퇴할 것을 고려하면서, 현 사태의 수습과 정국의 안정을 위하여 책임내각제를 기조로 한 정치개혁을 고려한다고 밝혔다.

2. 이기붕 국회의장 집단 자살과 이승만 대통령 망명

(1) 국민들의 분노와 자유당 정부의 불신은 충천(衝天)하고

송요찬 계엄사령관의 경고조차에 아랑곳없이 경찰들은 계속 혹독한 고문을 자행했다. 덮어놓고 연행 후 구타하는 잘못된 관행을 버리지 못했다.

경찰들은 연행한 데모 학생들에게 "너희들 중 3분의 2가 빨갱이"라며 몽둥이 세례를 퍼부었다.

경찰들은 석방된 학생들에게 "이번 일은 어쩔 수 없는 일이었으니 감정을 품지 말아주기 바라며, 밖에 나가더라도 경찰서에서 매 맞았다는 말은 하지 말라"고 부탁했다.

경찰들은 닥치는 대로 총질하고 마치 토끼사냥 하듯 무서운 살상(殺傷)을 했으며, 시민들이 쓰러지자 발길로 차고, 수갑을 채운 채 고문하는 사례도 많았다.

동대문경찰서를 경비 중이던 국군들도 데모 군중들에게 발사하여 5명이 즉사하고 20여 명이 부상했다.

데모 군중들은 최루탄과 공포의 위협을 무릅쓰고 탑동공원에 있는 이승만 대통령의 동상을 무너뜨려 파괴하고, "이승만 타도하자", "이기붕을 죽여라"라는 흥분된 구호를 우렁차게 외쳐댔다.

데모 학생들은 "우리들은 폭도가 아니다", "우리들은 이승만 대통령을 직접 만나 모든 부정사실을 알리려 한다"고 외치면서 바리케이트 앞으로 다가서려 하자, 헌병들은 기다렸다는 듯이 일제히 공포와 연막탄을 발사했다.

이때 학생들은 돌맹이 공격을 시작했고, 소방차를 탈취하여 애국가를 부르는 순간 실탄이 비 오듯 날아왔다. 아우성치며 앞을 다투어 달려오는 학생들은 가슴에 손을 대고 쓰러져 갔다.

4월 25일 서울거리를 뒤덮은 노도와 같은 수십만 군중의 데모가 이승만 대통령의 하야를 절규했고, 국민들이 원한다면 내각책임제 개헌도 검토하겠다는 소식이 전해지자 군중들은 일제히 환성(歡聲)을 울리었다.

서울의 골목마다 수십만의 인파가 감격과 눈물로 만세, 만세, 만세를 외치며 민권의 승리, 민주주의 승리를 소리높이 외쳤다.

"선거를 다시 하라", "이승만 정권 물러가라"는 프랭카드를 든 학생들이 이기붕 집 앞에서 구호를 외치고 있었다. 그리고 집안에 난입하여 가구를 길바닥에 내동댕이치고 불을 지르기 시작했다.

국민이 주권을 찾은 이 날은 청사에 길이 남을 시민혁명의 성취를 본 날로서 그날은 4.26이다.

시민들은 이승만 박사의 사임, 이기붕씨 일가족의 자살, 관계의원들은 즉각 물러가라는 여론 등으로 말미암아 걷잡을 수 없는 혼란상태에 빠졌다.

계엄사령부 소속 헌병들의 발포로 25일과 26일에도 서울에서 19명이 사망하고 27명이 부상을 입었다.

(2) 계엄사령부의 중립적 태도로 거리 질서를 회복

계엄사령부는 4. 19 사태로 연행된 1,099명 중 23명을 구속하고 나머지를 모두 석방했다고 발표했다.

고려대 데모대를 습격한 깡패사건을 수사중인 경찰은 임화수, 유지광 등을 구속하고, 임화수에 폭행당한 박암, 김승호, 최무룡, 주선태, 최남현, 김진규 등을 소환하여 심문했다.

경찰경비와 수사사찰에 적용되어야 할 경찰 경비전화가 임화수 집에 가설돼 운영돼 왔으며, 경찰과 깡패와의 유착(癒着)관계가 새롭게 부각됐다.

고려대 학생들의 데모대원들을 경찰과 깡패가 계획적으로 습격한 것으로 확인됐다.

조인구 치안국장은 고려대 데모대 습격 사건의 배후에는 이정재의 지령이 있었을 것으로 구속을 검토하겠다고 발표했다.

동대문서 사찰계 김용만 순경을 독직(瀆職)상해죄로 구속하여 고문경찰관 제1호 구속 사례가 됐다.

서울지검은 반공청년단원을 구속했고, 계엄사령부는 연행된 400여 명 가운데 살인, 방화, 약탈범들을 제외하고 전원 석방할 것이라고 선언했다.

송요찬 계엄사령관은 계엄령 아래에서는 어떤 종류의 데모도 용인할 수 없다고 경고한 다음 4. 19 의거로 희생된 학생들은 민주조국을 사랑하고 걱정한 나머지 존귀한 피와 생명까지 바친 나라의 꽃이요 보배라는 담화문을 발표했다.

조용순 대법원장은 "4. 19사건은 순수한 청년 학도들이 아무런 잡념없이 부정선거를 규탄하려고 일어선 것으로 본다"며 격려했다.

4. 19 희생학도 위령제가 서울운동장에서 1,150명의 학생 대표들이 참석한 가운데 거행됐다.

자유의 깃발을 젊은 피로 적시며 민주주의를 절규한 날. 광풍처럼 휘몰아친 독재 사병의 총탄에 꽃잎처럼 날린 젊은이들이여. 그대들의 피로 물든 자유의 깃발은 4·26의 승리로 이 땅에 새로운 세대를 마련하여 지금 새로운 감격 속에 나부끼고 있다.

 부정과 독재를 규탄하던 그대들의 절규가 총성과 함께 우리 귀에 생생하게 울리고 있다.

10만 학도는 영령 앞에 통곡하고 이 땅의 민주주의를 꽃피게 한 희생자들의 명복을 빌었다.

(3) 국회는 의원내각제 개헌 추진에 박차를

서울운동장에서 데모를 하던 군중 5명과 면담을 가진 이승만 대통령은 "선거에 잘못이 있었다는 것을 이제야 그 내용을 알았다"고 재선거를 약속했고, 한희석, 최인규 등 부정선거 책임자들도 엄벌하고 국민들이 나가라고 한다면 나가겠다고 약속했다.

전국의 질서는 점차로 회복됐다. 힘찬 민권 승리의 새아침에 찌푸린 날씨에도 표정은 밝아 굳게 닫았던 상가도 모두 개점했다.

넘치는 학생 수습반의 활동이 활발했다.

국회는 비상계엄령은 법적요건을 갖추지 않은 불법이란 이유로 즉각 해제를 가(可) 116표로 결의했다.

민주당 최희송 의원은 이번 사태는 이승만 대통령이 원흉이라고 단정했고, 무소속 정준 의원은 최인규, 한희석의 구속을 주장했다.

민주당 곽상훈 의원은 이승만 대통령은 국민 앞에 책임을 지고 물러나야 한다고 강조했다.

국회는 임철호 국회부의장의 사표와 한희석 의원의 의원직 사직서를 압도적인 다수표로 가결시켰다.

무소속 이재형 의원은 이기붕, 최인규, 한희석, 이존화, 장경근, 박만원, 손도심, 신도환 등 8명의 의원에 대한 사퇴 권고결의안을 제출하여 재적 157표 중 가(可) 120표로 가결됐다.

이런 와중에도 온건파인 이재학 국회부의장계와 강경파인 임철호 국회부의장계가 노골적인 싸움을 전개하여 혁신계 의원들(이성주, 정운갑, 인태식 등)에 대한 공방이 치열했다.

자유당 혁신파의원 49명은 내각책임제 개헌안을 관철키로 합의하고, 불법을 범하고 악질적인 자유당 간부를 숙정하자는 주장으로 의견이 분분했다.

여기에는 김원중, 김병순, 정준모, 박세경, 이성주, 정운갑, 김진만, 최규남, 조경규, 이갑식, 최용근, 오범수, 홍범희, 이형모, 이정휴, 강성태, 인태식, 박철웅, 구철회, 손도심, 전형산 의원 등이 참여했다.

이승만 대통령은 전 국무위원의 사표를 수리하고, 앞으로 모든 정당 관계와 일절 손을 끊고, 정부의 일반행정과 정당과를 완전히 분리 구분할 것이라는 특별담화를 발표했다.

또한 4. 19 사태로 말미암아 우리는 크게 위신을 떨어뜨렸으며 사망자 근친들의 슬픔은 모든 동포의 슬픔이라면서, 이번 사태의 범법자를 공정하게 처벌할 것도 덧붙였다.

여·야 국회의원들은 3. 15 정·부통령 선거는 무효로 하고 재선거를 실시하고, 과도내각하에 내각책임제 개헌을 단행하고, 개헌 후 국회의원 선거를 실시하기로 합의했다.

(4) 이승만 대통령은 경무대에서 이화장으로

이승만 대통령은 "나는 자유당 총재직을 무조건 그만두겠다"고 이기붕 국회의장에게 통보했다.

이에 이기붕 국회의장도 국회의장, 자유당 중앙위의장, 당선된 부통령 등 일절의 공직을 사퇴하겠다는 뜻을 비서관을 통해 밝혔다.

한갑수 비서관과 이재학 국회부의장은 내각책임제 개헌이 추진 중이나 그 귀결을 보고 공직을 물러나는 것이 좋겠다는 것을 건의했으나 가부간 답변이 없었다.

자유당 당무위원들이 사표를 제출하고 공석인 상태에서 내각책임제를 단행할 것으로 전망됐다.

이승만 대통령은 국민이 원한다면 대통령직에서 물러나겠으며 3.

15 대통령선거가 부정하게 실시되었다는 여론에 따라 정·부통령 선거를 다시 실시하도록 지시했다.

민주당 장면 대표는 "대통령이 분명히 하야하고 재선거를 실시하여야만 국민의 요구가 관철되는 것이며, 그래야만 유혈사태가 없어질 것"이라고 주장했다.

윤보선 민주당 최고위원은 "이승만 대통령이 지금이라도 하야하는 것은 국가를 위해서 다행한 일이며 청년의 흘린 피가 헛되이 안 돌아갔다는 증거이다"라고 말했다.

무소속 장택상 의원은 "이승만씨가 국민이 원한다면 하야운운은 어불성설이다. 국민이 원하는 바는 이미 오래인 것이다. 안타깝게 생각하는 것은 이승만씨가 국민으로부터 독재자의 낙인을 받고 국민의 힘으로 물러가게 된 그 자체가 독재자의 말로를 회화(繪畵)한 것이다"라고 주장했다.

이승만 대통령은 "나 이승만은 국회의 결의를 존중하여 대통령의 직을 사임하고 물러앉아 국민의 한 사람으로서 나의 여생(餘生)을 국민과 민족을 위하여 바치고자 하는 바이다"라고 사임서를 국회에 제출했다.

이승만 대통령은 승용차로 경무대를 나와 자신의 소유인 이화장으로 이동했다.

(5) 이기붕 일가는 집단자살로 파란많은 생애를 종지부

허정 외무부장관은 이기붕 일가 자살사건에 대해 "참으로 비통한 일이다. 이기붕 국회의장과 부인 박마리아 여사가 차라리 국민 앞에 죽음으로 사과한 것은 잘한 일이다"라며 눈물을 흘렸다.

이기붕 국회의장이 경무대 북관(北館)에서 부인 박마리아, 장남 이강석, 차남 이강욱과 함께 권총으로 자살 하였음이 확인됐다.

이승만 대통령의 양자인 장남인 강석군이 아버지, 어머니 그리고 동생을 사살한 다음 자살한 것으로 전해졌다.

이기붕 일가는 25일 서대문 자택을 빠져나와서 행적을 감추자 인천 미군기지에 숨어들었다는 설이 난무했으나, 경무대 별관 대통령 여비서 집에 기거했다.

충북 괴산군 출신인 이기붕은 7세에 아버지를 여의고 고난 많은 어린시절을 보냈다.

보성학교를 졸업한 그는 상해를 거쳐 미국으로 건너가 아이오아주 데이버대를 졸업하고서, 이승만 박사가 주재한 삼일신문에 직원으로 근무했다.

박마리아와 결혼한 그는 지인들의 도움으로 잡화상을 벌렸고, 박마리아는 콩나물 등을 팔아 생계를 유지했다.

귀국하여 요정 국일관에서 사무원으로 근무했으며, 강제징용을 피하기 위해 허정과 함께 광산을 운영하기도 했다.

해방 이후 이승만 박사가 귀국하자 비서실장으로 보필했고, 1946년에는 서울시장에 임명됐다가 국방부장관으로 영전됐다.

이기붕 국방부장관은 국민방위군 사건과 거창 양민학살사건의 범법자들을 중벌로 다스림으로써 세인들로부터 호평을 받았다.

서울 서대문구에서 3대 민의원에 당선된 이후 해공 신익희를 물리치고 국회의장에 당선됐고, 그때까지 헤게모니를 장악하고 있던 이범석의 족청세력의 뿌리를 뽑아내고 자유당의 제2인자로 군림(君臨)하기 시작했다.

1956년 부통령 선거에서의 장면 후보에게 패배는 비애와 충격을 가져와 설치욕을 불타오르게 했다.

이 설치욕(雪恥慾)이 국민의 주권을 억누르고 부통령에 당선됐으나 오늘의 비애를 가져온 것을 보면 인생은 참으로 수상(殊常)하다 할 수밖에 없을 것이다.

자유당 의원총회에서는 이기붕 의장의 장례를 가족장으로 하고 장지는 망우리로 결정했다. 김의준, 원용석, 이성주, 김철안, 정명섭, 김원태, 조경규, 현오봉 등 15인의 장의위원회도 구성했다.

일세의 영화, 절정에 달하였던 권세가 너무나 지나쳤다.

황망히 들어선 이승만 박사는 4명의 유해 앞에 털석 주저앉아 말없이 눈물을 흘렸다.

"측근자 놈들이 나빠 비참한 최후를 맞게 되었다"는 소리도 이기붕 일가의 장례식장에서 흘러나왔지만, 안국동에서 청량리까지 도열한 시민들은 저마다 침통한 표정을 지었다.

(6) 이승만 대통령은 비밀리에 하와이로 망명길에

이승만 대통령의 해외망명설이 갑자기 유력하게 대두했다. 이 대통령 부처가 맥카나기 주한 미국대사의 사저(私邸)를 방문했다는 점과 이 대통령이 용산에 있는 미8군 병원에서 건강진단을 받는 일 등이 망명설을 부각시켰다.

일부에서는 구(舊)지배체제의 영도자요 상징인 이승만 대통령의 해외 망명의 필요성을 주장했으며, 이 대통령이 그의 집권 당시 심어 놓은 많은 악의 요소에 대해서 국민들로부터 최종적인 추궁의 대상 인물이라는 사실을 지적했다.

이승만 대통령이 푸란체스카 여사와 함께 5월 29일 미국 하와이로 망명길에 올랐다.

망명은 맥카나기 주한 미국대사와 허정 수석 국무위원 간에 극비리에 긴밀하게 접촉하여 추진됐다.

김포공항에는 허정 외무부장관과 이수영 외무부차관만이 전송했다.

허정 외무부장관은 망명이란 문자를 사용치 않고 "휴양 차 하와이로 출발"이라고 말했다.

민주당은 조국에서 여생을 보내지 못하고 망명의 길을 떠난 이승만 대통령을 개인적으로 애석하게 생각하지만, 국민의 심판을 피하여 망명한 것은 무책임한 행동이라고 비난했다.

사회대중당 윤길중 대변인은 "이승만 대통령이 독재자라 할지라도 애국적 정열이 있는가 했더니 마치 6. 25때 전 시민을 남겨 놓고 달아나듯이 이번에도 민중의 심판이 두려워 도망했다는 것은 그가 애국애족이라고 부르짖었던 것의 기만성을 폭로한 것이다. 끝내 국민을 우롱한 것이다"라고 논평했다.

자유당 조경규 원내총무는 "애국자 한 분이 외국으로 갔다는 것을 매우 섭섭하게 생각한다. 그 분이 귀국해서 이룩한 많은 업적은 찬양할 수 있을 것이다. 그 분이 집권하는 동안 많은 과오도 우리가 아는 바이나 오로지 그 분을 보필하는 자들의 과오인 것이고 이 대통령의 애국심과 총명을 더럽히게 한 것이다"라고 평가했다.

이승만 대통령의 망명은 독재자의 말로는 동서고금을 통해서 항상 불우한 것이라는 확증이 또 하나 드러난 셈이다.

이승만 대통령은 이화장을 떠나면서 "집을 잘 보라"고, 푸란체스카 여사는 눈물을 글썽거리면서 "나는 한국을 사랑한다"는 한마디를 남겼다. 이화장에 남기고 간 재산은 산삼 2포대, 보석함 20개 등으로 밝혀져 국민의 분노를 자아냈다.

허정 외무부장관은 "나는 외무부장관으로서 이승만 박사가 휴양차 간다는데 도의상 막을 수 없었다. 그가 서울을 떠나는 것이 시국 수습에 도움이 된다고 생각했다. 만일 국민이 내가 한 일을 잘못이라고 비난하면 깨끗이 물러나겠다"고 밝혔다.

하와이에 도착한 이승만 대통령은 기자들에게 그의 건강이 허용하는 한 되도록이면 빨리 한국으로 돌아갈 것을 기대한다고 말했다.

3. 미국과 국민들의 전폭적인 지지를 받은 과도정부

(1) 미국의 지지와 아이젠하워 미국 대통령 방한

맥카나기 주한 미국대사는 "허터 미국 국무장관이 허정 정부를 적극적으로 지지하며 미국이 특별한 관심을 표명한다는 것과 아울러 축하의 뜻을 포함한 멧세지를 전달했다"고 밝혔다.

미국 국무성은 이승만 정부의 붕괴뒤의 폐허위에 한국이 어떤 형태의 민주정부를 수립할 것이냐에 대한 권고는 간섭으로 지칭될 우려가 있어 자제하고 있으나, 헌법개정안 공고에 대하여 한국이 민주주의의 올바른 길을 걷고 있다고 신뢰와 기대를 표명했다.

1960년 6월 22일 방한할 아이젠하워 미국 대통령은 경무대에서 오찬을 하고 국회에서 연설한 후 유엔군을 사열(査閱)하고 무명용사비에 헌화할 계획이다.

우리나라는 미국 대통령과 1백여 명의 수행원들이 묶을 호텔이 없어 체류(滯留)할 수 없는 빈국(貧國)의 처지였다.

거족적인 성대한 환영을 만신(滿身)에 받으면서 '날으는 백악관'이라는 아이젠하워 대통령의 전용비행기가 김포공항에 도착했다.

김포 비행장에서부터 경무대에 이르기까지의 주요 간선도로에는 수십만 명의 시민과 남녀 학생들의 성조기와 태극기의 물결을 지어 아이젠하워 대통령의 모터 케이트를 환영했으며, 요소요소에는 환영탑 10개와 아취 6개가 세워졌다.

시청 앞부터 광화문에 이르는 공중에는 수만 개의 오색 고무풍선을 띄우고, 남대문부터 세종로에 이르는 거리에는 색동저고리를 입은 수백 명의 여학생들이 부채를 흔들면서 환영했다.

도로 양편에 도열한 시민 및 남녀 학생들은 수기를 흔들면서 환영했고, 아이젠하워 대통령은 50만 서울시민들의 질서정연한 환영에 두 손을 높이 들어 환한 얼굴로 대응했다.

28시간 체한(滯韓)할 아이젠하워 대통령은 미국 현직 대통령으로 내한(來韓)은 처음이며, 역사적인 자동차 퍼레이드는 연도의 수십만 인파의 환호를 받으며 정동 대사관저로 향했다.

아이젠하워 대통령은 "공산제국주의의 위협을 막기 위하여 한미양국은 보다 긴밀히 협조를 필요로 하고 있다"고 첫 일성을 쏟아냈고, 장기영 서울특별시장은 순금 행운의 열쇠를 증정했다.

경찰 수만 명을 동원하여 물 샐 틈 없는 경호 속에 입체적 환영 일색이며, 오색풍선 두둥실 떠있고 호화로운 아취도 세워졌다.

아이젠하워 대통령과 허정 내각 수반은 경무대 회의실에서 한미고위급회담을 개최하여 군원·경원 증액과 유대강화를 토의했다.

허정 내각수반은 무상원조가 매년 2억불이 필요하다며 경제현황을 설명했고, 아이젠하워 대통령은 북괴의 침략에 대비한 방위를 전폭 지원하고 언론자유, 국민의 의사 존중을 강조했다.

우리 국민으로부터 열광적인 환영을 받았던 아이젠하워 대통령은 환영에 대한 감사 메시지를 친필로 써서 정부에 전달했다.

(2) 허정 과도정부는 국민들의 전폭적인 지지를 획득

국무회의는 도지사 전원을 경질하고 경찰국장도 대폭 경질하는 한편, 양유찬 주미대사와 유태하 주일대사도 면직(免職)처리하기로 의결했다.

허정 수석 국무위원은 "정부가 국민보다 한 걸음 앞서 4. 19에서 흘린 피의 요구가 무엇이었던가에 보답해야 한다"고 역설했다.

정계에서는 국방부장관에 송요찬, 재무부장관에 윤호병, 문교부장관에 이병도, 상공부장관은 전택보가 입각할 것이라는 설이 널리 유포됐으나, 허정 수석국무위원은 문교부장관에 이병도, 보사부장관에 김성진, 국방부장관에 이종찬을 임명했다.

전택보 상공부 장관이 수뢰혐의로 사표를 제출하고 두문불출했고, 총선에 출마하기 위해 오정수 상공부장관이 사임했다.

허정 수석국무위원은 "법과 질서를 회복해서 치안을 확보하는 것이 과도내각의 중요한 임무"라고 전제하고, "우선 3·15 부정·불법선거를 모의한 원흉들을 처단하고 학생을 선두로 해서 전 국민이 일어난 의거를 불법, 폭력 등 수단으로 억압, 살육(殺戮), 고문한 하수인들을 의법처단 하는 동시에 12년간 비정으로 인한 불법, 부정, 부패를 발본색원하겠다"고 당면과제를 밝혔다.

장관들은 이구동성으로 "자유당 정부의 횡포로 소관 부처는 엉망

진창이 되어있다"며, 예산을 자유당이 선거자금으로 불법 사용했다고 성토했다.

허정 과도정부 수반은 "공백기간을 메꾸어 가는게 국가에 대한 마지막 봉공(奉公)으로 알고 있으며, 이 임무만 끝나면 나는 정치를 계속할 의사가 없다"고 공언했다.

허정 과도정부 수반은 부산일보 습격사건은 4월 혁명정신을 모독하는 행위이며, 과도정부 퇴진요구 데모 배후엔 복선이 있다면서 개헌·공명선거에 만반의 조치를 강구하고, 파괴적이고 불법적인 데모는 범법행동으로 단정하여 배후조종자도 규명하여 엄중 처벌하겠다고 선언했다.

과도정부는 1949년 대통령령으로 결성된 학도호국단 해체를 의결하고, 부산에서 데모한 시민들이 5열 취급을 받은 데 대하여 현재까지 5열이 데모에 개재해 있다는 사실은 확인하지 못했다고 발표했다.

과도정부는 서민호, 김시현, 유시태, 나재하, 김재호, 민영수 등 6명의 정치범에 대한 특별사면을 단행했고, 내각책임제 개헌안을 공고했다.

정부는 국무회의에 상정될 의안을 정리하고 국무원의 공보, 인사, 상훈 등 서무에 관한 사항을 처리하기 위해 국무원사무처를 신설하고, 각 부처에는 정무차관과 사무차관을 각각 1인씩 두도록 하는 정부조직법을 의결하고, 국무위원은 국회의원의 겸직을 허용했다.

(3) 곽상훈 국회의장은 대통령 권한대행을 두고 오락가락

국회는 곽상훈 의원을 국회의장으로 선출했다. 곽상훈 의원은 재석 184명 중 137표를 얻어 당선됐다.

곽상훈 국회의장은 "이승만 박사의 제3대 대통령 사직과 제4대 대통령 당선 사퇴를 선포한다"고 공식적으로 공표했다. 이로써 이승만 박사의 12년 독단정치는 완전히 그 종지부를 찍었다.

곽상훈 국회의장은 법무부가 대통령 권한대행자는 총선에 출마할 수 없다는 법률 견해에 따라 국회의장직의 사표를 제출했다.

국회 본회의서 가(可) 101표, 부(否) 13표로 곽상훈 의장의 사표는 수리됐고, 국회는 내각책임제 개헌 후 대통령의 권한대행을 하게 될 국회의장을 선거했다.

대통령 권한대행 할 국회의장 선거에서 155명의 의원 중 곽상훈 84표, 윤보선 53표로 분산됐으며, 윤보선 의원의 53표는 마치 민주당 신·구파가 대립하여 투표한 것으로 추측됐으나 사실은 자유당의 일부가 윤보선을 지지한 것으로 판명됐다.

국회는 2차 투표에서 114표를 득표한 김도연을, 3차 투표에서 79표를 득표한 이재형을 국회부의장으로 선출했다.

곽상훈 국회의장은 내각책임제 개헌 직후 대통령직을 사퇴하여 복잡한 법적문제 야기를 회피하기 위해 허정 수석 국무위원에게 대통령 권한대행을 위임했고, 대통령 권한 대행은 허정 수반이 맡기로 했다.

제3장 의원 내각제 개헌과 부정선거 원흉 처단

1. 자유당 의원들의 찬성으로 내각책임제 개헌

2. 발포 책임자 색출(索出)과 처단이 지상과제

3. 역사적인 3·15 부정선거 관련자 모두를 엄단

1. 자유당 의원들의 찬성으로 내각책임제 개헌

(1) 개헌 기초위원회 출범과 공청회 개최

국회는 내각책임제 개헌 기초위원회를 발족시켜 5월 10일까지 개헌안 기초를 완료하고, 6월 하순까지 개헌안을 의결하고, 국회를 해산하는 한편 7월 말까지 총선거를 실시키로 결의했다.

개헌기초위원은 자유당은 이재학, 박세경, 정운갑, 이형모 의원을, 민주당은 엄상섭, 정헌주, 조재천, 윤형남 의원을 추천했고 무소속 황호현 의원 등이 선임됐다.

국회 개헌 공청회에서는 기본권의 철저한 보장을 요구하면서 사법권의 독립도 강화토록 했다. 내각책임제를 대체로 찬성하고 대통령 간선제를 지지하고 구헌법을 폐지하고 신헌법 제정을 주장했다.

국회는 개헌의 표결을 기명(記名)투표로 하여 의원 각자의 태도를 국민 앞에 밝히도록 국회법 개정안을 만장일치로 의결했다.

이는 국민 앞에 "4대 국회는 내각책임제 개헌을 하고 물러선다"는 공약을 하게 된 것이다.

권력집중, 권력비대화를 배제한 제2공화국 헌법안이 상정됐다.

정헌주 의원은 "지난 12년 동안 한국의 야당은 권력의 집중과 비대로부터 국민을 보호하기 위해 싸워 왔었는데, 이제 그것의 역사적인 실현을 보게 되었다"고 개헌안 제안의 역사적 의의를 천명(闡明)했다.

신파의 이철승 의원은 4월 혁명은 구체적으로 정·부통령 선거를 다시 할 것을 외치고 나왔음에도 불구하고 대통령을 간선제로 채택한 이유를 질문했고, 정헌주 의원은 4월 혁명의 본질적이고 근본적인 요구는 대통령의 권력 집중 폐단을 막자는데 있다고 해석했고, 따라서 형식적이고 의례적인 자리인 대통령을 직선제로 할 이유는 박약하다고 설명했다.

민주당 정치자금 유입 문제와 자유당 잔류파의 반발로 개헌안 통과가 불투명해지자 과도정부와 미국정부는 우려를 표명했다.

그러나 이러한 우려를 딛고 내각책임제 개헌안이 통과되어 제2공화국의 기틀이 마련됐다. 역사적인 기명(記名)투표로 찬성 208표, 반대 3표이며 이옥동, 김창동, 김공평 의원들이 반대했다.

민주당 70명, 자유당 30명, 헌정동지회 41명, 자유당 이탈파 59명, 무소속 8명이 참석하여 찬성했으며 유승준, 국쾌남, 권복인, 최창섭 의원들은 불참했고 박용익, 조순, 정문흠 의원들은 구속중이다.

이로써 4월 혁명의 정치적인 결실을 맺는데 성공했으며 죄 많은 4대 국회는 그 속죄(贖罪)과업을 완수했다.

의사당 앞 큰길에서 법석을 부리던 한국청년단 중심의 반개헌 데모는 기력을 잃은 채 뿔뿔이 흩어졌다.

제2공화국 대통령은 양원합동회의에서 재적의원 3분의 2이상의 찬성으로 선출하게 된다.

(2) 해체와 유지의 기로(岐路)에서 헤매는 자유당 의원들

자유당은 해체냐, 구각을 유지하느냐에서 분규를 거듭하고 있고 급작스럽게 고개를 들기 시작한 혁신 및 족청세력의 불통일 상태에서 보수당인 민주당에 압력을 시도함으로써 정국은 예측을 불허한 가운데 얽혀만 갔다.

검찰에서는 자유당 당무위원이며 기획위원인 이재학, 박용익, 임철호, 조순, 정문흠, 정존수 등 6 의원을 3·15 부정선거 관련 혐의로 구속 동의를 요청했다.

박용익 의원만 동의하고 정존수 의원은 부결되자 이철승, 이만우 의원 등은 "다시 살아난 자유당의 다수 횡포"라고 비난하며 난동을 벌여 투표가 중단됐다.

자유당 이형모 의원은 "만일 검찰에서 이재학, 임철호 의원까지 구속하려 든다면 우리는 허정 과도정부를 불신임하고, 우리 모두가 사임하겠다"고 전우애를 발휘했다.

이재학, 임철호, 정존수 의원들의 의원직 사퇴서가 수리되고 조순, 정문흠 의원 구속동의안이 통과되어 정국의 폭발위기를 모면했다. 임철호, 정존수, 조순 의원 등과 함께 의원직 사직서를 제출한 이재학 의원은 "우리들 문제 때문에 소란을 일으킨데 대해서 국민에게 미안하게 생각한다"면서, "만난(萬難)을 무릅쓰고 개헌만은 성취해야 한다, 개헌만이 이 시국을 수습할 법질서를 회복하여 한국의 민주주의를 수호할 것"이라고 주장했다.

검찰은 선거법 위반혐의로 장경근, 박만원, 유각경을 구속했다.

자유당 당무위원인 유각경은 자신은 여자로서 바지저고리 취급을 받아 부정선거와 관련이 없다고 펄쩍 뛰었다.

당초 자유당 수습위는 전당대회 소집을 기정사실화 했으나 결정을 맺지 못하고, 의원직 사퇴는 하지 않는 방향으로 합의했다.

자유당 고수파에 의해 소집된 자유당 임시전당대회에서 자유당의 당명을 그대로 견지하도록 결의하는 한편, 소속의원들의 자유당에 대한 배신행위를 극구 비난하면서 그들의 의원직 사퇴를 요구했다.

이재학 전 국회부의장은 "돈을 가지고 유권자를 매수했다던가. 경찰을 시켜서 몽둥이로 선거를 했다던가 하면 그 책임자를 처벌하고 살아갈 길이나 생기겠지만, 민주주의의 기본을 파괴하는 협잡을 3·15 선거 때 감행한 이상 자유당 간판은 아무리 생각해도 유지할 수 없을 것 같다"고 푸념했다.

자유당의 원내 교섭단체에서 이탈한 최용근 의원 등 101명은 무소속으로 편입됐다. 이리하여 원내의석 분포는 민주당 70석, 자유당 37석, 무소속 111석으로 변경됐다.

자유당 이탈 의원들은 새 교섭단체를 구성하여 공화동지회를 발족시켰다가 자유당을 이탈한 102명의 의원 중 41명은 헌정동지회를 결성하여 새로운 교섭단체로 등록했다. 헌정동지회는 최규남 의원을 대표로 정운갑, 이갑식, 하태환 의원들을 간사로 선출했다.

이탈파와 수호파의 대립을 보인 자유당은 이탈파의 하태환 의원은 104명의 찬성을 얻어 이탈파의 총회를 열어 해산선언을 할 예정이고, 수호파인 조경규 의원은 담화문을 발표하여 전당대회를 방해하려는 자유당 혁신동지회의 우송물을 비난했다.

박해정 의원은 "과거 자유당과 관리들에 붙어서 이권운동을 하던 자들이 민주당에는 들어올 수 없는 형편에 놓여 있기 때문에 소위 혁신세력이라는 간판을 내걸고 국민을 현혹시켜 5대 민의원 총선까지 대비하고 있다"고 비판했다.

그러나 조경규 의원은 "5대 국회에선 민주당 신파에게 마구 몰릴 것이 분명하다. 그러면 민주당 구파, 자유당, 무소속 일부가 보수연합을 형성하여 그것을 모체로 연립내각이 수립될 수 있을 것"이라고 전망했다.

(3) 김선태 의원의 돌출행동과 장택상 의원 구속

김선태 의원은 "오제도, 김윤수 검사 등을 파면하여 입건하자"는 동의안에, 학생대표들은 "만일 국회가 오제도 검사의 파면·입건을 건의한다면 데모를 감행하겠다"고 엄포했다.

곽상훈 국회의장이 김선태 의원의 발언을 불허하자, 김선태 의원은 "나는 곽상훈 의장을 정식으로 불신임한다"고 극언하는 헤프닝이 벌어졌다.

용공공산당 조작혐의로 김선태 의원의 오제도, 김윤수 검사에 대한 파면결의안은 가(可) 52표 대 부(否) 76표로 부결됐다.

선거등록 방해를 묵인한 확증이 드러나 선거법 위반, 폭행교사 혐의로 장택상 의원이 구속 단계에 이르렀다.

검찰은 국민당 장택상, 박기출의 정·부통령 후보 등록서류 피탈사건을 최인규, 이강학과 장택상이 공모한 증거를 포착한 대로 장택상을 입건할 것으로 알려졌다.

검찰은 "그가 정치적으로 매장되든 안되든 간에 별문제로 하고 도의적으로 나쁜 행위는 법에 저촉되지 않을 수 없어 법률적용은 기술적 문제일 뿐"이라고 사전 묵인한 심중은 굳혔다고 말했다.

장택상 의원은 "아무리 불초(不肖)한 나지만 대통령 입후보까지 한 자가 이강학 같은 이사관이 입후보를 만류한다고 등록방해를 시키고 앉아있겠습니까"라고 읍소(泣訴)했다.

장택상 의원은 구속된 이강학, 최인규, 이성우가 꾸며 낸 조작극이라며 최인규로부터 돈과 여권을 받은 것에 대한 해명에 급급했다.

(4) 탄압받던 혁신세력들도 재기(再起)를 위해 꿈틀거리고

1956년 혁신정당운동이 진보당과 민주혁신당으로 분열된 이유는 물론 이념이나 소신의 차이 문제도 있겠으나, 당내 주도권과 정·부통령 후보 선정 문제가 주요한 원인이었다.

1958년 제4대 국회의원 선거에서 패배한 혁신계와 군소정당들은 합당을 통한 활로 개척을 모색했다.

특히 선거과정에서 조직의 빈약성을 절감한 민주혁신당(서상일)과 노동당(전진한)의 대표들은 1958년 6월 합당을 위한 공동성명을 발표했다.

이들은 전진한, 김상덕(노동당), 신숙, 김성도(민주혁신당), 김준연

(통일당), 조벽래(사회당), 조경한(한국독립당) 등이 모여 제3당 결성에 합의하여 대통령 후보에 전진한, 부통령 후보에 이훈구를 지명하기도 했으나 통합하지 못하고 분열되고 말았다.

이들은 고희동, 백남훈, 김기철, 이석기, 천세기 등 민주당원들과도 반공(反共)을 좌우명으로 하는 우파 사회주의자들의 통합을 시도하기도 했다.

고정훈 구국청년 대표는 오제도 검사와 조인구 치안국장을 숙청하라고 요구했지만, 조봉암 간첩혐의에 대한 무고(誣告)사실의 폭로에 대해 검찰은 고정훈 대표를 소환하여 증거를 제시하지 못하면 입건하겠다 윽박했다.

고정훈 구국청년 대표가 남북한 교류를 주장한데 대해. 통일당 김준연 위원장은 북한에서 내려오는 사람들은 전부 스파이 임무를 띠고 내려온 것이므로 남북교류는 대한민국을 망치는 극히 위험한 사상이라고 경고했다.

특히 고정훈 대표가 미소공동위원회 스티코프 소련 대표의 통역관을 지냈고, 첩보부대에서 활약한 경력으로 의사당 주변에서 쑥덕거림이 많았다.

고정훈 대표는 당면목표는 국회 해산이라며 만일 6월 10일까지 국회가 해산하지 않으면 의원들 집에서 연좌데모를 강행하겠다고 선언했다.

민주당 이민우 의원은 "1인 독재의 길을 막는 내각책임제 개헌도 하지 않고 기타 모든 악법도 시정하지 않는 채 국회를 해산해 버리는 것은 나라를 망치자는 이야기다"라고 반박했다.

사회대중당은 김달호 3대의원의 발기인 제명소동을 계기로 구(舊)진보당 계열과 민주혁신당 계열 간의 반목으로 분열됐다.

김달호 3대의원 제명에 반대한 박기출, 윤길중 등은 제명결의는 불법이라며 시정해야 한다고 주장했다.

진보당의 재발족은 부위원장인 김달호의 독자적인 사회대중당 창당과 함께 총선 준비를 위해 서울시와 도의 책임자를 선출했다.

그러나 박기출, 이동화, 유병묵 등은 노골적으로 반기를 들어 대립양상을 보였다.

세칭 혁신세력의 규합이 이데올로기에서 오는 차이나 수많은 종파적인 불통일성 그리고 헤게모니의 쟁탈전 등 피치 못할 객관적인 조건으로 말미암아 총선거 앞에서 그들이 단일체의 조직체를 출현시키라는 데에 의문을 표명했다.

민주사회주의적 노선을 택하자는 신숙, 정화암, 조경한계와 서민적인 대중정당을 조직하자는 민주혁신당원들의 대립이 격화됐다.

그리하여 지리멸렬된 상태에서 4·19를 맞이하여 단결을 모색했으나 김달호, 윤길중, 서상일, 박기출, 이훈구, 이동화, 김성숙, 최근우 등의 사회대중당과 전진한, 김성숙 등이 한국사회당을 결성하여 제5대 민의원 선거에서도 통일된 혁신정당을 갖지 못하고 조직과 자금의 열세를 면치 못했다.

혁신정당은 사회대중당과 혁신진영 선거대책협의회의 주류인 혁신동지연맹과 한국사회당 등 세 갈래로 분열되어 선거를 치렀다.

한국사회당과 혁신동지연맹이 주동이 되어 혁신진영 선거대책협의회를 구성하고 연합공천을 추진해 왔으나, 혁신세력의 주류를 이루고 있는 사회대중당의 불참으로 절름발이가 되고 말았다.

연합전선을 부르짖으면서도 동상이몽(同床異夢)에 빠져 있는 혁신세력들은 서로들 상대방을 진짜 혁신세력이 아니라고 비난했다.

사회대중당은 "전진한 씨는 혁신을 한다고 하지만 그분의 경력을 아무래도 납득이 안 간다"고 반격했고, 한국사회당은 "사회대중당은 당세 확장만을 노려 어중이떠중이를 마구 집어넣고 있다"고 비난했다.

2. 발포 책임자 색출(索出)과 처단이 지상과제

(1) 고려대생 습격사건으로 유지광, 임화수, 곽영주 구속

서울지검 황은환 검사는 고려대생 습격 깡패사건, 영등포 기자 구타사건, 서대문구청 등록서류 피탈사건 등의 관련혐의로 곽영주 경무관에게 체포령을 내렸다.

경무대 경호책임자로 있음을 기회로 정부 인사들에 대한 온갖 모략과 중상을 자행하고, 고대생들을 습격한 깡패를 구속한 양홍식 동대문 경찰서장에게 "석방해라, 안 하면 일신상 재미없다"고 협박한 곽영주 경무관을 구속하여 본격적인 수사를 진행했다.

양홍식 전 동대문경찰서장은 "곽영주가 목을 자를까 봐 겁이 났다", "깡패와 협상한 것도 사실이다"라고 진술했다.

검찰은 고려대생 기습사건의 깡패 동원의 총지휘자로 알려진 대한반공청년단장 신도환을 소환하여 신문했다.

2백 명의 불량배를 동원하여 곤봉, 깔굴이, 벽돌 등으로 고려대생들을 습격하여 30여 명에게 부상을 입힌 고려대생 피습사건은 반공청년단의 사전모의에 의해 감행됐으며, 주모자는 반공청년단장 신도환, 정치깡패인 이정재, 임화수, 유지광이 관여된 것으로 알려졌다.

그러나 반공청년단장 신도환은 종로4가에서 고려대생 습격 명령을 내린 사실을 강력하게 부인했고, 반공청년단은 정치단체가 아니고 부모에게 효도하고 거리를 청소하는 단체로 만들려고 했다고 해명했다.

구속된 임화수는 "신도환이 깡패를 동원시킨 것은 분명하다"고 엇갈린 주장을 펼쳤다.

신도환은 고려대생 피습사건은 곽영주 전 경무관의 지휘아래 이뤄졌다고 발뺌하자, 검찰은 반공청년단 자체의 경리부정 및 선거관여 여부 등 새로운 방향으로 수사를 확대했다.

구속된 이정재도 유지광, 임화수와 고려대생 습격사건을 모의한 것을 자백했으나 일부 사실은 횡설수설하면서 발뺌을 했다.

검찰은 경무대 인(人)의 장막 조종자로 알려진 박찬일 비서관에 대한 수사에도 착수했다.

(2) 발포명령자 색출(索出)에 전 검찰력을 총동원

권승렬 법무부장관은 이태희 검찰총장에게 "내 아들이나 내 친형제라도 발포경관에 관련된 자는 모두 엄단하라"고 엄명했다.

그리하여 제1차로 발포경관 7명을 구속하고, 경무대 어귀에서 발포하라는 명령도 없이 독단적으로 발포한 것으로 알려진 헌병과 특무대원들을 피해자들 중심으로 수사에 착수했다.

서울지검은 경무대 발포명령자로 박원달 전 종로경찰서장을 소환했다.

그러나 경찰들은 "당시의 발포는 이 지역을 경비 차 출동하였던 헌병이 먼저 발포했다"면서, 헌병의 발포에 이어 경찰도 발포했으며 계통적인 명령에 의한 것이 아니다라고 진술했다.

경무대 어귀에 출동하였던 헌병의 출동요청은 홍진기 내무부장관이 김정열 국방부장관에게 요청하여 이뤄졌다.

경무대앞 발포명령은 조인구 치안국장 명령을 받고 백남규 서울시경 경비과장이 지시했다고 남태우 전 경무대 경찰서장이 진술했다.

경무대 어귀에서의 발포명령자는 곽영주 전 경무관이고, 서울시내 일원의 발포책임자는 유충열 전 서울 시경국장이라고 조인구 전 경찰국장이 확인했다.

조인구 경찰국장은 이미 발포가 끝난 뒤 백남규 서울시경 경비과장이 달려와서 물었을 때 "지금 나더러 어떻게 하란 말이냐"고 반문했다고 진술했다.

곽영주는 "네가 몇 번 징역을 가도 좋으니 바리케트를 넘어오는 자는 무조건 쏴라"고 일종의 승리감에 도취하여 기염을 토했다고 증언하기도 했다.

유충열 전 서울 시경국장은 조인구 치안국장의 지시로 발포 명령을 문서화한 것이 허위로 드러났다.

검찰은 내무부장관 홍진기를 살인혐의로, 조인구 치안국장을 살인예비혐의로 기소했다.

홍진기 내무부장관은 4·19 당시 서울 시경국장 유충열에게 발포를 지시했고, 조인구 치안국장은 백남규 서울사경 경비과장에게 발포를 지시했으나, 곽영주 경무관의 발포명령보다 늦어 예비혐의만 기소하게 됐다.

4·19 의거에 발포 명령자로 최찬택 전 전남 도경국장과 김배룡 전 광주경찰서장도 구속했다.

태평로 파출소에서 발포사건의 피고(김종호, 심영구, 이태수)에 대해 의식적인 살상 감행으로 민족정기를 꺾었다며 사형을 선고했다.

3. 역사적인 3·15 부정선거 관련자 모두를 엄단

(1) 선거담당 부서인 내무부 장관과 차관에게 철퇴(鐵槌)

국회는 한희석, 최인규 의원을 비롯하여 3·15 부정선거 원흉인 박만원, 장경근, 이존화, 신도환, 손도심 의원의 의원직 사퇴를 가결했다.

서울지검은 이강학 전 내무부 치안국장을 3인조 공개투표를 지령하고, 공무원과 경찰관을 동원하여 4할 무더기표를 투입하는 등 선거법 위반으로 구속했다.

치안국은 업무상 횡령 및 특수협박, 특수감금, 상해 혐의로 이정재 동대문 시장상인연합회장을 구속하여 송청했다.

서울지검 김치열 검사장은 이성우 전 내무부차관과 최병환 전 내무부 지방국장을 구속하고, 3·15 부정선거 자금을 10억 환으로 추정하여 김영찬 전 산업은행 총재를 소환하여 추궁했다.

서울지검은 3·15 부정선거의 수괴(首魁)인 최인규, 한희석, 이강학, 이성우, 최병찬을 선거법 위반, 허위공문서 작성, 권리행사방해죄 등으로 구속하고 여죄를 추궁했다.

이성우 전 내무부차관은 " 3·15 선거가 합법적이라고도 불법적이라고도 할 수 없다"는 괴변(怪辯)을 늘어 놓았고, 최인규 전 내무부장관은 "조봉암의 표가 많이 나온 것을 보고 선거라는 방식에 의하여 쉽게 나라를 공산당에 넘길 수 있겠구나", "이승만 박사 당선만이 공산당을 막고 우리나라를 바로잡는 길"이라고 믿었다고 진술했다.

최인규 전 내무부장관은 부정선거 계획을 자유당과 상의한 일이 없이 단독으로 꾸민 것이며, 취임사에서 "대통령에 충성해라. 공무원은 선거운동을 해도 좋다"는 말을 했다고 시인했다.

또한 "징역을 가도 내가 가고 콩밥을 먹어도 내가 먹는다"고 큰소리 한 사실도 인정했다.

개인의 영달과 충성심 때문에 무모하고 부정한 협잡선거를 계획하고 실천하여 국가를 망쳤음에도 불구하고, 최인규 전 내무부장관은 "5년 수감생활을 마치고 나오면 또 자기 세상이 될 것이다", "민주당이 집권해도 자유당과 같이 똑 같은 불법을 감행할 것이다"라고 주장했다.

이강학 전 치안국장이 부정선거 감행을 위해 부정선거 자금조달, 부정선거에 따른 경찰관의 열성도, 민심의 동향들을 조사하는 비밀경찰 조직을 운영했다.

치안국은 64명에 달하는 이들의 자진사퇴를 권고하고 자진사퇴에 응하지 않은 경우는 파면 방침을 세웠다. 그러나 진짜 비밀경찰은 64명에 포함되지 않았다는 논란이 제기됐다.

김이화 청도경찰서장은 내무부 상황실에서 최인규 내무부장관으로부터 4할 사전투표, 3인조와 9인조 공개투표 지시를 받고 실시했다고 부정선거를 증언했다.

1만여 명이 넘는 데모대 앞에 나타난 경남 진주시장은 "3. 15 대통령선거는 부정선거였다"고 시인하고 "사표를 내겠다"고 선언하여 부정선거 확인 제1호가 됐다.

최남규 전 경남도 경찰국장은 "최인규 내무부장관과 이강학 치안국장으로부터 3차에 걸친 부정선거의 지령을 받고 시키는 대로 적극적인 역할을 한 것"이라고 공소사실을 시인했다.

기소된 경찰서장들은 사전투표, 완장부대 등을 꾸몄다고 시인하면서 최인규 내무부장관에게 모든 책임을 전가했다.

(2) 자유당 기획위원 전원을 소환조사하여 의법조치

도피하였다가 자수한 한희석 자유당 중앙위원회 부의장은 "3·15 부정선거의 모든 결정은 자유당 당무회의 결정에 따라 한 것이지 자기가 독자적으로 한 일은 하나도 없다"고 발뺌하여, 자유당 당무위원 전원이 수사대상에 올랐다.

한희석 자유당 중앙위원회 부의장은 "부정선거 최고책임자는 자기보다 높은 사람이며 자기로서는 그 분의 신세를 많이 지고 있어 말할 수 없다"고 책임을 이기붕 중앙위원회 의장에게 전가했다.

자유당 선거대책위원회 기획위원인 장경근, 이중재, 한희석, 이재학, 임철호, 유각경, 박만원, 정기섭, 조순, 정문흠, 정존수, 박용익, 이존화 등 13명도 선거법 위반으로 기소했다.

1960년 8월 3·15 부정선거 원흉 30명에 대한 공판이 전국적인 관심을 집중시켰다.

이승만이란 우상을 앞세우고 12년간 부패한 독재정치를 감행하다가 끝내는 집권 연장의 야망을 채우기 위해 부정선거를 감행한 민주 반역의 만행(蠻行)을 저지른 죄악의 장막이 재판에 의해 거두어져 그 전모(全貌)가 폭로되기를 기대했다.

서울시청 광장에는 1만여 명의 청중이 운집하여 마이크 소리에 때때로 폭소가 터졌고, 피고인들은 눈치만 살피고 병든 고양이처럼 축 늘어진 고개를 숙이고 판사 심문할 때마다 허리를 굽실거렸다.

대부분의 피고인들은 불안·초조한 눈초리로 주위를 살폈으며, 축재(蓄財)심문에는 어물어물 넘겼다.

자유당을 위해 공무원이 선거운동을 해야 한다는 기본 원칙은 이미 1958년 5·15 국회의원 선거 때 세워졌다.

3인조, 9인조, 완장부대 투입 등은 자유당 최고 간부들과 국무위원 합의로 창안된 사실과 감표 지령 사실은 한희석 중앙위원회 부의장이 지시한 것으로 밝혀졌다.

한희석 부의장은 "대구시에서 이기붕 후보표가 95% 나왔다는 보고를 받고서 국내외적으로 아무래도 문제가 일어날 것 같은 걱정으로 기획위원회를 열고 이기붕의 표를 깎아내려 다른 입후보자의 것으로 만들자고 합의한 후 최인규를 불러 지시했다"고 증언했다.

이강학 전 치안국장은 "과거 경찰의 사명은 간첩을 색출하고 강도를 잡아 국민의 복지 안전을 기하는 데 있기보다는 선거 때 자유당 후보의 표를 한 표라도 더 만들어 내는 데 있었다"고 경찰의 죄악상을 폭로했다.

유지광 피고는 "4월 혁명이 없었던들 지금 이 자리에서 책임을 회피하고 있는 임화수와 신도환은 고려대생 습격사건의 공로를 들어 아마 경무대에 가서 훈장을 달라고 했을 위인들"이라고 폭로했다. 유지광은 경찰과 반공청년단이 공모하여 공동행동하였던 것이라고 고려대 습격사건을 진술하고서, "우리는 비록 사회에서 깡패나 건달이라는 욕을 먹고 있으나 자기 책임을 부하에게 밀거나 감추지 않는 생활에 젖어있다"면서, 신도환과 임화수를 질책했다.

또한 유지광은 단독범이라고 진술하고 8개월 감옥살이한 이후 이정재의 냉정함에 장충동 민주당대회 방해사건을 이정재가 주도했음을 폭로할 수밖에 없었다고 진술했다.

(3) 부정선거를 지휘한 전 국무위원들을 구속

검찰은 공무원 선거운동을 국무회의에서 의결한 국무위원 전원을 선거법 위반혐의로 구속키로 했다.

3·15 부정선거를 수사 중인 이홍규, 오탁근, 이선중 검사들은 전 국무위원 6인회 멤버인 최인기(내무), 홍진기(법무), 곽의영(체신), 김일환(보사), 김정열(국방), 송인상(재무)을 소환했다.

구속중인 최인규 내무부장관, 홍진기 법무무장관, 김일환 교통부장관, 송인상 재무부장관 외에 김정열 국방부장관, 구용서 상공부장관, 신현확 부흥부장관, 손창환 보사부장관, 이근직 농림부장관,

최재유 문교부장관, 조정환 외무부장관 등 8명을 구속하여 기소했다.

서울지검 장병철 검사는 홍진기 전 법무부장관을 발포 최고책임자로 단정하고 살인죄로 입건했다.

서울 시경국장 유충열이 홍진기 내무부장관에게 "데모대들이 경무대 앞 저지선을 돌파하여 사태가 위급하니 어떻게 하면 좋겠느냐"고 문의하자, 홍진기 내무부장관은 "사태가 위급하면 발포하라"는 명령을 내렸다고 진술했다.

홍진기 내무부장관은 발포명령에 대한 책임을 회피하기 위해 대통령이 결재한 경비계엄령을 소급하여 달라고 하여 책임회피를 꾀한 사실도 드러났다.

경무대 사수(死守)명령은 받았으나 발포지시는 안 했다고 백남규 서장은 진술했고, 치안국 명령으로 발포를 지시받았으나 공포만을 쏘았소라며 유충열 시경국장은 훌쩍훌쩍거렸다.

1960년 8월 곽영주 경무관, 신도환 의원을 필두로 한 26명의 정치깡패 사건의 공판이 개정됐다.

반공예술단을 조직하여 선거에 적극 이용하고 김승호, 주선태, 최남현 등을 구타하고 담뱃불로 얼굴을 지지는 등 임화수의 끔찍한 죄상이 폭로됐다.

경무대 어귀 발포사건 현장검증에서 그 장소에 배치되었던 헌병은 곽영주가 쏘라고 했다고 증언했다.

서울지검 황은한 검사는 임화수가 제작한 '독립협회와 청년 이승만'에 부당히 공보실 예산 4천만 환을 지출한 전성천 전 공보실장을 입건했다.

(4) 부정선거 자금동원에 대한 관련자들도 처벌

부정선거 자금을 수사중인 서울지검 이용훈 검사는 김진형 한국은행 총재를 소환하여, 산업금융채권을 산업진흥에 사용하지 않고 몽땅 정치자금화 시킨 불법성을 추궁했다.

김진형 한은총재는 3·15 선거자금 전용은 재무부, 자유당, 금융기관 등이 사전 합의했으며, 송인상 전 재무부장관, 박용익 자유당 총무위원장, 김영찬 전 산업은행총재가 34억 환의 산업금융채권을 선거자금화시킨 것을 확인했다.

3·15 부정선거 관련된 것만도 76억 환이라며 검찰은 박용익, 송인상, 김영찬, 김진형, 김영휘, 배제인 등 6명을 선거법위반 등 9가지 죄목으로 기소했다.

또한 손도심, 배제인, 박용익 등이 선거자금 수억 환을 횡령한 혐의를 검찰에서 포착했다.

검찰은 자유당에 선거자금을 헌금한 바 있는 55개 기업체를 선거법 위반으로 기소하고, 선거자금 헌금 이면에는 부정축재의 약점을 보호받기 위한 수단으로 간주하고 수사에 박차를 가했다.

부정축재 학생규탄위원회에서 권력 남용·배임·횡령 혐의 등으로 백두진 전 국무총리, 양우정 전 동양통신 사장, 황호영 전 재무부 이재국장을 고발했다.

검찰은 부정축재에 대한 본격적인 수사에 착수했다. 이태희 검찰총장은 우선 삼호(정재호), 태창방직(백남일), 삼성(이병철), 낙희화학(구인회), 대한양회(이정림), 동양제당(설경동), 삼양사(김상홍), 전주방직(송영수) 등 8개 업체에 대한 수사를 진행했다.

삼성, 태창방직, 삼호, 대한양회, 락희화락, 동양제당, 전주방직 등은 부정축재 자수를 하여 온 재벌들로서 검찰은 이들의 자수를 완전 자수로 보지 않고 위장 자수로 추정했다.

제4장 정통야당 민주당이 압승한 제5대 총선

1. 고질적(痼疾的)인 민주당의 신·구파 갈등

2. 민주당의 독주(獨走)가 예상된 선거전

3. 분당(分黨)의 예상을 딛고 민주당이 압승

4. 일부 지역 재선거와 제2공화국 출범(出帆)

5. 시·도별 광역선거에 의한 참의원 58명 선출

6. 시민혁명에 힘입은 5대 민의원과 초대 참의원

1. 고질적(痼疾的)인 민주당의 신·구파 갈등

(1) 의원직 사퇴론으로 신·구파 갈등 조장

구파의 상임위원 및 감찰위원 57명은 아세원에 모여 구파의원들은 의원직 사퇴원에 서명하여 중앙위의장에 맡기도록 결의하고, 중앙위원회의 의원직 사퇴 의결에도 당론에 불복할 때는 해당분자(害黨分子)로 규정하기로 했다.

그러나 중앙위원회에서 구파의 주장대로 의원직 총사퇴가 가결되더라도 신파 의원들은 당론에 복종하지 않겠다고 오위영 의원이 선언했다.

민주당 구파 의원들의 집요한 의원직 사퇴론에 장면 부통령은 "만일 민주당 소속의원들이 사퇴를 하게 되면 미국은 한국을 포기할는지 모르고 따라서 한국은 고립될는지 모른다"고 우려했다.

민주당 구파 의원들은 "3·15 선거 직후 장면 박사 이하 71명의 의원들이 사표를 내 던지고 국민의 선두에 서서 민주구국 운동에 나섰더라면 정국은 달라졌을 것이다"라고 아쉬워했다.

민주당 구파의 핵심인 유진산 의원은 우리가 의원 제도를 부인하든가? 가장된 민주주의의 들러리를 서든가? 하는 것을 논의 결정하여 새로운 투쟁방안을 수립해야 한다고 신파와 각을 세웠다.

민주당 신파 출신인 조재천 선전부장은 "투쟁방안은 이미 중앙상임위원회에서 결정되었으며 들러리 운운한 관념의 유희보다 강력한 대여투쟁을 벌리는 것이 급선무"라며 구파의 데모와 원내투쟁의 비협조를 비난했다.

구파의 유진산 의원들은 내각책임제 개헌, 의원직 총사퇴의 단행을 감행하겠다고 선언했다. 그러나 장면 민주당 대표는 "사퇴하려면 여·야 의원이 다함께 해야 한다"고 주장했다.

민주당의 파벌을 초월한 단결 여하가 난국수습의 관건으로 지적되고 있지만, 민주당 구파의 의원직 사퇴론과 신파의 자유당 의원들과 동시 사퇴론의 논쟁은 끊임없이 제기됐다.

민주당 구파인 유옥우 의원은 "조병옥 박사가 서거한 후 신파가 다소 양보심을 보여야만 민주당 운영이 잘 될 것임에도 양보는 커녕 일방적으로 표결을 강행하고 있지만 민주당을 마음대로 먹을 수 없을 것이다"라고 경고했다.

이와같이 신,구파의 갈등은 대통령 부정선거를 전후하여 의원직 사퇴를 둘러싸고 깊어만 갔다.

(2) 민주당은 5대 국회의원 선거에서 압승을 기대

민주당은 신·구파 각각 8명으로 구성한 공천심사위원을 내정했다.

오는 20일까지 공천자를 결정지을 예정이나 지구당의 추천대회에서 신·구파의 대립이 예상 이상으로 치열하여 난항을 겪고 있다.

장면 대표는 종로 을구가 지역구이지만 고(故) 엄상섭 의원의 지역구인 용산에 출마하기로 결정했다.

민주당 신·구파는 현 국회의원과 4대 국회의원 선거에서 차점으로 낙선한 지구당위원장들은 우선적으로 공천해 주자는데 합의했다.

이는 현역의원 69명과 지난 총선에서 근소한 표차로 낙선한 60명이 해당되어 233개 지역구에서 129명의 후보자는 결정된 셈이다. 민주당의 공천기준 확정에 따라 공천경쟁이 생략된 채 129명이 자동 케이스로 공천이 확정됐다.

민주당 의원총회는 백두진 전 국무총리의 입당을 거부했다. 백두진 씨는 유성권 의원의 추천으로 민주당에 입당하여 경기도 이천에 공천신청까지 했다.

백두진 전 국무총리는 "나는 과거 자유당에 협력하지 않는다고 이기붕으로부터 굉장한 모략도 받았고 부정축재를 한 적도 없으며 자유당에 협조한 적이 없다"고 결백을 주장했다.

민주당의 공천신청에 이어 지역구마다 공천대회에 신·구파 간에 말썽도 많을 것이며 중앙당에 청원이 쇄도할 것이 예상됐다.

장면 민주당 대표는 "민주당이 5대 국회에서 과반수를 차지하는 것은 땅 짚고 헤엄치는 격"이라면서, 연립내각 같은 것은 꿈에도 생각하지 않는다고 자신감을 피력했다.

장면 민주당 대표는 "민주당이 원내 제1당이 되는 경우 내각의 전부를 민주당원만으로만 조직하지는 않을 것이나 그 근간(根幹)은 물론 민주당이 될 것"이라고 밝혔다.

또한 장면 대표는 "연립내각의 문제는 총선거가 끝난 다음에 당론과 국민의 여론을 종합 검토해서 작정하게 될 것"이며, "신파와 구파를 떠나 대승적 견지에서 공천자를 밀어야 한다"고 격려했다.

(3) 신·구파의 갈등은 정치자금 문제로 국회 내에서 폭력을

자유당 정치자금 관여 등으로 한때 고개를 숙인 듯이 보였던 신·구파 간의 숙명적인 분쟁이 또 다시 일촉즉발(一觸卽發)의 위험한 상태에 들어갔다.

정치자금의 야당 유입문제를 조사하기 위하여 특별조사위원회를 구성한 날부터 신·구 양파 간에 반목(反目)이 시작되었다.

신파는 유홍, 조한백, 조영규 의원들이 송인상 재무부장관으로부터 30만 환의 촌지(寸志)를 받은 것을 비롯하여 몇 백만 환의 자금유입의 내용이 밝혀졌다고 공격했다.

이에 구파에서는 이승만 대통령 하야 운동의 무마공작으로 정부로부터 수억 환의 정치자금을 받았고, 고정훈 청년구국 대표에게 2천만 환을 주어 개헌 반대운동을 부탁했다고 신파를 비난했다.

구파는 총선거일 며칠 전에 정치자금 문제를 퍼뜨려 구파에 불리한 영향을 주고 있다고 신파의 모든 행동은 표리(表裏)가 상반된다고 주장했다.

폭로와 반목은 앞으로 있을 공천경쟁과 함께 당을 분열의 위기까지 몰고 갈 위험성이 내포되어 있었다.

신파의 김훈 의원이 천만 환을 받은 사실이 없다면서 발설자인 구파의 고담룡 의원을 본회의장에서 구타하여 난타전을 벌였다.

민주당은 의원총회에서는 해명하려는 고담룡 의원의 발언을 봉쇄하고 사건을 일단락됐다.

유진산 의원도 조병옥 대표로부터 단 일환도 받은 일이 없다고 해명하며 벙어리 냉가슴 앓듯 가만 참고만 있었다고 억울해 했다.

허정 내각수반은 "때가 어느 때인데 정치자금 이야기를 꺼내서 평지풍파를 일으키는지 알 수 없다"며, "정치자금 문제는 졸렬무쌍한 황금의 혼전"이라고 혹평했다.

2. 민주당의 독주(獨走)가 예상된 선거전 이모저모

(1) 민주당 공천 후유증은 깊은 상흔(傷痕)을

국회는 참의원 의원과 민의원 의원의 선거를 동시에 실시할 것을 요구하는 대정부건의안을 채택했다.

참의원 의원은 제한 연기명 투표로 선거하고, 그 정수는 58명이며 득표수에 따라 임기 6년과 임기 3년인 제1부와 제2부로 구분했다.

민주당 신파에서는 부재자 투표를 반대했지만, 국회는 구파의 주도로 부재자 투표제를 전면 채택한 선거법 개정안을 의결했다.

민주당 구파는 의석의 절대 다수를 차지하고 있는 자유당과 제휴(提携)하여 신파의 계광순 의원이 제안한 정치파동, 4사 5입 파동, 24 보안법 파동, 3·15 부정선거 등의 주동자에 대한 피선거권 박탈을 위한 선거법 수정안도 폐기했다.

민주당 공천 규정엔 핵심당부(지구당) 추천대회와 도당 의견이 합치될 경우는 공천을 하기로 되어 있음에도 지켜지지 않았고, 공천으로 벌집 쑤셔 놓은 듯한 민주당의 내분은 지난 시절의 자유당의 공천 파동이 무색할 지경이었다.

민주당은 "민주당 공천자와 대항해서 공천없이 입후보하는 자는 자동적으로 제명된다"는 공천 위배자 징계(懲戒)규정을 유인하여 배부했으나, 낙천자들은 "지방 사정을 무시하고 신·구파 거래에 의한 공천을 받아들일 수 없다"는 태도였다.

30개 선거구에선 공공연히 이른바 '구파공천'과 '신파공천'을 운위하면서 민주당이 두 쪽으로 나뉘었다.

민주당의 공천규정은 거의 무시되어 신·구파의 흥정 속에 난맥을 이룬 민주당 공천은 단락을 지었으나, 불만을 품은 낙천자들은 무소속으로 출마함은 물론이지만 '민주당 oo군당 공천' 등의 색다른 공천을 내걸고 벌써부터 선거운동을 시작했다.

의성갑(신진욱), 울산을(김택천), 마산(정남규), 부산 서구을(김동욱), 원주(박충모) 지역구의 신·구파 갈등이 대표적으로 중앙당의 공천에도 불구하고 지구당에서 반발했다.

장면 대표의 비서인 박종율이 고창 갑구 출마를 선언했으나 장면 대표의 만류로 헤프닝으로 끝나고, 참의원 공천이 새로운 신·구파 갈등을 조장했다.

당규에 의한 민주당 공천 후보자에 대항한 출전자에 대한 제명이 새로운 불씨가 되어 총선 전망에 중대한 차질은 물론 먹구름이 몰려오는 상황이다.

(2) 깊은 상처를 안고 민주당 공천 마무리

129개구 공천자가 이미 결정된 민주당은 1차로 26개구 공천자를 발표했다.

장면, 박주운, 유치송, 홍봉진, 김경수, 유진영, 성원경, 조규완, 양해준, 김상진, 유진, 박희수, 현경호, 김채용, 양병일, 황봉갑, 배섭, 유승섭, 신진욱, 우홍구, 심길섭, 조근영, 최태능 후보들이 공천을 받았으며 군위, 선산, 울릉은 무공천으로 남겨 뒀다.

민주당은 2차로 37개구 공천자를 발표했다. 김수길, 신흥균, 백두현, 송석홍, 허길, 이정원, 김응만, 김경운, 이형연, 송을상, 최해용, 홍정표, 추광엽, 최성욱, 김병진, 이기선, 황남팔, 백남훈, 최영호, 신중하, 정경식, 홍영진, 김광준, 백락삼, 이필선, 김석주, 박형근, 박민기, 현영달, 주도윤, 이경, 김일동 등이 공천을 받았으며 양산, 산청, 거제는 무공천했다.

민주당은 3차로 박영록, 이희종, 장영모, 이종찬 후보 등 4개구 공천자를 발표했고 공주을, 옥천, 선산, 금릉, 산청, 칠곡, 남제주를 무공천으로, 원성, 고성, 명주를 복수공천으로 공천을 마무리했다.

민주당이 당선자 지역구 실정을 면밀하게 검토하여 당선자 위주로 공천했더라면 233개 선거구에서 적어도 200개 선거구를 차지했을 것이라는 아쉬움만을 남겼다.

(3) 무소속 후보 참여 저하로 경쟁률은 예상 밖 저조

민의원 후보자는 1,560명에, 참의원 후보자는 214명에 달했다.

민의원은 민주당이 300명, 무소속 993명이며 참의원은 민주당이 62명, 무소속이 126명이다.

무소속 후보들이 많은 것은 신진후보들의 대거 진출에도 그 이유가 있지만, 자유당원들이 국민의 지탄을 모면하기 위해 무소속으로 위장(僞裝) 출마했기 때문이다.

혁신세력인 사회대중당이 민의원에는 124명, 한국사회당이 12명이 출마했고, 참의원에는 사회대중당이 6명, 한국사회당이 2명으로 예상보다 훨씬 적었다.

민의원에는 한독당이 7명, 헌정동지회 2명, 그리고 고려공화당, 노총 등이 각각 1명씩 출마했고 참의원에는 한독당, 국민회 후보들이 출전했다.

2명의 후보만이 출전한 지역구는 대구갑(서동진 -최석채), 대구정(조재천 -양호민), 달성(박준규 -곽병진), 경산(박해정 -이형우), 부산 동구갑(박순천 -장건상) 등 5개 지역구이다.

자유당 인사들의 대거 진출이 특이하며 혁명 전 민주당에 있다가 자유당에 입당한 변절자들도 대부분 출마했다.

4. 19 혁명의 성공으로 정치에 대한 국민들의 관심이 높아졌고, 많은 정치인들이 정계에 진출하겠다는 뜻을 표명하여, 10대 1에 가까운 전례 없는 난립으로 치열한 경쟁이 예상됐으나, 1천여 명에 불과하여 낮은 경쟁률을 보였다.

이러한 이유는 대거 출마할 것으로 예상된 혁신세력의 진출이 위축되었고, 자유당이 완전히 붕괴되었다는 점 이외에도 참의원과 민의원의 동시 선거에도 기인했다.

혁신세력이 재정의 궁핍과 인물의 빈곤으로 보수세력과 대결할 시간적, 정치적 여유를 갖지 못했고, 정치인들이 과거에 비해 냉정해져 자신이 없는 맹목적인 모험을 피하고 있었다.

이번 총선거의 유권자는 11,444,918명으로 2년 전인 4대 국회의원 선거 때보다 126만명이 증가했다.

수감 중인 부정선거 원흉인 한희석, 이존화 등도 옥중 출마했다.

(4) 경찰의 위축 속에 선거붐 조성도 불발

정국은 마침내 법정 선거운동 기간으로 들어섰으며 혁명기운으로 아직도 각지의 치안상태가 염려되는 가운데 민주당, 자유당, 혁신계, 무소속의 대결로 치뤄질 이번 선거는 전 세계의 주시하에 이루어지는 것인 만큼 엄숙하고 긴장된 분위기에서 준비하였다.

이번 선거는 각 정당에게 선거태세를 갖출 여유를 주지 않고 이루어지므로 여러 가지 혼란이 예상되지만, 보수와 혁신으로 갈려 마음껏 각자의 주장을 할 수 있다는 점에서 획기적이었다.

민주당의 내분과 혁신계의 정파(政派)간의 파쟁은 다음 국회의 안정이 염려되기도 했다.

민주당이 고와서라기보다는 5대 국회의 안정과 내각책임제의 실효를 맛보고자 하는 마음에서 모두 민주당을 동정의 눈으로 주시했다.

자유당계 의원들이 과거 부당한 방법으로 축재한 재산으로 소위 깡패들을 매수하여 선거에 이용할 기세를 보이고 있어, 반혁명세력의 몰염치(沒廉恥)한 행동을 우려하는 분위기도 있었다.

자유당 의원들은 시일이 경과하고 혁명의 기운이 사라지자 정치적 생명을 연장하기 위해, 이번 선거에 대거 진출하여 혁명정신을 모독하고 있다는 비판도 제기됐다.

민주당 유진산 의원은 "이번 선거에 자유당이 떼를 지어 다시 출마하고 있는 걸 보니 해방 직후에 주춤했던 친일분자들이 다시 고개를 들어 일인독재에 붙어 욕된 사실을 연상케 한다"고 인재의 빈곤을 한탄했다.

양제부 제주도지사는 "혁신세력은 좌익이니까 엄계(嚴戒)해야 된다"고 발언하여 파장을 일으켰고, 자유당 입후보자에 대한 사퇴를 강요하는 데모, 선거운동원의 구타사건, 유권자들을 금품 또는 향응으로 매수하려는 선거사범들이 속출했다.

혁명 후 국민의 지탄(指彈)을 받고있는 경찰들이 위축되어 치안은 만전을 기하지 못하고, 국민들의 지탄에 대해 소극적인 반발은 지속됐다.

 각 정당은 본격적인 선거붐을 일으키지 못해 초조했고, 입후보자의 난립에 의한 유권자들의 심리적 당혹감도 있었다.

민주당의 신·구파 싸움과 혁신정당의 지나친 종파성 등이 유권자들의 비판 의식을 자극하여 선거분위기를 더욱 차갑게 했다.

3. 분당(分黨)의 예상을 딛고 민주당이 압승

(1) 장면 대표는 단결을 호소했지만, 구파는 분당만을

민주당 최고위원회는 공천자에 대항하여 입후보한 당원에 대한 제명절차 등을 논의했다. 공천자 아니지만 민주당 등록자는 민의원 83명, 참의원 4명이다.

구파의 서범석 의원은 "지금 정세로 보아서 민주당이 양분되고 각 파를 중심으로 한 보수진영의 재편성은 당연한 것"이라며, 양파의 정적 아닌 정적 간의 견제(牽制)작권은 자연히 양파 상호간의 방해공작으로 뒤엉켜 있다고 비난했다.

독립된 분리작전을 수행하고 있는 구파의 소선규 후보는 "어느 파가 민의원에서 과반수선을 확보하면 신·구파가 결별할 것이고 새로운 두 개의 보수정당이 조직될 것"이라고 전망했다.

민주당은 창당이래부터의 숙명적이고 고질적인 신·구파 분쟁이 상존해 왔으며, 어느 파가 비민주계의 보수세력과 제휴에서 원내 제1당의 위치를 선점하느냐가 관건으로, 신·구파가 서로 따로 독립된 작전을 수행하여 자파세력을 한 석이라도 더 많이 포섭하려는데 힘을 쏟았다.

구파는 윤보선, 김도연, 유진산이 중심이 되어 자파로 포섭할 수 있는 이들을 면밀히 검토하며 도 단위의 당선공작을 벌렸고, 신파는 장면 대표를 비롯하여 오위영, 이철승 등이 최대한의 의석 확보에 정력을 쏟았다.

민주당으로서는 통일된 선거전략을 세우지 못한 것은 말할 것도 없고, 신·구파가 따로 작전본부를 두고 자금공급·정보교환, 지원유세 등 완전히 별도로 작동했다.

장면 민주당 대표는 "선거 전후를 막론하고 당원이 일심단결하여 모든 분파적 언동을 삼가함으로써 민주당의 역사적 사명을 완수할 것"을 호소했다.

장면 대표는 분당론에 대해 "국민을 현혹(眩惑)케 하고 반혁명세력으로 하여금 당내를 교란시키는 기회를 주어 민주당의 결속을 해이하게 하고, 선거의 필승태세를 어지럽혀 정국의 혼란을 조장케 할 우려가 있다"고 주의를 환기했다.

그러나 구파 중진의원들은 이번 총선거가 끝나면 신·구파가 따로 모체가 되어서 새로운 보수양당으로 병립되지 않을 수 없다고 주장했고, 신파의 조재천 의원도 "총선 결과에 따라 분당의 가능성이 전무(全無)한 것은 아니다"라고 분당 가능성에 동조했다.

장면 민주당 대표는 분당론에 대해 "이는 당내 개인의 의견에 불과한 것이며 국민을 현혹시키는 것"이라고 통박(痛駁)했다.

민주당은 제2공화국의 초대 국무총리 지명은 총선거 이후 의원총회에서 당론으로 결정되어야 한다는데 의견이 일치하여, 신·구파의 논쟁은 일단락하고 총선 투표일까지 득표 공작에 전력을 기울이게 될 것으로 전망됐다.

그러나 신·구 양파는 총선 후 분당을 전제로 자파 후보에 대한 득표 공작은 물론 무소속 입후보자 중 당선가능성이 있는 후보들의 포섭에도 전력을 쏟았다.

민주당으로서의 통일된 선거작전은 사실상 포기하고 신·구파가 따로 독립된 작전을 수행했다.

(2) 혁신세력의 용트림과 자유법조단은 김병로를

4·19 혁명 이후 대량진출이 있을 것으로 정계에서 관측하고 있던 혁신세력이 상상외로 위축되고 있으며, 원내교섭단체를 구성할 수 있는 20석의 당선조차 어렵다는 관측이 제기됐다.

통일방안등에 있어서도 혁신세력 가운데서도 "용공적"이라고 반박하는 등 극심한 논쟁만을 벌였다.

혁신동지총연맹 장건상의 "중공의 UN 가입" 또는 "공산국가라고 해서 적성국가로 단정할 수 없다"는 발언을 두고, "국제정세와 국내정세를 무시한 몰지각한 언사"라는 비난을 받았다.

이에 장건상 후보는 한국의 평화 통일을 위하여 중공이 국제기구의 일원으로 참가하여 협력해야 한다는 것은 어찌할 수 없는 국제적 실정이라며, 용공주의자라는 비난을 받을지라도 소신은 굽힐 수 없다고 항변했다.

민주당 김도연 의원은 공산국가를 적성국가로 단정해서는 안된다는 혁신총연맹의 주장은 친공하자는 말과 마찬가지라고 경고했다.

혁신세력은 인재 및 재정 빈곤에다 6. 25 동란 당시의 쓰라린 경험으로 인해 호응을 꺼려하는 일반적인 경향으로 고전이 예상됐다.

사회대중당 박기출 후보는 "꽃다운 학생들의 피로 얻은 4월혁명은 보수정당에 의하여 역행되고 있다"고 역설했고, 윤길중 후보는 "사회대중당이야말로 헐벗고 굶주린 근로대중 및 직업없는 사람, 노동능력 없는 사람의 참다운 벗이 될 정당"이라고 주장했다.

효창공원 민주당 시국강연회에는 3만 명의 인파가 몰려들었고, 사회대중당의 정견발표 집회에는 5백 명의 인파가 찾아 들어 인기의 척도(尺度)를 드러냈다.

자유법조단의 신태악, 한격만, 김춘봉, 최대용 후보들은 민주당의 분당이 불가피하다고 전제하고, 민주당 구파와 제휴하여 연립내각을 구성하겠다고 주장했다.

그들은 구파의 중요한 인물들과 미리 의논까지 되어 있다고 공언하며, 대통령은 김병로 후보를 지지한다고 선언하고서, "민주당 신파 사람들은 원래 민주당원이 아니라 흥사단과 국내 친일분자들이 합친 세력이기 때문이다"라고 지적했다.

자유법조단 김병로 대표는 "새 정권이 올바르지 못하게 정치를 할 때 그것을 타도할 수 있는 새로운 보수정당을 조직해야 한다"면서, "대통령 직선제로 헌법개정이 필요하다"고 역설했다.

자유법조단의 신태악 후보는 부정축재자들의 18억 환이 민주당에 유입됐다고 폭로함으로써 파문이 확대됐다.

신태악 후보는 공개장을 장면 민주당 대표에게 전달했고, 장면 대표는 근거없는 악선전이라고 일축하고, 권승렬 법무부장관은 사실이라면 조사하겠다고 말했으나 하나의 해프닝으로 끝났다.

(3) 신·구파 갈등 속에 민주당은 122명을 제명

30개 지역구에서 공공연히 이른바 '신파 공천'과 '구파 공천' 운위(云謂)하면서 민주당이 두쪽으로 갈렸다.

의성갑(신진욱), 울산을(김택천), 마산(정남규), 부산 서을(김동욱), 원주(박충모)에서 공천자를 배척하는 소동이 일어났다.

민주당은 공천을 받지 못하고 입후보한 115명(민의원 112명, 참의원 3명)을 제명 처분했다.

그러나 무공천 지구에서 당명을 걸고 나온 입후보자에 대해서는 제명하지 않았다.

83개 선거구에서 제명자가 속출했으며 도별로는 경기도가 33명으로 가장 많았고, 구파가 55개구로 신파의 26개구보다 많았다.

제명자는 이래범(종로을), 허이복, 김광석(인천갑), 양재범(인천병), 정준채, 신효선, 유광렬(고양), 신하균, 홍기복(광주), 박인조, 최병선(양주갑), 강승구(양주을), 이기우, 이근오, 문진교(포천), 장한승, 전명호(이천), 신용철(용인), 김노묵(안성), 임승학, 이병헌, 최석화(평택), 홍사승, 박상묵, 홍경선(화성갑), 김진구, 송재봉(화성을), 김두섭(김포), 남진흡, 최성면, 백남표(파주), 전덕규(옹진), 권기석(안동갑), 심운섭(청송), 임종진(영일을), 심봉섭, 이대곤, 이원영(월성을), 이병하(문경), 김석원, 전석봉, 현상현(울릉), 김상진(영도을), 곽종섭(동래), 강선규(마산), 유덕천(진주), 현재만

(진해), 허병호(진양), 신대수(창녕), 설관수(창원을), 백종기(창원갑), 김인화(김해을), 문부식(하동), 이진언(함양), 조한규(원주), 권의준(춘성), 엄정주(영월), 이영배(평창), 황학성, 최열(철원), 최경림(금화), 이동희(양구), 신효순(양양), 박승완(청원갑), 김병수(청원을), 홍종한(옥천), 정석헌, 정인승, 신이철(음성), 홍규선(중원), 임경승(대전갑), 박휴서, 민동식(공주갑), 이은봉, 박찬(공주을), 윤완국(논산갑), 노승삼(서천), 김기환(천안갑), 이문세(당진갑), 임창재, 장경순(서산갑), 박종화(예산), 최재면, 손권배(전주을), 안개세(완주갑), 최성석(장수), 김용대(부안), 김용환(광주을), 김문옥(목포), 김봉채(여수), 최의남(순천), 김삼길(광산), 국순엽(담양), 안홍순(구례), 남정수(승주), 이백우(영암), 정판국(무안병), 정헌승(영광) 후보 등이다.

민주당은 115명의 제명에 이어 나명균(서대문을), 심형택(곡성), 박준호(광양), 김선홍(고흥갑), 정창권(보성), 김형배(장흥), 윤영선, 윤철하(해남갑), 강수복(무안갑), 김남철, 노병건(무안병), 권태현(의령) 후보 등 11명을 추가 제명했다.

(4) 우왕좌왕하다 각자도생(各自圖生)한 자유당 의원들

자유당 의원 112명이 자유당 탈당을 결의했으나 최용근, 이형모, 홍승엽, 김재위, 정규상, 원용석, 최병권, 최석림, 유기수, 조종호, 인태식, 손문경, 서임수, 김창동, 김형돈, 정운갑, 이종준, 신영주, 김성탁, 윤성순, 이성주, 임차주, 박홍규, 나판수, 최규옥, 김공평, 박덕영, 정낙훈, 박충식, 김재위, 진석중, 변진갑, 전만중, 김향수,

이옥동, 주금용, 이정휴, 박현숙, 박상길, 김정근, 윤용구, 구철회, 김종철, 구흥남, 김진만, 황성수, 김진원, 김익기, 이동근, 이정희, 홍병각, 이민우, 이갑식, 유봉순, 전형산, 조광희, 이동녕, 김동석, 안용대, 이사형, 손재형, 김정기, 홍범희, 김선우, 강종무, 김병순, 최규남, 이상용 정상희, 김성곤, 이협우, 유영준, 박순석, 이은태, 김원중, 안균섭, 정세환, 유순식, 하태환, 이원장, 김두진, 반재현, 정준모, 이영언, 강성태, 박세경, 임우영, 손석두, 국쾌남, 황숙현, 안덕기, 서한두, 윤병구, 김원태, 구태회, 문종두, 손영수, 현오봉, 김규만, 지영진, 김석진, 정대권, 박영교, 김의준, 김원전 의원 등 105명은 탈당하고 정세환, 최규옥, 임차주 의원들은 탈퇴서명을 취소했으며 이재현, 이용범 의원들은 자유당으로 복귀했다.

자유당은 김의준, 김익기, 김진만, 김원전, 박세경, 서한두, 이익홍, 이갑식, 이성주, 이용범, 이형모, 임홍순, 전성천, 정운갑, 허윤수, 하태환 의원 등 16명을 제명처분했고 혁신파 28명이 자유당으로 복귀했다.

자유당 이탈의원은 107명이었으나 정세환, 최규옥, 김재위 의원들이 번의하고 서한두, 정대천, 손재형은 실인(實印)을 찍지 않아 의석분포는 민주당 70석, 자유당 37석, 무소속 111석이며, 무소속 의원 101명은 공화동지회를 발족했다.

자유당 이탈파 41명이 헌정동지회를 발족했으며 정운갑, 이갑식, 하태환, 최규남, 이원장, 김익기, 이상용, 이종준, 권복인, 손재형, 김향수, 정준모, 박종길, 이영언, 구태회, 홍병각, 조광희, 이형모, 인태식, 정재원, 반재현, 김원태, 김정기, 김주묵, 최용근, 김원전, 박세경, 원용석, 김진만, 주금룡, 정상희, 정규상, 이정휴, 김두진, 강성태, 유기수, 정낙훈, 구흥남, 안용대, 신영주, 김인호 의원 등이 참여했다.

이번 총선에 자유당 공천으로 52명의 의원들이 입후보했으며 자유당의 유일한 공세는 금전공세였다.

과거의 비행을 인정하고 앞으로 반성하여 재건해 나가겠다는 입장이며 한희석, 이재학, 이존화 의원들의 입후보는 밑져야 본전이라는 심산에서 출전했다.

충남 천안에서는 혁명의 영령들이 지하에서 통곡한다는 절규 속에 "위대한 한희석 선생에게 깨끗한 한 표를" 호소했다.

경북 영일의 박순석 후보는 "납작해진 자유당 간판을 그대로 메고 나온 것은 둔갑해서 꼬리를 감추어 무소속으로 나온 것보다 차라리 낫다"고 자위했고, 의성의 박영출 후보는 "내 입장을 해명하고 사과하기 위해 나왔다"고 변명했다.

(5) 평온한 가운데 치러진 7. 29 제 5대 총선

결승골 직전의 의원 선거전은 그야말로 불을 품는 백열전으로 술을 뿜고 독을 뿌리고 중상, 모략과 분열싸움으로 진흙투성이 싸움으로 육박하며 진화하여 숨가쁜 막다른 고비에 허덕이고 있다.

종반전에 접어들면서 장면 대표를 비롯한 최고위원들이 특별유세반을 편성하여 전국을 순회함으로써 민주당의 붐 조성에 성공했고, 혁신정당들이 그동안 통일방안을 비롯한 정책상의 혼맥과 조직상의 파쟁으로 고전하고 있으며, 자유당 계열은 학생들을 중심으로 줄기찬 반혁명세력의 견제로 더욱 위축됐다.

자유롭게 질서도 정연하게 투표소를 향하고 있는 유권자들은 피로 이룩된 총선거에 신중하며 거리낌 없이 행사된 2천 3백만의 주권행렬이고, 이젠 안 속는다고 3인조는 옛날 얘기인 듯하며, 농촌에서도 아침부터 장사진(長蛇陣)을 이뤘다.

전례 없는 자유분위기 속에서 1건의 사고도 없이 일제히 투표를 실시했으며, 유권자의 8할 이상이 투표에 참여했다.

(6) 민주당 압승을 딛고 민주당 구파는 분당을 제창

민주당은 민의원 233석, 참의원 58석으로 291석 가운데 189석 획득을 목표로 하였으나, 민주당은 예상을 뛰어넘어 압승을 거두고 무소속과 혁신계는 극도로 위축됐다.

민주당은 3분의 2가 넘는 절대다수를 확보할 것으로 보이며 당선이 확정된 116명의 민주당 당선자의 파벌은 신·구파가 백중세를 보였다.

장면 민주당 대표가 제2공화국의 대통령, 국무총리, 내각은 신파가 우세한 중앙상임위원회에서 결정해야 한다는 발언으로 구파들의 즉각적인 반격에 봉착했다.

더구나 "선거가 끝나기도 전에 벌써 인선문제를 논의하는 것은 지나친 일"이라는 이유로 적지 않은 불만을 쏟아냈다.

그러나 구파의 윤보선 최고위원은 제2공화국 초대내각은 인물분위로 조각하되 의원총회에서 결정해야 한다고 상반된 주장을 하자,

장면 대표도 의원총회에서 국무총리를 선출해야 하고 중앙상임위원회 결정론은 와전(訛傳)된 것이라고 해명했다.

신·구파는 초대 조각문제를 두고 국무총리에 구파는 윤보선, 김도연 양씨를, 신파는 장면 추대를 모색했다.

구파는 대통령엔 당외인사, 총리는 윤보선 추대를, 신파는 대통령에 윤보선, 총리에 장면 추대를 목표로 설정했다.

구파의 유진산과 소선규 당선자는 총선거의 결과가 분당의 객관적인 여건을 조성하였다고 시인하면서, 정당정치의 향상을 위해서 민주당의 분당은 불가피하다고 주장했다.

윤보선 최고위원은 분당문제는 구파 의원총회에서 결정된 것으로 민주당이 너무 비대하여 야당이 없다면 큰일이므로 양당제도를 위한 분당이 오히려 유익하다고 역설했다.

장면 대표는 "국민이 민주당을 신임하여 투표하였으므로 분당은 국민의 신망에 배치되는 것"이라고 반격했다.

민주당 구파 중진 12인은 화합을 갖고 대통령과 국무총리를 신파에 안분(按分)하지 않고, 대통령 김도연, 국무총리 윤보선을 추대하기로 결정하고 신파 측에 통보했다.

민주당 구파는 견지동에서 화합을 갖고 낙천 당선자 복당에 응하지 않으면 의원총회에 참석하지 않겠다고 선언했고, 신파측은 낙천자의 복당을 반대하고 있어 사실상 분열상태에 빠졌다.

민주당 구파의 분당선언에 신파의 전위대라 할 수 있는 소장파가 구파의 분당선언은 정치적 배신이라고 비난했다.

이들은 "분당선언에 서명한 윤보선, 이영준은 선거전에는 수 차에 걸쳐 분당을 부인하고 정국안정을 위하여 신·구파를 초월한 거당적 지지를 호소했었다"고 비난했다.

민주당 구파와 윤재근을 중심으로 한 무소속 의원들과 제휴하기로 합의한데 대해, 민주당 소장파에서는 "새 국회의 무소속 의원 일부는 지난 날 자유당 때 이리 흔들리고 저리 흔들리던 무절제한 무소속 의원의 생리를 그대로 답습하고 있다"고 비난했다.

민주당 소장파 그룹은 이철승, 김재곤, 김훈, 천세기, 김영구, 김윤식, 김기철, 김학준, 이규영, 이정원, 배성기, 윤정구, 송을상, 조연하, 주도운, 조일환, 이종남, 최영근, 조일재, 이양호, 서정귀, 양덕인, 신기복, 김준섭, 김재순, 함종윤, 홍영기, 고기봉, 윤명운, 김동욱 등 30명이다.

4. 일부 지역 재선거와 제2공화국 출범(出帆)

(1) 개표과정에서의 난동으로 555명이 구속

평온하게 종료한 역사적인 투표가 일부 지역의 개표과정에서 난동이 발생하여 출마자 13명을 포함하여 322명을 검거했다.

추가로 265명을 구속하여 609명이 구속되는 초유의 사태가 벌어졌다. 최종적으로 후보자 21명을 포함한 555명이 구속됐다.

투표용지 30매의 차질로 개표가 중단됐던 충북 중원은 타협에 의해 가까스로 개표를 완료했다.

경남 산청에서는 3백여 명이 개표소에 난입하여 투표함을 소각하는 소동이 벌어졌고, 부산진 갑구에서는 난동혐의로 혁신계 박기출 후보와 지지자들이 검거됐다.

전북 남원 갑구에서는 데모대원들이 투표소인 남원군청에 난입하여 투표함 전부를 소각했다.

경북 김천에서는 무소속 김세영 후보가 리드하자, 주민 500여 명이 개표소에 몰려들어 투표함을 파손시켰고, 경남 고성에서도 위장 무소속 최석림 후보가 앞서자, 데모학생과 군중들이 개표소에 투석하여 투표함를 파괴했다.

경남 삼천포에서도 이재현 후보의 당선이 결정되자, 학생들의 난동으로 군경측과 충돌하여 10여 명이 부상했다.

경남 밀양 갑구에서도 투표에 부정이 있다고 일부 유권자들이 난동을 부렸고, 경북 영양에서도 개표 도중 학생 데모대가 습격하여 개표가 중단되어 일부 투표함이 소각됐다.

경남 울산에서는 군중들이 당선자인 정해영 후보 규탄 데모가 벌어지기도 했다.

(2) 투표함 파손등으로 13개 지역구에서 재선거 실시

중앙선거위원회는 경북 김천과 영양, 경남 밀양과 삼천포 선거구의 일부지역 재선거 실시를 결정했다.

투표함과 투표용지가 소각 당했거나 투표용지가 훼손됐거나 봉인이 불완전하여 개표가 중단된 난동지구 등이다.

중앙선거위원회는 개표사고가 일어난 11개 선거구에 대한 일부지역 재선거를 추가로 결정했다.

중앙선거위원회는 개표난동 등으로 인한 13개 민의원 선거구와 참의원 8개 선거구의 재선거를 8월 13일 실시했다.

충북 괴산, 충남 대전갑, 서천, 전북 남원갑, 경북 김천, 영양, 경남 삼천포, 창녕, 밀양갑, 산청, 고성, 전남 광산, 진도 등 13개 지역구이다.

참의원도 충남, 전북, 전남, 경남 등 일부지역에서 재선거가 실시됐다.

중앙선거위원회는 치안이 확보되지 않아 경남 삼천포, 고성, 창녕 등 3개 지역구 재선거를 무기한 연기했다가 18일로 결정했다.

재선거에서 안동준(무소속, 괴산), 유진영(민주당, 대전갑), 우희창(민주당, 서천), 박환생(사회대중당, 남원갑), 고몽우(민주당 광산), 박희수(민주당, 진도), 김세영(무소속, 김천), 박종길(무소속, 영양), 이재현(무소속, 삼천포), 박기정(민주당, 창녕), 백남훈(민주당, 밀양갑), 조명환(민주당, 산청), 최석림(자유당 고성) 후보등이 당선됐다.

참의원에서도 이훈구, 정긍모, 한광석(충남) 양춘근, 엄병학, 엄민영(전북) 박철웅, 정문갑, 최상채, 양회영(전남) 윤치형, 김형두, 정상구, 김달범(경남) 후보들의 당선이 확정됐다.

(3) 신·구파의 갈등으로 정권 초반부터 삐걱거림

민주당 구파는 아서원에서, 민주당 신파는 대명관에서 각각 당선자대회를 갖고 자파가 포섭할 수 있는 의원 포섭에 나섰다.

민의원 의장으로 옹립 받고 있는 곽상훈 의원은 신·구파의 당선자대회에 나가지 않겠다고 중도적인 태도를 취했다.

민주당 구파 28인 모임에서 민의원 의장은 곽상훈, 부의장에는 구파의 서범석, 무소속 서민호 의원을 지지하기로 결의하고 참의원 의장엔 소선규 의원을 추대하기로 결의했다.

구파측의 출석 거부에도 가까스로 성원을 이룬 민주당 당선자 대회에서는 국회의장에 곽상훈, 부의장에 이영준을 지명하고 "민주당의 분당은 있을 수 없다"는 결의문을 채택했다.

이 대회에는 민의원 당선자 160명 중 83명이, 참의원 당선자 22명 중 10명이 참석했다.

국회는 의장에 곽상훈(신파), 부의장에 이영준(구파), 서민호(무소속)를 선출했다.

신파에서는 이재형 의원을 밀었으나 구파에서 지지한 서민호 의원이 15표 차로 이재형 의원을 꺾고 당선됐다.

참의원은 의장에 백낙준(무소속), 부의장에 소선규(구파) 의원을 선출했다. 소선규 의원이 11표로 9표를 득표한 고희동(신파) 의원을 2표 차로 따돌렸다.

대통령의 선출은 이날 아침 윤보선 댁에서 개최된 구파의 구수회의에서 윤보선 대통령, 김도연 국무총리로 가닥을 잡고 투표에 들어간 것으로 추측될 뿐이다.

민주당 신파는 윤보선 대통령, 장면 총리를, 구파는 김도연 대통령, 윤보선 총리를 구상하고 각각 대책회의를 가졌다.

신파는 윤보선 대통령이 장면 총리를 지명하지 않을 경우 인준투표에서 부결시킨다는 전략을 세웠다.

민·참의원 합동회의서 민주당 최고위원인 윤보선을 제2공화국 초대 대통령으로 선출했다. 재석 259명 중 208표인 절대적 다수표로 선출됐다.

대통령은 긴급명령권, 계엄선포권, 국군통수권과 국무총리 지명권 등 중요한 권한을 가지고 있으며 국가의 원수(元首)로서 나라를 대표하는 요직이다.

윤보선 대통령은 제2공화국 초대 국무총리에 김도연 의원을 지명하면서 장면 민주당 대표에게 협조를 요청했다.

또한 경무대로 장택상, 이재형, 윤재근, 서민호 의원들을 초청하여 개별적인 회담을 갖고 김도연 의원의 지지를 부탁했다.

민주당 구파와 무소속 의원들은 환영하고 있으나, 민주당 신파에서는 크게 실망하고 부결방침을 세웠다.

국회에서의 데모대는 "민주당은 분당 말라", "국무총리는 인재를 등용하라", "당파싸움은 이조 5백년의 망국의 근본이다", "한 파에서 너무 욕심이 많다"등의 구호가 넘실됐다.

국회는 김도연 의원에 대한 국무총리 인준 동의요청을 부결시켰다.

재석 224명 중 가(可) 111표, 부(否) 112표, 무효 1표로 과반수인 114표에서 3표가 모자랐다.

이는 15명의 무소속 의원들이 행동을 통일하여 부(否)표를 던졌기 때문이다.

(4) 신구파가 가까스로 봉합하여 제2공화국 출범

윤보선 대통령은 장면 민주당 대표를 국무총리 인준을 요청했다.

민주당 신파 측은 여론 따라 이긴다는 입장인 반면, 민주당 구파 측은 부결시키고 분당을 감행한다는 입장이다.

장면 민주당 대표는 재적 228명 중 117표를 득표하여 과반수인

115표를 2표를 넘겨 국무총리 인준을 받았다.

곽상훈 국회의장은 "표차가 너무 적기 때문에 장래 정국안정이 크게 우려된다"면서, 장면 씨는 앞으로 조각에 있어서 특히 구파를 포섭해야 한다고 충언(忠言)했다.

민주당 주요한 정책위의장은 "10월경 닥칠 재정위기와 5대 국회 초기의 정계개편 등이 겹쳐 첫 내각이 지탱될 수 없는 여건이 조성될 것"이라며, "총선 후에 민주당이 집권하더라도 첫 내각은 6개월 내지 1년의 단명(短命)내각이 될 수밖에 없을 것 같다"고 전망했다.

그는 혁신세력이 너무 미숙하다는 점을 강조하면서 보수 양당제를 찬성하지만, 유진산 의원의 "분당과 결부된 양당제론"과는 구분된다고 해명했다.

5. 시·도별 광역선거에 의한 참의원 58명 선출

(1) 동시선거로 참의원의 자질(資質) 저하가 우려

허정 수석 국무위원은 민의원과 참의원 선거를 동시에 실시하여 8월 15일까지는 새 정부가 수립되도록 하겠다고 밝혔다.

7월 29일 5대 민의원, 초대 참의원 동시선거를 공고하고 7월 2일까지 입후보 등록을 하도록 했다.

참의원 입후보자 상당수가 과거 이승만 정권에 추종(追從)하던 구 자유당계의 반혁명 세력이거나 민주당의 민의원 낙천자로서 반혁명세력의 정치적 도피처나 민의원으로 당선될 자격이 없는 정치인들의 집합체가 될 우려가 많았다.

정치적 원로에 속하는 사람이나 직능대표가 되어야 함에도 불구하고 독재의 그늘 밑에서 자신의 정치생명을 안락하게 보낸 자유당 의원들의 반혁명세력이 주류를 이뤘다.

참의원에 출마하기 위해 의원직을 사퇴한 22명의 의원 중 20명이 자유당 의원이다.

참의원의 질이 민의원보다 저하될 우려가 있고 자유당 정치인의 도피처라면 차라리 없는 것이 좋다는 의견도 개진됐다.

참의원 입후보를 위해 사직한 현역의원으로 김장섭, 진석중, 원용석, 박순석, 박철웅, 한광석, 최규남, 이은태, 윤성순, 홍범희, 김익기, 신규식, 김원중, 손문경, 이원장, 오범수, 정준모, 김재위, 변진갑 의원들은 자유당이고 오위영, 최희송 의원만 민주당이다.

뒤늦게 홍승업, 강성태, 황숙현 의원들도 의원직을 사퇴했다. 김재위 의원은 사퇴서를 제출했다 철회하여 28명이 사퇴했다.

(2) 사상 최초로 실시된 참의원 선거 이모저모

민주당의 공천 신청자는 49명이었으며 시·도별 공천자는 김동명, 고희동, 안동원, 조중서, 전용순, 한통숙 (서울) 강창호, 김용성, 사준, 정낙필, 하상훈, 노재억 (경기) 송필만, 박찬희, 박기운, 조대연 (충북) 김웅옥, 김태동, 김정우, 이범승, 심종석, 윤상구 (충남) 강택수, 김기옥, 소선규, 유수복, 엄병학, 엄민영 (전북) 조희성, 김동섭, 양화영, 이남규, 장병준, 조재규, 조국현, 최상채 (전남) 권중호, 신판재, 서기원, 이원만, 이대우, 백남억, 최희송, 정재홍 (경북) 김종규, 김용주, 이용구, 이상규, 오위영, 윤치형, 최범술, 설창수 (경남) 김진구, 김병로, 심상대, 정순응 (강원) 강재량, 길성운 (제주) 후보 등이다.

공천을 받지 못하고 출마한 남천우 (충남), 민정식 (전북), 장수두 (제주) 후보들은 제명됐다.

선거붐이 예상외로 저조하여 출마자들은 초조했으며 유권자의 냉담으로 전략에 차질을 빚게 됐다.

대구 달성공원 유세에서 장면 대표는 "사람보다는 당을 보고 투표하여 뿌리 깊은 독재와 줄기차게 싸워 온 민주당이 국회에서 안정 세력을 유지할 수 있도록 해 줄 것"을 호소했다.

민주당은 엄보익, 황해룡 (경북), 박문표(경남) 참의원 후보들을 추가 제명했다.

(3) 시·도별 참의원 선거 개황(槪況)과 투표결과

서울은 6명 정원에 29명의 후보들이 등록하여 4.8대 1의 경쟁률을 보였다.

전현직 의원으로는 이인, 최규남, 김동성, 최국현, 김일, 이용설 후보들이 출전했고 백낙준, 한통숙, 이인, 고광만, 김현철, 오정수, 조정한, 박암 등 장,차관 출신들이 각축전을 전개했다.

김홍일 전 주중대사, 한격만 전 검찰총장, 정구영 변호사회 회장 등 유명인사들도 등록하여 당선을 갈망했다.

연세대 총장으로 문교부장관을 지낸 백낙준 후보가 무소속이지만 지명도를 활용하여 압도적인 득표력을 과시했고, 민주당 공천을 받은 한통숙, 김동명, 고희동, 전용순 후보들이 당선을 일궈냈다. 검찰총장, 법무부장관, 재선의원인 이인 후보가 무소속의 핸디캡을 극복하고 당선자 대열에 합류했다.

민주당 공천을 받은 안동원, 조중서 후보들과 검찰총장 출신인 자유법조단 한격만, 국회부의장을 지낸 김동성, 상공부장관을 사임하고 출전한 오정수 후보들은 물론 최규남, 정구영, 김현철, 고광만,

최국현 후보들은 낙선했고 이용설 후보는 선거기간 중 사퇴했다.

22명 후보들이 등록하여 3.7대 1의 경쟁률을 보인 경기도는 여운홍, 신의식, 이교선, 강성태, 윤성순, 이유선, 김영기, 김인식, 정존수, 민경식 등 전현직 의원들과 갈홍기, 이윤영 등 장,차관 후보들이 각축전을 전개했다.

광범위한 선거구역으로 인한 선거전의 특색으로 기호 1, 2, 3번을 뽑은 후보들이 선거결과 1, 2, 3등을 차지하는 기현상을 보였다.

대학강사로 민주당 공천을 받은 김용성, 재선의원으로 상공부장관을 지낸 지명도를 활용한 이교선, 입법의원 출신으로 민주당 공천을 받고 기호 4번을 뽑은 하상훈 후보들이 3년 임기 의원에 당선됐을 뿐이다.

민주당 공천을 받은 김창호, 사준, 노재억 후보들은 10만 표 이상을 득표하고도 낙선을 했고, 자유당 시절 정계를 쥐락펴락한 강성태, 정존수, 윤성순 후보들을 비롯하여 갈홍기, 이윤영, 이유선, 김영기, 김인식, 민경식 후보들은 당선권에서 멀어졌다.

4명의 의원들은 선출하는 충북도에서는 민주당 공천을 받은 박기운, 송필만, 박찬희 후보들과 4대의원으로 자유당 당명(黨名)으로 출전한 오범수 후보가 당선됐다.

2대의원으로 민주당 공천을 받은 조대연, 체신부장관을 지낸 이광, 충북도지사를 지낸 이명구, 2대의원을 지낸 성득환, 충북도의회 의장을 지낸 최동선 후보들은 낙선자 명부에 등재됐다.

국무총리를 지낸 이범석 후보가 선두권에 진입한 충남은 23명 후보들이 각축전을 전개했다.

충남에서도 1, 2, 3번의 기호를 추첨한 민주당 심종석, 사회대중당 이훈구, 무소속 정긍모 후보들이 사이좋게 모두 당선되는 행운아가 됐다.

서울특별시장을 지낸 민주당 이범승, 부여에서 4대의원에 당선된 자유당 한광석 후보들도 당선자 대열에 합류했다.

민주당 공천을 받은 윤상구, 김정우, 김웅옥, 김태동 후보들과 충남도지사를 지낸 이기세, 이영진, 성낙서 후보들도 낙선했다.

또한 4대의원을 지낸 이원장(보령)과 원용석(당진을), 충남도의원을 지낸 이상희(서산) 후보들과 족청계의 핵심으로 제헌의원과 내무부장관을 지낸 진헌식 후보들의 득표력은 초라했다.

18명이 출전하여 3대 1의 경쟁률을 보인 전북에서도 기호 1번을 받은 무명의 무소속 양춘근 후보가 당선되어 기염을 토했고, 2대와 3대의원으로 민주당 정책위의장으로 활약한 소선규 후보가 1위를 차지했다.

민주당 공천을 받은 전북교육회장을 지낸 강택수, 경희대 법대학장인 엄민영, 2대의원 출신인 엄병학 후보들은 당선됐으나 전북도의원을 지낸 유수복, 변호사인 김기옥 후보들은 7위와 8위로 아쉽게 낙선했다.

부안에서 3대와 4대의원을 지낸 신규식, 제헌의원으로 전북도지사를 지낸 이요한, 고창에서 2대의원에 당선된 김수학, 장수에서 제헌의원에 당선된 김봉두 후보들도 낙선했다.

김제에서 2대와 3대의원을 지낸 무소속 송방용 후보가 양춘근 후보와 함께 민주당 공천을 받은 유수복, 김기옥 후보들을 밀쳐내고 값진 승리를 엮어냈다. 전북도의회 의장을 지낸 박동근 후보도 무소속의 한계를 극복하지 못하고 낙선했다.

8명의 정원에 25명의 후보들이 등록했다가 4대의원이었던 황숙현, 국쾌남, 김향수 후보들이 사퇴와 등록무효로 22명의 후보들이 경쟁을 벌인 전남은 8명의 민주당 공천후보 가운데 조국현(11번), 이남규(4번), 양회영(7번), 최상채(15번) 후보들은 당선됐으나, 광주시장을 지낸 조희성(6번), 신간회 회원이었던 조재규(11번), 어업조합이사인 김동섭(13번), 전남도당위원장인 장병준(23번) 후보들이 낙선하여 민주당의 아성에서 반타작의 수확을 거두었다.

전남도지사, 국회부의장을 지낸 황성수, 전남일보 사장인 김남중, 전남도의회 의장을 지낸 정문갑, 재선의원으로 조선대 총장인 박철웅 후보들은 민주당 공천후보들을 제치고 당선됐다.

3대와 4대의원을 지낸 자유당 손문경, 전남도지사를 지낸 이을식, 4대의원을 지낸 이은태, 제헌과 2대의원을 지낸 황병규 후보들도 사퇴한 김향수, 국쾌남, 황숙현 후보들과 함께 낙선자 대열에 등재(登載)됐다.

경북의 정원은 8명이며 38명의 후보들이 난립됐으나 선거기간 동안 서돈수, 이우익, 김익기, 신기훈 후보 등 4명이 사퇴하여 34명의 후보들이 완주했다.

기호 1번에 당첨된 한국사회당 최달선 후보를 비롯하여, 2번 송관수, 3번 권동철 후보들도 무소속의 핸디캡을 딛고 당선됐다.

자유당 출신인 김장섭, 경북대 교수인 이효상 후보들이 무소속으로 당선되어 민주당 공천 후보로서는 동국대학원장인 백남억, 4대의원인 최희송, 무역협회장인 이원만 후보들만이 당선을 일궈냈다.

민주당 공천을 받고도 이대우, 정재홍, 서기원, 권중호, 신판재 후보들이 무더기로 낙선했고, 민주당에서 제명당한 엄보익 후보는 24위로 아쉽게 패배했다.

상위순번을 뽑지 못했거나 지명도에서 뒤진 박영출, 박순석, 한감석, 조광희, 김철 등 전직의원들이 모두 낙선했고 대구시의회 의장을 지낸 최재호, 김천시장을 지낸 신정화 후보들도 낙선했다. 후순위 기호에도 불구하고 백남억, 이원만, 최희송, 이효상 후보들이 선전하여 당선됐다.

28명이 후보들이 8석의 의석을 놓고 경쟁을 벌인 경남은 민주당 공천을 받은 오위영, 김용주, 설창수, 윤치형 후보들이 4석을 차지하고 철학박사로 지명도가 높은 안호상, 국제신보 사장인 김형두, 회사장인 김달범 후보들이 무소속으로 당선됐다.

혁신동지총연맹 공천으로 기호 1번을 추첨한 정상구 후보가 행운의 열차에 탑승할 수 있었다.

부산시 부시장을 지낸 김종규, 변호사인 이상규, 제헌의원을 지낸 최범술 후보들은 민주당 공천을 받고도 낙선했으며 문교부장관과 3대의원을 지낸 김법린 후보가 10위로 아쉽게 탈락했다.

그러나 김범부, 최범술, 최갑환, 이시목, 정기원, 서상호 후보 등 전직의원들의 성적은 신통치 아니했으며, 김낙제 경남도의회의장, 이송우 체신대학장들도 낙선자 대열에 합류했다.

강원도는 자유당계 5명(홍범희, 최규옥, 홍승업, 김우종, 함인섭), 민주당계 4명(심상대, 김진구, 김병로, 정순응), 무소속 3명 (김대식, 고백규, 최광주) 후보들이 혈투를 전개했다.

자유당 출신 후보들이 기존조직을 이용하여 활개를 친 반면, 민주당 후보들은 민의원 선거의 연줄을 타고 조직 확대에 심혈을 기울였다.

영동과 영서로 나뉜 특수한 지리적 여건에서 영동출신은 2명뿐이며, 영서 출신이 10명이나 난립되어 불리한 상황이다.

민주당의 민·참의원 선거 연계작전이 주효할지 모르며, "어떠한 정당이나 인물 본위가 당락을 좌우한다", "꿈 잘 꾼 사람이 당선할 것"이라는 전망 속에 다수의 무효표가 예상됐다.

선거결과 민주당 공천을 받은 정순응, 김병로, 김진구 후보들이 당선됐고 해병대사령관을 지낸 김대식 후보가 무소속으로 예상을 뒤엎고 당선됐다.

강원도지사 출신으로 민주당 공천을 받은 심상대 후보가 7천 여 표차로 낙선했고 홍승업, 홍범희, 최규옥 후보 등 전직의원, 농림부장관 출신인 함인섭, 강원일보 사장을 지낸 김우종 후보들도 낙선했다.

2명을 선출하게 된 제주도는 제주도지사를 지낸 길성운 후보를 꺾고 제주도의원을 지낸 강재량 후보가 기호 1번에 힘입어 6년 의원에 당선됐고, 남제주에서 재선의원으로 활약한 무소속 강경옥 후보가 지명도를 활용하여 3년 의원에 당선됐다.

(4) 참의원 입후보자별 득표 현황

〈서울특별시〉

후보자	정당	연령	주요 경력	득표 (%)
백낙준	무소속	66	문교부장관, 연대총장	328,485
한통숙	민주당	54	상공부 차관	183,020
김동명	민주당	60	이화여대 교수	166,780
이 인	무소속	63	법무부장관, 2선의원	154,748
고희동	민주당	74	민주당 고문, 화가	152,066
전용순	민주당	72	상공회의소 회장	146,231
안동원	민주당	72	민주당 재정부장	111,127
김홍일	무소속	61	주중대사	104,478
한격만	자유법조단	61	대법관, 검찰총장	83,642
조중서	민주당	55	국회사무처 총무국장	72,141
최규남	무소속	62	서울대총장, 4대의원	69,590
조정환	무소속	70	외무부장관	69,059
김동성	무소속	70	국회부의장, 2대의원	67,234
고광만	무소속	55	문교부장관	56,806
박수형	사회대중당	40	서울시의원	48,045
정구영	무소속	66	검사, 변호사	44,423
김현철	무소속	58	재무부, 부흥부 장관	34,113
박성수	무소속	62	한의학 교수	33,073
나재하	한국독립당	73	교통고 교장	28,436
김사목	무소속	67	신간회 총무간사	25,491

후보자	정당	연령	주요 경력	득표 (%)
오정수	무소속	61	체신, 상공부 장관	25,010
박 암	무소속	54	외무부차관	24,060
최국현	무소속	61	2선의원(고양)	22,495
안학순	무소속	40	국회의원 입후보	16,432
김대우	무소속	53	민정여론협회장	15,332
강창희	무소속	65	조선운수 사장	14,917
김 일	도의연맹	59	3대의원(성북)	13,919
조상열	무소속	36	부산 교향악단장	13,970
이용설	무소속	64	2대의원(인천)	사퇴

〈경기도〉

후보자	정당	연령	주요 경력	득표 (%)
여운홍	무소속	68	2대의원(양평)	439,755
정낙필	민주당	62	대한해운공사 감사	196,310
신의식	자유당	50	3대의원(용인)	179,313
김용성	민주당	35	대학강사	170,282
이교선	무소속	57	2대의원(안성)	162,734
하상훈	민주당	69	입법의원	146,783
김창호	민주당	37	석유저장회사지배인	113,157
사 준	민주당	34	검사, 변호사	111,926
강성태	무소속	56	4대의원(양주)	104,845
윤성순	무소속	57	2선의원(포천)	104,517

노재억	민주당	53	경기도의회 의장	102,359
신동우	무소속	39	공군본부 정보국장	74,366
갈홍기	무소속	54	외무부차관	73,669
이윤영	무소속	69	국무위원, 목사	61,653
이유선	국민회	56	제헌의원(부천)	60,380
김영기	무소속	55	제헌의원(안성)	52,553
최진수	무소속	44	중원사 사장	51,916
강석복	무소속	55	판사, 변호사	45,340
이병천	무소속	67	축협 경기회장	41,530
김인식	무소속	46	제헌의원(옹진)	36,911
정존수	무소속	58	2선의원(평택)	사퇴
민경식	무소속	39	제헌의원(용인)	사퇴

〈충청북도〉

후보자	정당	연령	주요 경력	득표 (%)
박기운	민주당	47	2선의원 (청주)	113,839
송필만	민주당	69	제헌의원(진천)	109,725
박찬희	민주당	63	동아일보 지방부장	106,783
오범수	자유당	40	4대의원(청원)	105,346
김진악	무소속	48	경성전기 참사	77,908
조대연	민주당	72	2대의원(충주)	75,937
이 광	무소속	80	체신부장관	70,427

연정희	무소속	46	문교부 기획과장	61,148
성득환	무소속	61	2대의원(영동)	55,849
이명구	국민회	67	충북도지사	45,052
권희준	무소속	54	청주고 교장	37,254
최동선	무소속	55	충북도의회 의장	30,490

〈충청남도〉

후보자	정당	연령	주요 경력	득표 (%)
이범석	무소속	59	국무총리, 국방부장관	267,391
심종석	민주당	52	변호사	196,747
이범승	민주당	72	서울시장	158,315
이훈구	사회대중당	64	성균관대 총장	146,059
정긍모	무소속	45	해군 참모총장	125,148
한광석	자유당	42	4대의원(부여)	108,908
이기세	무소속	57	충남도지사	105,464
윤상구	민주당	47	충남도당 외교부장	105,132
이원장	자유당	35	4대의원(보령)	91,558
김정우	민주당	44	대전상고장	80,073
이영진	무소속	51	충남도지사	76,954
김웅옥	민주당	58	4H구 총무이사	72,550
박원식	무소속	59	충남여객 사장	68,031
원용석	무소속	54	4대의원(당진)	67,540

김태동	민주당	45	천안지청장	65,672
성낙서	무소속	55	충남도지사	47,786
김연창	무소속	61	공주사대 학장	47,101
김동호	무소속	61	내무부 이사관	47,099
김길원	무소속	43	판사, 변호사	46,359
이상희	무소속	37	충남도의회 부의장	40,693
진헌식	무소속	58	장관, 제헌의원	35,562
서병훈	무소속	46	청양광업사장	31,920
남천우	민주당	65	목사, 국민회위원장	사퇴

〈전라북도〉

후보자	정당	연령	주요 경력	득표 (%)
소선규	민주당	56	민주당 정책위의장	264,695
강택수	민주당	53	전북교육회장	197,071
송방용	무소속	47	2선의원(김제)	165,206
양춘근	무소속	36	육군대령	163,181
엄병학	민주당	42	2대의원(임실)	139,983
엄민영	민주당	45	경희대 법대학장	133,459
유수복	민주당	45	전북도의원	123,392
김기옥	민주당	45	변호사	124,514
신규식	자유당	53	2선의원(부안)	93,573
이우식	무소속	58	전주지법원장	91,748

이요한	자유당	61	제헌의원(옥구)	78,984
김봉두	무소속	54	제헌의원(장수)	70,883
김수학	자유당	64	2대의원(고창)	67,259
박동근	무소속	47	전북도의회 의장	53,740
이승목	무소속	59	동진 수리조합장	53,734
노긍식	무소속	56	서울시 상공국장	46,668
민정식	민주당	61	민주당 중앙위원	사퇴
김대용	무소속	47	판사, 변호사	사퇴

〈전라남도〉

후보자	정당	연령	주요 경력	득표 (%)
황성수	자유당	43	전남도지사	260,181
조국현	민주당	65	제헌의원(화순)	248,273
김남중	무소속	42	전남일보 사장	235,959
이남규	민주당	59	제헌의원(목포)	216,282
박철웅	무소속	48	2선의원 (고흥)	195,036
정문갑	무소속	54	전남도의회 의장	180,512
최상채	민주당	57	전남대 총장	174,460
양회영	민주당	49	담양군수	161,178
조희성	민주당	69	광주시장	150,205
장병준	민주당	67	상해 임정요원	142,977
김주섭	사회대중당	51	전남 극장협회장	141,707

송화식	무소속	62	고법 부장판사	126,277
강선명	무소속	54	제헌의원(목포)	81,131
손문경	자유당	47	2선 의원(고흥)	84,375
김동섭	민주당	54	어업조합 이사	81,131
이을식	무소속	48	전남도지사	81,052
이은태	무소속	41	4대의원(여수)	79,050
최태근	자유당	59	사세청장	75,470
박천재	무소속	45	전남도의원	71,397
조재규	민주당	57	신간회 회원	70,584
황병규	무소속	51	2선의원(여천)	66,150
박장환	무소속	58	목포 어업조합장	64,034
김향수	무소속	43	4대의원(강진)	등록무효
국쾌남	무소속	38	4대의원(담양)	사퇴
황숙현	무소속	54	4대의원(광양)	사퇴

〈경상북도〉

후보자	정당	연령	주요 경력	득표 (%)
백남억	민주당	45	동국대학원장	214,300
이효상	무소속	54	경북대 교수	192,167
송관수	무소속	53	경북도지사	184,794
최희송	민주당	66	4대의원(대구)	174,393
이원만	민주당	55	무역협회장	165,600

권동철	무소속	44	경북 농도원장	154,437
김장섭	무소속	49	4대의원(영일)	154,053
최달선	사회대중당	48	국정시보 사장	135,150
이대우	민주당	46	민주당 중앙위원	125,865
박영출	무소속	51	2선의원(의성)	124,608
박순석	자유당	55	3선의원(영일)	103,786
한감석	무소속	61	제헌의원(상주)	101,373
정재홍	민주당	65	대구시의회 의장	90,425
권대일	무소속	53	안동읍장	89,791
서기원	민주당	65	국련 경북지부장	88,845
고의환	무소속	49	군수	87,931
백기만	사회대중당	58	경북 문학협회장	82,238
권중호	민주당	54	경북 산련이사장	78,709
김두혁	무소속	49	회사 취체역	75,805
최재호	무소속	46	체신부차관	74,901
조광희	무소속	42	4대의원(상주)	72,140
김상수	무소속	35	기독교 도서관장	70,084
이대우	무소속	37	도정업	67,926
엄창섭	무소속	47	경북도의원	66,672
정현모	무소속	65	경북도지사	64,638
엄보익	민주당	57	변호사	64,509
신판재	민주당	49	국민교 사친회장	63,240
정이항	무소속	59	국산품장려회장	61,090

김제우	무소속	63	대학강사	60,092
하우근	무소속	64	청과물조합장	59,576
신정화	무소속	47	김천시장	59,530
홍형희	사회대중당	49	청구대 교수	58,955
김 철	무소속	63	2선의원(경주)	57,070
황해룡	민주당	46	경북도의원	55,861
서돈수	무소속	42	경북도의원	사퇴
이우익	자유당	70	변호사	사퇴
김익기	무소속	44	3선 의원(안동)	사퇴
신기훈	자유당	51	관재국장	사퇴

〈경상남도〉

후보자	정당	연령	주요 경력	득표 (%)
안호상	무소속	58	철학 박사	410,828
오위영	민주당	58	2선의원(부산)	370,202
김용주	민주당	55	주일공사	369,284
설창수	민주당	44	신문사 사장	267,320
윤치형	민주당	66	의령 군당위원장	236,328
김형두	무소속	51	국제신보 사장	228,529
정상구	혁신동지연	35	중고교 교장	188,792
김달범	무소속	54	회사장	176,084
김종규	민주당	47	부산 부시장	167,177

김법린	무소속	61	3대의원(동래)	164,564
강신려	무소속	50	성균관대 재단이사	147,932
김욱주	무소속	56	경남 농사원장	143,425
김낙제	신정동지회	57	경남 도의회의장	134,337
이상규	민주당	40	변호사	128,257
김범부	무소속	63	2대의원(동래)	105,432
최범술	민주당	56	제헌의원(사천)	96,438
박세봉	무소속	44	마산시의원	93,250
박재우	사회대중당	41	직물회사 사장	87,387
유한구	무소속	40	재향군인경남지회장	85,777
이송우	무소속	54	체신대 학장	83,824
이종률	무소속	50	대학 교수	79,766
최갑환	무소속	50	3대의원(고성)	73,634
이시목	무소속	60	2대의원(의령)	73,305
정기원	무소속	51	3대의원(부산)	71,743
박운표	무소속	66	해인대 후원회장	71,033
강주수	무소속	61	도 교육위 의장	65,681
정호완	무소속	35	농민회 경남부회장	60,428
서상호	무소속	71	2대의원(통영)	59,732

〈강원도〉

후보자	정당	연령	주요 경력	득표 (%)

정순응	민주당	50	강원 의사회회장	132,592
김대식	무소속	41	해병대사령관	127,434
김병로	민주당	63	강원도 교육위원	114,976
김진구	민주당	54	제헌의원(삼척)	110,973
심상대	민주당	51	강원도지사	103,009
홍승업	무소속	46	4대의원(고성)	100,416
홍범희	무소속	43	2선의원(원주)	93,960
최규옥	무소속	59	4대의원(양구)	83,771
고백규	무소속	43	육군소장	56,850
함인섭	무소속	53	농림부장관	50,231
김우종	무소속	54	강원일보 사장	48,625
최광주	무소속	37	해양학회 이사장	43,087

〈제주도〉

후보자	정당	연령	주요 경력	득표 (%)
강재량	민주당	43	제주도의원	23,257
강경옥	무소속	52	2선의원(남제주)	21,362
황순하	무소속	62	전남 도의회의장	19,735
양병직	무소속	51	군인 유족회장	18,402
길성운	민주당	48	제주도지사	13,672
장영두	민주당	36	남제주 군당위원장	11,131
장공우	한국사회당	49	중앙통신 사장	8,438

6. 시민혁명에 힘입은 5대 민의원과 초대 참의원

(1) 민주당은 신·구파 갈등 속에서 하향식 공천을

민주당내 신·구파 간의 암투는 계속되다가 4·19 혁명 이후 과도기에 절정에 달하였다.

민주당은 자유당이 와해(瓦解)된 상황에서 차기 정권을 인수할 후계자적 지위를 확보하고 있었기 때문에 어느 파가 집권하느냐와 직결되어 있었다.

선거전에서 신·구파의 최대 관심사는 공천이었는데 양 파는 제4대 국회의원 선거 때 차점자나 기탁금을 몰수당하지 않는 129명을 무조건 공천하고, 남은 104개 선거구에 대해서는 지역구의 반발과 지엽적인 사고에도 불구하고 중앙공천 심사위원회에서 최종결정하기로 합의했다.

104개 선거구의 공천경쟁률은 2.4대 1에 불과했으나 중앙공천 심사위원회에서는 당선가능성이나 덕망, 실력, 당성 같은 기준에 입각하여 공천 심사하기 보다는 신·구파의 정치적 거래로 나눠 먹기 공천을 자행했다.

민주당 공천을 계파별로 분류하면 신파 113명, 구파 108명, 중도파 8명으로 나눌 수 있지만 다소 유동적이었다.

이리하여 당의 공천을 받지 못하였지만 다수의 출마자가 민주당 당원임을 내세운 낙천출마자를 내게 되었다.

즉 구파가 공천된 지역구에 신파가, 신파가 공천된 지역구에 구파가 대항 후보를 내세워 전국 110여개 구에서 신·구파가 대립했고, 민주당 당명을 내세운 입후보자는 301명에 달했다.

선거기간 중에도 신·구파는 별도의 선거대책 본부를 차려 놓고 자파 후보의 당선을 위해 노력했다.

(2) 자유당은 몰락하고 민주당이 175석을 석권(席捲)

새로운 선거법에 의거하여 제5대 민의원 233명과 초대 참의원 58명을 선출하기 위한 총선거가 1960년 7월 29일 실시됐다.

13개 선거구에서 개표 때 난동사태와 투표함 파괴 및 소각 등의 소동이 벌어져 8월 13일과 23일 두 번에 걸쳐 재선거가 실시됐다.

투표 결과 민의원은 민주당 175석, 무소속 49석, 사회대중당 4석, 자유당 2석, 한국사회당 1석, 통일당 1석, 헌정동지회 1석으로 나뉘었고, 참의원은 민주당 31석, 무소속 20석, 자유당 4석, 사회대중당 1석, 한국사회당 1석, 혁신동지총연맹 1석으로 나타났다.

자유당이 쇠퇴한 상황에서 민주당이 압승을 거둘 수 있었던 것은 민주당에 대항한 정치세력인 혁신정당들이 전국적인 수준의 조직을 구비하지 못하고 이념적 통일 또한 기하지 못하여 파벌 대립 양상을 보였기 때문이다.

혁신정당들은 8명의 민·참의원을 당선시켰으나 득표율은 7%에도 미치지 못하였다.

3·15 부정선거로 인하여 4·19 혁명이 유발되었고 부정선거 원흉들에 대한 재판이 진행되고 있는 가운데 실시된 선거임에도 불구하고, 선거운동 및 개표 과정에서 많은 선거부정과 폭력사태가 발생하여 741명의 선거사범이 적발되어 입건됐다.

혁신정당은 위축되어 8명의 당선자를 배출했지만 자유당의 잔존세력이 자유당 공천으로 6명이 당선됐지만, 대거 무소속으로 위장하여 49명의 무소속 후보들이 당선됐다.

(3) 5대 민의원 당선자 : 233명

민주당: 175명

○ 서울 (15명) : 종로갑(윤보선), 종로을(한근조), 중구갑(주요한), 중구을(정일형), 동대문갑(민관식), 동대문을(이영준), 성동갑(유성권), 성동을(홍용준), 성북(서범석), 마포(김상돈), 서대문갑(김도연), 서대문을(김산), 용산갑(장면), 용산을(김원만), 영등포갑(윤명운),

○ 경기 (14명) : 인천갑(김재곤), 인천을(곽상훈), 인천병(김훈), 수원(홍길선), 양주갑(강영훈), 양주을(강승구), 연천(허 산), 포천(김영구), 가평(홍익표), 양평(천세기), 여주(박주운), 용인(김윤식),

평택(이병헌), 파주(황인원)

○ 충북 (9명) : 청주(이민우), 충주(김기철), 청원갑(신정호), 청원을(김창수), 보은(박기종), 옥천(신각휴), 영동(민장식), 진천(이충환), 제천(이태용)

○ 충남 (19명) : 대전갑(유진령), 대전을(진형하), 연기(성태경), 공주을(김학준), 논산갑(김천수), 논산을(윤담), 부여갑(이석기), 부여을(이종순), 서천(우희창), 보령(김영선), 청양(이상철), 홍성(김영환), 예산(성원경), 아산(성기선), 서산을(안만복), 천안갑(홍춘식), 천안을(이상돈)

○ 전북 (18명) : 전주갑(유청), 전주을(이철승), 군산(김판술), 이리(이춘기), 완주갑(이정원), 완주을(배성기), 무주(신현돈), 금산(유진산), 순창(홍영기), 남원을(윤정구), 정읍갑(나용균), 고창갑(유진), 김제갑(조한백), 김제을(윤제술), 익산갑(조규완), 익산을(윤택중), 부안(송을상), 옥구(양일동)

○ 전남 (29명) : 광주갑(정성태), 광주을(김용환), 광주병(이필선), 목포(김문옥), 여수(정재완), 순천(윤형남), 광산(고몽우), 담양(김동호), 곡성(윤추섭), 구례(고기봉), 광양(김석주), 여천(김우평), 승주(조연하), 보성(이정래), 고흥갑(박형근), 화순(박민기), 장흥(고영완), 강진(양병일), 해남을(김채용), 무안갑(김옥형), 무안을(유옥우), 무안병(주도윤), 함평(김의택), 나주갑(정문채), 나주을(이경), 장성(김병수), 영광(조영규), 완도(김선태), 진도(박희수)

○ 경북 (28명) : 대구갑(서동진), 대구병(임문석), 대구정(조재천), 대구무(조일환), 대구기(장영모), 포항(이상면), 경주(오정국), 달성(박준규), 군위(문명호), 청송(심길섭), 의성갑(오상직), 의성을

(우홍구), 안동을(박해충), 영일갑(최태능), 영일을(최해룡), 영덕(김영수), 월성을(황한수), 영천갑(조헌수), 영천을(권중돈), 경산(박해정), 청도(김준태), 고령(곽태진), 상주갑(홍정표), 문경(이병하), 예천(현석호), 영주(황호영), 울릉(전석봉), 성주(주병환)

○ 부산 (10명) : 중구(김응주), 동래(김명수), 서구갑(김영삼), 서구을(김동욱), 영도갑(최성욱), 영도을(이만우), 동구갑(박순천), 동구을(이종린), 부산진갑(이종남), 부산진을(박찬현)

○ 경남 (20명) : 마산(정남규), 진주(김용진), 충무(최천), 진해(김병진), 진양(황남팔), 함안(한종건), 창녕(박기정), 밀양갑(백남훈), 울산갑(최영근), 동래(조일재), 통영(서정귀), 김해갑(최원호), 창원갑(이양호), 창원을(김봉재), 거제(윤병한), 사천(정헌주), 산청(조명환), 함양(정준현), 거창(신중하), 합천을(정길영)

○ 강원 (12명) : 춘천(계광순), 원주(박충모), 강릉(김명윤), 금화(신기복), 화천(김준섭), 양구(김재순), 양양(함종윤), 삼척(최경식), 울진(김광준), 영월(태완선), 횡성(양덕인), 정선(신인우)

○제주 (1명) : 제주(고담룡)

무소속: 49명

○ 서울 (1명) : 영등포을(김석원)

○ 경기 (11명) : 고양(유광열), 광주(신하균), 이천(최하영), 시흥(이재형), 안성(김갑수), 부천(박제환), 옹진(손치호), 김포(정

준), 화성갑(박상묵), 화성을(서태원), 강화(윤재근)

○ 충북 (3명) : 괴산(안동준), 음성(이정석), 중원(정상희)

○ 충남 (3명) : 공주갑(박충식), 대덕(박병배), 서산갑(장경순)

○ 전북 (5명) : 진안(전휴상), 임실(한상준), 정읍을(송능운), 고창을(김상흠), 장수(송영선)

○ 전남 (2명) : 고흥을(서민호), 해남갑(홍광표)

○ 경북 (9명) : 김천(김세영), 안동갑(김시현), 영양(박종길), 월성갑(김종해), 칠곡(장택상), 금릉(우돈규), 상주을(김기령), 선산(신준원), 봉화(최영두)

○ 경남 (9명) : 삼천포(이재현), 의령(강봉룡), 양산(임기태), 울산을(정해영), 김해을(서정원), 고성(최석림), 남해(최치환), 하동(윤종수), 합천갑(이상신)

○ 강원 (6명) : 춘성(이찬우), 홍천(이재학), 철원(황학성), 고성(김응조), 명주(최준길), 평창(장춘근)

○ 제주 (1명) : 북제주 (홍문종)

소수정당: 9명

○ 사회대중당 (4명) : 남원갑(박환생), 대구을(서상일), 밀양을(박권희), 원성(윤길중)

○ 헌정동우회 (1명) : 단양(조종호)

○ 통일당 (1명) : 영암(김준연)

○ 자유당 (2명) : 고성(최석림), 인제 (전형산)

○ 한국사회당 (1명) : 남제주(김성숙)

(4) 초대 참의원 당선자 : 58명

임기 6년: 29명

○ 서울 (3명) : 백낙준(무소속), 한통숙(민주당), 김동명(민주당)

○ 경기 (3명) : 여운홍(무소속), 정낙필(민주당), 신의식(자유당)

○ 충북 (2명) : 박기운(민주당), 송필만(민주당)

○ 충남 (3명) : 이범석(무소속), 심종석(민주당), 이범승(민주당)

○ 전북 (3명) : 소선규(민주당), 강택수(민주당), 송방용(무소속)

○ 전남 (4명) : 황성수(자유당), 조국현(민주당), 김남중(무소속), 이남규(민주당)

○ 경북 (4명) : 백남억(민주당), 이효상(무소속), 송관수(무소속), 최희송(민주당)

○ 경남 (4명) : 안호상(무소속), 오위영(민주당), 김용주(민주당),

설창수(민주당)

○ 강원 (2명) : 정순웅(민주당), 김대석(무소속)

○ 제주 (1명) : 강재량(민주당)

| 임기 3년: 29명 |

○ 서울 (3명) : 이인(무소속), 고희동(민주당), 전용순(민주당)

○ 경기 (3명) : 김용성(민주당), 이교선(무소속), 하상훈(민주당)

○ 충북 (2명) : 박찬희(민주당), 오범수(자유당)

○ 충남 (3명) : 이훈구(사회대중당), 정긍모(무소속), 한광석(자유당)

○ 전북 (3명) : 양춘근(무소속), 엄병학(민주당), 엄민영(민주당)

○ 전남 (4명) : 박철웅(무소속), 정문갑(무소속), 최상채(민주당), 양회영(민주당)

○ 경북 (4명) : 이원만(민주당), 권동철(무소속), 김장섭(무소속), 최달희(한국사회당)

○ 경남 (4명) : 윤치형(민주당), 김형두(무소속), 정상구(혁신동지총연맹), 김달범(무소속)

○ 강원 (2명) : 김병로(민주당), 김진구(민주당)

○ 제주 (1명) : 강경옥(무소속)

[제4부] 지역구별 불꽃 튀는 격전의 현장들

제1장 수도권 : 4대의원 당선율이 50%를 상회

제2장 영남권 : 민주당의 신장(伸張)이 두드러져

제3장 강원·충청권 : 집권여당의 바람에 휘둘리고

제4장 호남권 : 집권당에 대한 반대깃발을 높이들고

제1장 수도권 : 4대의원 당선율이 50%를 상회

1. 지난 총선에서 낙선한 12명이 기사회생(起死回生)

2. 수도권 41개 지역구 불꽃 튀는 격전의 현장으로

1. 지난 총선에서 낙선한 12명이 기사회생(起死回生)

(1) 수도권은 전국 233개 선거구의 17.6%를 점유

수도권은 서울과 경기로 서울은 16개구, 경기는 25개구로 41개구를 가지고 있어 전국 233개구의 17.6% 수준에 불과하다.

서울은 종로, 중구, 동대문, 성동, 성북, 서대문, 마포, 용산, 영등포 등 9개구에 불과하고 경기도에는 인천과 수원시가 있을 뿐 19개 군을 거느리고 있다.

서울시는 성북, 마포구만 단독선거구이고 나머지구는 갑, 을구로 16개 선거구 체제이고, 경기도는 인천시만 3개구, 양주와 화성군만 2개구로 25개 선거구 체제이다.

지난 4대 총선에서는 여촌야도(與村野都)현상이 뚜렷하여 서울, 인천, 수원에서는 민주당이 압승을 거두었으나 경기도의 군(郡)지역에서는 자유당이 석권했다.

그리하여 41개 선거구의 정당별 분포는 민주당이 22석, 자유당이 15석, 무소속이 4석이었다.

무소속 당선자는 민관식(동대문갑), 이재형(시흥), 정준(김포), 윤재근(강화) 후보이고, 서울에서 유일한 자유당 당선자는 최규남(서대문을) 후보였다.

이번 총선에선 민주당이 41개 지역구 가운데 70.7%인 29개 지역구를 차지했고, 혁신정당과 자유당이 전멸한 가운데 무소속 후보들이 12개 지역구를 차지했다.

지난 총선에서 무소속으로 당선된 4명 가운데 민관식 의원은 민주당으로 전향했으나, 이재형, 정준, 윤재근 의원은 무소속으로 재당선됐다.

이번 총선에서 김석원(영등포을), 유광열(고양), 신하균(광주), 최하영(이천), 김갑수(안성), 박상묵(화성갑), 서태원(화성을), 박제환(부천), 손치호(옹진) 후보들이 민주당 공천자들을 따돌리고 무소속으로 당선됐다.

(2) 정권교체에도 4대의원 재당선율은 50%를 상회

4월 혁명으로 인하여 정권이 교체됐음에도 불구하고 수도권에서 재당선율은 51.2%를 차지한 것은 서울에서 당선된 민주당 출신 의원들이 재공천을 받고 대부분 당선됐기 때문이다.

민주당 의원 22명 가운데 조병옥, 엄상섭 의원은 사망했고, 자유당으로 전향(轉向)한 구철회 의원은 불출마하여 19명의 의원이 민주당 공천을 받고 출전하여 유홍(영등포을), 홍봉진(화성을) 의원들이 낙선하여 17명의 의원이 생환했다.

자유당 의원 15명 가운데 최인규(광주), 손도심(화성갑), 장경근(부천), 이익흥(연천) 의원들은 불출마했고, 최규남(서대문을), 강성태(양주을), 윤성순(포천), 정존수(평택) 의원들은 참의원에 도전했으나 모두 낙선했고 이기붕(이천) 의원은 사망했다.

유용식(양평), 오재영(안성), 정대천(파주) 의원들은 자유당 공천으로 이성주(고양), 김의준(여주), 유영준(옹진) 의원들은 무소속으로 출전했으나 모두 낙선하여 아무도 5대 국회에는 등원하지 못했다.

지난 4대 총선 때 낙선한 김산(민주당), 김석원(무소속), 신하균(민주당), 강승구(민주당), 김영구(민주당), 천세기(민주당), 이병헌(민주당), 서태원(무소속), 박제환(무소속), 황인원(무소속), 허산(민주당), 손치호(무소속) 등 12명의 후보들이 혁명의 기운을 업고 설욕전에서 승리했다.

16개 선거구를 지닌 서울에서 15개 선거구를 석권한 민주당은 85.6%의 득표율을 올린 민관식 후보를 비롯하여 윤보선(81.9%), 김상돈(77.7%), 서범석(73.5%), 김도연(71.1%), 장면(69.6%) 후보들이 높은 득표율을 올렸고, 36.9%를 득표한 유홍 후보는 낙선했다.

경기도에서 곽상훈 후보(인천을)는 85.4%를 득표했지만, 김귀연(옹진) 후보는 7.6%의 득표율로 낙선했다.

경기도 내에서 화성 을구에서 화성 갑구로 옮긴 홍봉진 현역의원이 민주당 공천을 받고도 낙선했고, 민주당 공천에서 낙천하고 제명처분을 받은 유광렬(고양), 신하균(광주), 강승구(양주을), 이병헌(평택) 후보들이 민주당 공천 후보들을 꺾고 당선되어 민주당 공천의 난맥상(亂脈)상을 보여줬다.

2. 수도권 41개 지역구 불꽃 튀는 격전의 현장으로

서울특별시

〈종로 갑〉 민주당 윤보선 후보가 당선되어 대통령에 취임하여 실시한 보궐선거에서 성동에서 낙선한 전진한 후보가 의원직 승계

지난 4대 총선에서는 3대의원과 서울시장을 지낸 민주당 윤보선 후보가 의사 출신인 자유당 정기섭 후보를 가볍게 제압했다.

변호사로서 국회의원과 법무부장관을 지낸 이인, 제헌 국회의원을 지낸 김수선, 서울변호사회 회장을 지낸 장후영 후보들도 무소속으로 출전했다.

이번 총선에서 민주당은 지난 총선에서 당선된 윤보선 후보를 공천했고, 자유당은 후보를 물색하다가 여의치 아니하자 야당 거물 정치인에 대한 배려(配慮)라는 명분을 내세우고 무공천하여, 윤보선 후보의 발걸음을 가볍게 해 주었다.

사회대중당은 진도와 무안군수를 섭렵한 문작지 후보를 내세웠고, 군의관 출신인 박선규 후보가 무소속으로 등록하여 3파전이 전개됐다.

그러나 정치 신인인 두 후보가 3대와 4대의원으로 상공부장관, 서

울특별시장을 역임하였으며, 민주당 최고위원인 윤보선 후보의 옹벽을 넘어서기에는 역부족이었다.

당선된 민주당 윤보선 후보는 제2공화국 초대 대통령에 당선되어 보궐선거가 실시됐다.

보궐선거에서는 성동갑구에 한국사회당으로 출전하여 낙선한 초대 사회부장관을 지낸 전진한 후보가 당선되어 의원직을 이어갔다.

□ 득표상황

후보자	정당	연령	주요 경력	득표 (%)
윤보선	민주당	62	서울시장, 3,4대 의원	31,924 (81.9)
박선규	무소속	35	군의관	4,052 (10.4)
문작지	사회대중당	47	진도군수, 무안군수	3,025 (7.7)

〈종로 을〉 대한중석 장기영 사장이 무소속으로 추격전을 전개했으나, 민주당 한근조 후보가 49% 득표율로 당선을 일궈내

지난 4대 총선에선 명치대 출신으로 대법관을 지낸 민주당 한근조 후보가 경성전기 사장 출신인 자유당 이중재 후보를 가볍게 제압했다.

3대의원을 지낸 노농당 김두한, 중학교 교사 출신인 무소속 김현국 후보들도 출전했다.

이번 총선에서 민주당은 일본 명치대 법학부 출신으로 지난 총선에서도 당선된 한근조 후보를 내세웠고, 사회대중당은 독일 베를린대 출신인 최근우 후보를 내세웠다.

미국 빅토리대 출신으로 대한중석 사장을 지낸 장기영, 한국교통민보사 주간을 지낸 안규현, 이화여중 강사인 김재호, 민주당 지구당 고문으로 활약한 이래범, 소년작업학교 교장으로 지역기반을 닦은 최주열, 한국건설 대표인 이정규 후보들이 출전하여 8명의 후보들이 난립됐다.

한근조 현역의원에 대한중석 사장 출신인 무소속 장기영 후보가 재력을 바탕으로 추격전을 전개했으나 역부족이었다.

민주당 지구당 고문을 지낸 이래범 후보가 민주당 출신임을 내세워 지역을 파고들었으나 제명처분을 받아 추격의 의지마저 상실했다. 그리하여 민주당 한근조 후보가 과반에 육박하는 득표율로 재선의원이 됐다.

□ 득표상황

후보자	정당	연령	주요 경력	득표 (%)
한근조	민주당	65	4대의원(종로 을)	20,434 (49.0)
장기영	무소속	55	대한중석광업 사장	10,383 (24.9)
안규현	무소속	36	한국교통민보 전무	2,867 (6.9)
최근우	사회대중당	62	베를린대 졸	2,791 (6.7)
김재호	무소속	56	이화여중 강사	1,972 (4.7)
이래범	무소속	56	민주당지구당 고문	1,802 (4.3)
이정규	무소속	57	한국건설공업 대표	826 (2.0)
최주열	무소속	33	소년직업학교 교장	635 (1.5)

〈중구 갑〉 자유법조단이 아닌 무소속 신태악 후보가 지난 총선에서의 패배를 설욕하기 위해 총력전을 펼쳤으나 역부족

지난 4대 총선에선 중국 상해 호강대 출신으로 잡지사 사장인 주요한 후보가 미국 위싱턴대 출신으로 제헌의원과 3대의원을 지낸 대한국민당 윤치영 후보와 일본 중앙대 출신으로 변호사인 무소속 신태악 후보를 가볍게 제압했다.

이번 총선에서 민주당은 동아일보 편집국장 출신으로 민주당 정책위원회 의장으로 활약한 주요한 후보를 내세웠다.

한국사회당은 미군 서울 노조위원장으로 활동한 김파우 후보를 내세웠고, 일본고시 사법과를 합격하고 서울변호사회 회장으로 활약한 신태악 후보가 자유법조단이 아닌 무소속으로 등록했다.

신태악 후보는 민주당 주요한 후보가 신파의 중진임을 고려하여, 자유법조단과 민주당 구파와의 제휴와 연합전선을 모색했다.

합동연설회에서 한국사회당 김파우 후보는 "혁명이 민주당에 의해서 성취된 것은 아니다"며, "혁신만이 혁명을 완수하는 길"이라고 강조했다.

무소속 신태악 후보는 "내각책임제에 있어서 민주당이 과반수를 차지하면 독재의 염려가 있다"면서, "민주당이 싸워 온 것이 무엇이 있는가"라고 민주당을 공격했다.

민주당 주요한 후보는 "내가 만일 부끄러운 것이 있다면 4월 18일 경무대에 쫓아가 이승만을 끌고 나오지 못한 것 뿐"이라며, "24 보

안법 파동이나 3. 15 부정선거 불법무효 데모를 할 때는 생명을 내걸고 했다"고 강조했다.

또한 주요한 후보는 "내각책임제에 있어서 군소정당의 난립은 정국을 불안하게 한다"고 경고했다.

민주당에 부정축재자들이 18억 환을 헌금한 정치자금이 유입되었다고 폭로하여 물의를 일으킨 신태악 후보는 "총선거 후 민주당 구파와 자유법조단, 무소속이 합작하여 신당도 만들고 연립내각도 꾸미겠다"면서, 민주당 신파는 친일분자의 집단이라고 공격하여 민주당으로부터 고발을 당했다.

자유법조단과 구파의 제휴설에 대해 일부 인사의 사견(私見)이라는 것이 중론이지만, 김도연 의원은 "합칠 수 있다"고 긍정적인 반면, 이인 후보는 "논의한 일조차 없다"고 부정적인 반응을 보였다.

무소속 신태악 후보가 지난 총선에서의 패배를 설욕하기 위해 치열한 공방전을 전개했으나, 민주당 주요한 후보의 옹벽(擁壁)을 넘어서지 못했다.

□ 득표상황

후보자	정당	연령	주요 경력	득표 (%)
주요한	민주당	59	4대의원(중구 갑)	18,781 (65.5)
신태악	무소속	58	서울변호사회장	8,884 (30.9)
김파우	한국사회당	38	미군 노조위원장	1,039 (3.6)

〈중구 을〉 실향민들을 결집시켜 2대 총선에서부터 철옹성(鐵甕城)을 구축하여 4선의원에 등극한 민주당 정일형

지난 4대 총선에서는 미국 뚜루대 출신으로 2대와 3대의원을 지낸 민주당 정일형 후보가 한국증권·한미무역 대표를 지낸 자유당 이원순, 청년단장과 경찰서장을 지낸 무소속 김헌, 정치평론가인 무소속 김석길 후보들을 가볍게 제압했다.

이번 총선에서 민주당은 미국 뚜루대에서 철학박사 학위를 받고 2대, 3대, 4대의원을 지낸 정일형 후보를 내세웠고, 자유법조단은 태평약품 사장으로 변호사를 겸업하고 있는 최대용 후보를 내세웠다.

대한노조 중앙부위원장으로 활약한 김헌, 상해 임시정부 요원으로 활약한 이상봉, 국제사조연맹 선전부장으로 활약한 조철상 후보들이 도전하여 5파전이 전개됐으나, 3선의원인 정일형 후보의 철옹성을 돌파하기는 역부족일 것 같은 선거전이었다.

합동연설회에서 자유법조단 최대용 후보는 "민주당 구파와 양심적인 무소속과의 연립내각이 구성되어야 한다"고 주장했다.

무소속 김헌 후보는 "민주당 신파에게 정권을 맡기면 난국타개가 될 것 같으냐"고 청중들에게 반문했으나, 청중들의 반응은 냉담했을 뿐이다.

민주당 정일형 후보는 "야당으로서 지금까지 지조를 지켜왔다. 내각책임제는 정당정치를 전제로 하는 것이니만큼 무소속은 적극적

인 정치참여가 불가능하다"며, 무소속 국회의원들의 한계를 역설했다.

지난 총선에서 패배한 무소속 김헌 후보와 변호사 출신인 자유법조단 최대용 후보가 추격전을 전개했으나, 10년 동안 철옹성을 구축한 정일형 후보의 옹벽을 넘어서기에는 역부족이었다.

☐ 득표상황

후보자	정당	연령	주요 경력	득표 (%)
정일형	민주당	56	3선의원(2,3,4대)	17,222 (58.1)
김 헌	무소속	48	대한노조부위원장	6,429 (21.7)
최대용	자유법조단	44	태평약품 사장	4,794 (16.2)
이상봉	무소속	57	임시정부 요원	804 (2.7)
조철상	무소속	33	국제연맹 선전부장	397 (1.3)

〈동대문 갑〉 4. 19 혁명 기운과 혁신계열 분열이라는 호기를 맞아 65.6% 득표율로 3선의원 반열에 오른 민관식

지난 4대 총선에선 일본 동경제대 출신으로 3대 의원을 지낸 무소속 민관식 후보가 미국 예일대 박사 출신으로 아세아 반공연맹 한국지부 사무총장 출신인 자유당 전성천 후보를 가볍게 제압했다.

치과의사와 변호사로서 서울시 의원을 지낸 무소속 조기항, 세종학원 이사장인 무소속 이홍학 후보들도 함께 뛰었다.

이번 총선에서 민주당은 일본 경도제국대 농학부 출신으로 고려시보 사장으로 활약하다가 지난 총선에는 무소속으로 출전하여 당선됐다가 민주당에 입당한 민관식 후보를 내세웠다.

사회대중당은 근로인민당 중앙위원인 김일우 후보를, 한국사회당은 창당위원회에서 활약한 승명천 후보를 내세워 혁신계열의 민심을 양분했다.

회사원인 맹수영 후보도 등록하여 추격전을 전개했다.

조선농약 전무와 대한주간신문 상무 출신으로 1954년 3대 총선에서 무소속으로 당선되어 뿌리를 내리고서, 4대 총선에서도 무소속으로 당선됐다가 민주당에 합류한 민관식 후보가 4. 19 혁명기운과 혁신계열 후보들의 분열의 호기를 맞아 정치신인들인 사회대중당 김일우, 한국사회당 승명천, 무소속 맹수영 후보들을 가볍게 제압하고 65%가 넘는 득표율로 3선의원 반열에 올라섰다.

☐ 득표상황

후보자	정당	연령	주요 경력	득표 (%)
민관식	민주당	43	2선의원(3대,4대)	38,092 (65.6)
김일우	사회대중당	43	인민당 중앙위원	2,923 (6.6)
맹수영	무소속	54	회사원	1,754 (3.9)
승명천	한국사회당	38	당 결성준비위원	1,717 (3.9)

〈동대문 을〉 민주당 구파이지만 민주당의 분당을 반대한 의사 출신인 이영준 후보가 4대 총선에 이어 연승을

지난 4대 총선에선 의사 출신으로 제헌의원을 지낸 민주당 이영준 후보가 미국 프린스톤대 출신으로 국회의원을 지낸 자유당 정기원 등 8명의 후보들을 가볍게 제치고 재선의원이 됐다.

임시정부 의정원 의원 출신으로 국회의원을 지낸 대한국민당 이규갑, 검찰총장과 대법관을 지낸 한격만, 한민당 중앙위원을 지낸 이혁, 전남 무안에서 제헌 및 2대의원을 지낸 장홍염, 법무부에 근무했던 정준묵, 서울시의원을 지낸 전중남, 육군 군의관 출신인 이원찬 후보들은 무소속으로 출전했다.

이번 총선에서 민주당은 세브란스 전문대를 나온 의사 출신으로 제헌과 4대의원을 지낸 이영준 후보를 내세웠다.

사회대중당은 경성법전 출신으로 변호사로 맹활약한 조헌식 후보를 내세웠고, 회기동, 휘경동, 이문3동 회장인 박용희, 부광직물 사장인 윤상우, 조국문화사 사장인 이혁, 학생운동가로 활약한 강성국 후보들이 무소속으로 도전하여 6파전이 전개됐다.

민주당 중진으로 자리매김된 민주당 이영준 후보에게 재도전한 이혁 후보들을 비롯한 올망졸망한 다섯 후보들이 도전하고 있으나 지명도, 관록에서 이영준 후보의 적수가 되지 못했다.

이영준 후보는 "나도 구파요, 그러나 난 분당론에 반대해요. 구파끼리 한번 모여서 논의한 적도 없고 더구나 결정지은 일이 없으니까"라며, 분당론에 공공연히 반대했다.

□ 득표상황

후보자	정당	연령	주요 경력	득표 (%)

이영준	민주당	63	2선의원(1대,4대)	33,247 (59.9)
강성국	무소속	34	학생운동 공로표창	8,776 (15.8)
이 혁	무소속	53	조국문화사 사장	3,974 (7.2)
박용희	무소속	44	회기,휘경,이문동장	3,764 (6.8)
조헌식	사회대중당	61	대한변호사회 위원	3,421 (6.2)
윤상우	무소속	33	부광직물 사장	2,316 (4.1)

〈성동 갑〉지난 4대 총선에선 임흥순, 이번 총선에선 전진한, 장이욱 후보들을 격파하여 거물 킬러로 자리매김된 유성권

지난 4대 총선에선 무학여중고 사친회장 출신으로 민주당 공천을 받은 유성권 후보가 2대와 3대의원을 지낸 자유당 임흥순 후보를 가볍게 제압했다.

서울지법 판사 출신으로 변호사인 김사만 후보가 두 후보의 파수꾼 역할을 했다.

이번 총선에서 민주당은 보성전문대 출신으로 4대의원을 지낸 유성권 후보를 공천했고, 한국사회당은 일본 조도전대 출신으로 초대 사회부 장관을 지낸 전진한 후보를, 흥사단은 미국 뉴욕콜롬비아대 출신으로 흥사단 부장으로 활약한 장이욱 후보를 내세웠다.

일본대 출신으로 회사 취체역인 이정우, 제헌국회 의원을 지낸 김재학, 일본 명치대 출신으로 단국대 이사인 오숭은 후보들이 무소속으로 등록하여 치열한 후발 3파전을 전개했고, 선거전은 승자를 예측할 수 없는 3파전(전진한, 유성권, 장이욱)을 전개했다.

서울시장 출신인 거물정객 자유당 임흥순 후보를 꺾은 여세를 몰아, 이번 총선에서도 민주당 공천을 받은 유성권 후보가 혁신계의 거물인 한국사회당 전진한 후보와 흥사단을 사실상 이끌어 온 장이욱 후보를 꺾고 재선의원이 됐다.

유성권 후보는 젊은 패기를 앞세워 민주당 공천자라는 직함을 이용하여 거물 정객들을 연거푸 격파하여 거물 킬러라는 자리매김을 받게 됐다.

□ 득표상황

후보자	정당	연령	주요 경력	득표 (%)
유성권	민주당	45	4대의원(성동 갑)	24,618 (45.6)
전진한	한국사회당	56	3선의원(1,2,3대)	13,774 (25.5)
장이욱	흥사단	64	흥사단 이사부장	11,770 (21.8)
이정우	무소속	55	회사 사장	1,489 (2.7)
오숭은	무소속	68	변호사	1,453 (2.7)
김재학	무소속	63	제헌의원(통영 갑)	900 (1.7)

〈성동 을〉 민주당 공천후보라는 위세로 정치학 박사인 이동원, 유명 변호사인 이병린 후보들을 꺾고 국회에 등원한 홍용준

지난 4대 총선에선 미국 콜롬비아대 출신으로 민주당 대표위원인

조병옥 후보가 일본 조도전대 출신으로 3대의원을 지낸 자유당 김재황 후보에게 압승을 거두었다.

조병옥 의원의 사망으로 이번 총선에서 민주당은 중학교 중퇴자이지만 서울시의원으로 활약한 홍용준 후보를 내세웠고, 한국사회당은 당 선전부 간사로 활약 중인 김철 후보를, 자유법조단은 변호사회 부회장으로 활약하고 있는 이병린 후보를 공천했다.

회사 중역인 이준근, 숙명여대 후원회 이사인 김기희, 영국 옥스포드대에서 정치학 박사 학위를 받고 대학 강사로 활동하고 있는 이동원, 축산업을 영위하고 있는 원명희, 서울시의원을 지낸 최봉수, 사회복지 사업체인 향린원(香隣園)을 경영하고 있는 방수원 후보들이 난립하여 혼전이 전개됐다.

민주당 공천을 받은 홍용준, 국제학술원 원장인 이동원, 변호사로서 명성을 쌓은 이병린 후보들이 3파전을 벌였으나, 홍용준 후보가 민주당 공천후보라는 직함과 서울시의원 시절 닦아 논 조직을 활용하여 관록과 명성을 지닌 후보들을 꺾고 국회에 등원했다.

□ 득표상황

후보자	정당	연령	주요 경력	득표 (%)
홍용준	민주당	41	서울시 의원	24,610 (50.8)
이동원	무소속	33	정치학 박사	7,947 (16.4)
이병린	자유법조단	49	변호사회 부회장	3,578 (7.4)
김기희	무소속	45	숙대후원회 이사	3,311 (6.8)
채영철	무소속	35	일본문제 연구소장	2,863 (5.9)
이준근	무소속	55	회사 중역	1,808 (3.7)

김 철	한국사회당	36	당 선전부 간사	1,626 (3.4)
최봉수	무소속	37	서울시 의원	969 (2.0)
원명희	무소속	32	축산업	902 (1.9)
방수원	무소속	56	향린원 원장	802 (1.7)

〈성북〉 황해도 옹진 출신이지만 오랫동안 닦아 온 지역적 기반과 민주당 공천후보임을 내세워 3선의원 가도를 달린 서범석

지난 4대 총선에선 경기도 옹진에서 2대의원을 지낸 민주당 서범석 후보가 고려대와 중앙대 학장을 지낸 무소속 신기석 후보를 일방적으로 몰아붙였다.

이화여고 교사인 통일당 김자옥, 일본 중앙대 출신으로 제헌의원을 지낸 홍성하, 국민회 선전부장 출신으로 3대의원을 지낸 무소속 김일, 경성부(京城府)의원을 지낸 무소속 박영민, 서울시의원을 지낸 무소속 박승목 후보들도 출전했다.

이번 총선에서 민주당은 황해도 옹진 출신으로 2대 총선과 지난 4대 총선에서 당선된 서범석 후보를 공천했다.

사회대중당은 서울법대 출신으로 당 운영위원인 허영무 후보를, 한국사회당은 평양 사범대 출신으로 당 정책위원인 선우정 후보를, 민권수호연맹에서는 일본 명치대 출신으로 육군 법무관을 지낸 태륜기 후보들을 내세워 한판승부를 벌이도록 했다.

함흥농고 출신으로 사회사업가인 김병돈, 정치대 출신으로 지역사회 운동을 벌인 현재섭, 개성부윤을 지낸 제헌의원인 이성득 후보들이 무소속으로 도전했고, 일본 청산학원 출신으로 언론인인 고정훈 후보는 등록 후 사퇴했다.

혁신사회당의 선거보이콧으로 옥중 출마했다가 중도 사퇴한 고정훈 후보는 법정에서 핵심 없는 폭로만 되풀이했고, 김창룡 중장이 나를 빨갱이로 조작하였으며 없애라는 가만(可晚)이라는 이승만 대통령의 싸인을 보았다고 진술했다.

합동연설회에서 민주당 서범석 후보는 제2공화국에 있어서의 정치적 안정세력 구축을 역설했고, 사회대중당 허영무 후보는 민주당의 경제정책이 혁신정당의 흉내를 낸 것일 뿐이라고 주장했다.

민권수호연맹 태륜기 후보는 민주당의 내분(內紛)비난과 서범석 후보의 공격에 주안점을 두었다.

유진산, 소선규 후보들과 함께 민주당 분당론을 주창해 온 서범석 후보는 "민주당이 양분되고 각파를 중심한 보수진영의 재편성은 당연한 것"이라면서, 민주당 양파의 정적(政敵)아닌 정적간의 견제작전은 자연히 양파 상호간의 방해공작으로도 나타나고 있다고 주장했다.

민주당 공천을 받은 서범석 후보가 오랫동안 닦아 온 지역적 기반과 민주당 공천자임을 내세워 맹렬하게 추격전을 전개한 태륜기 후보를 가볍게 제압했고, 혁신계열인 허영무와 선우정 후보들의 득표력은 보잘 것 없었다.

□ 득표상황

후보자	정당	연령	주요 경력	득표 (%)
서범석	민주당	58	2선의원(2대,4대)	58,586 (73.5)
태륜기	민권수호연	42	육군법무관(대령)	12,218 (15.3)
현재섭	무소속	37	지역사회개발대표	2,207 (2.8)
김병돈	무소속	65	사회사업가	2,165 (2.7)
허영무	사회대중당	29	당 중앙위원	1,763 (2.2)
선우정	한국사회당	40	당 정책위원	1,565 (2.0)
이성득	무소속	61	제헌의원(개성)	1,192 (1.5)
고정훈	무소속	41	언론인	사퇴

〈서대문 갑〉 국무총리 지명 전에 나서겠다고 선언한 김도연 후보는 분당론, 무소속 제휴설로 당내 알력(軋轢)의 단초를 제공

지난 4대 총선에선 미국 워싱턴대 경제학 박사 출신으로 제헌, 3대의원과 재무부장관을 지낸 민주당 김도연 후보가 교통부장관을 지낸 자유당 이종림 후보를 멀찌감찌 따돌렸다.

독립시보 발행인인 장순덕, 대한연로 간사인 장춘백, 중앙여고 자모회장인 양순이 후보들도 무소속으로 출전했다.

이번 총선에서 민주당은 미국 컬럼비아대 박사 출신으로 제헌, 3대, 4대의원을 지낸 김도연 후보를 공천했다.

동아일보 논설위원, 성균관대 교수로 활약하고 있는 신상초, 연세대 출신으로 독립시보 발행인인 장순덕, 해군 소령 출신인 최영훈 후보들이 무소속으로 출전하여 김도연 후보의 철옹성을 돌파하고 자 했다.

지역기반이 미약한 무소속 신상초 후보나 설욕(雪辱)을 다짐한 무소속 장순덕 후보들이 이 지역에서 3선의원으로 성장한 김도연 후보의 성벽을 돌파하기에는 역부족이었다.

당선을 확신한 김도연 후보는 "국무총리 지명에 나설 용의가 있다"고 선언했다. 또한 김도연 후보는 민주당 분당론, 민주당 구파와 무소속 제휴설 등 이단적인 발설로 당내 알력이 결정적 단계까지 이르도록 하는 단초를 제공했다.

그는 유진산, 서범석, 소선규 등 분당론자들에 대한 징계론이 대두되자 "그런 식으로 징계를 한다면 민주당 내에는 몇 사람 밖에 남지 않을 것"이라고 도리어 분당론자들을 두둔했다.

□ 득표상황

후보자	정당	연령	주요 경력	득표 (%)
김도연	민주당	66	3선의원(1,3,4대)	36,707 (71.1)
신상초	무소속	37	성균관대 교수	10,289 (19.9)
장순덕	무소속	35	독립시보 발행인	3,434 (6.7)
최영훈	무소속	33	해군소령	1,162 (2.3)

〈서대문 을〉 지난 4대 총선에선 서울에서 유일하게 낙선한 김산 후보가 이번 총선에선 민주당 공천을 받고 기사회생

지난 4대 총선에선 미국 미시간대 출신으로 서울대 총장과 문교부 장관을 지낸 자유당 최규남 후보가 혁명운동, 농민운동, 정치운동을 펼친 사회사업가인 민주당 김산 후보를 꺾고 서울에서 유일한 자유당 후보의 당선을 일궈냈다.

청수조 사원인 민주혁신당 정순학 후보는 완주했으나, 한국마사회장을 지낸 나명균 후보가 민주당 후보의 당선을 위해 중도에 사퇴했다.

이번 총선에서 민주당은 남경 금릉대 출신으로 사회사업가인 김산 후보를 지난 4대 총선에 이어 재공천했고, 사회대중당은 삼정산업 사장인 정순학 후보를 내세웠다.

세브란스 의대 출신으로 육군 소령 출신인 김재전, 남대문시장 취체역인 엄복만, 카톨릭 중앙통신조합 이사인 김두만, 국도신문 부사장으로 중앙농민학교장인 한왕균, 한국마사회 회장인 나명균, 대일건업 사장인 이준희, 중국 서북대 출신으로 독립운동가인 전재호 후보들이 도전했다.

최규남 의원의 출전포기로 지난 총선에서 낙선이라는 훈장을 받은 민주당 김산 후보에게는 지명도가 낮고 지역기반이 미약한 8명의 후보들의 도전은 그저 도전에 머물 뿐이었다.

민주당은 이번 총선에도 출전하여 김산 후보를 위협하는 무소속 나명균 후보를 뒤늦게 제명하여 추격의지를 잠재웠다.

민주당은 이번 총선에서 서울지역은 현역의원을 모두 공천하고 낙선한 김산 후보를 재공천하고, 사망한 조병옥 의원 지역구에는 홍용준 서울시의원을, 엄상섭 의원 지역구에는 장면 민주당 대표를 공천했을 뿐이다.

□ 득표상황

후보자	정당	연령	주요 경력	득표 (%)
김 산	민주당	63	교육사업가	36,715 (67.3)
나명균	무소속	62	한국마사회 회장	4,416 (8.1)
김두만	무소속	56	카톨릭중앙통신이사	3,800 (6.9)
한왕균	무소속	35	중앙농민학교장	2,383 (4.3)
김재전	무소속	35	의사, 육군소령	2,115 (3.9)
엄복만	무소속	44	남대문시장 사장	2,097 (3.8)
전재호	무소속	45	독립운동가	1,496 (2.7)
정순학	사회대중당	38	삼정산업 사장	927 (1.7)
이준희	무소속	49	대일건업 사장	715 (1.3)

〈마포〉 오랫동안 쌓아 온 지역적 기반과 관록으로 77.7% 득표율로 4선의원 고지를 점령한 민주당 김상돈

지난 4대 총선에선 일본 명치대 출신으로 제헌의원과 3대의원을 지낸 민주당 김상돈 후보가 일본 동경대 출신으로 경남 거창에서 3대의원에 당선된 무소속 신도성, 마포 을구에서 3대의원을 지낸 자유당 함두영, 광산개발에 전념하고 있는 무소속 김우정 후보들을 가볍게 제압했다.

이번 총선에서 민주당은 일본 명치대 출신으로 제헌, 3대, 4대의

원을 지낸 김상돈 후보를 내세웠다.

사회대중당은 육군 군의관 출신인 김학규 후보를, 한국사회당은 파리대학원 출신으로 경북 김천에서 2대의원을 지낸 우문 후보를 내세워 혁신계의 좌장을 가리는 쟁패전을 전개했다.

자유당은 중앙통신 주간으로 활약하고 있는 유근홍 후보를 공천했고, 일본 명치대 출신으로 재일본학생 동맹위원장으로 활약한 연대시보 편집인인 오세경, 일본 중앙대 출신으로 마포고교 교장인 박인출 후보들도 무소속으로 출전했다.

2대 총선을 제외하고 3선의원 반열에 오른 김상돈 후보는 오랫동안 쌓아 온 지역적 기반과 관록으로 77.7%의 득표율로 4선의원 반열에 올라섰다.

혁신계열의 분열로 군의관 출신인 사회대중당 김학규, 2대의원을 지낸 한국사회당 우문 후보들은 두 자리수 득표율에도 실패했다.

당선된 김상돈 의원의 서울특별시장 진출을 위한 사퇴로 실시한 보궐선거에는 서대문 을구에서 무소속으로 출전하여 낙선했던 신상초 후보가 당선되어 의원직을 승계했다.

□ 득표상황

후보자	정당	연령	주요 경력	득표 (%)
김상돈	민주당	59	3선의원(1,3,4대)	59,029(77.7)
박인출	무소속	46	마포중.고교장	4,499(5.9)
김학규	사회대중당	33	육군 군의관	3,879(5.1)
오세경	무소속	29	재일 학생동맹위원장	3,017(4.0)
유근홍	자유당	40	중앙통신주간	2,909(3.8)

| 우 문 | 한국사회당 | 56 | 2대의원(김천) | 2,673(3.5) |

〈용산 갑〉 우후죽순처럼 출전한 8명의 후보들을 꺾고 재선의원이 된 민주당 장면 후보는 국무총리에 등극

지난 4대 총선에선 검사 출신으로 전남 광양에서 2대의원에 당선된 민주당 엄상섭 후보가 일본 조도전대 출신으로 2대와 3대의원을 지낸 자유당 남송학 후보를 제압했다.

대중민보 이사장인 손창섭, 석간개척 사장인 강재훈 후보들도 무소속으로 출전했다.

이번 총선에서 민주당은 주미대사와 부통령을 지내고 당 대표최고위원으로 활약하고 있는 장면 후보를 내세웠고, 혁신계인 사회대중당과 한국사회당은 후보 공천을 포기했으나, 고려공화당에서 미국 네부라스카 주립대 출신으로 전문학교 교수인 노정일을, 저항문학회에서 육당 최남선사업회 상임위원으로 시인인 김관석 후보를 추천했다.

민주당 대표와의 한판 승부를 위해 보사부 원호국장 출신인 김득황, 서울대와 숙명여대 강사인 이동영, 신문의신문 사장인 최홍조, 수도여사대와 건국대 강사로 진보당 사건의 변론을 맡고 나섰던 청년변호사 김춘봉, 국회 전문위원 출신인 조양환, 무직인 김형진 후보들이 우후죽순(雨後竹筍)처럼 난립했다.

김도연 국회부의장은 "이번에 장면 박사와 겨루겠다고 입후보한

사람 중에는 당선 그 자체보다도 장면 박사를 괴롭힐 작정으로 나선 이가 적지 않는 모양이다"면서, "입후보한다는 이들이 당선에 목적을 두지 않고 남의 인신공격이나 하러 나선대서야 말이 되느냐"고 개탄했다.

합동연설회에서 무소속 최홍조 후보는 "신문에서 보니까 합동연설회에서 민주당을 욕하면 청중들이 강연을 방해한답니다"고 감정적으로 장면 후보를 공격하면서, "우리는 장면 박사가 대통령이 되는 것은 좋지만 국무총리를 시킬 수 없다"고 장광설을 늘어놓았다.

민주당 장면 후보는 4월 혁명을 치른 젊은 학생들을 찬양하고 앞으로 책임정치를 구현하겠다는 공약만을 발표했다.

부통령이며 민주당 대표에게 도전한다는 도전정신을 발휘한 8명의 후보들은 장면 후보의 옹벽을 결코 넘어서지는 못했고, 장면 후보는 이 지역구의 당선을 발판 삼아 국무총리에 등극했다.

□ 득표상황

후보자	정당	연령	주요 경력	득표 (%)
장 면	민주당	61	부통령, 주미대사	29,098 (69.6)
김춘봉	무소속	35	건국대강사, 변호사	5,144 (12.3)
김득황	무소속	44	보사부 원호국장	3,508 (8.4)
이동영	무소속	36	서울대 강사	1,321 (3.2)
노정일	고려공화당	70	전문학교 교수	1,279 (3.1)
최홍조	무소속	41	신문의신문 사장	517 (1.2)
김관석	저항문학회	26	육당사업회 위원	417 (1.0)
조양환	무소속	49	국회 전문위원	349 (0.8)

김형진	무소속	28	무직	175 (0.4)

〈용산 을〉 민주당의 조직과 지명도를 활용하여 6명의 무소속 후보들을 가볍게 제압하고 재선 가도를 달린 김원만

지난 4대 총선에선 신문사 총재인 민주당 김원만 후보와 2대와 3대의원과 국회부의장을 지낸 자유당 황성수 후보가 진검승부를 펼쳐 김원만 후보가 대승을 거두었다.

이번 총선에서 이 지역구에 민주당은 지난 총선에서 당선된 김원만 후보를 공천했고, 정당 공천후보가 아무도 없어 유일한 정당 공천 후보가 됐다.

한성일보 논설위원과 대학교수인 김익준, 대한수리조합 연합회 회장인 주석균, 대한 미식축구협회 상임간사인 백기완, 일본 동경 발명지도협회 회장인 승호석, 미국 육군참모대 출신으로 예비역 육군 중장인 양국진, 4월혁명 학생동지회 지도위원인 박광호 후보들이 등록했다.

무소속 후보들은 민주당의 조직을 활용한 김원만 후보의 벽을 넘어서기에는 어려움이 예상됐다.

현역의원인 민주당 김원만 후보가 6명의 무소속 후보들을 민주당의 조직과 높은 지명도를 활용하여 따돌리고 재선의원이 됐다.

대학교수인 김익준 후보와 농지개발 경영단 이사장인 주석균 후보

는 선전했으나, 육군중장 출신으로 명성을 드높인 양국진 후보의 득표력은 예상 밖으로 저조했다.

□ 득표상황

후보자	정당	연령	주요 경력	득표 (%)
김원만	민주당	52	4대의원(용산 을)	21,970 (54.5)
김익준	무소속	44	한성일보 논설위원	8,003 (19.9)
주석균	무소속	58	한국수리조합 연합회장	7,045 (17.5)
양국진	무소속	41	육군 중장	1,977 (4.9)
백기완	무소속	28	미식축구협회 상임간사	700 (1.7)
박광호	무소속	38	혁명학생동지회 위원	326 (0.8)
승호석	무소속	39	동경 발명지도협회장	274 (0.7)

〈영등포 갑〉 현역의원의 이점과 민주당의 조직을 활용한 윤명운 후보가 재선에 성공했고, 정계에 입문한 박한상 후보도 얼굴을

지난 4대 총선에선 서울 시경국장 출신인 민주당 윤명운 후보가 치과의사로서 제헌 및 3대의원인 자유당 윤재욱 후보와의 파평 윤씨 문중대결에서 완승을 거두었다.

동회장 출신인 무소속 민동기, 일본 조도전대 출신으로 제헌, 2대, 3대 의원으로 초대 사회부 장관을 지낸 노농당 전진한, 조민당으로 2대의원에 당선된 무소속 조광섭 후보들도 선거전에 뛰어들었다.

이번 총선에서 민주당은 경찰전문학교 출신으로 지난 총선에서 당선된 윤명운 후보를 내세웠고, 사회대중당은 경인일보 논설위원인 조광섭을, 자유법조단은 서울대 정치학과 출신 변호사인 박한상 후보를 내세웠다.

학술원 경제분과회 회장인 유진순, 국민학교 교사인 우상인, 서울시의원 출신인 김재순, 태평양 운수회사 사장인 주운성 후보들도 출전했다.

제헌 및 3대의원으로 재선의원인 윤재욱 후보가 자유당 공천으로 출전하여 민심의 동향을 살폈다.

8명의 후보들이 난립했지만 선거전은 민주당 공천을 받은 윤명운 현역의원에게 대학교수인 무소속 유진순, 사회대중당 조광섭, 2선의원을 지내고 자유당의 조직재건에 여념이 없는 자유당 윤재욱, 서울시의원을 지낸 무소속 김재순 후보들이 도전하는 형국이다.

현역의원의 이점과 민주당의 조직을 활용한 윤명운 후보가 50%가 넘는 득표율로 재선에 성공했고, 젊은 패기를 앞세우며 무료변론으로 명성을 드높인 자유법조단 박한상 후보의 득표력은 미미했다.

□ 득표상황

후보자	정당	연령	주요 경력	득표 (%)
윤명운	민주당	49	4대의원(영등포 갑)	24,678 (50.7)
유진순	무소속	42	대학 교수	7,764 (16.1)
윤재욱	자유당	49	2선의원(1대,3대)	6,371 (13.2)
김재순	무소속	47	서울시의원, 철공업	3,497 (7.3)
조광섭	사회대중당	47	2대의원(영등포 갑)	2,177 (4.5)

우상인	무소속	34	국민학교 교사	1,758 (3.7)
박한상	자유법조단	38	변호사	1,460 (3.0)
주운성	무소속	52	태평양운수 사장	380 (0.8)

〈영등포 을〉 재선의원이란 지명도와 막강한 민주당 조직을 활용하지 못하고 서울에서 유일하게 낙선(落選)의원이 된 유홍

지난 4대 총선에선 2대의원을 지낸 민주당 유홍 후보가 서울시의원을 지낸 자유당 이인환, 육군소장 출신으로 성남중고 교장을 지낸 김석원 후보와의 3파전에서 가까스로 승리했다. 노총 최고위원인 김태룡 후보도 통일당 공천으로 얼굴을 내밀었다.

이번 총선에서 민주당은 경성공고 출신으로 지난 총선에서 당선된 유홍 후보를 내세웠고, 사회대중당은 일본대 법과출신으로 중앙대 교수인 유병묵을, 한국독립당은 한독당 선전위원인 박정환 후보를 공천했다.

일본 육사 출신으로 예비역 육군소장이며 성남중고교 교장인 김석원, 대한전선 사장과 부산 청구중고 이사장인 엄규진, 서울문리대 출신으로 육사 교수인 이용남, 예수교 신자로서 국민정신 운동을 전개한 이계근 후보들도 등록했다.

재력이 돋보인 무소속 엄규진, 사회대중당 선전위원장으로 활약한 유병묵, 육군사관학교 교수인 무소속 이용남 후보들의 선전도 예상됐지만, 이 지역구의 선거전은 지난 총선에서 승패가 갈린 민주

당 유홍 후보와 무소속 김석원 후보의 재대결로 압축됐다.

지난 총선에서는 4,438표차로 낙선한 무소속 김석원 후보가 예상을 뒤엎고 이번 총선에서는 민주당 유홍 후보를 5,061표차로 꺾고 설욕전을 승리로 장식했다.

민주당 조직과 재선의원이라는 이점을 살리지 못하고 유홍 후보는 지난 총선에서 패배에 따른 동정여론과 성남중고 학부형들의 적극적인 선거운동으로 무너져, 서울에서 유일한 민주당 현역의원 낙선자가 됐고, 김석원 후보는 서울 16개 선거구에서 유일한 무소속 당선자로 솟아올랐다.

□ 득표상황

후보자	정당	연령	주요 경력	득표 (%)
김석원	무소속	68	육군소장, 중고교장	24,898 (46.3)
유 홍	민주당	60	2선의원(2대, 4대)	19,837 (36.9)
엄규진	무소속	45	대한전선 사장	3,084 (5.7)
이용남	무소속	36	육사 교수	2,620 (4.9)
유병묵	사회대중당	49	중앙대 교수	2,511 (4.7)
박정환	한국독립당	39	한독당 선전위원	463 (0.9)
이계근	무소속	64	국민정신운동가	360 (0.6)

경기도

〈인천 갑〉 재선의원으로서의 지명도와 민주당 공천자임을 내세워 6명의 후보들을 따돌리고 3선의원에 오른 김재곤

지난 4대 총선에선 항해사 출신으로 3대의원을 지낸 민주당 김재곤 후보가 의사 출신으로 자유당 중앙위원으로 활약한 신태범 후보를 가볍게 제압하고 재선의원이 됐다.

인천시의원 출신인 무소속 김은하, 덕성여대 강사인 무소속 강위정 후보들도 함께 뛰었다.

이번 총선에서 민주당이 3대와 4대의원을 지낸 김재곤 후보를 내세우자, 의사 출신인 허리복 후보와 인천시의원 출신인 김광석 후보가 공천에 반발하여 민주당 간판으로 입후보했다.

또한 경기도의원 출신으로 대한군인유족회 경기지부장인 한도련, 외자관리청 재무국장 출신인 송병무, 인천시의원 출신으로 동양통신 경기지사장인 김은하, 일본 구주제국대 출신으로 한국은행 총재를 역임한 김유택 후보들이 무소속으로 도전하여 7파전을 전개했다.

재선의원으로 3선을 향해 달려가고 있는 민주당 김재곤 후보에게 외자관리청 재무국장 출신인 송병무, 경기도의원 출신인 한도련, 인천시의원 출신인 김은하, 주영 전권대사와 한국은행 총재를 지낸 김유택 후보들이 야멸차게 도전해 보았으나 도전에 머물렀다.

민주당 출신임을 내세운 허리복, 김광석 후보들이 민주당에서 제명처분을 받았고, 동양통신 경기지사장 출신으로 패기를 앞세운 무소속 김은하 후보의 득표력이 돋보였다.

□ 득표상황

후보자	정당	연령	주요 경력	득표 (%)
김재곤	민주당	47	2선의원(3대,4대)	21,955 (47.5)
김은하	무소속	36	인천시의원	9,299 (20.1)
송병무	무소속	44	외자관리청 재무국장	3,813 (8.2)
김유택	무소속	48	한은총재, 주영대사	3,746 (8.1)
한도련	무소속	58	경기도 의원	3,626 (7.8)
허리복	민주당	55	지구당위원장, 의사	2,313 (5.0)
김광석	민주당	47	인천시의원	1,494 (3.3)

〈인천 을〉 민주당 최고위원, 국회의장이라는 지명도를 활용하여 5연승으로 5선의원에 등극한 곽상훈

지난 4대 총선에선 제헌, 2대와 3대의원을 지낸 민주당 곽상훈 후보가 서울대 조교 출신인 자유당 문병관 후보와의 진검승부에서 승리하여 4선의원이 됐다.

이번 총선에서 민주당은 경성공고 출신으로 4선의원으로 민의원 의장을 지낸 곽상훈 후보를 내세웠고, 서울 세종시보 주간인 함효영, 일본대 출신으로 대학교수인 최수정 후보들이 무소속으로 도전했다.

이기붕 의장의 사퇴 이후 민의원 의장에 선출되고 민주당 최고위원인 곽상훈 후보를 꺾기에는 정치신인인 함효영, 최수정 후보들에게는 역부족이었다.

민주당 곽상훈 후보는 1948년 제헌의원 선거 이후 한 번의 실패도 없이 5연승을 이어갔다. 강원도 홍천의 이재학 후보도 곽상훈 후보와 함께 5연승을 구가했다.

□ 득표상황

후보자	정당	연령	주요 경력	득표 (%)
곽상훈	민주당	63	4선의원(1,2,3,4대)	35,594 (85.4)
함효영	무소속	55	세종시보사 주간	4,167 (10.0)
최수정	무소속	49	대학교수, 사회사업	1,940 (4.6)

〈인천 병〉 민주당 공천 후보로서 민주당 조직을 가동하여 9명의 후보들을 가볍게 제압하고 재선 가도를 달린 김 훈

지난 4대 총선에선 북경대 출신인 김 훈 후보가 민주당 공천을 받고서 국산자동차 전무취체역으로 활약한 자유당 김석기 후보를 1만 3천여 표차로 꺾고 국회 등원에 성공했다.

이번 총선에서 민주당은 북경 중앙대 출신으로 현역의원인 김훈 후보를 내세웠다.

사회대중당은 한성일보 편집국장을 지낸 조규희 후보를, 자유당은 언론인으로 활동한 노재기 후보를, 한국교수협회는 동경 중앙대 출신으로 대학교수인 조규동 후보를 내세웠다.

국제사회사업 한국대표인 허섭, 인천시의원을 지낸 양재범, 중경 임시정부 국내 특파원인 백창섭, 동양척식회사 기사로 재직했던

이성진, 예비역 육군대위인 김진영, 중학교 교사인 심동기 후보들이 무소속으로 도전했다.

전통적인 야도(野都)인천에서 민주당 현역의원인 김훈 후보를 꺾기에는 조직에서나 지명도에서 결코 쉬운 일이 아니었다.

다만 동경 중앙대 출신으로 대학교수인 조규동, 사회대중당 총무위원인 조규희, 중학교사인 심동기 후보들의 선전이 돋보였다.

인천시의원 출신인 양재범 후보는 시의원 시절의 조직을 가동하여 호기(浩氣)스럽게 도전했으나 민주당의 제명처분이 위축의 기폭제가 됐다.

민주당 공천 후보임을 내세우며 민주당 조직을 추스린 김훈 후보가 9명의 후보들을 가볍게 제압하고 50%가 넘는 득표율로 재선의원이 됐다.

□ 득표상황

후보자	정당	연령	주요 경력	득표 (%)
김 훈	민주당	50	4대의원(인천 병)	24,086 (50.4)
조규동	교수협회	42	대학교수	8,249 (17.3)
심동기	무소속	29	중학교사	4,325 (9.4)
조규희	사회대중당	45	한성일보 편집국장	4,179 (8.7)
허 섭	무소속	35	국제사회사업 대표	2,092 (4.4)
양재범	무소속	43	인천시의원	1,720 (3.6)
노재기	자유당	29	언론인	1,663 (3.5)
김진영	무소속	27	육군대위	640 (1.3)

| 백창섭 | 무소속 | 43 | 임시정부 특파원 | 468 (1.0) |
| 이성진 | 무소속 | 54 | 동양척식회사 기사 | 395 (0.8) |

〈수원〉 3선의원이며 경기도당 위원장으로 대학교수, 4대의원, 전직 장관 후보들을 가볍게 꺾고 4선의원에 등극한 홍길선

지난 4대 총선에선 2대의원을 지낸 민주당 홍길선 후보가 대한증권협회장 출신인 자유당 설경동 후보를 가까스로 제압하고 재선의원이 됐다. 경기도의원 출신인 노농당 최선규 후보는 두 후보 혈투의 파수꾼 역할을 했다.

이번 총선에서 민주당은 경기도당위원장 출신으로 제헌, 2대와 4대의원으로 활약한 홍길선 후보를 공천했고, 자유당은 동경 중앙대 출신으로 4대의원인 구철회 후보를 내세웠다.

경성제대 출신으로 수원 상공회의소 회장을 지낸 차준택, 대학교수로 활동하고 있는 지영린, 일본 동북제대 출신으로 개성부윤, 경기도지사, 농림부장관을 지낸 이해익, 민주당 감찰위원회 심계부장을 지낸 박대의 후보들이 무소속으로 등록하여 6파전이 전개됐다.

3선의원으로 민주당 공천을 받은 홍길선 후보의 당선이 예약된 상황에서, 지난 4대 총선 때 용인에서 민주당 공천으로 자유당 신의식 현역의원을 꺾고 당선했으나 자유당으로 변신한 구철회 후보가 이번 총선에는 지역구를 옮겨 자유당 공천으로 출전한 것이 이채로웠다.

또한 개성부윤, 경기도지사, 농림부장관을 역임한 이해익 후보가 무소속으로 도전했고, 대학교수인 지영린 후보도 무소속으로 출전하여 선전했다.

민주당 경기도당 위원장인 홍길선 후보가 현역의원, 장관, 교수 등 쟁쟁한 5명의 후보들을 가볍게 꺾고 4선의원에 올라섰다.

□ 득표상황

후보자	정당	연령	주요 경력	득표 (%)
홍길선	민주당	56	3선의원(1,2,4대)	16,400 (47.0)
이해익	무소속	54	경기지사,농림부장관	6,685 (19.2)
지영린	무소속	60	대학교수	4,868 (13.9)
구철회	자유당	45	4대의원(용인)	3,185 (9.1)
차준택	무소속	52	수원 상공회의소회장	1,989 (5.7)
박대의	무소속	49	민주당 섭계부장	1,788 (5.1)

〈고양〉 동아일보 기자 출신으로 민주당 공천에 반발하고 출전하여 제명처분을 받고도 현역의원인 이성주, 사회부차관을 지낸 백효선, 민주당 공천후보 김수길 등을 따돌리고 당선된 유광열

지난 4대 총선에선 치안국장 출신으로 3대의원을 지낸 자유당 이성주 후보가 용인경찰서장을 지낸 민주당 이양훈 후보를 4천여 표 차로 꺾고 재선의원이 됐다.

이번 총선에서 민주당은 고려대 출신으로 서울시의원을 지낸 김수

길 후보를 내세웠고, 사회대중당은 상해 임시정부 내무차관으로 국무위원을 지낸 김성숙 후보를 내세웠다.

사회부차관을 지낸 백효선, 고양군 수리조합장을 지낸 이철화, 국회 운영위원장을 지낸 4대의원인 이성주, 송포중학 설립자인 이용식, 3·1 독립운동에 참가한 경력을 내세우고 있는 오인환, 지길공업사와 고려백화점 대표인 정준채, 임업회사 취체역인 성낙진, 대한출판문화협회 이사인 백남홍, 매일신문 편집국장과 한국일보 논설위원을 지낸 유광열 후보들이 무소속으로 출전했다.

11명의 후보들이 혼전을 전개한 이 지역구는 지역구와 지연이 엷은 민주당 서울시당 청년부장 출신인 31세의 김수길 후보가 민주당 공천을 받아내자, 명치대 출신으로 고려백화점 대표인 정준채, 사회부차관을 지낸 백효선, 동아일보와 조선일보 기자 출신으로 매일신보 편집국장, 한국일보 논설위원을 섭렵한 유광열 후보들이 공천에 불만을 터트리고 출전했다.

모두 민주당으로부터 제명처분을 받았다.

국회 운영위원장으로 맹활약한 이성주 후보가 자유당 허물을 벗고 무소속으로 위장 출전했으나 조직의 이탈로 소기의 성과를 거두지 못했고, 상해임시정부에서 국무위원으로 활약했으며 혁신계열의 지도자로 변신한 김성숙 후보가 사회대중당으로 얼굴을 내밀었으나 득표력은 초라했다.

4월 혁명의 정신을 되살리자며 지역구를 누빈 민주당 김수길 후보와 반혁명세력 규탄의 대상이 된 무소속 이성주 후보의 득표력은 엇비슷하여 3위와 4위를 차지했다.

한문수학을 했을 뿐 학력이 보잘 것 없는 무소속 유광열 후보가 기자생활로 터득한 촉을 되살려 사회부차관을 지낸 무소속 백효선 후보를 249표차로 따돌리고 국회 등원에 성공했다.

□ 득표상황

후보자	정당	연령	주요 경력	득표 (%)
유광열	무소속	61	한국일보 논설위원	6,634 (22.7)
백효선	무소속	50	사회부 차관	6,385 (21.9)
김수길	민주당	31	서울시 의원	4,444 (15.2)
이성주	무소속	49	2선의원(3대, 4대)	4,149 (14.2)
정준채	무소속	47	고려백화점 대표	2,168 (7.4)
이철화	무소속	54	고양 수리조합장	1,787 (6.1)
김성숙	사회대중당	62	상해임정 내무차장	1,093 (3.7)
오인환	무소속	60	독립운동가	803 (2.8)
이용식	무소속	34	송포중학원 설립자	731 (2.5)
백남홍	무소속	40	출판문화협회 이사	614 (2.1)
성낙진	무소속	49	임업회사 전무	380 (1.3)

〈광주〉 민주당의 공천 제외와 제명처분에도 군민(郡民)들의 전폭적인 지지로 재선가도를 달린 신익희 국회의장의 아들인 신하균

지난 4대 총선에선 미국 뉴욕대 출신으로 외자청장을 지낸 자유당 최인규 후보가 신익희 선생의 아들로 보궐선거에서 당선된 민주당 신하균 후보를 가볍게 제압했다.

동경대 출신으로 서울법대 교수인 무소속 김익준 후보도 출전했지만 득표력은 미약했다.

이번 총선에서 민주당은 중앙당 감찰위원 출신인 장동국 후보를 내세웠고, 자유당은 광주군당위원장인 박재덕 후보를 내세우자, 10명의 무소속 후보들이 난립됐다.

미국 오래곤 주립대 출신으로 사회사업가인 이진묵, 육군사관학교 교수인 김명진, 청년동지회 이사인 김해진, 신익희 전 국회의장의 아들로 3대의원인 신하균, 경성제대 출신으로 자유신문사 주필인 이원영, 은광중고 교장인 이강목, 동일금속 부사장인 오봉규, 장면 부통령 성동구사무장인 홍기복, 일본 조도전대 출신으로 중앙미곡시장 사장인 강태연, 헌병소령 출신인 이동상 후보들이 등록했다.

지난 총선에서 최인규 후보에게 아쉽게 패배한 신하균 후보를 민주당은 공천에서 배제하고, 정치신인이며 지명도가 낮은 장동국 후보를 공천하자 신하균 후보가 불복하여 출전했다.

이에 민주당은 신하균 후보와 장면 부통령 성동구 사무장 출신인 홍기복 후보를 함께 제명 처분했다.

그러나 광주군민들은 민주당의 공천과 제명처분에 반발하여 신익희 국회의장의 아들인 신하균 후보를 전폭적으로 지지했다.

무소속 신하균 후보는 24,098 표를 득표하여 당선된 반면, 민주당 공천을 받은 장동국 후보는 5,835표 득표에 머물렀다.

신하균 후보는 1956년 신익희 대통령 후보의 급서(急逝)로 실시된 보궐 선거에서 민주당 공천을 받아 당선되어 이번 총선에서 재선의원으로 발돋움했다.

□ 득표상황

후보자	정당	연령	주요 경력	득표 (%)
신하균	무소속	41	3대의원(광주)	24,098 (46.6)
장동국	민주당	54	민주당 감찰위원	5,835 (11.3)
이원영	무소속	53	한국원양어업 사장	3,598 (7.0)
이진묵	무소속	54	농촌진흥사업 고문	3,287 (6.4)
김해진	무소속	46	농토개발사 취체역	2,960 (5.7)
박재덕	자유당	43	지구당 위원장	2,564 (5.0)
김명진	무소속	37	육사 교수	2,014 (3.9)
이동상	무소속	33	헌병 소령	1,912 (3.7)
이강목	무소속	39	은광중고 교장	1,826 (3.5)
강태연	무소속	56	중앙미곡시장 사장	1,754 (3.4)
홍기복	무소속	50	장면부통령 보좌역	959 (1.9)
오봉규	무소속	35	동일금속 부사장	867 (1.7)

〈양주 갑〉 민주당 강영훈 후보가 자유당 김종규 후보를 연거푸 꺾고 재선의원이 됐으나 사망하여 조윤형 후보가 승계

지난 4대 총선에선 육군대학 출신인 민주당 강영훈 후보가 유네스코 한국위원 출신으로 3대의원인 자유당 김종규 후보를 707표 차로 꺾고 승리했다. 고양군수 출신인 무소속 남승희 후보가 승패의 균형추 역할을 했다.

이번 총선에서 민주당은 육군대학 출신으로 현역의원인 강영훈 후보를 내세웠고 자유당은 양주군수를 지낸 김종규 후보를 내세웠다.

상해 남방대 출신으로 2대의원을 지낸 조시원, 일본 중앙대 출신으로 치안국장 서리를 지낸 김병완, 경기도의원을 지낸 박인조, 의정부 전매서장 출신인 신도균, 보문고아원 원장을 지낸 김현진, 의정부읍 의원을 지낸 권오영, 회사원인 최병선, 민족대표자대회 대표였던 김하돈, 예비역 육군소령인 김달환, 연세대 출신인 정정훈 후보 등 10명의 후보들이 우후죽순처럼 등록했다.

이번 총선은 지난 총선에서 승패를 가른 민주당 강영훈 후보와 자유당 김종규 후보가 재대결을 펼친 상황에서 김종규 후보는 전국적으로 퍼지고 있는 반혁명세력 규탄 대상에 포함되어 곤욕을 치르고 있고, 강영훈 후보는 이기붕 국회의장의 비서인 전영배로부터 병문안으로 방문하여 1백만 원을 건네받은 것이 불법자금 수수에 휘말려 곤혹스러워 했다.

이 틈바구니를 민주당 낙천자로 제명처분을 받은 경기도의원 출신인 박인조 후보와 치안국장을 지낸 변호사 김병완 후보들이 어부지리(漁父之利)를 노리며 동분서주했다.

4월 혁명의 정신을 되살리자는 민주당의 바람을 타고 강영훈 후보가 3대의원과 양주군수를 지낸 자유당 김종규 후보를 연거푸 꺾고 재선의원이 됐다.

2대(조시원), 3대(김종규), 4대(강영훈)의원이 맞붙은 선거전에서 4대의원인 강영훈 후보가 승리했으며, 강영훈 후보의 사망으로 실시된 보궐선거에선 조병옥 대통령 후보의 차남인 조윤형 후보가 민주당 공천을 받고 출전하여 당선되어 의원직을 승계했다.

□ 득표상황

후보자	정당	연령	주요 경력	득표 (%)
강영훈	민주당	32	4대의원(양주 갑)	15,963 (30.6)
김종규	자유당	55	3대의원(양주 갑)	8,851 (17.0)
조시원	무소속	55	2대의원(양주 갑)	7,214 (13.8)
김병완	무소속	50	치안국장 서리	6,364 (12.2)
박인조	무소속	40	경기도 의원	4,045 (7.8)
신도균	무소속	39	의정부 전매서장	3,369 (6.5)
김현진	무소속	49	보문고아원 원장	1,482 (2.8)
정정훈	무소속	26	연세대졸	1,325 (2.5)
최병선	무소속	42	회사원	1,280 (2.5)
권오영	무소속	35	의정부 읍의원	871 (1.7)
김달환	무소속	28	육군소령	845 (1.6)
김하돈	무소속	54	민족대표회의 대표	534 (1.0)

〈양주 을〉 지난 4대 총선에서 900여 표차(票差)의 패배와 민주당 제명처분에 대한 동정여론으로 재선에 성공한 강승구

지난 4대 총선에선 재무부차관과 상공부장관을 지낸 자유당 강성태 후보가 변호사 출신으로 3대의원인 민주당 강승구 후보를 900여 표차로 따돌렸다.

제헌의원과 2대의원을 지낸 이진수, 육군대령 출신인 심금구, 변

호사로 해인대 교수인 이건용, 육군사관학교 교수인 조승옥 후보들은 무소속으로 출전했다.

이번 총선에서 민주당은 서울공대 출신으로 경기도 의원을 지낸 신흥균 후보를 공천하자, 지난 총선에서 석패한 강승구 후보가 반발하여 출전하여 제명처분을 받았다.

예비역 육군중령인 황석규, 수도여중고 사친회장인 구영조, 예비역 육군대령으로 변호사인 조승각, 육사 출신으로 육군대령으로 예편한 남상선, 협성메리야스 공업사를 경영한 유장문, 일본대 출신으로 대한노총 최고위원이며 제헌과 2대의원을 지낸 이진수, 고등공민학교장인 김동환 후보들이 무소속으로 입후보하여 10명의 주자들이 뛰게 됐다.

자유당 내에서 이기붕 라인으로 맹활약한 강성태 의원이 참의원 출전으로 방향을 선회하여 2대의원인 이진수, 3대의원인 강승구, 민주당 공천자인 신흥균 후보의 3파전이 전개됐다.

4대 총선에서 석패(惜敗)하고 민주당을 탈당하여 민주당의 공천에서 제외되고, 민주당에서 제명처분을 받은 강승구 후보가 동정여론을 일으켜 민주당 공천을 받은 신흥균 후보를 1,018표 차로 꺾고 재선의원이 됐다. 와부면과 화도면의 지역대결에서 와부면의 응집력이 강승구 후보의 당선을 가져왔다.

대한노총 최고위원으로 노동자의 단결을 호소한 이진수 후보는 기업체의 부재인 지역에서 높은 득표력을 보여주지 못했다.

□ 득표상황

후보자	정당	연령	주요 경력	득표 (%)

강승구	민주당	58	3대의원(양주 을)	10,006 (25.9)
신홍균	민주당	34	경기도의원, 공군대위	8,988 (23.2)
이진수	무소속	59	2선의원(1대,2대)	4,951 (12.8)
황석규	무소속	39	육군중령	4,124 (10.7)
남상선	무소속	30	육군대령	2,986 (7.7)
유장문	무소속	43	협성메리야스공업 사장	2,104 (5.4)
이춘우	무소속	41	고등공민학교장	2,063 (5.3)
구영조	무소속	62	수도여중고 사친회장	1,228 (3.2)
조승각	무소속	44	육군대령, 변호사	1,164 (3.0)
김동환	무소속	45	건국대 강사	1,055 (2.8)

〈연천〉 지난 4대 총선에서 패배에 따른 동정여론과 4월 혁명열기에 힘을 얻었고, 민주당 조직을 활용한 허산 후보가 대승을

지난 4대 총선에서 일본 구주제국대 출신으로 경기도지사와 내무부장관을 지낸 자유당 이익흥 후보가 민국당 연천군당위원장을 지낸 민주당 허 산, 경기산업 취체역인 무소속 강대곤 후보들을 꺾고 당선됐다. 강덕봉 후보는 등록무효가 되어 중도탈락했다.

이번 총선에서 민주당은 경기도당 부위원장인 허산 후보를 공천했고, 육군중령 출신인 강덕봉, 대한축구협회 부회장인 김근찬, 동광식품 대표인 장익삼, 미국 미네소타대 출신으로 한미경제 조정관 특별보좌관을 지낸 이태성, 행정계 잡지를 경영한 김석봉 후보들이 무소속으로 출전하여 6파전을 전개했다.

지난 4대 총선에서 패배에 따른 동정여론, 반혁명세력에 대한 규탄열기, 집권여당의 예상으로 인한 견고한 조직 등이 어우러져 민주당 허산 후보의 독주체제가 구비됐다.

재력이 풍부한 동광식품 대표인 장익삼, 지난 총선에 출전했으나 중도 탈락한 강덕봉 후보들이 추격전을 전개했으나 무위에 그쳤다.

한미경제조정관 특별보좌역인 이태성 후보와 대한축구협회 부회장인 김근찬 후보들의 선전이 아쉬웠다.

□ 득표상황

후보자	정당	연령	주요 경력	득표 (%)
허 산	민주당	48	경기도당 부위원장	7,884 (52.6)
장익삼	무소속	37	동광식품 대표	2,232 (15.0)
강덕봉	무소속	42	육군중령	2,040 (13.6)
이태성	무소속	37	대학교수	1,474 (9.8)
김근찬	무소속	52	대한축구협회 부회장	940 (6.3)
김석봉	무소속	32	행정계 발행인	408 (2.7)

〈포천〉 지난 4대 총선에서 패배에 따른 동정여론, 민주당 제명처분으로 인한 반사이익으로 국회 등원에 성공한 김영구

지난 4대 총선에서 미국 아메리칸대 출신으로 3대와 4대의원을 지낸 자유당 윤성순 후보가 고려대 법대 교수인 민주당 김영구 후보를 어렵게 제압했다.

정경민보, 대한판초자 회장인 김도원, 토건업자로서 서울농대 강사인 임대순 후보들은 무소속으로 출전했다.

이번 총선에서 민주당은 동경제대 출신으로 고려대 교수로 포천군당위원장인 김영구 후보를 공천하자, 일본 조도전대 출신으로 동방산업 사장인 이근오와 포천군수와 경기도의원을 지낸 이기우 후보들이 민주당으로 등록하여 민주당내 3파전을 전개했다.

길림대 출신인 이시찬 후보는 한국독립당 공천으로 출전했고, 북경 보안대 출신인 백용기, 서울농대 강사인 임대순, 입법의원으로 활동했던 문진교, 포천농고 교장을 지낸 김영묵, 육군중령 출신인 이해성, 건설신문 사장인 원봉운 후보들이 무소속으로 출전했다.

민주당은 공천자 김영구 후보를 돕기 위해 민주당으로 등록한 이기우, 이근오 후보와 무소속으로 등록한 문진교 후보들을 제명 처분했다.

제명당한 세 후보들은 득표활동의 위축으로 4위, 5위, 6위로 밀려났다.

풍신산업 사장으로 서울농대 강사인 임대순 후보가 군내면민들의 도움으로, 포천농고 교장 출신인 김영묵 후보가 소흘면민들의 지원으로 추격전을 전개했으나 추격에 머물렀다.

동경제대 출신으로 고려대 교수인 민주당 김영구 후보가 지난 총선에서 패배에 따른 동정여론, 민주당의 제명처분에 따른 반사이익 등으로 어렵지 않게 관문을 뚫고 국회에 등원했다.

□ 득표상황

후보자	정당	연령	주요 경력	득표 (%)

김영구	민주당	39	대학교수	10,328 (24.3)
임대순	무소속	55	서울농대 강사	7,446 (17.5)
김영묵	무소속	35	포천농고 교장	6,406 (15.1)
이기우	민주당	39	포천군수	5,229 (12.3)
이근오	민주당	52	동방산업 사장	3,171 (7.5)
문진교	무소속	47	입법의원	2,292 (5.3)
백용기	무소속	37	난민정착 추진위원	2,231 (5.3)
이시찬	한국독립당	53	한국난민회 상무	2,225 (5.2)
이해성	무소속	47	육군중령	2,141 (5.1)
원봉운	무소속	53	건설신문사장	980 (2.3)

〈가평〉 3선의원의 지명도와 조직을 활용하여 지난 총선에 이어 재도전한 김종관 후보를 연거푸 꺾고 4선의원 고지에 오른 홍익표

지난 4대 총선에선 제헌 및 2대의원을 지낸 민주당 홍익표 후보가 중고교교장으로 자유당 공천을 받은 김종관, 가평군수 출신으로 3대의원인 무소속 오형근, 생명보험회사 사원인 무소속 장봉순 후보들을 꺾고 3선의원 반열에 올랐다.

이번 총선에서 민주당은 경성제대 출신으로 제헌, 2대, 4대의원을 지낸 3선의원 홍익표 후보를 내세웠고, 자유당은 창덕여중고 교사 출신인 김종관 후보를 내세웠다. 육군사관학교 출신인 신만재 후보가 무소속으로 등록하여 3파전이 전개됐다.

민주당 홍익표 후보가 3선의원이란 지명도와 조직을 가지고 지난 총선에서의 패배를 설욕하고자 재도전한 김종관 후보를 가볍게 꺾고 4선의원 반열에 올랐다.

□ 득표상황

후보자	정당	연령	주요 경력	득표 (%)
홍익표	민주당	50	3선의원(1,2,4대)	13,734 (53.6)
김종관	자유당	40	가평가시아중학 교장	6,202 (24.2)
신만재	무소속	44	육군사관학교졸	5,680 (22.2)

〈양평〉 뿌리깊은 민주당 조직, 혁명열기로 달아오른 정권교체 열망으로 지난 4대 총선에서 패배를 딛고 재선의원이 된 천세기

지난 4대 총선에선 육군중령 출신인 자유당 유용식 후보가 총경 출신으로 3대의원인 민주당 천세기 후보를 제압하고 국회 등원에 성공했다.

자유당 양평군당 부위원장을 지낸 이철연, 의사 출신으로 자유당 양평군당 부위원장을 지낸 구필회, 동신건설 사장인 최형찬, 중앙산업 취체역인 강대성 후보들은 무소속으로 출전했다.

이번 총선에서 민주당은 3대의원을 지낸 천세기 후보를 내세웠고, 자유당은 육군사관학교 출신으로 4대의원인 유용식 후보를, 사회대중당은 양평군에 근무했던 최은성 후보를 대항마로 내세웠다.

일본대 출신으로 수도경찰청 수사과장을 지낸 이만종, 교통부 감

사관을 지낸 이준용, 일본 명치대 출신으로 조선대 교수인 박충홍 후보들이 무소속으로 등록하여 정당 공천 후보들과 힘겨루기를 벌였다.

3대의원인 민주당 천세기, 4대의원인 자유당 유용식 후보의 재대결장에 수도경찰청 수사과장 출신인 이만종 후보가 혜성처럼 나타나 3파전을 전개했다.

그러나 뿌리깊은 민주당 조직, 지난 총선에서 석패(惜敗)에 따른 동정 여론, 혁명정신으로 달아오른 정권교체 열망에 힘입어 천세기 후보가 어렵지 않게 승리하여 재선의원이 됐다.

지방공무원 출신인 최은성, 교통부 감사관을 지낸 이준용, 조선대 교수인 박충홍 후보 등 후발주자 3인방의 득표력은 미약했다.

□ 득표상황

후보자	정당	연령	주요 경력	득표 (%)
천세기	민주당	39	3대의원(양평)	17,136 (43.6)
이만종	무소속	46	경찰청 수사과장	10,125 (25.8)
유용식	자유당	36	4대의원(양평)	9,050 (23.0)
최은성	사회대중당	36	지방행정주사	1,119 (2.9)
이준용	무소속	47	교통부 감사관	951 (2.4)
박충홍	무소속	46	조선대 교수	885 (2.3)

〈여주〉 반혁명세력 규탄의 열기와 김의준 후보의 사퇴에 힘입어 무소속 후보들을 가볍게 꺾고 국회 등원에 성공한 박주운

지난 4대 총선에선 명치대 출신으로 2대와 3대의원을 지낸 자유당 김의준 후보가 대동청년단 여주군단장을 지낸 민주당 오덕섭, 한의사로 향교재단 이사인 무소속 신철회 후보들을 가볍게 꺾고 3선의원이 됐다.

이번 총선에서 민주당은 서울지법 판사 출신인 박주운 후보를 공천하자, 여주주조 사장인 이봉구, 대한관광 사장인 김창한, 이포중학원장인 신충현 후보들이 무소속으로 등록하여 4파전을 전개했다.

일본 명치대 출신으로 2대, 3대, 4대의원으로 자유당 선전부장을 지낸 김의준 후보가 무소속으로 등록했다가 시절의 무상(無常)함을 곱씹으며 사퇴했다.

전국적으로 서울 유학생들이 주도한 반혁명세력 규탄의 열기가 이 지역구까지 퍼져 거물정객인 김의준 후보의 사퇴에 따른 반사이익을 누린 민주당 박주운 후보가 여주양조장 사장인 이봉구, 대한관광 사장인 김창한, 이포중학교장인 신충현 후보들을 가볍게 제압할 수 있었다.

□ 득표상황

후보자	정당	연령	주요 경력	득표 (%)
박주운	민주당	51	판사, 변호사	20,969 (54.7)
이봉구	무소속	53	여주주조 사장	9,934 (25.9)
김창한	무소속	43	대한관광개발 사장	4,982 (13.0)
신충현	무소속	38	이포중학 원장	2,475 (6.4)
김의준	무소속	51	3선의원(2,3,4대)	사퇴

⟨이천⟩ "최하영이 당선돼야 자유당원들이 살 수 있다"는 여론을 일으켜 최하영 후보가 옥중당선됐으나, 공민권 제한으로 당선무효되어 백두진 후보가 의원직 승계

지난 4대 총선에선 서울시당 선전부장을 지낸 민주당 연윤희, 감찰부 차장을 지낸 자유당 이정재 후보들이 사퇴하여 미국 데이버대 출신으로 서울시장, 국방부장관을 지내고 국회의장으로 활약하고 있는 자유당 이기붕 후보가 무투표 당선됐다.

이번 총선을 맞이하여 이승만 정부시절 재무부장관, 국무총리를 역임한 백두진 후보가 민주당에 입당했다.

민관식, 조영규 의원 등은 "저 유명한 중석불 사건을 일으켜 놓고도 민주당에 들어와"하며 입당반대 입장을 밝혔고, 김의택 의원은 "이제와서 다 지어 놓은 밥에 수저를 들고 달려든단 말인가"라며 공천을 반대했다.

문호를 개방하되 이승만 정권에서 권세를 마구 부린 사람까지 입당시켜서야 되느냐는 여론에 부정축재자 규탄위원회는 백두진, 양우정, 황호영을 직권남용, 배임, 횡령혐의로 고발까지 했다.

이에 백두진 후보는 "자유당에 협조하지 않는다고 해서 이기붕으로부터 굉장한 모략도 받았다. 나는 부정축재를 한 적도 없고 자유당에 협조한 적도 없다"고 해명했다.

민주당은 집권 후 민심수습책의 일환으로 자유당 시절 고급공무원을 공천에서 배제키로 했다.

이번 총선에서 민주당은 이천군당위원장인 백두현 후보를 공천하자, 군당부위원장인 전명호 후보가 등록하여 이전투구를 벌였다. 여기에 12명의 무소속 후보들이 난립하여 혼전양상을 띄게 됐다.

양정고 교사인 전원영, 사회사업 경기연합회장인 김남수, 설성면장을 지낸 박병은, 보통문관시험에 합격한 유연성, 대한불교혁신총연맹 고문인 엄유섭, 재무부장관과 국무총리를 지낸 백두진, 독도개발협회 이사장인 최익환, 경기도 의원을 지낸 조종호, 서울상대 서무과장을 지낸 나은용, 조해양조 사장인 서준호, 동경대 출신으로 심계원장을 지낸 최하영, 황해염업 취체역인 장한정 후보들이 난전을 벌였다.

이기붕 국회의장같은 거물사태로 눈이 높아온 이곳 유권자들은 백두진, 최하영 후보들에게 관심을 보였으며, 백두진 전 국무총리와 최하영 전 심계원장의 자존심 대결이 펼쳐졌다.

옥중 출마한 최하영 후보는 수많은 전 자유당원들에게 "최하영이 당선되어야 자유당 당원들이 살 수 있다"는 숨은 구호아래 지하운동에 가까운 맹렬한 선거공작을 감행했다.

일본으로부터 괴우편물이 유권자들에게 배달됐으며 편지의 내용은 백두진 후보가 재무부장관 시절 신라호텔 사건에 관련되어 있다고 중상했으며 발신자는 동경정치대학 이 모 교수였다.

민주당 공천후보 백두현, 국무총리를 지낸 백두진, 심계원장 출신인 최하영 후보의 3파전은 일본으로부터 날아온 괴편지, 자유당원들의 묻지마 투표 등으로 무소속 최하영 후보가 옥중 당선됐다. 그러나 공민권 제한으로 최하영 후보의 당선이 무효되어 실시한 재선거에서 백두진 후보가 당선되어 의원직을 승계했다.

□ 득표상황

후보자	정당	연령	주요 경력	득표 (%)
최하영	무소속	52	심계원장	7,043 (16.9)
백두현	민주당	39	지구당위원장	4,953 (11.9)
백두진	무소속	51	재무부장관,국무총리	4,780 (11.5)
박병은	무소속	50	설성면장	3,456 (8.3)
전명호	민주당	34	지구당 부위원장	3,199 (7.7)
김남수	무소속	42	사회사업 경기지회장	3,093 (7.4)
조종호	무소속	44	경기도 의원	3,083 (7.4)
전원영	무소속	38	양정고 교사	2,940 (7.1)
서준호	무소속	55	조해주조 사장	2,916 (7.0)
장한정	무소속	45	황해염업 사장	1,476 (3.6)
유연성	무소속	41	보통문관시험 합격	1,410 (3.4)
나은용	무소속	59	서울상대 서무과장	1,294 (3.1)
엄유섭	무소속	37	불교 혁신연맹 고문	1,219 (2.9)
최익환	무소속	56	독도개발 이사장	709 (1.7)

〈용인〉 민주당 공천을 받은 김윤식 후보가 경성제대, 동경 중앙대 출신 후보들을 가까스로 따돌리고 국회 등원에 성공

지난 4대 총선에선 선전부 차장 출신인 민주당 구철회 후보가 3대 의원인 자유당 신의식 후보를 꺾고 국회 등원에 성공했다.

민주당 공천으로 당선된 구철회 후보는 4월혁명 직전 자유당으로 변신하여 이번 총선에선 수원으로 지역구를 옮겨 출전했다.

이번 총선에서 민주당은 용인군당위원장인 김윤식 후보를 공천했고, 자유당은 용인군당 부위원장인 이상범 후보를 내세웠다.

경성제대 출신으로 초대 국무총리 비서실장을 지낸 목성표, 영림공사 업무과장 출신인 백홍기, 중앙의료전문학원장인 최규헌, 태성중 교사 출신으로 용인면 의회의장을 지낸 조성우, 건국대 재학 중인 이원균, 일본 중앙대 출신으로 민주당 중앙위원인 신용철, 수원여중 교감을 지낸 유철수, 중앙산업 전무인 정해직 후보들이 등록하여 10명의 주자들이 난타전을 전개했다.

10명의 후보들이 난립된 선거전은 민주당 공천을 받은 김윤식 후보와 낙천되고 민주당에서 제명된 신용철 후보들이 민주당 조직표를 반분하고, 이범석 국무총리 비서실장을 지낸 목성표 후보와 용인면의회 의장을 지낸 조성우 후보들이 사조직을 가동하여 선두권을 형성했다.

임산협회 이사인 백홍기, 중앙산업 전무인 정해직 후보들이 선두주자들을 향한 추격전을 전개했다.

기흥면민들의 전폭적인 지원과 민주당 공천 후보임을 내세운 김윤식 후보가 선두권을 함께 달린 경성제대 출신인 목성표, 동경 중앙대 출신인 조성우와 신용철 후보들을 가까스로 제압하고 당선되어 민주당 중앙당의 체면을 살려줬다.

☐ 득표상황

후보자	정당	연령	주요 경력	득표 (%)

김윤식	민주당	45	용인군당위원장	7,743 (18.5)
목성표	무소속	41	국무총리 비서실장	6,881 (16.4)
조성우	무소속	38	용인면 의회의장	6,616 (15.8)
신용철	무소속	49	민주당 중앙위원	6,309 (15.1)
백홍기	무소속	38	영림공사 업무과장	4,319 (10.3)
정해직	무소속	42	중앙산업 전무	4,158 (9.9)
유철수	무소속	40	수원여중 교감	2,027 (4.8)
이원균	무소속	28	건국대생	1,780 (4.3)
이상범	자유당	53	용인군당 부위원장	1,084 (2.6)
최규헌	무소속	43	중앙의료전문학원장	940 (2.3)

〈안성〉 오재영 자유당 후보의 위축과 강희갑, 김노묵 민주당후보들의 이전투구에 어부지리를 챙긴 무소속 김갑수

지난 4대 총선에선 3대의원을 지낸 자유당 오재영 후보가 일본 입교대 출신으로 2대의원으로 상공부 장관을 지낸 무소속 이교선 후보를 꺾고 재선의원이 됐다.

평양의전 출신인 민주당 강희갑, 안성읍의원을 지낸 사회사업가인 안수연, 의사 출신으로 안성읍의원을 지낸 이상열 후보들은 무소속으로, 서울지법 수원지원장을 지낸 유제충 후보는 독립노농당으로 출전했다.

이번 총선에서 민주당은 의사로 인술을 베푼 강희갑 후보를, 사회대중당은 고등공민학교 교장인 이규헌 후보를, 자유당은 건설신문 사장과 3대와 4대의원을 지낸 오재영 후보를 공천했다.

법무부차관, 내무부차관 그리고 대법관을 지낸 김갑수, 일본 중앙대 출신으로 토건업자인 박한주, 안성읍의회 의장을 지낸 김노묵, 안성 명륜중 교장을 지낸 유제충, 안성산업 사장인 이기순 후보들이 무소속으로 등록하여 정당 공천 후보들과 한판 승부를 펼쳤다.

안성중고생 3천여 명이 반혁명세력분자 오재영 규탄대회를 개최하고, 안성공원에서 단식 연좌투쟁을 전개하다가 오재영 선거사무소를 습격하여 기물을 파괴했다.

오재영 후보의 후보직 사퇴를 선언하고 사퇴서를 제출하여 가까스로 시위군중이 흩어졌으나, 오재영 후보는 뒤늦게 강압에 의한 사퇴라며 사퇴를 철회했다.

오재영 후보는 등록복구 결정에 1만여 명의 군민들이 "자유당 지지세력을 배격하자"는 프랭카드를 앞세우고 데모를 벌였으며, "선배고 뭐고 그렇게 악착같이 출마하려는 인물을 그냥 둘 수 없다"며 안법중고생까지 합류한 1천 2백명의 학생들이 3백리 길을 걸어 서정리를 거쳐 서울에 도착하여 오 후보의 사퇴를 촉구했다.

후보직 사퇴를 번복한 오재영 후보는 선거운동을 펼쳤으나, 반혁명세력 규탄 열기에 위축되어 당선권에서 멀어졌다.

민주당 공천을 받은 강희갑 후보와 민주당에서 제명처분을 받은 김노묵 후보가 이전투구를 전개하다가 대법관 출신이라는 명성 하나만 믿고 출전한 김갑수 후보에게 어부지리를 안겨줬다.

강희갑, 김노묵 후보의 득표가 18,564표로 김갑수 후보의 12,990

표보다 5,574표나 많았다.

□ 득표상황

후보자	정당	연령	주요 경력	득표 (%)
김갑수	무소속	48	내무부차관, 대법관	12,990 (25.3)
강희갑	민주당	41	의사	10,187 (19.8)
김노묵	무소속	61	안성읍의회 의장	8,377 (16.3)
유제충	무소속	35	안성 명륜중 교장	7,365 (14.3)
이규현	사회대중당	41	공도고등공민학교장	5,018 (9.8)
오재영	자유당	41	2선의원(3대, 4대)	4,074 (7.9)
박한주	무소속	41	토건업 사장	2,726 (5.3)
이기순	무소속	56	안성산업 사장	627 (1.2)

〈평택〉 지난 4대 총선에서 낙선한 동정여론으로 민주당 공천에서의 낙천과 제명처분의 아픔을 딛고 기사회생한 이병헌

지난 4대 총선에선 수원에서 3대의원에 당선되어 중앙당 감찰위원장을 지낸 자유당 정존수 후보가 경찰전문학교 서무과장을 지낸 민주당 이병헌, 경남 수리조합장 출신인 무소속 이민원 후보들을 가볍게 제압하고 재선의원이 됐다.

2대와 3대 의원을 지낸 무소속 황경수, 면장 출신인 황욱재, 국민회 중앙위원인 이병국 후보들도 무소속으로 출전했다.

이번 총선에서 민주당은 지난 총선에서 낙선한 이병헌 후보를 공

천에서 배제하고 중앙위원인 유치송 후보를 공천했다.

이에 이병헌 후보를 비롯하여 제헌의원인 최석화, 육군법무관 출신인 임승학 후보들이 반발하여 출전하자, 민주당은 이병헌, 최석화, 임승학 후보들을 제명처분했다.

그러나 이병헌 후보는 민주당 신파 공천을 내세웠고, 최석화 후보는 무소속으로, 임승학 후보는 변호사 출신으로 자유법조단 간판으로 출전했다.

이들 외에도 중앙당 간사장인 안정용 후보는 사회대중당으로, 서울타임스 논설위원인 최승록 후보는 한국통일촉진재건회 공천으로 출전했다.

중학교 교장 출신인 김경하, 정·부통령 선거 때 장면 선거사무장을 지낸 김진택, 평택군 월남(越南)동지회장인 송우근, 서울시 사회국장, 종로구청장, 서대문구청장을 역임한 원근식, 해군 정보관을 지낸 유빈, 2대와 3대의원을 지낸 황경수 후보들이 무소속으로 등록하여 12명의 주자들이 난립됐다.

선거전은 민주당 신·구파의 혈전으로 돌변하여 구파 출신으로 공천을 받은 유치송, 지난 총선에서 패배를 설욕코저 한 신파출신 이병헌 후보들이 선두권을 형성한 가운데 송탄면의 지지기반이 돋보인 김경하, 제헌의원의 저력을 지닌 최석화, 한국사회당 간사장인 안정용, 종로구청장과 서대문구청장 출신인 원근식 후보들이 추격전을 전개했다.

평택읍과 포승면의 지역대결까지 펼친 선거전은 지난 총선에서 자유당 거물정객 정존수 의원에게 석패한 동정여론을 듬뿍 받은 이병헌 후보가 낙천의 설움을 딛고 기사회생했다.

□ 득표상황

후보자	정당	연령	주요 경력	득표 (%)
이병헌	민주당	63	경찰학교 총무과장	15,863 (28.0)
유치송	민주당	35	민주당 중앙위원	11,511 (20.3)
김경하	무소속	44	중학교 교장	7,503 (13.3)
최석화	무소속	48	제헌의원(평택)	5,230 (9.2)
안정용	한국사회당	45	한국사회당 간사장	4,416 (7.8)
원근식	무소속	49	종로, 서대문구청장	3,694 (6.5)
황경수	무소속	44	2선의원(2대, 3대)	3,135 (5.5)
김진택	무소속	37	민주당부위원장	1,236 (2.2)
송우근	무소속	50	월남동지회 군지부장	1,134 (2.0)
임승학	자유법조단	51	육군 법무관	1,045 (1.8)
유 빈	무소속	52	해군 정보관	1,018 (1.8)
최승록	통일촉진회	38	서울타임스 논설위원	814 (1.4)

〈화성 갑〉 지난 총선에서 석패한 김인태 전 의원의 지지세력들의 전폭적인 지원으로 홍봉진 민주당 공천자를 꺾고 국회 등원에 성공한 무소속 박상묵

지난 4대 총선에선 3대의원인 자유당 손도심 후보가 2대의원을 지낸 민주당 김인태 후보와의 양자 대결 승부에서 512표차로 꺾

고 재선의원이 됐다.

이번 총선에서 민주당은 경성제국대 출신으로 고려대와 중앙대 교수로 화성 을구에서 4대의원에 당선된 홍봉진 후보를 내세웠고, 사회대중당은 경기도당 선거대책위원장인 이창호 후보를 내세웠다.

민주당 공천에 반발하여 중앙당 문화부 차장을 지낸 홍사승, 동경 중앙대 출신으로 지구당위원장을 지낸 박상묵, 성동갑구 조직부장을 지낸 홍경선 후보들이 무소속으로 출전했으나 모두 제명처분을 받았다.

상공통신사 중역인 예영창, 동경대 출신으로 성균관대 교수인 한상갑, 숙명여대 사무처장 겸 부교수인 임래재, 사회당 중앙상무위원을 지낸 이각래, 경기도 의원 출신인 최희덕, 수원농고 교사였던 김정철, 서울시 상공국장 출신인 나상근 등 10명의 무소속 후보들이 난립됐다.

선거전은 민주당 출신들의 난타전이 전개됐고 민주당 공천을 받은 홍봉진 후보와 지구당위원장으로 지역 민심을 훑은 박상묵 후보의 대결로 압축됐다.

지난 총선에서 손도심 후보에게 석패하고 고인(故人)이 된 김인태 전 의원의 지지세력들의 전폭적인 지지를 받은 박상묵 후보에게 승리의 월계관이 씌워졌다.

지난 4대 총선에서 화성 을구에서 민주당 공천으로 당선된 홍봉진 후보는 강을순 후보에게 지역구를 넘겨주고, 갑구로 전구(轉區)하여 낙선함으로써 민주당 공천의 난맥상과 씁쓸한 여운을 남겼다.

☐ 득표상황

후보자	정당	연령	주요 경력	득표 (%)
박상묵	무소속	43	지구당위원장	9,248 (23.1)
홍봉진	민주당	57	4대의원(화성 을)	4,753 (11.9)
나상근	무소속	50	서울시 상공국장	4,197 (10.5)
홍사승	무소속	38	민주당 문화부차장	3,454 (8.6)
한상갑	무소속	46	성균관대 교수	3,153 (7.9)
임래재	무소속	46	숙명여대 부교수	2,965 (7.4)
이각래	무소속	60	사회당 중앙위원	2,822 (7.1)
김정철	무소속	35	수원농고 교사	2,655 (6.6)
최희덕	무소속	43	경기도 의원	2,383 (6.0)
예영창	무소속	36	상공통신사 중역	1,583 (4.0)
홍경선	무소속	32	성동갑구 조직부장	1,533 (3.8)
이창호	사회대중당	32	지구당위원장	1,272 (3.2)

〈화성 을〉 지난 4대 총선에서 석패에 따른 동정여론으로 민주당 공천자인 강을순 후보를 꺾고 국회에 등원한 서태원

지난 4대 총선에선 고려대 교수인 민주당 홍봉진 후보가 공군 준장 출신인 자유당 신동우, 고등공민학교장인 무소속 서태원 후보와의 3파전에서 승리했다.

순경과 면서기 출신인 최병규, 명치대 출신으로 은행원과 면장을 지낸 박광병, 조도전대 출신으로 3대의원을 지낸 최병국 후보들도 무소속으로 출전하여 3파전을 전개했다.

이번 총선에서 민주당은 홍봉진 4대의원을 갑구로 돌리고 중앙위원인 강을순 후보를 공천했고, 자유당은 협신운수 사장인 송영균을, 한국독립당은 신흥사관학교 출신으로 임시정부 요인으로 활약한 한국독립당 대표인 김학규를, 사회대중당은 함흥농고 출신으로 농사원에 근무했던 김남용을 공천하여 4파전을 전개토록 했다.

여기에 13명의 무소속 후보들이 난립하여 17명의 주자들이 뛰고 뛰었다.

육사와 서울대 강사인 박용호, 고려대 출신으로 화성 교육위원인 서태원, 예비역 육군대위인 서정환, 민주당 중앙위원인 송재봉, 경기건설 취체역인 박기양, 한국무역협회 이사장인 김무기, 화성 향남면장을 지낸 신종식, 안용면의회 의장과 경기도의원을 지낸 박정환, 중앙대 법정대학장을 지낸 박승문, 동경 일본대 출신으로 범한산업 사장인 이학구, 동경제국대 출신으로 대한인쇄협회 이사인 박선일, 화성군 봉담면장을 지낸 최상헌 후보들이 무소속으로 등록했다.

민주당 중앙위원인 김진구 후보는 무소속으로 등록했다가 제명처분을 받자 사퇴했다.

17명이 혼전을 전개한 선거전은 민주당 공천을 받은 강을순 후보와 경기도 의원으로 조직을 추스린 무소속 박정환, 봉담면장 출신인 무소속 최상헌, 향남면장 출신인 신종식, 고등공민학교장으로 지역기반을 닦은 무소속 서태원 후보들의 각축전이 됐다.

민주당이 중앙위원 출신으로 낙천에 반발한 송재봉, 김진구 후보들의 제명처분으로 강을순 후보에게 힘을 실어 주었으나, 무소속 서태원 후보가 지난 총선에서 민주당 홍봉진 후보에게 아쉽게 패배한 동정여론과 화성군 교육위원으로 닦아 논 조직기반을 활용하여 국회 입성에 성공했다.

한국무역협회 이사장인 김무기, 상해임시정부 요인이었던 김학규, 중앙대 법정대학장 출신인 박승문 후보들의 득표력은 보잘 것 없었다.

□ 득표상황

후보자	정당	연령	주요 경력	득표 (%)
서태원	무소속	47	화성군 교육위원	10,542 (24.7)
강을순	민주당	38	민주당 중앙위원	4,962 (11.6)
박정환	무소속	46	경기도 의원	4,738 (11.1)
최상헌	무소속	53	화성군 봉담면장	4,063 (9.5)
신종식	무소속	60	화성군 향남면장	2,681 (6.3)
박승문	무소속	40	중앙대 법정대학장	2,500 (5.8)
송영균	자유당	46	협신운수 사장	2,270 (5.3)
김무기	무소속	41	무역협회 이사장	2,220 (5.2)
김학규	한국독립당	59	당 대표, 임정요인	1,825 (4.3)
송재봉	무소속	47	민주당 중앙위원	1,641(3.8)
박용호	무소속	32	서울대, 육사강사	1,557(3.6)
이학구	무소속	43	범한산업 사장	1,097(2.6)
서정환	무소속	34	육군대위	963(2.3)
박선일	무소속	55	대한인쇄협회 이사	753(1.8)
박기양	무소속	37	경기건설산업 상무	628(1.5)
김남용	사회대중당	52	농사원 주사	310(0.7)

| 김진구 | 무소속 | 35 | 민주당 중앙위원 | 사퇴 |

〈시흥〉 지난 4대 총선에 민주당 후보로 출전한 홍헌표, 이번 총선에 민주당 공천을 받은 백봉운 후보의 백병전(白兵戰)을 틈타 4선의원에 등극한 무소속 이재형

지난 4대 총선에선 제헌 및 2대의원, 상공부장관을 지낸 무소속 이재형 후보가 내무부차관, 성균관대 부총장을 지낸 민주당 홍헌표, 조흥토목 사장인 자유당 황의성, 3대의원인 무소속 이영섭 후보와의 4파전에서 승리하여 3선의원 반열에 올랐다.

이번 총선에서 민주당은 지난 총선에서 낙선한 홍헌표 후보를 제치고 시흥군당위원장인 백봉운 후보를 내세우자, 학도호국단 중앙위원장인 박영성, 대한치과의사회 회장인 김용진, 내무부차관과 성균관대 부총장을 역임한 홍헌표, 서울대 강사인 정병학, 상공부장관을 지낸 4대의원인 이재형 후보들이 무소속으로 출전하여 한판 승부를 펼쳤다.

일본 중앙대 출신으로 1948년부터 지역에 뿌리를 내린 무소속 이재형 후보가 지난 총선에 민주당으로 출전하여 낙선한 경도제대 출신인 홍헌표, 홍헌표 후보를 제치고 민주당 공천을 받고 출전한 백봉운 후보와의 3파전에서 민주당 출신 후보들의 이전투구를 틈타 이재형 후보가 당선되어 4선의원의 위업을 달성했다.

혁신계 출신들의 출전이 없는 상황에서 젊은 패기를 앞세워 열변을 토해내는 박영성 후보의 선전이 돋보였다.

□ 득표상황

후보자	정당	연령	주요 경력	득표 (%)
이재형	무소속	45	3선의원(1,2,4대)	15,112 (33.9)
홍헌표	무소속	53	내무부 차관	8,696 (19.5)
백봉운	민주당	36	시흥군당위원장	8,515 (19.1)
박영성	무소속	28	학도호국단 위원장	6,923 (15.5)
김용진	무소속	55	대한치과의사회장	2,705 (6.1)
정병학	무소속	40	서울대 강사	2,658 (5.9)

〈부천〉 민주당 공천 혈투와 조직 내홍으로 힘이 빠져버린 송석홍, 박송희 후보들을 꺾고 재선의원으로 발돋움한 박제환

지난 4대 총선에선 서울지방법원장, 내무부장관, 3대의원을 지낸 자유당 장경근 후보가 일본 동지대 출신으로 2대의원을 지낸 무소속 박제환, 서울여의대 강사인 민주당 김용성 후보들을 가볍게 제압하고 재선의원이 됐다.

이번 총선에선 경기도의원을 지낸 송석홍 후보와 조선민주당 황해도 신천군 사무국장 출신인 박승희 후보가 민주당으로 출전하여 혼전을 벌였다.

하얼빈대 출신으로 동명직물 사장인 장석삼, 학도의용대 부천지대장인 김호영, 월산산업 사장인 엄기옥, 대한노총 광산분과위원장 출신인 심상영, 혁신동지회 대표를 지낸 김선적, 한국화곡 취체역

을 지낸 김헌경, 인천지원 형사계장 출신인 김기태, 2대의원을 지낸 박제환, 익창산업 사장인 이계무, 일본대 출신으로 경희대 교수인 김일청, 교육사업가인 조종규, 대한수산 자원개발 취체역인 배종식, 하얼빈대 출신으로 상이복지회 지도위원인 김기수, 경성법대 출신으로 자유기업 사장인 김연성 후보들이 등록하여 16대 1의 높은 경쟁률을 자랑했다.

16명의 후보들이 난타전을 벌인 선거전은 민주당으로 출전한 박승희, 송석홍 후보와 2대의원을 지내고 지난 총선에 출전하여 낙선한 무소속 박제환 후보가 3파전을 전개했다.

동명직물 사장인 장석삼, 분창산업 사장인 이계무, 자유기업 사장인 김연성, 경희대 교수인 김일청 후보들도 나름대로 선전했다.

2대의원으로 3대와 4대 총선에서 자유당 장경근 후보에게 패배하여 낙선했지만, 지명도와 지금껏 구축해 놓은 조직을 활용한 박제환 후보가 민주당 공천 혈전과 조직 내홍을 겪은 박승희, 송석홍 후보들을 힘겹게 꺾고 재선의원이 됐다.

□ 득표상황

후보자	정당	연령	주요 경력	득표 (%)
박제환	무소속	55	2대의원(부천)	11,092 (23.1)
송석홍	민주당	36	경기도의원	8,593 (17.9)
박승희	민주당	40	조민당원, 축산업	5,820 (12.1)
이계무	무소속	44	분창산업 사장	3,949 (8.2)
장석삼	무소속	49	동명직물 사장	3,713 (7.7)
김일청	무소속	44	경희대 교수	3,423 (7.1)

김연성	무소속	37	자유기업 사장	3,180 (6.6)
배종식	무소속	34	수산자원개발 취체역	1,414 (2.9)
김호영	무소속	29	학도의용대 지대장	1,238 (2.6)
김기태	무소속	35	인천지원 형사계장	1,234 (2.6)
심상영	무소속	42	대한노총 분과위원장	1,197 (2.5)
조종규	무소속	51	교육사업가	801 (1.7)
엄기옥	무소속	47	월산산업 사장	723 (1.5)
김선적	무소속	33	혁신동지회 대표	671 (1.4)
김헌경	무소속	33	한국화공업 취체역	481 (1.0)
김기수	무소속	47	상이복지회 지도위원	474 (1.0)

〈김포〉 그동안 가꾸어 온 조직과 지명도로 민주당 허길 후보를 연거푸 꺾고 4선의원에 등극한 무소속 정준

지난 4대 총선에선 제헌과 3대의원을 지낸 무소속 정준 후보가 세브란스 의대 출신인 자유당 문창모, 일본 명치대 출신인 민주당 허 길 후보와의 3파전에서 승리하여 3선의원 반열에 올랐다.

이번 총선에서 민주당은 공성기업 전무인 허길 후보를 공천하자 민주당 중앙위원인 김두섭 후보가 반발하여 민주당으로 등록하여 혼전을 전개했다.

회사원인 안병덕 후보가 사회대중당으로, 상해 임시정부 선전위원으로 활약한 유찬우 후보가 한국독립당으로 출전했다.

건국대 강사인 심기섭, 조선일보 정치부장을 지낸 남기영, 4대의원으로 3선의원인 정준, 유도회(儒道會) 청년부장 출신인 김상구 후보들이 무소속으로 등록하여 정당 후보들과 한판 승부를 벌였다.

1948년부터 닦아 온 조직과 3선의원으로서의 지명도를 활용한 무소속 정준 후보가 30대 젊음을 패기로 지난 4대 총선에 이어 재도전한 민주당 허길 후보를 연거푸 꺾고 4선의원에 등극했다.

민주당 공천에서 낙천되고 제명처분까지 받았지만 민주당을 고수한 김두섭 후보와 건국대 강사인 무소속 심기섭 후보의 선전이 돋보였다.

서울시장에 도전하기위한 정준 의원의 사퇴로 실시된 보궐선거에서 민주당 허길 후보가 당선되어 뒤늦게 국회에 등원했다.

□ 득표상황

후보자	정당	연령	주요 경력	득표 (%)
정 준	무소속	45	3선의원(1,3,4대)	15,803 (38.0)
허 길	민주당	32	공성기업 전무	8,313 (20.0)
심기섭	무소속	36	건국대 강사	7,511 (18.1)
김두섭	민주당	30	민주당 중앙위원	4,614 (11.1)
유찬우	한국독립당	50	상해임정 선전위원	2,509 (6.0)
김상구	무소속	33	유도회 청년부장	1,187 (2.9)
남기영	무소속	42	조선일보 정치부장	1,152 (2.8)
안병덕	사회대중당	30	회사원	469 (1.1)

〈강화〉 3선의원의 조직과 지명도를 활용하여 정당 공천 후보들의 추격을 따돌리고 4선의원에 등극한 무소속 윤재근

지난 4대 총선에선 제헌 및 2대의원을 지낸 무소속 윤재근 후보가 3대의원을 지낸 자유당 윤일상, 강화군당위원장인 민주당 이종면 후보들을 꺾고 3선의원이 됐다.

이번 총선에서 민주당은 경기도의원인 김경수 후보를 공천했고, 자유당도 일본대 출신으로 경기도의원인 이중섭 후보를 대항마로 내세웠다.

배재고 출신으로 제헌, 2대, 4대의원으로 3선의원인 윤재근, 국제무역 전무인 한기태, 공군소령 출신으로 항공대 교수인 김영실, 국제평론사 대표인 오수창 후보들이 무소속으로 출전하여 6파전을 전개했다.

제헌의원 시절부터 닦아 온 조직과 지명도를 활용하여 무소속 윤재근 후보가 민주당과 자유당의 공천 후보들을 가볍게 제치고 4선의원에 등극했다.

경기도의원 출신으로 자유당 공천을 받은 이중섭, 민주당 공천을 받은 김경수 후보들의 대결은 길상면과 선원면의 지역대결까지 펼쳐 서울과 떨어진 도서 지방으로 혁명정신이 파급되지 않아 자유당 후보가 민주당 후보를 앞섰다.

국제무역공사 전무인 무소속 한기태 후보의 선전도 돋보였다.

□ 득표상황

후보자	정당	연령	주요 경력	득표 (%)

윤재근	무소속	49	3선의원(1,2,4대)	17,125 (38.4)
이중섭	자유당	40	경기도의원	8,951 (20.1)
한기태	무소속	29	재경강화향우회 부회장	8,276 (18.5)
김경수	민주당	46	경기도의원	6,404 (14.3)
김영실	무소속	40	국립항공대 교수	3,032 (6.8)
오수창	무소속	36	국제평론사 대표	851 (1.9)

〈파주〉 반혁명세력 규탄 대상인 정대천, 낙선과 낙천되고 제명처분까지 받은 백남표 후보들을 꺾고 어렵게 당선된 민주당 황인원

지난 4대 총선에선 대한노총 경전(京電)노조위원장 출신인 3대의원 자유당 정대천 후보가 해병 중령 출신인 민주당 백남표 후보를 6천여 표차로 제압했다.

민주당 경기도당 분과위원장을 지낸 황인원, 자유당 경기도당 부위원장을 지낸 원현국 후보들은 무소속으로 도전했다.

이번 총선에서 민주당은 파주군당위원장인 황인원 후보를 공천했고, 자유당은 3대와 4대의원을 지낸 정대천 후보를, 한국독립당은 파리대 출신으로 산업은행 무역부장을 지낸 최천송 후보를, 사회대중당은 진보당 경기도당 부위원장으로 활약한 황귀성 후보를 내세웠다.

무소속으로 경기도농민회 부회장인 최성면, 대한교육연합회 간사인 이경훈, 경기도의원을 지낸 서병식, 군법무관 출신 변호사인 박갑남, 대강탄업 취체역인 남진흡, 문의광업 사장인 이규완, 예비역 해군 중령인 백남표, 국방부 정훈국 장교 출신인 신두범, 춘천지검 검사였던 김준형, 경성제대 출신으로 변호사인 박호순, 명치대 출신으로 조선일보 기자와 동화통신 편집국장을 섭렵한 심정섭, 3대 총선에도 얼굴을 내밀었던 윤기주 후보들이 출전하여 16대 1의 높은 경쟁률을 자랑했다.

민주당은 황인원 후보를 지원하기 위해 민주당적을 가지고 무소속으로 출전한 백남표, 최성면, 남진흡 후보들을 제명처분했다.

16명의 후보들이 난립한 선거전은 민주당 공천을 받은 황인원, 3대와 4대의원으로 조직의 뿌리가 깊은 자유당 정대천, 40%에 달하는 북한 난민표를 파고들며 호평을 받고있는 무소속 백남표 후보의 3파전이 예상됐다.

그러나 황인원 후보는 지난 4대 총선 때 민주당 공천에서 밀리자 집단 탈당한 것이 변절자라는 낙인을 받아 다른 후보들의 공격을 받았고, 정대천 후보는 반혁명세력 규탄의 기운이 이 지역까지 미쳐 청중들의 야유로 합동연설회에서 정견발표를 못하고 하단했고, 백남표 후보는 지난 총선에서 낙선하고 이번 총선에서 낙천하고 제명처분을 받아 타격을 입었다.

반혁명 정신의 전파로 민주당 황인원 후보가 압승을 거두었고, 변호사 출신으로 지역기반을 닦은 박호순 후보의 선전이 돋보였다.

☐ 득표상황

후보자	정당	연령	주요 경력	득표 (%)
황인원	민주당	39	민주당 군당위원장	13,080 (23.7)

박호순	무소속	55	사정위원, 변호사	5,644 (10.2)
정대천	자유당	50	2선의원(3대,4대)	4,697 (8.5)
서병식	무소속	64	경기도의원	3,875 (7.0)
윤기주	무소속	54	3대총선 출마	3,720 (6.7)
심정섭	무소속	48	동화통신 편집국장	3,594 (6.5)
백남표	무소속	34	해군중령	3,404 (6.2)
최성면	무소속	49	경기 농민회부회장	3,052 (5.5)
박갑남	무소속	35	20사단 법무부장	2,462 (4.5)
신두범	무소속	29	국방부 정훈국 근무	2,168 (3.9)
김준형	무소속	58	춘천지검 차장검사	1,914 (3.5)
이경훈	무소속	37	대학교육연합회 간사	1,873 (3.4)
이규완	무소속	41	문의광업 사장	1,699 (3.1)
황귀성	사회대중당	31	사회대중당 상무위원	1,699 (3.1)
남진흡	무소속	50	대강탄업 취체역	1,486 (2.7)
최천송	한국독립당	39	산업은행 대리	797 (1.4)

〈옹진〉 지난 총선에서 대결을 펼쳤던 유영준, 박창빈 후보들과 민주당 공천자인 김귀연 후보들을 꺾고 당선된 무소속 손치호

지난 4대 총선에선 대강산업 사장인 자유당 유영준 후보가 연백군수와 옹진군수를 지낸 무소속 박창빈, 순천장로회장 출신인 무소속 손치호 후보들을 따돌리고 국회 등원에 성공했다.

이번 총선에서 민주당은 중앙당 총무부 차장인 김귀연 후보를 공천했고, 자유법조단은 서울변호사회 섭외위원인 강순원 후보를, 대학학도의용단 동지회는 본부 회장인 유명욱 후보를 내세웠다.

해사 출신으로 해병대 중령으로 제대한 이홍섭, 일본 중앙대 출신으로 황해도민회 부회장인 이영호; 옹진군수를 지낸 박창빈, 여수 염광중고교 이사장인 손치호, 미국 육사 출신으로 예비역 육군중령인 김철순, UN군 사령부 민사관으로 활약한 박종화, 보건사회부 장관 비서관을 지낸 신경철, 한도운수 사장으로 4대의원을 지낸 유영준, 옹진군 내무과장 출신인 장익현, 제헌의원 선거에도 입후보한 전덕규, 서울의대 출신으로 해군 군의관을 지낸 강태현, 명치대 출신으로 경향신문 총무국장, 영덕산업 사장인 김규성, 육사 출신으로 중령으로 제대한 강용섭, 단국대 강사인 안승렴 후보들이 조그마한 지역기반을 갖고 출전하여 17명의 후보들이 난립됐다.

소지역 대결이 펼쳐진 선거전은 지난 4대 총선 때 대결을 펼친 유영준, 박창빈, 손치호 후보들과 민주당 공천을 받은 김귀연, 민주당에서 제명처분을 받은 전덕규 후보들의 쟁패전이 예상됐다.

지난 총선에서 석패한 무소속 손치호 후보가 예상을 뒤엎고 무소속 장익현 후보를 33표차로 꺾고 당선됐으며, 유영준 후보는 자유당 굴레를 벗고 무소속으로 위장 출전하여 동메달을 차지했다.

민주당 공천자인 김귀연 후보 등 14명은 모두 10% 득표율을 올리는데 실패했다.

대법원에서 일부 선거무효 판결로 재선거가 실시되어 장익현 후보가 손치호 후보를 꺾고 당선되어 의원직을 이어갔다.

□ 득표상황

후보자	정당	연령	주요 경력	득표 (%)
손치호	무소속	52	목사	1,058 (17.3)
장익현	무소속	41	옹진군 내무과장	1,025 (16.8)
유영준	무소속	39	4대의원(옹진)	645 (10.6)
이영호	무소속	47	황해도민회 부회장	479 (7.8)
김귀연	민주당	50	민주당 총무부 차장	462 (7.6)
강용섭	무소속	35	육군 중령	378 (6.2)
강순원	자유법조단	35	서울변호사회 섭외위원	372 (6.1)
박창빈	무소속	69	옹진군수	362 (5.9)
김규성	무소속	44	경향신문 총무국장	331 (5.4)
이홍섭	무소속	37	해병대 중령	233 (3.8)
유명욱	학도의용단	30	학도의용군 동지회장	205 (3.4)
안승렴	무소속	45	단국대 강사	202 (3.3)
박종화	무소속	46	도서지구 민사관	117 (1.9)
김철순	무소속	38	육군 중령	89 (1.5)
신경철	무소속	48	보사부장관 비서관	63 (1.0)
전덕규	무소속	63	제헌의원 선거 입후보	59 (1.0)
강태현	무소속	29	해군 군의관	23 (0.4)

제2장 영남권 : 민주당의 신장(伸張)이 두드러져

1. 민주당은 23석에서 59석으로 껑충 뛰어

2. 영남권 78개 지역구 불꽃 튀는 격전의 현장으로

1. 민주당은 23석에서 59석으로 껑충 뛰어

(1) 영남권은 전국 233개 선거구의 33.5%를 점유

영남권은 경북과 경남으로 경북은 38개구, 경남은 40개구로 78개구를 거느리고 있어 전국 233개구의 33.5%를 차지하고 있다.

부산은 구제가 실시되어 중구, 서구, 영도, 동구, 부산진, 동래 등 6개구 체제를 구비하고 있지만 대구는 구제가 실시되지 않았다.

당시에는 마산시, 충무시, 진해시, 삼천포시에서 의원을 배출했지만 영일군, 월성군, 금릉군, 진양군, 동래군과 함께 지금은 그 명칭을 찾을 길이 없는 지명이 많았다. 울산군이 울산광역시로, 창원군이 창원시로 탈바꿈했다.

지난 4대 총선에서는 여촌야도 현상으로 부산과 대구 등 도시지역에서는 민주당 당선자가 속출했지만, 농촌지역에서는 자유당 후보들이 대부분 당선됐다.

4대 총선에서 자유당은 경북에서 24석, 경남에서 20석을 차지하여 44석으로 전체 78석의 56.4%의 의석을 석권했다.

반면 민주당은 경북에서 8석, 경남에서 15석 등 23석을 차지하여 29.5%의 의석을 차지했을 뿐이다.

그러나 대법원의 선거무효로 인하여 자유당의 이우줄, 이순희, 김우동 의원들이 의원직을 잃고 임문석(민주당), 최희송(민주당), 김동석(무소속) 후보들이 의원직을 승계하여 자유당 41석, 민주당 25석, 무소속 12석으로 변경됐다.

신도환(대구갑), 안용대(경주), 문종두(김천), 반재현(청도), 장택상(칠곡), 김정근(상주을), 주금용(진해), 이재현(삼천포), 신영주(창녕), 최석림(고성), 박상길(함양) 후보들은 무소속으로 당선을 일궈냈다.

이번 총선에서는 민주당이 도시지역과 농촌지역을 넘나들며 78석의 75.6%인 59석을 석권했고, 사회대중당 2석, 자유당이 1석을 차지했다.

무소속으로 김세영(김천), 김시현(안동갑), 박종길(영양), 김종해(월성갑), 장택상(칠곡), 우돈규(금릉), 신준원(선산), 김기령(상주을), 최영두(봉화) 후보들과 이재현(삼천포), 임기태(양산), 정해영(울산을), 서정원(김해을), 김봉재(창원을), 최치환(남해), 윤종수(하동) 후보 등 무려 16명의 후보들이 당선을 일궈냈다.

(2) 자유당 4대 의원 44명 중 1명만 당선되어 귀환

4월 혁명에 의한 정권교체로 자유당 의원들이 추풍낙엽처럼 추락했고, 민주당 의원이나 낙선자들은 개선장군(凱旋將軍)처럼 군림하던 상전벽해가 이뤄졌다.

지난 총선에서 자유당 후보로 경북에서 24명, 경남에서 20명이 당선되어 영남권에서 44명의 의원들을 배출했으나, 대법원의 당선무효 판결로 이우줄(대구병), 이순희(대구기), 김우동(선산) 의원들이 의원직을 상실했다.

경북의 21명의 자유당 의원 가운데 박종길(영양) 의원만 무소속으로 당선됐을 뿐 김성곤(달성), 박만원(군위), 김익기(안동을), 김원규(영덕), 박순석(영일갑), 이협우(월성갑), 이종준(월성을), 조광희(상주갑), 이동녕(문경), 정재원(예천), 이정희(영주), 정문흠(봉화) 의원들은 불출마했고, 김상도(영천갑), 정남택(고령), 김철안(금릉) 의원들은 자유당으로, 하태환(포항), 박영교(의성을), 윤용구(청송), 김익로(영일을), 최병권(울릉) 의원들은 무소속으로 출전하여 모두 낙선했다.

경남의 20명의 자유당 의원 가운데 이상룡(부산 서갑), 이영언(영도갑), 김인호(부산 동래), 지영진(양산), 안덕기(울산갑), 강종무(김해갑), 이종수(김해을), 서한두(거창) 의원 등은 불출마를 선언했고, 최창섭(합천을) 의원은 구속됐다.

이영희(의령), 조경규(함안), 손영수(하동), 유봉순(합천갑), 김재위(산청) 의원들은 자유당 공천으로, 구태회(진양), 김성탁(울산을), 김형돈(창원갑), 이용범(창원을), 진석중(거제), 김정기(남해) 의원들은 무소속으로 출전하여 모두 낙선했다. 다만 김재위 의원은 선거기간 중 사퇴했고, 진석중 의원은 선거기간 중 사망했다.

민주당은 당선무효 판결로 회생한 임문석, 최희송 의원을 포함하여 경북에서 10명, 경남에서 15명이 당선되어 영남권에서 25명의 의원을 배출했다.

최희송(대구기), 오위영(부산 동을) 의원들은 참의원 출마를 위해 의원직을 사퇴했고, 이병하(대구을) 의원은 고향 찾아 문경으로 귀향하여 당선됐다.

자유당으로 전향한 권오종(안동갑) 의원은 사망했고, 김규만(의성갑), 허윤수(마산), 박창화(밀양갑) 의원들은 불출마했고, 김정환(밀양을)의원은 민주당 공천으로 출전했지만 영남권에서 유일하게 낙선했다.

그리하여 영남권 25명의 의원 가운데 4명은 불출마, 1명은 낙선하고 2명은 참의원으로 18명은 민의원으로 귀환했다.

지난 4대 총선에서 경북에서 7명, 경남에서 5명의 무소속 의원을 배출했으며, 장택상(칠곡)과 이재현(삼천포) 의원은 무소속으로, 최석림(고성) 의원은 자유당으로 당선됐다.

이번 총선에서는 사회대중당으로 서상일(대구을), 박권희(밀양을) 후보들이 당선됐고, 무소속으로 14명의 후보들이 당선됐다.

지난 총선에서는 낙선했지만 4월 혁명과 정권교체라는 호기를 맞이하여 경북에서 서상일(민혁당, 대구을), 임문석(민주당, 대구병), 이상면(민주당, 포항), 오정국(민주당, 경주), 김세영(무소속, 김천), 박준규(민주당, 달성), 우홍구(무소속, 의성을), 박해충(민주당, 안동을), 김영수(민주당, 영덕), 최해룡(민주당, 영일갑), 황한수(자유당, 월성을), 김준태(민주당, 청도), 곽태진(민주당, 고령), 우돈규(민주당, 금릉), 홍정표(민주당, 상주갑), 김기령(무소속, 상주을), 현석호(민주당, 예천), 황호영(무소속, 영주) 후보들이 당선의 기쁨을 누렸다.

경남에서도 김영삼(민주당, 부산 서갑), 김명수(민주당, 부산 동래), 황남팔(무소속, 진양), 강봉룡(민주당, 의령), 한종건(민주당, 함안), 박권희(무소속, 밀양을), 최영근(민주당, 울산갑), 정해영(무소속, 울산을), 최원호(민주당, 김해갑), 윤병한(민주당, 거제),

윤종수(무소속, 하동), 신중하(민주당, 거창), 이상신(무소속, 합천 갑) 후보들이 당선됐다. 지난 총선에서 민주당 공천을 받고 낙선한 20명의 후보들이 당선되어 국회에 등원했다.

(3) 민주당 후보 19명이 예상을 뒤엎고 낙선

영남권 78개 선거구 가운데 민주당 후보 19명이 낙선하고 59명의 후보들이 당선되어 당선율은 75.6%이지만 민주당에서 제명당한 이병하(문경), 전석봉(울릉) 후보들을 포함하면 21개 선거구에서 민주당 후보들이 낙선했다.

경남 삼천포에서는 7일간 이어진 반혁명세력 규탄 데모에도 불구하고 자유당 계열인 이재현, 정갑주, 김기훈 후보들이 금, 은, 동메달을 싹쓸이하고 민주당 이기선 후보는 4위로 밀려났다.

밀양 을구에서는 지난 총선에서는 하남면장 출신인 민주당 김정환 후보에게 1,288표차로 패배했지만, 이번 총선에서 의사 출신인 박권희 후보가 사회대중당 공천으로 입후보하여 1,100표차로 되갚아 줬다.

양산에서는 민주당이 공천자를 결정하지 못하여 서순칠, 김대우 후보들의 난타전의 틈새를 비집고 무소속 임기태 후보가 어부지리를 챙겼다.

울산 을구에서는 자유당 계열인 정해영, 김성탁 후보들이 민주당 김택천 후보를 지난 총선과 같이 협공하여 이번 총선에서는 정해영 후보가 승리했다.

김해 을구에서는 지난 총선에서 141표 차로 자유당 이종수 후보에게 석패한 서정원 후보가 재력가인 이상순과 김정만, 민주당의 송용우 후보들을 가볍게 제쳤다.

창원 을구에서는 연일 계속된 이용범 후보 규탄 데모와 민주당 설관수, 김기수 후보들의 이전투구 틈새를 비집고 재력가인 무소속 김봉재 후보가 승리를 챙겼다.

고성에서는 지난 총선에서 무소속으로 당선되고서 자유당으로 전향한 최석림 후보가 투표함이 소각되어 실시한 재선거에서 당선되는 오뚝이 기질을 발휘했다.

남해에서는 자유당의 당세가 유별나게 강하여 자유당 정부에서 공보실장을 지낸 최치환 후보가 무소속으로 출전하여 민주당 원정희 후보를 꺾고 당선됐다.

하동에서는 지난 총선에서 금, 은, 동메달 후보들이 재격돌하여 4월혁명의 열기속에서도 은메달 무소속 윤종수 후보가 동메달 문부식 후보를 제쳤고 민주당 공천 후보는 5위로 밀렸다.

대구 을구에서는 지난 총선에서 4천여 표차로 낙선한 사회대중당 서상일 후보가 동정여론을 등에 업고 재력가인 민주당 황봉갑 후보를 3천여 표차로 제압했다.

김천에서는 지난 총선에서 격돌했던 무소속 문종두, 민주당 배섭, 무소속 김세영 후보가 재격돌하여 이번 총선에서는 재력가인 김세영 후보가 민주당 후보를 꺾고 당선을 일궈냈다.

안동 갑구에서는 민주당 유영하, 김기석 후보의 이전투구 틈새를 이승만 대통령 저격사건으로 옥고를 치른 78세의 무소속 김시현 후보가 파고들어 승리했다.

영양에서는 반혁명세력 규탄 데모가 계속되고 있지만, 무소속으로 위장한 박종길 후보가 민주당 조근영 후보를 58표차로 제압했다.

월성 갑구에서는 경북도의원 시절 닦아 논 조직과 지명도, 감포읍 민들의 전폭적인 지지로 당선이 예상된 민주당 김봉태 후보를 188표차로 꺾고 무소속 김종해 후보가 당선됐다.

칠곡에서는 "칠곡의 인물은 역시 장택상 총리밖에"라는 여론으로 재력의 무소속 김철호, 조직의 민주당 김순택 후보들을 제압하고 무소속 장택상 후보가 4선의원 고지를 점령했다.

상주 을구에서는 지난 총선에서 9천여 표를 득표한 저력을 바탕으로 반혁명세력 규탄열기로 무소속 김기령 후보가 김정근, 백남식 후보들에게 설욕했다. 민주당 추광엽 후보는 2천여 표 득표에 만족해야만 했다.

봉화에서는 경북도의원의 조직과 지명도로 무소속이라는 한계를 넘어 최영두 후보가 이웃사촌인 민주당 강해원 후보를 따돌리고 무소속 권성기 후보에게 350표차로 승리했다.

문경에서는 대구 을구를 버리고 이 지역구로 옮겨와 신·구파 싸움을 벌여 신파로 전향한 윤만석 후보를 구파의 이병하 후보가 꺾고 재선의원이 됐다.

울릉에서는 민주당에서 제명당한 전석봉 후보가 의료봉사로 닦은 지역기반으로 경북도의원을 지낸 허필 후보를 23표차로 제압했다.

2. 영남권 78개 지역구 불꽃 튀는 격전의 현장으로

경상남도

〈부산 중〉 지난 총선에서 자유당 후보를 꺾은 여세를 몰아 이번 총선에서 혁신계열 후보들을 꺾고 재선 고지에 오른 김응주

지난 4대 총선에서는 석탄회사 사장인 민주당 김응주 후보가 경남직물공업 사장인 자유당 이영업, 국민회 경남지부장 출신인 무소속 김철수, 대한부인회 방어진읍지부장 출신인 통일당 이정숙 후보들을 가볍게 제압하고 국회에 등원했다.

이번 총선에서 민주당은 4대의원인 김응주 후보를 공천했고, 사회대중당은 진보당 간부 출신인 이명하 후보를, 한국사회당은 대한독립촉성회 간부였던 김용완 후보를 공천했다.

조도전대 출신으로 부산신문 편집국장을 지낸 정상도 후보가 혁신동지총연맹으로 출전했고, 일본 경도 임명관대 출신으로 동장으로 활동한 주윤두 후보가 무소속으로 출전했다.

4대 총선에도 경남직물 이사장으로 재력이 풍부한 자유당 이영업 후보를 꺾은 민주당 김응주 후보가 이명하, 김용완, 정상도 후보 등 혁신정당 후보들을 꺾고 당선을 의심한 사람은 아무도 없었다.

김응주 후보는 "혁신정당 측에서는 정치경제, 산업, 교육 등의 혁신을 외치며 모든 면에 혁신을 전매특허나 맡은 것처럼 말하고 있지만 민주당은 3년 전에 1인독재인 대통령 중심제를 배격하고 내각책임제 정강을 결정, 공포할 때 이미 200개 항목에 달하는 혁신정책을 주창해 왔다"고 혁신정당들의 정책을 비난하며, 70%가 넘는 득표율로 재선의원이 됐다.

☐ 득표상황

후보자	정당	연령	주요 경력	득표 (%)
김응주	민주당	50	4대의원(부산 중)	26,474 (70.1)
이명하	사회대중당	47	진보당 간부	5,248 (13.9)
주윤두	무소속	39	중앙동 동장	3,236 (8.6)
김용완	한국사회당	38	독립협성 청년단	1,721 (4.5)
정상도	혁신동지연	43	부산신문 편집국장	1,109 (2.9)

〈부산 서갑〉 지난 총선에서는 43%인 18,858표의 득표로 낙선했지만, 이번 총선에서는 67%인 29,754표를 득표하여 당선한 김영삼

지난 4대 총선에선 경남도지사와 내무부차관을 역임한 자유당 이상룡 후보가 경남 거제에서 3대의원에 당선된 민주당 김영삼 후보를 3,273표차로 제압했다.

부산시의원을 지낸 노농당 장인원, 경남야구협회장인 무소속 강봉수 후보들도 출전했다.

이번 총선에서 민주당은 경남 거제에서 3대의원에 당선됐던 김영삼 후보를 공천했고, 사회대중당은 저금관리국 총무과장을 지낸 강봉수 후보를 내세웠다.

부산시의원을 지낸 문정남 후보와 검찰총장, 법무부장관을 지낸 서상환 후보가 무소속으로 출전했다.

지난 4대 총선에서 자유당 후보에게 석패하고 이번 총선에서 민주당 공천을 받고 출전한 사실을 인지한 부산 시민들은 김영삼 후보에게 무조건 묻지마 투표를 했다.

지난 4대 총선에서는 민주당 공천을 받고 43%인 18,858표를 득표한 김영삼 후보는 이번 총선에서도 민주당 공천을 받고 67%인 23,754표를 득표한 것은 시대상황이 변한 때문이었다.

□ 득표상황

후보자	정당	연령	주요 경력	득표 (%)
김영삼	민주당	33	3대의원(거제)	29,754 (66.9)
서상환	무소속	71	법무부 장관	6,987 (15.7)
문정남	무소속	34	부산시의원	4,938 (11.1)
강봉수	사회대중당	38	저금관리국 과장	2,810 (6.3)

〈부산 서을〉 지난 4대 총선에서 자유당 후보를 대파한 여세를 몰아 이번 총선에서도 대승을 거두고 3선의원 고지에 오른 김동욱

7명의 후보들이 난립한 지난 4대 총선에선 3대의원인 민주당 김

동욱 후보가 한국자동차보험 사장인 자유당 최금공 후보를 1만 5천여 표차로 제압하고 재선의원이 됐다.

변호사인 김용겸, 부산대 강사인 배수환, 경남도경 경위 출신인 이기운, 신화건설 사장인 정판수, 경남도의원을 지낸 안용길 후보들이 무소속으로 출전했으나 모두 2천표 득표에도 실패했다.

이번 총선에서 민주당은 3대와 4대의원을 지낸 김동욱 후보를 내세웠고, 사회대중당은 변호사로 활동하고 있는 김용겸 후보를 공천했다.

부산시 서구청장을 지낸 신연식, 부산대 동창회장인 유영열, 동아대 강사인 배수환 후보들도 무소속으로 도전했다.

지난 4대 총선에서 자유당 후보를 대파한 여세를 몰아 민주당 김동욱 후보가 지난 4대 총선에도 출전했던 변호사인 김용겸, 대학 강사인 배수환 후보들을 꺾고 3선의원 고지에 올라섰다.

□ 득표상황

후보자	정당	연령	주요 경력	득표 (%)
김동욱	민주당	42	2선의원(3대,4대)	21,262 (56.9)
김용겸	사회대중당	38	변호사	6,262 (16.8)
유영열	무소속	32	부산대 동창회장	5,108 (13.7)
신연식	무소속	48	부산 서구청장	2,469 (6.6)
배수환	무소속	35	동아대 강사	2,245 (6.0)

〈부산 영도갑〉 이 지역구의 터줏대감인 이영언 의원이 퇴장하고 민주당 공천 후보임을 내세워 지역구를 승계한 최성욱

지난 4대 총선에서는 한국미유(美油) 사장 출신으로 3대의원인 자유당 이영언 후보가 무투표 당선됐다.

이번 총선에서 민주당은 천진 남개대 출신으로 지구당위원장인 최성욱 후보를 공천했고, 사회대중당은 진보당 간부인 김기철 후보를, 혁신동지연맹은 함경남도 도민회장인 고화산 후보를 내세웠다.

대한노총 해상연맹 간부인 신유돈, 대한조선공사 상무인 이성우, 일본해군학교를 졸업한 최종자, 재일거류민 단장인 김재화, 부산시 교육위원인 김광원, 심계원의 검사관인 조돈찬, 극동경금속 직원인 예춘호 후보들이 무소속으로 등록했다.

9명의 주자가 혼전을 벌인 선거전은 민주당 공천을 받은 최성욱 후보가 선두권을 향해 달리고 있는 상황에서 혁신계열의 지지표를 결집시킨 사회대중당 김기철 후보와 부산시 교육위원으로 지역기반을 닦은 무소속 김광원 후보가 추격전을 전개했다.

재일거류민단장인 무소속 김재화 후보의 득표력은 미약했고, 유일한 서울대 출신으로 극동경금속 직원인 예춘호 후보는 중도에 사퇴했다.

□ 득표상황

후보자	정당	연령	주요 경력	득표 (%)
최성욱	민주당	46	지구당위원장	9,154 (38.9)
김광원	무소속	49	부산시 교육위원	3,732 (15.9)

김기철	사회대중당	50	진보당 간부	3,062 (13.0)
이성우	무소속	39	대한조선공사 상무	2,453 (10.4)
신유돈	무소속	32	대한노총 간부	1,854 (7.9)
김재화	무소속	56	재일거류민 단장	1,020 (4.3)
최종자	무소속	34	무직	795 (3.4)
조돈찬	무소속	40	심계원 검사관	759 (3.2)
고화산	혁신동지연	51	함경남도 도민회장	678 (2.9)
예춘호	무소속	32	극동경금속 직원	사퇴

〈부산 영도을〉 지난 총선에서 안호상 문교부장관을 꺾은 여세를 몰아 50% 득표율을 올리고 재선의원 고지에 오른 이만우

지난 4대 총선에서는 청량음료 회사장인 민주당 이만우 후보가 삼화식품 회사장인 자유당 손우동, 노농당 선전부장인 김용환 후보들을 꺾고 당선됐다.

부산남고 기성회장인 김기추, 독일 여나대 출신으로 문교부장관을 지낸 안호상, 고균회(古筠會) 이사인 정장출 후보들도 무소속으로 출전했다.

이번 총선에서 민주당이 현역의원인 이만우 후보를 공천하자, 지구당 총무부장인 김상진 후보가 반발하여 민주당으로 출전했다.

사회대중당이 건국대 강사인 김성두 후보를 공천하자, 혁신동지회 총연맹은 국제웅변협회 청년회장인 고순종 후보를 내세워 맞불을 놓았다.

고려공업 중역인 강화, 대한석탄공사 직원이었던 이상훈, 의사로서 민주당 경남도당 간부였던 조칠봉, 민주당 중앙위원이었던 박길엽 후보들이 무소속으로 출전했다.

지난 4대 총선에서 여촌야도 현상에 힘입어 자유당 공천 후보인 손우동, 문교부장관을 지낸 안호상 박사를 꺾은 이만우 후보에게 도전 자체가 언감생심이었다.

그러나 지구당 총무부장으로 활약한 김상진 후보가 민주당 공천에 반발하고 출전하여 추격전을 전개하자, 민주당은 김상진 후보를 제명하여 교통정리했다.

민주당 이만우 후보가 지난 총선에서 승리한 여세를 몰아 올망졸망한 7명의 후보들을 가볍게 꺾고 재선의원 고지를 점령했다.

☐ 득표상황

후보자	정당	연령	주요 경력	득표 (%)
이만우	민주당	53	4대의원(영도 을)	10,296 (49.2)
김상진	민주당	26	지구당 총무부장	3,473 (16.6)
고순종	혁신동지연	37	국제웅변 청년회장	1,693 (8.1)
박길엽	무소속	37	민주당 중앙위원	1,688 (8.1)
김성두	사회대중당	32	건국대 강사	1,476 (7.0)
강 화	무소속	47	고려공업 중역	991 (4.7)
조칠봉	무소속	48	의사	848 (4.0)
이상훈	무소속	35	대한석탄공사 직원	480 (2.3)

〈부산 동갑〉 지난 4대 총선에서 자유당 후보를 꺾은 여세로 혁신계의 거물인 장건상 후보를 꺾고 3선의원 고지에 오른 박순천

지난 4대 총선에서는 일본여대 출신으로 종로 갑구에서 2대의원에 당선된 민주당 박순천 후보가 노총 최고위원을 지낸 자유당 김기옥 후보를 1만 1천여 표차로 꺾고 재선의원이 됐다.

부산시의원을 지낸 무소속 김용염, 명치대 출신인 통일당 이찬순, 상동 수리조합장인 무소속 윤우현 후보들의 득표력은 미미했다.

이번 총선에서 민주당이 일본 여자대 출신으로 2대와 4대의원으로 최고위원인 박순천 후보를 내세우자, 혁신동지총연맹은 미국 인디애나 주립대 출신으로 상해 임시정부 국무위원과 2대의원을 지낸 장건상 후보를 내세워 혈투를 전개토록 했다.

민주당과 혁신계의 결투는 부산에 출전한 모든 후보들의 집중적인 지원과 관심을 갖게 됐으나, 전국적으로 혁신계가 분열되어 민주당의 적수가 되지 못했고, 더욱이 장건상 후보의 연세가 77세로 박순천 후보의 열정과 민주당세를 따라잡을 수가 없었다.

□ 득표상황

후보자	정당	연령	주요 경력	득표 (%)
박순천	민주당	61	2선의원(2대,4대)	22,668 (57.4)
장건상	혁신동지연	77	2대의원(부산 병)	16,729 (42.6)

〈부산 동을〉 오위영 의원의 참의원 진출로 이종린 동아대 정치학과장이 지역구를 승계하여 대승을 거두고 등원에 성공

지난 4대 총선에서는 울산에서 2대의원에 당선된 민주당 오위영 후보가 부산대 후원회장인 무소속 박선기 후보를 꺾고 재선의원이 됐다.

경남도의원 출신인 이수은, 한의사 출신으로 합천에서 2대의원에 당선된 노기용, 신문기자 출신인 이상철 후보들은 무소속으로 완주했으나, 노총 경남위원장으로 자유당 공천을 받은 성주갑 후보는 중도에 사퇴했다.

이번 총선에서 오위영 의원이 참의원 출전을 위해 의원직을 사퇴하자, 민주당은 서울법대 출신으로 동아대 정치학과장인 이종린 후보를, 사회대중당은 한독당 중앙위원을 지낸 윤우현 후보를, 한국사회당은 일본 구주대 출신으로 총독부에 근무했던 이종순 후보를, 혁신동지총연맹은 민주중보 사장인 최천택 후보를 내세웠다.

건국대 교수인 한기준, 동경대 출신으로 부산일보 주필이었던 홍재범, 새벽사 편집위원인 박한석, 부산 세무서장을 지낸 지연관 후보들이 무소속으로 출전했다.

혁신계열이 한국사회당 이종순, 혁신동지총연맹 최천택, 사회대중당 윤우현 후보로 3분(三分)되어 결집된 힘을 보여주지 못하고, 건국대 교수인 한기준, 부산일보 주필인 홍재범, 새벽사 편집위원인 박한석, 부산세무서장을 지낸 지연관 후보들이 무소속 후보로 출전하여 난립상을 보여 민주당 공천을 받은 이종린 후보의 당선을 막아 낼 수 없었다.

□ 득표상황

후보자	정당	연령	주요 경력	득표 (%)
이종린	민주당	38	동아대 교수	12,696(37.0)
이종순	한국사회당	54	총독부 근무	5,943(17.3)
지연관	무소속	60	부산 세무서장	4,652(13.6)
최천택	혁신동지연	63	민주중보 사장	3,710(10.8)
윤우현	사회대중당	41	한독당 중앙위원	3,490(10.2)
홍재범	무소속	64	부산일보 주필	1,567(4.6)
박한석	무소속	33	새벽사 편집위원	1,444(4.2)
한기준	무소속	51	건국대 교수	775(2.3)

〈부산 부산진갑〉 뭐니뭐니해도 혁신계 거물이라는 박기출 후보를 490표 차로 꺾고 재선 고지를 점령한 민주당 이종남

지난 4대 총선에선 경남도의원을 지낸 민주당 이종남 후보가 일본대 출신으로 산청에서 당선된 3대의원인 자유당 안준기, 조선견직 사장으로 2대와 3대의원인 무소속 김지태, 부산일보 부사장인 무소속 이수우 후보들을 항도 부산의 야당 바람으로 꺾고 당선됐다.

이번 총선에서 민주당은 경남도의원을 거쳐 4대의원으로 활동한 이종남 후보를 공천했고, 사회대중당은 일본 구주의대 출신으로 민주중보 사장, 경남의사회 회장을 역임하고 부통령에 출전했던 박기출 후보를 내세워 한판승부를 벌이도록 했다.

혁신동지총연맹도 조도전대 출신으로 부산대 강사인 송일환 후보를 내세웠고, 동경 상지대 출신으로 섬유공업조합 부이사장인 고석보, 연합신문 지사장인 정봉근, 미군 제8군에 근무했던 전경찬, 서울대 조교수인 안희수, 실업가인 이규련 후보들이 무소속으로 출전하여 8명의 주자들이 난립됐다.

혁신계의 거물인 박기출 후보가 혁신세력의 텃밭이라는 부산에서 난처할 만큼의 고전(苦戰)을 면치 못했다.

그의 거주지인 부산 동구 갑구를 장건상 후보에게 내어주고 옆 지역구로 옮겼으며, 그동안 출마하고자 갖은 노력을 기울인 송일환 후보를 내 쫓고 후보를 차지했기 때문에 송일환 후보가 혁신동지총연맹으로 출전하여 박기출 후보를 공격한 것은 어쩌면 당연했다.

이와같은 혁신계 후보간의 암투를 틈타서 호남 출신인 민주당 이종남 후보의 여건이 호전됐다.

"뭐니뭐니 해도 혁신계의 거물은 박기출이다"라는 민심을 업고 당선권에 진입한 박기출 후보를 "부산의 데모를 조총련계 조종 운운" 등으로 공격하며 각 동의 부녀회 조직까지 활용한 민주당 이종남 후보가 490표차로 어렵게 꺾고 재선의원이 됐다.

□ 득표상황

후보자	정당	연령	주요 경력	득표 (%)
이종남	민주당	40	4대의원(부산진갑)	12,696 (38.1)
박기출	사회대중당	51	진보당 부통령후보	12,206 (36.6)
안희수	무소속	26	서울대 조교수	2,563 (7.7)
이규련	무소속	58	실업가	1,974 (5.9)

송일환	혁신동지연	41	부산대 강사	1,324 (4.0)
정봉근	무소속	33	연합신문 지사장	1,084 (3.3)
고석보	무소속	44	섬유조합 이사장	862 (2.6)
전경찬	무소속	33	미8군 위생관	634 (1.9)

〈부산 부산진을〉 지난 4대 총선에서 자유당 후보를 4천여 표차로 꺾은 여세를 몰아 3선의원 반열에 오른 민주당 박찬현

지난 4대 총선에선 동아대 교수로서 제헌의원을 지낸 민주당 박찬현 후보가 한국정밀 사장인 자유당 하원준 후보를 따돌리고 재선의원이 됐다.

대한웅변협회 경남지부장인 손성권, 부산시의원을 지낸 김장환, 기독교 청년회장을 지낸 정사영, 조도전대 출신으로 대한노총 선전부장인 홍경훈 후보들이 무소속으로 도전했으나, 득표력은 모두 보잘 것 없었다.

이번 총선에서 민주당은 미국 미주리대 출신으로 동아대 교수로서 4대의원인 박찬현 후보를 공천했고, 사회대중당은 창당준비위원인 임갑수 후보를 공천하여 맞대결을 펼치도록 했다.

동경대 출신인 문화정 후보가 무소속으로 출전하여 파수꾼 역할을 했다.

민주당 박찬현 후보는 지난 4대 총선에서 자유당 후보를 4천여 표차로 꺾은 여세를 몰아, 이번 총선에서도 사회대중당 임갑수 후

보를 가볍게 제치고 3선의원 반열에 올랐다.

□ 득표상황

후보자	정당	연령	주요 경력	득표 (%)
박찬현	민주당	43	2선의원(1대,4대)	26,876 (64.3)
임갑수	사회대중당	39	경남도당 총무위원	13,062 (31.3)
문화정	무소속	30	동경대졸	1,855 (4.4)

〈부산 동래〉 네 갈래로 나뉘어진 사회대중당의 분열과 민주당의 제명처분에 힘입어 재선의원 고지에 오른 김명수

지난 4대 총선에서는 대동고무 회장인 자유당 김인호 후보가 합천에서 2대의원에 당선된 민주당 김명수 후보를 가까스로 제압하고 당선됐다.

일본 중앙대 출신 변호사인 안병진 후보는 무소속으로, 사회사업가인 김두연 후보는 대한상이용사회 공천으로 출전했다.

이번 총선에서 민주당이 신문사를 경영하고 2대의원을 지낸 김명수 후보를 공천하자, 민주당 중앙위원인 곽종섭 후보가 공천에 반발하여 민주당으로 등록했다.

사회대중당도 세브란스 의대 출신으로 경제통신 경남이사장인 이진호 후보를 내세우자, 일본대 출신으로 농업경제 연구소장을 지낸 강진국 후보와 일본 중앙대 출신으로 변호사회 부회장인 송병진, 조도전대 중퇴생으로 동래구위원장인 옥영진 후보들이 사회대

중당으로 등록하여 4명의 주자가 사회대중당으로 출전했다.

신흥대 교수인 이종고, 동경대 출신으로 민선 부산시장을 지낸 최병규, 부산시 의원을 지낸 양극필 후보가 무소속으로 출전하여 9명의 후보들이 난립했다.

민주당의 곽종섭 후보 제명처분에 힘입어 민주당 조직을 재정비한 김명수 후보가 공천에 반발한 곽종섭 후보를 631표 차로 꺾고 재선의원이 됐다.

사회대중당으로 4명이 출전하여 혁신계열의 분산을 가져와 당선권에서 멀어졌고, 부산시장 출신인 최병규 후보와 부산시의원인 양극필 후보들도 무소속 후보의 한계로 당선권에서 멀어졌다.

□ 득표상황

후보자	정당	연령	주요 경력	득표 (%)
김명수	민주당	54	2대의원(합천)	9,241 (22.5)
곽종섭	민주당	60	민주당 중앙위원	8,610 (20.9)
이진호	사회대중당	32	여관업, 의사	6,909 (16.8)
송병진	사회대중당	43	변호사회 부회장	4,378 (10.6)
양극필	무소속	34	부산시의원	3,745 (9.1)
옥영진	사회대중당	37	지구당위원장	2,370 (5.8)
최병규	무소속	54	민선 부산시장	2,269 (5.5)
강진국	사회대중당	56	산업경제연구소장	2,195 (5.3)
이종고	무소속	37	신흥대 교수	1,438 (3.5)

〈마산〉 경남도의원 출신으로 강선규 후보에 대한 민주당의 제명처분에 힘입어 어렵게 당선된 민주당 공천을 받은 정남규 후보

지난 4대 총선에서는 마산시장을 지낸 민주당 허윤수 후보가 3대 의원인 자유당 김종신, 동경 중앙대 출신으로 제헌의원과 2대의원을 지낸 무소속 권태욱 후보들을 물리치고 당선됐다.

민주당 공천으로 당선된 허윤수 의원의 자유당으로 변절은 마산의 거를 촉발했고, 이번 총선을 맞이하여 민주당이 정남규 후보를 공천하자, 민주당 마산시당은 긴급상무위원회를 개최하여 정남규 후보를 제명처분했으나 중앙당에서 재공천하는 해프닝을 연출했다.

이번 총선에선 경남도의원을 지낸 정남규, 마산시의원을 지낸 강선규 후보들이 민주당으로 출전하여 이전투구를 전개했고, 고려대 출신으로 장관비서를 지낸 윤시형, 진보당 마산시당위원장을 지낸 조억제 후보들도 사회대중당으로 등록하여 당내 경쟁을 펼쳤다.

민국당 마산시 부위원장을 지낸 김성립 후보는 한국사회당으로, 부산지법 마산지원장을 지낸 서기홍, 일본 중앙대 출신으로 제헌의원을 지낸 권태욱, 미국 시라큐스대 출신으로 고려모직 취체역인 민건식, 일본 중앙대 출신으로 노조운동을 펼친 노현섭, 대동제지 사장인 손성수 후보들은 무소속으로 출전했다.

민주당 공천을 받은 정남규 후보가 민주당 공천에 반발하여 출전했으나 민주당으로부터 제명처분을 받은 강선규 후보를 1,627표 차로 꺾고 당선됐다.

부산지법 마산지원장 출신인 서기홍 후보는 나름대로 선전했으나

혁신의 기치를 내걸고 출전한 사회대중당 조억제와 윤시형, 한국사회당 김성립 후보들과 제헌의원으로 지난 총선에도 출전했던 권태욱 후보의 득표력은 미미했다.

□ 득표상황

후보자	정당	연령	주요 경력	득표 (%)
정남규	민주당	42	경남도의원	16,043 (32.0)
강선규	민주당	35	마산시 의원	14,416 (28.7)
서기홍	무소속	63	마산지원장	5,310 (10.6)
노현섭	무소속	39	노조운동 10년	4,021 (8.0)
민건식	무소속	36	고려모직 취체역	3,159 (6.3)
손성수	무소속	57	대동제강 사장	2,071 (4.1)
조억제	사회대중당	52	진보당 간부	1,863 (3.7)
김성립	한국사회당	43	민주국민당 간부	1,270 (2.5)
윤시형	사회대중당	35	장관비서	1,196 (2.4)
권태욱	무소속	52	2선의원(1대, 2대)	794 (1.6)

〈진주〉 지난 4대 총선에서 압승을 거둔 저력으로 이번 총선에서도 55%가 넘는 득표율로 재선(再選) 가도를 달린 민주당 김용진

지난 4대 총선에서는 경남도의원을 지낸 민주당 김용진 후보가 민선 진주시장을 지낸 농민회 김용주, 동국대 교수인 무소속 오복근 후보들을 제치고 당선됐다.

일본 대판 제국대 출신으로 3대의원인 자유당 서인홍 후보는 중도에 사퇴했다.

이번 총선에서 민주당은 현역의원인 김용진 후보를 공천했고, 대한변호사회 부회장인 정한섭, 2대의원을 지낸 유덕천, 수리조합장 출신인 이지택, 일본 대판제국대 출신으로 3대의원을 지낸 서인홍, 아세아화학 부사장인 고순철 후보들이 무소속으로 출전했다.

그리하여 2대의원 유덕천, 3대의원 서인홍, 4대의원 김용진 후보들이 맞붙은 선거전에서 김용진 후보가 지난 4대 총선에서 압승을 거둔 저력을 바탕으로 이번 총선에서도 55%가 넘는 득표율로 재선의원이 됐다.

2대의원인 유덕천 후보는 차점 낙선했지만, 자유당 출신인 3대의원인 서인홍 후보는 1,327표 득표에 머물렀다.

□ 득표상황

후보자	정당	연령	주요 경력	득표 (%)
김용진	민주당	57	4대의원(진주)	17,156 (55.8)
유덕천	무소속	56	2대의원(진주)	7,221 (23.5)
정한섭	무소속	48	대한변호사회 부회장	3,615 (11.8)
서인홍	무소속	42	3대의원(진주)	1,327 (4.3)
고순철	무소속	36	아세아화학 부사장	943 (3.1)
이지택	무소속	60	수리조합 회장	486 (1.5)

〈충무〉 지난 4대 총선에서 격돌했던 이정규, 정찬진 후보들을 또 다시 꺾고 3선의원 반열에 오른 민주당 최천

지난 4대 총선에서는 3대의원인 민주당 최천 후보가 충무시장을 지낸 자유당 김기섭 후보를 2천여 표차로 제압하고 재선의원이 됐다.

고교교사인 노기만 후보는 민혁당으로, 미국 오번대 출신으로 통영군수를 지낸 김중한 후보는 민주당으로 출전했으며, 농림부 농지관리국장을 지낸 배철세, 일본대 출신으로 수산업자인 정태석, 재일거류민단장인 정찬진, 통영읍장을 지낸 이정규 후보들도 무소속으로 출전하여 8명의 후보들이 난립됐다.

이번 총선에서 민주당은 3대와 4대의원을 지낸 최천 후보를 공천했고, 일본 중앙대 출신으로 부산변호사회 부회장인 김종길, 재일거류민단 단장인 정찬진 후보들은 사회대중당으로, 통영읍장을 지낸 이정규, 일본대 출신으로 수산업자인 유태석 후보들은 무소속으로 출전했다.

지난 4대 총선에 출전했던 민주당 최천, 무소속 이정규, 사회대중당 정찬진 후보들이 3파전을 전개한 선거전에서, 지난 4대 총선에서 7,615표를 득표하여 당선된 최천 후보가 1,951표를 득표했던 정찬진, 903표를 득표했던 이정규 후보들을 이번 총선에서도 가볍게 꺾고 3선의원 반열에 올랐다.

☐ 득표상황

후보자	정당	연령	주요 경력	득표 (%)

최 천	민주당	56	4대의원(충무)	6,408 (34.7)
이정규	무소속	54	통영읍장	4,851 (26.3)
정찬진	사회대중당	55	재일거류민 단장	4,213 (22.8)
김종길	사회대중당	42	부산변호사회 부회장	2,415 (13.1)
유태석	무소속	50	수산업	585 (3.1)

〈진해〉 창원에서 2대의원에 당선된 김병진 후보가 민주당 조직과 4월 혁명 분위기에 편승하여 군웅이 할거한 선거전에서 대승을

독립 선거구가 된 4대 총선에선 경남도의원을 지낸 무소속 주금용 후보가 변호사로 2대의원인 자유당 김성삼 후보를 199표차로 꺾고 당선됐다.

민주당 공천을 받은 엄칠갑, 대한산업건설 사장인 무소속 이종열 후보들도 출전했다. 해군 1함대 참모장 출신인 무소속 이상열 후보는 중도에 사퇴했다.

무소속으로 당선된 주금용 후보는 자유당에 입당하여 활동했다가 혁명열기에 놀라 이번 총선에서는 출전을 포기했다.

이번 총선에선 대한청년단 소속으로 2대의원을 지낸 김병진 후보는 민주당으로, 경남도 교육위원을 지낸 김천석 후보는 사회대중당으로 출전했고, 무소속으로 11명의 후보가 등록하여 13명이 난립했다.

해군 통제부 공보관을 지낸 김정국, 경찰서장을 지낸 김주식, 외

국어 전문학원장으로 저술가인 정필선, 법률학 연구에 몰두한 황인관, 대한정양원 연합회 고문인 이판개, 교원대 강사인 정태고, 민주당 진해시 고문을 지낸 현재만, 해군 보급창에서 근무한 김응돈, 해군대학 학생과장을 지낸 탁한관, 해군 인사참모를 지낸 백기조, 해경대장을 지낸 이상열 후보들이 무소속으로 등록했다.

지난 총선에서 승패를 가렸던 자유당 김성삼, 민주당 엄칠갑, 무소속 주금용 후보들이 여러가지 사정으로 출전하지 않고 해군 제1함대 참모장이었던 이상열 후보만 재출전한 선거전에서, 대한청년단 소속으로 2대의원인 민주당 김병진, 젊은 패기를 앞세운 30대의 사회대중당 김천석, 민주당 공천에 반발하여 무소속으로 출전한 현재만, 교사들의 강사인 무소속 정태고, 해군대학 학생과장을 지낸 무소속 탁한관 후보들이 선두권을 형성했다.

민주당의 공천에 반발한 현재만 후보의 제명처분에 힘을 얻은 김병진 후보가 민주당의 조직을 되살리고, 4월 혁명의 분위기에 편승하여 대승을 거두었다.

□ 득표상황

후보자	정당	연령	주요 경력	득표 (%)
김병진	민주당	48	2대의원(창원 갑)	5,824 (23.1)
김천석	사회대중당	34	경남도 교육위원	3,403 (13.5)
현재만	무소속	54	민주당 고문	2,630 (10.4)
정태고	무소속	29	교원 강사	2,524 (10.0)
이판개	무소속	33	정양원협회 고문	2,235 (8.0)
탁한관	무소속	38	해군대학 학생과장	2,214 (8.8)
황인관	무소속	36	법률학 연구	1,357 (5.4)

이상열	무소속	42	해경대장	1,284 (5.1)
정필선	무소속	45	외국어학원장	1,084 (4.3)
백기조	무소속	38	해군 인사참모	951 (3.8)
김웅돈	무소속	41	해군보급창 근무	705 (2.8)
김주식	무소속	40	경찰서장	652 (2.6)
김정국	무소속	58	해군통제부 공보관	324 (1.3)

〈삼천포〉 7일간 이어진 데모대의 궐기에도 불구하고 자유당 계열인 이재현, 정갑주, 김기훈 후보들이 금, 은, 동메달을 싹쓸이

지난 4대 총선 때 독립선거구가 된 이 지역구는 경남도의원 출신인 무소속 이재현 후보가 동경 중앙대 출신으로 3대의원인 자유당 정갑주, 통영에서 제헌의원에 당선된 민주당 김재학 후보들을 제치고 당선됐다. 무소속으로 당선된 이재현 후보는 당선되자 곧이어 자유당에 입당했다.

이번 총선에서 민주당이 체신부 공무원으로 무명인 이기선 후보를 내세우자, 6명의 무소속 후보들이 등록하여 혼전을 전개했다.

회사원인 강무제, 4대의원이었던 이재현, 자유당 소속으로 3대의원을 지낸 정갑주, 조도전대 중퇴생으로 부산대 강사인 장종기, 경남도의원이었던 김기훈, 진주경찰서장과 삼천포시장을 역임한 유상호 후보들이 등록했으나, 석연치 아니한 사유로 유상호 후보가 사퇴하여 난타전이 전개됐다.

이승만 정권 아래에서 데모 한번 하지 못한 고장, 반항을 모르는 어촌이며 어항인 이곳에서 "자유당이 나쁘면 이승만이나 나쁘지 그 밑에 있던 사람이 왜 나쁘냐"는 식으로 선거분위기는 흘러갔다.

"3. 15 부정선거의 원흉은 이재현이다", "민선시장 유상호를 자유당 시의원을 시켜 불신임운동을 한 것도 바로 이재현이다"면서, 재경(在京)유학생과 재대구(在大邱)유학생 1백여 명이 "자유당 치하에서 온갖 부정을 저지른 이재현이 다시 입후보하다니"라면서 반혁명세력 규탄 학생위원회를 결성했다.

7일간 이어 온 데모대의 궐기에 선거 운동은 마비됐고, 이재현 참모진은 "이재현은 우리가 사퇴시킬 용의가 있다"면서, 규탄대회 중지를 요구하여 규탄대회는 중단했다.

그러나 이재현 후보가 사퇴를 거부하자 "이놈들이 우리를 속였구나", "죽일 놈은 죽여야 해"라며 데모대는 이재현 후보의 집과 선거운동원 집을 모조리 파괴하고, "반혁명세력인 이재현에게 표를 찍지 맙시다"라는 계몽운동을 전개했다.

수천명의 군중들과 학생들이 개표상황에 귀를 기울이고 있는 상황에서 자유당 계열인 이재현, 김기훈, 정갑주 후보 등 자유당 계열의 세 후보가 금, 은, 동메달을 싹슬이하자, 20여 명의 학생들이 "이것이 바로 4월 혁명의 연장이다"고 외치며 투표함을 소각했다.

삼천포에서 투표함 소각이란 새로운 투쟁방식을 처음으로 창안하게 되었으며 학생 등 12명이 구속되자, "오빠들을 석방하라"는 여학생들의 데모로 이어졌다.

재선거가 실시되어 개표를 이어갔으나 자유당 계열 후보들의 순위는 변동되지 아니했다.

□ 득표상황

후보자	정당	연령	주요 경력	득표 (%)
이재현	무소속	42	4대의원(삼천포)	6,783 (35.2)
김기훈	무소속	32	경남도의원	4,672 (24.2)
정갑주	무소속	54	3대의원(사천)	4,320 (22.4)
이기선	민주당	36	체신부 직원	1,591 (8.2)
장종기	무소속	38	부산대 강사	1,001 (5.2)
강무제	무소속	32	회사 상무	925 (4.8)
유상호	무소속	49	삼천포 시장	사퇴

〈진양〉 똑똑하다는 입소문을 등에 업고 자유당 허울을 벗고 무소속으로 출전한 구태회 후보를 꺾고 재선 고지에 오른 황남팔

지난 4대 총선에서는 서울 문리대 출신인 자유당 구태회 후보가 3대의원인 민주당 황남팔 후보를 7천여 표차로 꺾고 금뱃지를 인계받았다.

이번 총선에서 민주당이 자유당 소속으로 3대의원을 지낸 황남팔 후보를 내세우자, 사회대중당은 부산대 출신으로 출판사 사장을 지낸 지명석 후보를 내세웠다.

서울대 출신으로 4대의원 시절 자유당으로 활동했던 구태회, 명치대 출신으로 경남도의원을 지낸 허병호, 2대의원을 지낸 하만복

후보들이 무소속으로 출전하여 한판 승부를 벌였다.

그리하여 2대의원 하만복, 3대의원 황남팔, 4대의원 구태회 후보들의 치열한 공방전이 펼쳐졌다.

4월 혁명의 열기가 농촌지역인 이 지역구까지 널리 퍼져 규탄의 대상이 되지 않고있다는 구태회 후보의 찬조연설이 주민들의 반발로 중단되는 반면, 황남팔 후보는 똑똑한 인물이라는 입소문이 널리 퍼져 나갔다.

이러한 선거분위기와 민주당 공천에 반발하여 출전한 허병호 후보의 제명이라는 횡재(橫財)까지 얻어 낸 황남팔 후보가 자유당의 허울을 벗고 무소속으로 출전한 구태회 후보를 3천여 표차로 꺾고 재선의원이 됐다.

□ 득표상황

후보자	정당	연령	주요 경력	득표 (%)
황남팔	민주당	54	3대의원(진양)	19,934 (36.9)
구태회	무소속	37	4대의원(진양)	16,068 (29.8)
하만복	무소속	46	2대의원(진양)	8,125 (15.1)
허병호	무소속	40	경남도의원	8,118 (15.0)
지명석	사회대중당	35	출판사 사장	1,716 (3.2)

〈의령〉 지난 총선에서 1,908표 차로 석패하고서 반혁명 규탄대상이 된 이영희 의원을 밀쳐내고 국회에 등원한 민주당 강봉룡

지난 4대 총선 때는 3대의원인 자유당 이영희 후보가 경남도의원을 지낸 민주당 강봉룡, 연합신문 이사인 무소속 전용이 후보들을 꺾고 재선의원이 됐다.

이번 총선에서 민주당은 경남도의원 출신으로 의령군당 위원장인 강봉룡 후보를 내세웠고, 자유당은 3대와 4대의원으로 활약한 이영희 후보를 내세웠다.

서울대 출신으로 변호사인 전성환, 토건업자인 남건, 농업인인 이석희, 명치대 출신으로 재일한국인 학생위원장을 지낸 전병호, 회사원인 전용길, 서울대 출신으로 중학교 교장과 경남도의원을 지낸 권태현, 국민회 지부장 출신으로 오랫동안 유곡면장을 지낸 박태진 후보들이 무소속으로 정당공천 후보들에게 도전했으며, 전용길 후보는 중도에 사퇴했다.

재선의원인 자유당 이영희 후보는 반혁명세력 규탄대상이 되어 일찍부터 당선권에서 멀어졌고, 지난 4대 총선에서 이영희 후보에게 1,908표 차로 낙선한 민주당 강봉룡 후보가 혁명 열기에 편승하여 선두권에 진입했다.

민주당에서 제명처분을 받은 경남도의원을 지낸 권태현, 30대 패기에 찬 변호사인 전성환, 유곡면장을 12년 봉직한 박태진, 토건업으로 부를 축적한 남건 후보들이 상대적으로 선전했다.

□ 득표상황

후보자	정당	연령	주요 경력	득표 (%)
강봉룡	민주당	44	경남도의원	11,166 (29.6)
권태현	무소속	43	경남도의원	5,767 (15.3)

전성환	무소속	35	변호사	5,188 (13.7)
박태진	무소속	56	창녕군 유곡면장	4,881 (13.0)
남 건	무소속	55	토건업	4,699 (12.4)
이영희	자유당	50	2선의원(3대,4대)	3,393 (9.0)
전병호	무소속	45	재일학생 동맹위원장	1,552 (4.1)
이석희	무소속	26	농업	1,110 (2.9)
전용길	무소속	25	회사원	사퇴

〈함안〉 지난 총선에서는 6,136표 차로 조경규 후보에게 패배했지만 이번 총선에서는 13,902표 차로 꺾어버린 민주당 한종건

지난 4대 총선에서는 국회부의장을 지낸 자유당 조경규 후보가 미군정에서 경무부장을 지낸 민주당 한종건 후보와 함안 수리조합장인 자유당 이중섭 후보들을 꺾고 3선의원이 됐다.

조경규 후보는 대구 갑구에서 2대의원에 당선되었지만, 3대 총선에서 낙향하여 터전을 마련했다.

이번 총선에서 민주당은 일본 경도대 출신으로 변호사인 한종건 후보를, 자유당은 2대, 3대, 4대의원으로 국회부의장을 지낸 조경규 후보를, 사회대중당은 고교 교사인 안창준 후보를 공천했다.

토건업자인 조천홍, 국제무선사 사장인 김봉주 후보들이 무소속으로 출전했다.

"조경규는 입후보를 사퇴하라"는 데모대의 외침에 아랑곳없이 조

경규 후보는 일부 파괴된 자유당 조직을 최대한으로 선거에 동원하는데 분망하고 있으며, 벽촌으로 갈수록 씨족 관념이 큰 비중을 차지하여 조경규 후보는 함안 조씨 6천여 표에 큰 기대를 걸었다.

한종건 후보는 "조경규 후보는 4. 19 혁명을 모독하고 사퇴한다는 아무런 언급이 없다"고 공격한 반면, 조경규 후보는 선거사무소가 피습되어 파괴되자 동정을 호소하는 전략도 구사했다.

지난 4대 총선에서는 자유당 조경규 후보가 민주당 한종건 후보를 6,136표차로 꺾고 당선됐지만, 이번 총선에서는 한종건 후보가 조경규 후보를 13,902표 차로 꺾고 당선됐다.

이 지역의 투표 결과는 경상남도 농촌지역의 민심 동향을 엿볼 수 있게 했다.

□ 득표상황

후보자	정당	연령	주요 경력	득표 (%)
한종건	민주당	58	변호사	24,662 (52.8)
조경규	자유당	61	3선의원(2, 3, 4대)	10,760 (23.0)
안창준	사회대중당	48	고교 교사	6,495 (13.9)
김봉주	무소속	54	국제무선공업 사장	3,850 (8.2)
조천홍	무소속	50	토건업	918 (2.0)

〈창녕〉 국민재판으로 만신창이(滿身瘡痍)가 된 신영주 4대의원을 1,418표 차로 꺾고 국회 등원에 성공한 민주당 박기정

지난 4대 총선에서는 충남도 경찰국장 출신인 무소속 신영주 후보가 3대의원인 자유당 하을춘 후보를 1,085표차로 꺾고 국회에 등원했다.

마산 해사국장 출신인 김웅두, 창녕 축산조합장 출신인 박판암, 창녕 수리조합장 출신인 손판주 후보들은 무소속으로 출전했다. 대한반공단장을 지낸 성보경 후보는 대한방공단 공천으로 등록했다 중도 사퇴했다.

이번 총선에서 명치대 출신으로 경남도의원을 지낸 박기정 후보가 민주당 공천을 받아내자, 고려대 출신으로 호국청년 조직부장을 지낸 신태수 후보도 민주당으로 출전했다.

충남 경찰국장 출신으로 4대의원이었던 신영주, 서울대학원 재학중인 하대돈, 동경대 출신으로 출판업자인 성재경, 일본대 출신으로 조선전업 검사역인 김홍식, 일본대 출신으로 면의회 의장을 지낸 임영택 후보들이 무소속으로 도전했다. 무소속 임영택 후보는 중도에 사퇴했다.

무소속 후보로 지난 총선에서 당선됐으나 자유당으로 전향한 무소속 신영주, 경남도의원 출신으로 민주당 공천을 받은 박기정, 동경대 출신으로 출판업으로 재력을 쌓은 성재경 후보들이 선두권을 달렸다.

반혁명세력을 규탄하자는 데모대원들은 신영주 후보를 찾아내 폭행하고, 실신한 신영주 후보를 공원으로 끌고 가 국민재판을 벌였다.

데모대원들은 "경찰국 사찰과장으로 수많은 양민을 학살했소", "살려야 옳소, 죽여야 옳소"고 외쳤고, "생매장 합시다"라는 군중들이 있었으나 재경 학생들이 경찰에 인계했고, 경찰에서는 대구에 이송하여 입원시켰다.

군중들은 최반석 창녕경찰서장을 붙잡아 군중재판을 하려고 했으나, 최 서장이 도피하여 최 서장의 부인을 나체로 만들어 대낮에 끌고 다녔다.

반혁명세력을 규탄한다는 이름 아래 온갖 만행(蠻行)을 자행했던 것이며 이런 행동쯤은 능히 용서받을 것으로 여겨졌지만, 검찰은 일백여 명을 구속하여 기소했다.

창녕군 대합면 투표함에서 선거위원장의 직인이 없는 무효표 28매가 발견됐고, 이 무효표 모두 박기정 후보표라는 사실이 판명되자, 신영주 후보 운동원들이 마이크로 "공명선거를 하라"고 외쳤고, 군중들은 두 패로 나뉘어 몸싸움을 벌였다.

몸싸움은 신영주 운동원 40여 명이 부상을 입고 뿔뿔이 해산됐다.

일부 청년들이 개표장을 습격하여 투표함은 모두 불태워졌다. 군중들은 신영주 후보의 회사는 물론 사돈(査頓)의 팔촌까지 쫓아다니며 가옥들을 모조리 파괴하는 등 무법천지가 됐다.

재선거까지 치러진 선거전에서 공천에 반발한 신태수 후보를 제명 처분하는 극약 처분 등으로 박기정 후보가 신영주 후보를 1,413표 차로 꺾고 국회에 등원했다.

하을춘 의원의 유업을 잇겠다며 서울대 대학원생인 하대돈 후보도 출전했지만 득표력은 미미했다.

□ 득표상황

후보자	정당	연령	주요 경력	득표 (%)
박기정	민주당	42	경남도의원	17,725 (31.1)
신영주	무소속	43	4대의원(창녕)	16,312 (28.7)
성재경	무소속	44	출판업자	13,065 (23.0)
김홍식	무소속	50	조선전업 검사역	4,470 (7.9)
하대돈	무소속	25	서울대 대학원생	3,108 (5.5)
신태수	민주당	29	청년연맹 조직부장	2,217 (3.8)
임영택	무소속	55	면의회의장	사퇴

〈밀양 갑〉 민주당 최고위원이라는 명망에 비해 지역에 뿌리가 미약한 백남훈 후보가 439표 차로 승리하고 국회에 등원

지난 4대 총선 때는 경남도의원을 지낸 민주당 박창화 후보가 농림부 양정국장을 지낸 무소속 손영기, 육군 의무감을 지낸 자유당 신학진 후보들을 꺾고 국회 등원에 성공했다.

박창화 의원이 자유당으로 전향한 이 지역구에 이번 총선에서 민주당은 조도전대 출신으로 최고위원인 백남훈 후보를, 사회대중당은 항일 운동에 참여했던 김성수 후보를, 혁신동지총연맹은 동경대 출신으로 은행원인 김희온 후보를 공천했다.

미국 뉴욕대 출신으로 주미뉴욕 부영사 출신인 김상후, 낙동신보 사장으로 2대의원을 지낸 최성웅, 한문교육에 정열을 쏟은 박수태, 고교 교장 출신인 오양, 데레사고 교감 출신인 손무 후보들이 무

소속으로 도전했다.

선거전이 진행될수록 74세인 민주당 백남훈 후보에게 30대의 김상후 후보가 패기를 앞세워 노소 대결을 펼치며, 지방 토착 세력을 결집시켜 한판 승부를 펼쳤다.

명성에 비하여 지역에 뿌리가 미약한 백남훈 후보의 약점을 파고든 유권자들은 백남훈 후보 투표에 부정이 있다고 고함치며 난동을 부리다 수천 명이 개표소에 난입하여 투표함 4개를 소각하고 8개를 대파했다.

일부 지역 재선거가 실시된 선거에서 백남훈 후보는 김상후 후보를 439표 차로 꺾고 어렵게 국회에 등원했다.

2대 총선에서는 밀양 갑구에서 당선됐으나 지난 4대 총선에는 밀양 을구에 출전했던 최성웅 후보는 동메달을 차지했다.

□ 득표상황

후보자	정당	연령	주요 경력	득표 (%)
백남훈	민주당	74	민주당 최고위원	10,757 (31.3)
김상후	무소속	36	뉴욕 부영사	10,318 (30.0)
최성웅	무소속	39	2대의원(밀양 갑)	3,079 (9.0)
손 무	무소속	44	데레사고 교감	2,835 (8.2)
김성수	사회대중당	60	항일운동가	2,418 (7.0)
김희온	혁신동지연	44	은행원	2,174 (6.3)
박수태	무소속	60	한문 교육사업	1,468 (4.3)
오 양	무소속	45	고교 교장	1,358 (3.9)

〈밀양 을〉 지난 총선에서 1,288표차로 김정환 후보에게 패배했지만 이번 총선에서는 1,100표차로 되갚아준 사회대중당 박권희

지난 4대 총선에서는 하남면장 출신인 민주당 김정환 후보가 창원에서 2대의원에 당선된 자유당 김봉재, 재일한국의사협회 부회장인 무소속 박권희, 중학교 재단이사장인 무소속 엄익순 후보들을 꺾은 이변을 연출했다.

밀양수리조합 이사인 이원호, 2대의원을 지낸 최성웅 후보들도 무소속으로 출전했다.

이번 총선에서 민주당은 하남면장 출신으로 4대의원을 지낸 김정환 후보를, 사회대중당은 의사 출신으로 재일학생단체 간부를 지낸 박권희 후보를 내세워 한판 승부를 기대했다.

동아고 후원회장인 장필재, 공군참모총장 고문을 지낸 남일성 후보들이 무소속으로 출전하여 두 정당 후보들의 난타전을 지켜봤다.

지난 4대 총선에서는 민주당 김정환 후보는 9,108표를 득표하여 당선했고, 무소속 박권희 후보는 7,820표를 득표하여 4위로 낙선했지만 표차는 839표에 불과했다.

이번 총선에서 박권희 후보는 민주당과 대척(對蹠)관계에 있는 사회대중당으로 옮겨 15,401표를 득표하여 14,301표를 득표한 김정환 후보에게 의외의 승리를 거두고 금뱃지를 인계받았다.

박권희 후보는 지난 총선에서 아쉽게 패배했다는 동정여론과 주소지를 무안면에서 밀양읍으로 옮겨 지역기반을 넓히며 풍부한 재력을 활용하여 득표기반을 구축한 반면, 하남면장 출신인 김정환 후보는 하남면 출신인 남일성 후보가 출전하여 김정환 후보의 표밭을 잠식하며 5,770표를 득표한 것이 혁명열기와 4대의원의 잇점을 살리지 못하고 패배한 원인으로 다가왔다.

□ 득표상황

후보자	정당	연령	주요 경력	득표 (%)
박권희	사회대중당	34	의사	15,401 (39.3)
김정환	민주당	55	4대의원(밀양 을)	14,301 (36.5)
남일성	무소속	32	공군참모총장 고문	5,770 (14.7)
장필재	무소속	32	동아고 후원회장	3,733 (9.5)

〈양산〉 민주당이 공천자를 결정치 못하여 서순칠, 김대우 후보들의 난타전을 즐기며 어부지리를 취한 무소속 임기태

지난 4대 총선때는 3대의원인 자유당 지영진 후보가 무투표 당선됐다.

선거무효 판결로 인한 재선거에서도 자유당 공천을 받은 지영진 후보가 무진회사 부산진지점장 출신인 민주당 서순칠, 양조회사 사장인 무소속 정현학 후보들에게 압승을 거두고 재당선됐다.

이번 총선에서 한국무진 부산지점장인 서순칠, 명치대 출신으로 민주구락부 대변인 출신인 정운영, 구주제대 출신으로 경북도지사를 지낸 김대우 후보들이 민주당으로 출전하여 당내경쟁을 벌였다.

주조회사 사장인 정현학, 일본 관서대 출신으로 경남도 교육위원

을 지낸 임상수, 양산 수리조합장을 지낸 임기태, 경남대 교무과장을 지낸 이이희, 일본 경도대 출신으로 광복 청년 경남도위원장을 지낸 문정규 후보들이 무소속으로 출전했다.

선거전은 양조업으로 부를 축적한 정현학, 양산 수리조합장으로 조직기반을 다진 임기태, 지난 재선거에 민주당 공천으로 출전한 경력을 지닌 서순칠, 경북도지사 출신으로 친일파의 거두로 알려진 김대우 후보들이 선두권을 형성했다.

지난 재선거에서 낙선한 서순칠 후보의 공천에 반대하고 민주당으로 출전한 정운영, 김대우 후보들의 난타전에 동래고보 출신으로 지역기반을 다진 임기태 후보가 어부지리를 취할 수 있었다.

☐ 득표상황

후보자	정당	연령	주요 경력	득표 (%)
임기태	무소속	59	양산 수리조합장	5,596 (24.9)
정현학	무소속	42	양조장 사장	4,238 (18.9)
김대우	민주당	60	경북도지사	4,111 (18.3)
서순칠	민주당	47	한국무진부산지검장	3,717 (16.5)
임상수	무소속	48	경남도 교육위원	2,372 (10.6)
이이희	무소속	36	경남사대 교무과장	934(4.2)
문정규	무소속	44	광복청년위원장	817(3.6)
정운영	민주당	38	민주구락부 대의원	682(3.0)

〈울산 갑〉 지난 총선에서 차점 낙선한 동정여론을 등에 업고 사회대중당으로 출전한 재선의원을 대파한 민주당 최영근

지난 4대 총선 때에는 동양제관 사장인 자유당 안덕기 후보가 경남도의원을 지낸 민주당 최영근, 언양면장 출신으로 경남도의원을 지낸 무소속 박원주 후보들을 꺾고 당선됐다.

이번 총선에서 민주당은 경남도당 부위원장인 최영근 후보를 공천했고, 사회대중당은 제헌과 3대의원을 지낸 김수선 후보를 공천하여 양강대결을 펼치도록 했다.

울산읍의회 의장을 지낸 고기업 후보는 무소속으로, 언양농고 교사였던 신교환 후보는 사회대중당으로 등록했다가 고기업 후보는 중도에 사퇴했다.

지난 4대 총선에서 14,736표를 득표하여 차점 낙선한 동정여론을 불러일으킨 최영근 후보는 사회대중당 후보들의 분열의 틈새를 비집고 들어가 대승을 거두었다.

언양을 중심으로 지역기반을 다진 김수선 후보는 재선의원의 위용을 찾아볼 수 없었다.

□ 득표상황

후보자	정당	연령	주요 경력	득표 (%)
최영근	민주당	38	경남도당 부위원장	26,220 (71.6)
김수선	사회대중당	49	2선의원(1대,3대)	6,521 (17.8)
신교환	사회대중당	32	언양농교 교사	3,897 (10.6)
고기업	무소속	59	울산읍의회 의장	사퇴

〈울산 을〉 자유당 계열 정해영, 김성탁 후보들이 민주당 김택천 후보를 협공한 선거전에서 승리를 쟁취한 무소속 정해영

지난 4대 총선 때는 풍국연탄 사장인 자유당 김성탁 후보가 2대 의원인 민주당 김택천, 대한연탄 사장으로 3대의원인 무소속 정해영 후보들을 꺾고 당선됐다.

일부지역 선거무효로 실시된 재선거에서 자유당 김성탁 후보가 무소속 정해영 후보를 2,860표차로 꺾고 재당선됐다.

이번 총선에서 민주당은 2대의원을 지낸 김택천 후보를 공천했고 사회대중당은 진보당 중앙위원 출신인 이수갑 후보를, 한국사회당은 당 중앙위원인 김병룡 후보를 내세웠다.

4대의원을 지낸 김성탁, 경성부 통감부 관방장을 지낸 노덕술, 대한석탄 사장으로 3대의원을 지낸 정해영, 일본 천엽대 출신으로 내무부 통계국장을 지낸 탁장제 후보들은 무소속으로, 진주지구 노조위원장 출신인 양기태 후보는 노총 공천 후보로 등록했다.

반미특위 활동을 위축시켜 해산시킨 공적으로 알려진 노덕술 후보가 얼굴을 내밀었던 선거전은 2대의원인 민주당 김택천, 3대의원인 무소속 정해영, 4대의원인 무소속 김성탁 후보들이 치열한 각축전을 전개했다.

4월 혁명 열기가 농촌지역인 이 지역에는 미치지 못하여 자유당 출신인 김성탁, 정해영 후보들의 협공에 민주당 김택천 후보가 우위를 차지하지 못하고 기진맥진했다.

개표 과정에서 무소속 정해영 후보가 리드하게 되자 3,000명의 군

중이 반혁명세력을 규탄하는 데모를 벌이며 소동을 피웠으나, 위장(僞裝) 무소속 정해영 후보는 압승을 거두고 재선의원이 됐다.

□ 득표상황

후보자	정당	연령	주요 경력	득표 (%)
정해영	무소속	45	3대의원(울산 을)	15,879 (38.6)
김택천	민주당	61	2대의원(울산 을)	9,400 (22.9)
김성탁	무소속	38	4대의원(울산 을)	8,444 (20.5)
이수갑	사회대중당	33	진보당 중앙위원	2,437 (5.9)
탁장제	무소속	49	내무부 통계국장	1,944 (4.7)
노덕술	무소속	60	통감부 관방장	1,744 (4.2)
김병룡	한국사회당	29	당 중앙위원	650 (1.6)
양기태	노 총	27	진주 노조위원장	611 (1.5)

〈동래〉 지난 총선에서 김법린 문교부 장관을 꺾은 기세를 타고 13명의 후보들을 가볍게 제치고 재선의원이 된 조일재

지난 4대 총선 때는 동경 중앙대 출신으로 민주당 중앙위원인 민주당 조일재 후보가 파리대 출신으로 문교부 장관을 지낸 3대의원인 자유당 김법린 후보를 꺾은 파란(波瀾)을 일으켰다.

이번 총선에서 민주당은 일본 중앙대 출신으로 4대의원을 지난 조일재 후보를, 사회대중당은 동래군당위원장인 이영석과 동경대 출신으로 항공대 강사인 윤명찬 후보를 복수공천했다.

혁신동지총연맹은 대중신문 주필인 박일형을, 한국청년단은 재건타임스 주간인 권상욱 후보를 공천했다.

언론인연구회 이사장인 김일영, 민주당 동래군당위원장을 지낸 이상진, 교사생활을 한 신성준, 경남도의원을 지낸 김문기, 구주제대 출신으로 변호사인 노재필, 국무총리 비서를 지낸 김성근, 구포읍장을 지낸 박건찬, 사업가인 오윤근, 경남도 교육위원을 지낸 최용한 후보 등 14명이 등록했다.

14명의 군웅들이 할거한 선거전은 지난 총선에서 민주당 공천으로 김법린 문교부장관을 꺾은 조일재 후보가 선두권을 굳게 지키고 있는 가운데, 경남도의원을 지낸 김문기, 구주제대 출신으로 변호사인 노재필 후보들이 맹렬하게 추격전을 전개했으나 추격에 머물렀다.

민주당 조일재 후보가 고전한 것은 고향인 장안면에서 사회대중당 이영석, 무소속 최용한 후보들이 출전하여 조일재 후보의 지역기반을 잠식했기 때문이다.

□ 득표상황

후보자	정당	연령	주요 경력	득표 (%)
조일재	민주당	40	4대의원(동래)	9,351 (28.6)
김문기	무소속	48	경남도의원	5,149 (15.8)
노재필	무소속	44	변호사	4,120 (12.6)
이영석	사회대중당	29	지구당위원장	2,694 (8.2)
윤명찬	사회대중당	45	항공대 강사	2,452 (7.5)
권상욱	한국청년단	30	재건타임즈 주간	1,756 (5.4)

신성준	무소속	38	교원	1,491 (4.6)
김성근	무소속	33	국무총리 비서	1,437 (4.4)
이상진	무소속	38	민주당 군당간부	1,385 (4.2)
최용한	무소속	58	경남 교육위원	1,176 (3.6)
박건찬	무소속	45	동래군 구포읍장	698 (2.1)
김일영	무소속	36	언론인연구회장	536 (1.6)
박일형	혁신동지연	55	대중신문 주필	436 (1.3)
오윤근	무소속	46	상업	사퇴

〈김해 갑〉 서울대 출신으로 재력가인 무소속 김택수 후보를 민주당 조직과 지명도를 활용하여 어렵게 따돌린 최원호

지난 4대 총선에서 동경제대 출신으로 농림부 농지관리국장을 지낸 자유당 강종무 후보가 동경 중앙대 출신으로 2대의원을 지낸 민주당 최원호 후보를 332표차로 꺾고 당선됐다.

대복장유 전무인 이봉학, 3대의원인 박재홍, 고교 교사로 사회사업가인 변종택, 동양의대 설립자인 김경진 후보들도 무소속으로 뛰어들었다.

이번 총선에서 민주당은 민주국민당 소속으로 2대의원을 지낸 최원호 후보를, 사회대중당은 조도전대 출신 변호사인 윤명수 후보를 공천했다.

서울대 출신으로 경남모직 전무인 김택수, 신문기자인 황찬숙, 조

양석탄 취체역인 김계조 후보들은 무소속으로 출전했다.

민주당의 조직과 2대의원으로서의 지명도를 활용하여 선두권에 진입한 최원호 후보를 서울대 출신으로 재력을 구비한 김택수 후보와 조양석탄을 배경으로 활발한 선거운동을 전개한 김계조 후보들이 추격전을 전개했다.

조도전대 출신인 윤명수 후보는 혁신계열 후보로서 표의 확장성에 한계를 보였다.

□ 득표상황

후보자	정당	연령	주요 경력	득표 (%)
최원호	민주당	61	2대의원(김해 갑)	14,050 (37.3)
김택수	무소속	33	경남모직 전무	11,142 (29.6)
김계조	무소속	52	조양석탄 대표	7,085 (18.8)
윤명수	사회대중당	56	변호사	4,049 (10.7)
황찬숙	무소속	55	신문기자	1,375 (3.6)

〈김해 을〉 지난 총선에서 141표차로 석패(惜敗)한 아쉬움을 민주당 후보들과 재력가들을 꺾고 당선되어 달랜 무소속 서정원

지난 4대 총선에서 동경 중앙대 출신으로 2대와 3대의원인 자유당 이종수 후보가 부산 포로심판소 서기국장을 지낸 무소속 서정원 후보를 141표차로 꺾고 3선의원이 됐다.

주촌면장을 지낸 민주당 조용환, 사업가인 무소속 이종대, 농업인

인 무소속 김환기 후보들도 함께 뛰었다.

이번 총선에서 민주당은 한국일보 기자인 송용우 후보를 공천했고 사회대중당은 경도제대 출신으로 근로학원 후원회장인 강무갑 후보를 공천했다.

법무부장관 비서관을 지낸 서정원, 장유중 교장이었던 김신도, 민주당 중앙위원을 지낸 김인화, 대륙교통 사장인 김정만, 김해군수를 지낸 조희두, 풍국산업 사장인 이상순, 금강산업 취체역인 신사현 후보들이 무소속으로 등록하여 9명의 후보들이 난립됐다.

민주당은 공천자인 송용우 후보를 지원하기 위해 공천에 반발해 출전한 같은 진영읍 출신인 김인화 후보를 제명조치까지 했으나 지명도가 낮은 송용우 후보는 선두권에 진입하지 못했다.

김해군수 출신인 조희두 후보도 득표력의 한계를 보인 가운데 재력이 구비된 풍국산업 이상순, 대륙교통 김정만 후보들이 선두그룹을 유지했다.

지난 4대 총선에서 141표차로 낙선한 서정원 후보가 9명의 후보들이 난립된 선거전에서 초반의 선두를 종반까지 지켜 내 국회 입성에 성공했다.

□ 득표상황

후보자	정당	연령	주요 경력	득표 (%)
서정원	무소속	49	법무부장관 비서관	8,788 (24.2)
이상순	무소속	47	풍국산업 사장	4,902 (13.5)
김정만	무소속	46	대륙교통 사장	4,735 (13.0)
김신도	무소속	39	장유중 교장	4,621 (12.7)

김인화	무소속	40	민주당 중앙위원	3,202 (8.8)
조희두	무소속	49	김해군수	2,929 (8.1)
강무갑	사회대중당	40	근로학원 후원회장	2,901 (8.0)
송용우	민주당	33	한국일보 기자	2,779 (7.7)
신사현	무소속	30	금강산업 취체역	1,487 (4.0)

〈창원 갑〉 경남도의원 출신으로 지역기반이 두터운 백종기 후보의 제명처분에 힘입어 어렵게 승리를 엮어낸 민주당 이양호

지난 4대 총선에선 경남도당 부위원장인 자유당 김형돈 후보가 진해시의원인 무소속 조두홍 후보를 가볍게 제압하고 국회에 등원했다.

이번 총선에서 경남도의원을 지낸 백종기, 경남도당 조직부장을 지낸 이양호 후보들이 민주당으로 출전했고, 상남면장을 지낸 김형만 후보는 사회대중당으로 출전했다.

공무원 출신인 박관홍, 부산진중 교장 출신인 김정, 자유당 소속으로 4대의원을 지낸 김형돈 후보들이 무소속으로 출전했다.

경남도의원 출신인 백종기, 웅남면에서 기반을 닦은 박관홍, 중학교장 출신인 김정, 지난 4대 총선에서 당선된 김형돈, 오랫동안 상남면장을 봉직한 김형남, 민주당 공천을 받은 이양호 후보들이 예측 불허의 접전을 벌였다.

민주당의 백종기 후보에 대한 제명에 힘입어 가까스로 당선된 이

양호 후보의 득표율은 20.2%, 일본 경도 입명대 출신이지만 지역적 기반이 얇아 꼴찌를 기록한 김정 후보의 득표율은 13.5%로 격차인 5.7% 이내에 6명 후보의 득표율이 모였다.

김형만 후보는 4대의원인 김형돈 후보와 씨족기반이 겹쳤고, 혁신계열 후보라는 한계성으로 342표차로 아쉽게 패배했다.

□ 득표상황

후보자	정당	연령	주요 경력	득표 (%)
이양호	민주당	42	경남도당 조직부장	6,215 (20.2)
김형만	사회대중당	48	창원군 상남면장	5,873 (19.1)
박관홍	무소속	37	공무원	5,628 (18.3)
김형돈	무소속	35	4대의원(창원 갑)	4,578 (14.9)
백종기	민주당	39	경남도의원	4,272 (13.9)
김 정	무소속	45	무선중학 교장	4,140 (13.5)

〈창원 을〉 연일 계속된 반이용범 데모와 민주당 후보들의 이전투구에서 어부지리를 취한 자유당 출신인 2대의원 김봉재

지난 4대 총선 때에는 3대의원인 자유당 이용범 후보가 조도전대 출신으로 주류제조업자인 민주당 설관수 후보에게 대승을 거두고 재선의원이 됐다.

이번 총선에서 한미 합동문화교류 회원인 김기수, 조도전대 출신으로 경남도의원을 지낸 설관수 후보들이 민주당으로, 진명학원

간부인 김용국 후보가 사회대중당으로 출전했고, 7명의 무소속 후보들이 난립했다.

경남도 공보과장을 지낸 김병호, 대동공업 사장 출신으로 자유당 공천으로 3대와 4대의원을 지낸 이용범, 자동차회사 중역이었던 이주만, 일본대 출신으로 경남도 노동국장을 지낸 남진우, 회사장으로 2대의원을 지낸 김봉재, 애국청년동지회 부회장 출신인 이창수, 공무원 출신인 김동수 후보들이 무소속으로 출전했다.

이승만 독재는 없어졌으나 이용범 왕국은 그대로 뻣뻣하다는 이 지역에서는 집집마다 두되 남짓한 쌀을 돌렸다는 말이 나돌고, 주민들도 혁명보다 쌀과 돈을 아쉽게 생각하는 분위기가 역력했다.

김봉재 후보는 "이용범의 과거를 들추기에 원기(冤氣)를 느낄 정도로 극심하여 실상 함께 자유당 노릇을 했지만, 이번 선거에 또 그를 당선시킬 수 없어 출마를 감행했다"고 야릇한 입후보 동기를 역설하여 이용범 후보를 겨냥했다.

반(反)이용범 데모는 아무것도 아니라면서, "남이사 욕도 하는 모양입니더만 내 사 좋습니더", "고향을 위해서 일 잘하면 다 아닝교"라는 주민들도 많았다.

'이용범 잡아넣으라'고 외치는 시민들의 데모를 오히려 비웃듯이 이용범 후보는 "내가 죽으면 모르되 죽지 않는 이상 입후보를 사퇴하지 않습니다", "나는 민주당 신파에 돈을 낸 일이 없습니다"라고 항변했다.

이용범 후보는 "자유당이나 민국당이 다 같은 보수당 아닌가", "조병옥 박사를 모시고 민국당 해 볼라고도 했는데, 사실 내가 그때

정치가 뭣인지 알았어야지, 그래서 자유당을 했다가 그만 이 꼬라지가 되었다", "그때 그렇게만 했어도 이렇게는 안 되었을 텐데"라고 푸념했다.

반민주혁명세력 규탄을 외친 데모대원들에게 폭행을 가한 혐의로 검찰은 선거 막바지에 이용범 후보를 구속하는 사태로 번져갔다.

이용범 집 앞에서 반혁명세력 규탄 연좌(連坐) 데모를 벌인 마산한얼 동지회는 김봉재 후보에게도 과거 자유당이었다는 이유를 들어 사퇴를 강요했다.

민주당의 공천자인 신파의 김기수 후보보다 지난 총선에도 출전하여 제명당한 설관수 후보가 오히려 지연이 훨씬 두터워 두 후보가 으르렁거리다가 함께 낙선했다.

데모대원이 깡패들에게 습격당하여 헌병과 경찰들이 동원되고 3.15 부상동지회에서 이용범 후보의 짚차를 빼앗아 엎어버리는 선거전에서, 자유당 2대의원이었던 김봉재 후보가 재력을 앞세워 민주당 신,구파 후보들의 경쟁에서 어부지리를 취했다.

□ 득표상황

후보자	정당	연령	주요 경력	득표 (%)
김봉재	무소속	50	2대의원(창원 을)	6,007 (16.9)
김병호	무소속	44	경남도 공보과장	5,291 (14.9)
설관수	민주당	61	경남도의원	5,204 (14.6)
이용범	무소속	54	2선의원(3대, 4대)	5,067 (14.2)
김기수	민주당	36	한미문화교류회원	4,765 (13.4)
김용국	사회대중당	35	진명학원 간부	3,140 (8.8)

남진우	무소속	57	경남도 노동국장	2,810 (7.9)
이주만	무소속	62	자동차회사 중역	1,608 (4.5)
김동수	무소속	39	공무원	1,392 (3.9)
이창수	무소속	40	애국청년단 부회장	338 (0.9)

〈통영〉 지난 4대 총선에서 839표차로 꺾은 자유당 지산만 후보를 이번 총선에서는 9,924표차로 꺾어버린 민주당 서정귀

지난 4대 총선에서는 경남도의원 출신인 민주당 서정귀 후보가 경남 어민회장을 지낸 자유당 지산만 후보를 839표 차로 꺾고 당선됐다.

이번 총선에서 민주당은 경성대 출신으로 4대의원을 지낸 서정귀 후보를 공천했고, 신문기자 출신인 공학수배, 경남 어민회장 출신인 지산만, 통영군 교육위원을 지낸 김재국 후보들이 무소속으로 출전했다.

지난 4대 총선에서는 민주당 서정귀 후보가 839표차로 어렵게 당선됐지만, 이번 총선에서는 지산만 후보를 9,924표차로 꺾고 당선되어 세상의 민심이 변했음을 보여줬다.

통영군 교육위원인 무소속 김재국 후보가 당선을 낙관하고 방심한 서정귀 후보를 2,636표차까지 추격했다.

□ 득표상황

| 후보자 | 정당 | 연령 | 주요 경력 | 득표 (%) |

서정귀	민주당	40	4대의원(통영)	12,417 (44.2)
김재국	무소속	46	통영 교육위원	9,781 (34.8)
공학수배	무소속	39	신문기자단 단장	3,415 (12.1)
지산만	무소속	47	경남 어민회장	2,493 (8.9)

〈거제〉지난 4대 총선에서 민주당 공천으로 출전하여 낙선했지만 높아진 지명도를 활용하여 국회에 등원한 민주당 윤병한

지난 4대 총선에서는 경남도의회 의장을 지낸 자유당 진석중 후보가 동경대 출신으로 자유당 거제군당위원장을 지낸 자유당 반성환, 일본대 출신으로 회사원인 민주당 윤병한 후보들을 꺾고 당선됐다.

이번 총선에는 일본대 출신으로 한양상사 사장인 윤병한, 역시 일본대 출신으로 변호사인 서순영 후보들이 민주당으로, 서울사대 출신인 김재윤 후보는 사회대중당으로, 수산업자로 3.1운동 동지회 고문인 송종완 후보는 한국사회당으로 출전했다.

세론사 사장인 이봉식, 경북대 교수인 김종호, 육군대위 출신인 이도주, 자유당 소속으로 4대의원을 지낸 진석중, 통영수전 기성회장 출신인 이채오, 일본대 출신인 김구대, 공무원 출신인 원정희, 고교 교사인 최창일 후보들이 무소속으로 출전했다.

지난 4대 총선에서 당선된 진석중 후보의 선거운동중 사망으로 민주당으로 출전한 윤병한, 서순영 후보들과 경북대 교수인 김종호, 통영수고 동문회의 적극적인 지원을 받은 이채오 후보들의 각축장이 됐다.

서순영 후보는 민주당 기존 조직을 기반으로 뛰고 있고, 이채오 후보는 돈의 힘과 수산업자들의 전폭적인 지지를 기대했다.

김종호 후보는 3천 5백 호의 김해 김씨 문중이 기반이며, 윤병한 후보는 1천 5백 호의 파평 윤씨 기반과 세번 출마에 대한 동정표가 기대됐다.

지난 4대 총선에서 민주당 후보로 출전하여 10,545표를 득표하여 낙선했지만 얻은 지명도를 활용한 윤병한 후보가 난립한 10명의 후보들을 꺾고 국회에 등원했다.

□ 득표상황

후보자	정당	연령	주요 경력	득표 (%)
윤병한	민주당	41	조양상회 사장	9,750 (23.3)
김종호	무소속	37	경북대 교수	6,069 (14.5)
서순영	민주당	60	변호사	5,957 (14.2)
이채오	무소속	48	수산대 기성회장	5,258 (12.6)
최창일	무소속	30	사립학교 교원	3,076 (7.3)
이도주	무소속	32	육군대위	2,505 (6.0)
송종완	한국사회당	31	3.1 동지회 고문	2,286 (5.5)
김구대	무소속	46	농업	2,144 (5.1)
원정희	무소속	26	공무원	1,889 (4.5)
김재윤	사회대중당	29	농업	1,710 (4.1)
이봉식	무소속	37	세론사 사장	1,214 (2.9)
진석중	무소속	48	4대의원(거제)	사망

〈고성〉 지난 총선에서 무소속으로 당선되고서 자유당으로 전향한 최석림 후보가 당선권에 진입하자, 데모대들이 투표소에 난입하여 투표함을 소각하여 재선거가 실시됐으나 거뜬하게 당선된 최석림

지난 4대 총선 때에는 대한상공회의소 전문위원인 무소속 최석림 후보가 공영인쇄 사장인 자유당 김기용 후보를 197표차로 꺾고 당선됐다.

민주당 고문인 이종근 후보는 민주당으로, 운수회사 부사장인 김복록 후보는 무소속으로 출전했다.

이번 총선에선 서울대 출신으로 지난 총선 때 무소속으로 당선됐으나 자유당으로 전향한 최석림 후보는 자유당으로, 부산 수산대 강사인 김상한 후보는 사회대중당으로, 한국한린공업 사장인 정재홍 후보는 한국독립당으로 출전했다.

동성기업 사장인 전종빈, 공영인쇄 사장인 김기용, 심계원 검사관 출신인 허승도, 경남교육회 이사였던 이만수, 부산지검 마산지청에 근무했던 박정만 후보들은 무소속으로 출전했다.

선거전은 지난 총선 때 197표차로 승패가 갈린 자유당 최석림 후보와 무소속 김기용 후보가 이번에는 정당을 바꿔 자웅(雌雄)을 겨루게 됐다.

재력이 구비된 전종빈 후보와 이만수 후보가 추격하고 있는 상황에서, 부산 수산대 강사인 김상한 후보와 25세의 박정만 후보들도 당선권을 넘나들며 선거운동에 매진했다.

재경유학생 고성 출신 동지회 30여 명이 주도하여 진정한 반혁명분자의 규탄만이 반독재혁명을 진정으로 이루는 길이라며 "반혁명세력인 최석림을 타도하자"며 군민대회를 개최했다.

3·15 부정선거 때는 경찰과 뒤엉켜 못된 짓을 도맡아 하던 최석림 후보의 사퇴를 위해 재경대학생 30여 명이 후보집을 습격하여 사흘 동안 단식투쟁을 전개해 이 지역에서 대원군으로 부른 최석림의 부친 최낙권은 "아들을 출마시키지 않겠다"고 선언했다.

그러나 "조직도 있고 선거운동도 했고 당선권 내에 들어있다"는 최석림 후보는 끝내 사퇴를 거부했다.

투표함 44개 중 35개째 함부터 최석림 후보가 앞서 당선권에 진입하자, 군중들이 개표소를 전격적으로 기습하여 수많은 경찰관과 데모대가 부상하고 투표함 전부가 소각됐다.

법과 질서를 파괴한 것은 민주주의를 파괴하고 나아가 민주제도를 위태롭게 한다는 엄연한 사실을 간과했다고 검찰에서 재경학생 21명 모두가 구속되자, "구속된 오빠들을 석방하라"는 여고생들의 데모가 이어졌다.

"독재정당 뿌리뽑자", "최석림은 등록을 사퇴하라"며 고성군민 5천여 명이 연좌데모를 벌였고, 투표함까지 소각하여 재선거까지 실시했지만, 자유당 최석림 후보의 당선을 막아내지를 못했다.

□ 득표상황

후보자	정당	연령	주요 경력	득표 (%)
최석림	자유당	37	4대의원(고성)	8,076 (16.8)
김기용	무소속	54	공영인쇄 사장	7,801 (16.3)

전종빈	무소속	36	동성기업 사장	7,676 (16.0)
이만수	무소속	40	경남체육회 이사	7,169 (14.9)
박정만	무소속	25	마산지청 직원	5,662 (11.8)
김상한	사회대중당	37	부산수대 강사	5,213 (10.9)
허승도	무소속	35	심계원 검사관	3,986 (8.3)
정재홍	한국독립당	44	한린공업 사장	2,415 (5.0)

〈사천〉 지난 4대 총선에서 자유당 후보를 4천여 표차로 제압한 여세를 몰아 이번 총선에서 50% 득표율로 3선고지에 오른 정헌주

지난 4대 총선 때에는 동경 중앙대 출신으로 2대의원인 민주당 정헌주 후보가 사천군당위원장인 자유당 김항곤 후보를 꺾고 재선의원이 됐다.

이번 총선에서도 일본 중앙대 출신으로 2대와 4대의원을 지낸 정헌주 후보가 민주당 공천을 받고 출전하자, 서울공대 출신으로 변호사인 조석조 후보가 자유법조단 공천으로 출전했다.

의사 출신으로 경남도의원과 수리조합장을 지낸 황순주, 진주흥산 사장인 이맹구, 일본 중앙대 출신으로 국민대 교수인 이병두 후보들은 무소속으로 출전했다.

지난 4대 총선에서 자유당 후보를 4천여 표차로 제압한 저력을 지닌 정헌주 후보는 이번 총선에서도 50%에 근접한 득표율로 3선의원 반열에 올랐다.

□ 득표상황

후보자	정당	연령	주요 경력	득표 (%)
정헌주	민주당	45	2선의원(2대,4대)	16,821 (49.6)
이병두	무소속	39	국민대 교수	5,328 (15.7)
황순주	무소속	56	경남도의원	5,007 (14.8)
조석조	자유법조단	38	변호사	4,219 (12.4)
이맹구	무소속	47	진주흥산산업 사장	2,518 (7.4)

〈남해〉 자유당의 당세가 유난하게 강하여 자유당 정부에서 공보실장을 지내고 무소속으로 위장 입후보했지만 당선된 최치환

지난 4대 총선때에는 경남도의원을 지낸 자유당 김정기 후보가 명치대 출신으로 2대의원과 체신부장관을 지낸 자유당 조주영, 자유당 공천을 받은 차진철 후보들을 꺾고 당선됐다.

자유당 소속 세 후보가 경쟁을 벌여 공천 후보를 낙선시킨 것이다.

4월 혁명의 직후인 이번 총선에서도 민주당은 서울대 출신으로 군당위원장인 원정희 후보를 공천하자, 자유당 소속으로 4대의원을 지낸 김정기, 미국 미시간 주립대 출신으로 공보실장을 지낸 최치환, 경성제대 출신으로 남해 세존의원 원장인 최상욱, 부산시 주택국장을 지낸 김재찬 후보들이 무소속으로 도전했다.

이 지역에서는 전통적으로 자유당 계열 후보들이 섬 전체를 휩쓸고 있어 민주당 후보가 고전을 면치 못하고 있다.

지난 4대 총선에서 당선된 김정기 후보가 반혁명세력으로 규탄대상이 되어 위축된 상황에서, 자유당 정부에서 공보실장을 지냈지만 무소속 후보로 위장 출전한 최치환 후보가 민주당 원정희 후보 등을 가볍게 꺾고 국회에 등원했다.

□ 득표상황

후보자	정당	연령	주요 경력	득표 (%)
최치환	무소속	37	공보실장	15,651 (31.4)
원정희	민주당	32	남해군당위원장	9,599 (19.3)
김재찬	무소속	46	부산시 주택국장	8,289 (16.7)
최상욱	무소속	55	세존의원 원장	8,192 (16.5)
김정기	무소속	48	4대의원(남해)	8,051 (16.2)

〈하동〉 지난 총선에서 금, 은, 동메달 후보들이 재격돌하여 은메달이었던 윤종수 후보가 동메달, 금메달 후보들을 꺾고 당선

지난 4대 총선 때에는 하동군수와 부산시장을 역임한 자유당 손영수 후보가 경남도의원을 지낸 무소속 윤종수, 회사 중역인 민주당 문부식 후보들을 꺾고 당선됐다.

하동교육감을 지낸 장봉대, 하동군 진교면장을 지낸 이위수 후보들은 무소속으로 출전했다.

이번 총선에서 민주당은 고려대 출신으로 중앙위원인 이상철 후보를 공천했고, 자유당은 4대의원을 지낸 손영수 후보를 공천했다.

경남도의원을 지낸 윤종수, 영남고 교감을 지낸 문부식, 매일신문 경남지사장인 강찬신, 해양대 교수인 이병주, 하동군 진남면의원을 지낸 김찬경, 미군정청 고시과장을 지낸 이원창, 동아대를 중퇴한 김인철 후보들이 무소속으로 출전했다.

지난 4대 총선에서 출전했던 후보들의 재대결이 펼쳐진 선거전에서 14,196표를 득표하여 당선한 손영수, 11,706표로 차점 낙선한 윤종수, 11,129표로 동메달을 차지한 문부식 후보가 상위권을 형성하고 혈투를 전개했다.

민주당은 지역기반이 미약한 28세의 이상철 후보를 공천하고, 문부식 후보를 제명조치하는 극약처방으로 스스로 1석을 내다 버린 결과를 초래했다.

지난 총선에서 당선된 손영수 후보는 반혁명 세력으로 규탄대상이 되어 탈락하고, 577표차로 은메달을 차지한 무소속 윤종수 후보가 민주당에서 제명당한 동메달 무소속 문부식 후보를 1,176표차로 꺾고 국회에 등원했다.

□ 득표상황

후보자	정당	연령	주요 경력	득표 (%)
윤종수	무소속	52	경남도의원	12,935 (25.7)
문부식	무소속	31	영남고 교감	11,759 (23.4)
이병주	무소속	40	해양대 교수	8,434 (16.8)
손영수	자유당	60	4대의원(하동)	3,270 (6.5)
이상철	민주당	28	민주당 중앙위원	3,215 (6.4)
이원창	무소속	57	미군정청 고시과장	3,091 (6.1)

김인철	무소속	37	동아대졸	2,940 (5.8)
김찬경	무소속	40	하동 금남면 의원	2,917 (5.8)
강찬신	무소속	32	매일신문 지사장	1,711 (3.4)

〈산청〉 민주당 무공천지역으로 구파의 조명환, 신파의 오문택 후보들의 격돌이 투표소 난동과 재선거로 이어져

지난 4대 총선 때에는 문교부 체육과장을 지낸 자유당 김재위 후보가 예비역 육군대령인 민주당 심상선 후보를 꺾고 당선됐다.

기자 출신인 문위상, 자유당 산청군당위원장을 지낸 오문택 후보들은 무소속 후보로 완주했으나, 경남도의원을 지낸 김인중 후보는 무소속으로 등록했다 사퇴했다.

이번 총선에선 국제신보 편집국장을 지낸 하종배, 일본대 출신으로 경남도청에 근무했던 오문택, 문화보도 기자였던 심상선, 민주당 중앙위원인 조명환, 한국경제 정치부장을 지낸 정영모 후보들이 민주당으로 출전했고, 식산은행원 출신으로 4대의원을 지낸 김재위 후보는 자유당으로 출전했다.

상업은행 지점장 출신인 김용탁, 대법원 서기 출신인 김공휴, 경남도의회 의장을 지낸 이기현, 대한수련 사무원이었던 박노욱 후보들이 무소속으로 도전하여 10명의 후보들이 난립됐으며, 4대의원이었던 김재위 후보가 반혁명 열기에 놀라 중도에 사퇴했다.

자유당 김재위 후보는 "문중에서 선거운동을 하면 족보에서 제명하겠다"고 들고 일어나 사퇴할 수밖에 없었다고 해명했다.

민주당 신·구파 후보들이 혼전을 벌이자, 민주당은 무공천지역으로 남겨두어 조명환, 정영모, 하종배, 오문택 후보들이 민주당으로 출전하여 조명환 후보는 구파의, 오문택 후보는 신파의 지원을 받아 혈투를 전개했다.

무공천지역으로 당의 조직을 활용할 수 없는 탓으로 신사협정이 체결됐고, 지역적인 연고를 이용한 선거운동이 펼쳐졌다.

북부 5개 면은 오문택, 정영모, 김공휴, 김용탁, 이기현 등 후보 5명이 나눠 가졌고, 남부 6개 면은 조명환, 심상선, 하승배, 박노욱 등 4명의 후보들의 표밭이 되어 조명환 후보가 오문택 후보보다 지역적 여건이 유리한 것이 승리의 관건(關鍵)이었다.

개표 진행 도중 조명환 후보 9,441표, 오문택 후보가 7,159표로 조명환 후보의 당선이 확실해지자, 오문택 후보측의 학생, 깡패들이 동원되어 난동을 부렸다.

오문택 후보는 "내가 이 자리에서 죽기 전에는 개표할 수 없다", "4·19 혁명에서 죽일 놈이 아직 살아남아서 개표를 하려고 한다"고 폭언을 했고, 학생과 폭력배들은 "부정선거 다시 하라"며 개표장에 뛰어 들어가 투표함 모두를 소각했고, 난동자 48명은 전원 체포됐다. 이들은 모두 오문택 후보측의 사주를 자백했다.

　투표소에 난입하여 개표 방해 사건과 대리투표 사건을 조사한 검찰은 이들 모두 오문택 후보측의 생트집에 불과하다는 결론을 내리고 관련자들을 모두 구속했다.

　□ 득표상황

후보자	정당	연령	주요 경력	득표 (%)
조명환	민주당	43	민주당 중앙위원	11,088 (27.6)
오문택	민주당	44	경남도청 직원	7,228 (18.0)
하종배	민주당	36	국제신문 편집국장	4,719 (11.7)
김공휴	무소속	36	대법원 서기	4,031 (10.0)
김용탁	무소속	43	상업은행 지점장	3,942 (9.8)
정영모	민주당	30	한국경제 정치부장	2,522 (6.3)
박노욱	무소속	41	대한수련 사무원	2,417 (6.0)
이기현	무소속	58	경남도의회 의장	2,214 (5.5)
심상선	민주당	34	대한문화 기자	2,034 (5.5)
김재위	자유당	38	4대의원(산청)	사퇴

〈함양〉 박상길 의원의 중도 사퇴에 힘입어 지난 총선에 이어 출격한 이진언, 노영한 후보들을 어렵게 따돌린 민주당 정준현

지난 4대 총선에서는 세계 사정연구소소장인 무소속 박상길 후보가 3대의원인 자유당 김영상, 안의중 이사장을 지낸 민주당 이진언, 주일공사로 활약한 국민회 김용주, 일본대 출신으로 회사 중역인 무소속 허준, 한광제분 사장인 무소속 노영한 후보들을 꺾고 당선됐다.

함양읍 의원을 지낸 김복순 무소속 후보는 중도에 사퇴했다.

이번 총선에서 민주당은 경남도의원 출신으로 함양군당위원장인

정준현 후보를 공천했고, 혁신동지총연맹은 육군대위 출신인 하영조 후보를 공천했다.

동경대 출신으로 재일거류민단 부단장인 노영한, 일본대 출신으로 안의산업 조합장인 이진언, 4대의원을 지낸 박상길 후보들이 무소속으로 등록했다가 박상길 후보는 선거운동 중 사퇴했다.

지난 총선에서 무소속 김용주 후보를 182표 차로 꺾은 박상길 후보는 무소속으로 등록했으나, 자유당으로 전향한 것이 반혁명 규탄 대상이 되자 중도에 꿈을 접었다.

제지회사 사장인 무소속 노영한, 안의산업 사장인 이진언 후보들은 지난 4대 총선에서 낙선했지만, 높아진 지명도에 의지하여 재출격했다.

경남도의원 출신인 민주당 정준현 후보가 박상길 의원의 사퇴와 4월 혁명 분위기를 타고 재력을 바탕으로 추격전을 전개한 이진언, 노영한 후보들을 꺾고 국회에 등원했다.

민주당은 이진언 후보를 제명하여 정준현 공천 후보의 당선을 지원했다.

□ 득표상황

후보자	정당	연령	주요 경력	득표 (%)
정준현	민주당	50	경남도의원	15,514 (37.6)
이진언	무소속	54	안의산업 조합장	13,907 (33.7)
노영한	무소속	50	재일거류민 단장	9,155 (22.2)
하영조	혁신동지연	31	육군대위	2,674 (6.5)
박상길	무소속	35	4대의원(함양)	사퇴

〈거창〉 지난 4대 총선에 민주당 공천으로 출전한 지명도를 활용하여 이번 총선에서는 대승을 거둔 경남도의원 출신인 신중하

지난 4대 총선에서는 거창군당위원장인 자유당 서한두 후보가 당 중앙위원인 민주당 신중하, 조도전대 출신으로 농림부장관과 2대 의원을 지낸 무소속 신중목, 문교부 생활개선과장을 지낸 국민회 최성환 후보들을 꺾고 당선됐다.

예비역 육군 소령인 한소문 후보도 무소속으로 출전했다.

이번 총선에서 민주당은 경남도의원을 지낸 신중하 후보를 공천하자, 거창군수를 지낸 정수영, 동영상회 대표인 한소문, 일본 중앙대 출신으로 민주당 거창군당위원장을 지낸 이용화, 경북대 출신인 이희대 후보들이 무소속으로 도전했다.

지난 4대 총선에서 자유당 서한두 후보에게 6,301표차로 대패한 민주당 신중하 후보가 서한두, 신중목 후보들의 출전 포기와 민주당에 대한 묻지마 투표에 힘입어 도토리 키재기식 경쟁을 벌인 무소속 네 후보들을 가볍게 제치고 국회에 등원했다.

경북 문경 출신으로 경북대를 졸업한 이희대 후보가 이 지역에 출전한 것이 이채로웠다.

□ 득표상황

후보자	정당	연령	주요 경력	득표 (%)
신중하	민주당	42	경남도의원	21,123 (43.2)

이용화	무소속	54	민주당 군당위원장	8,048 (16.5)
정수영	무소속	42	군수	7,667 (15.7)
한소문	무소속	37	동영상회 대표	6,242 (12.8)
이희대	무소속	29	경북대졸	5,820 (11.9)

〈합천 갑〉 3대와 4대 총선에서 연거푸 낙선하고서 얻은 지명도와 동정여론으로 민주당 공천 후보를 꺾어버린 무소속 이상신

지난 4대 총선에는 3대의원인 자유당 유봉순 후보가 지난 3대 총선에도 입후보했던 무소속 이상신, 해인대학장을 지낸 무소속 이용조 후보들을 꺾고 재선의원이 됐다.

회사장인 이기백 후보도 무소속으로 출전했다.

이번 총선에서 민주당은 중앙위원으로 합천군당위원장인 정경식 후보를 공천했고, 거창읍장을 거쳐 3대와 4대의원을 지낸 유봉순 후보가 자유당으로 출전했다.

부산일보 기자인 이인현과 서울신학대 출신인 배상수 후보는 사회대중당으로 출전했다.

이번 총선에는 회사원인 배원효, 3대와 4대 총선에 출전하여 낙선한 이상신, 해인대학장을 역임한 이용조, 부산일보 조사부장인 조창순, 일본 관서대 출신으로 대구매일 경남지사장인 이수봉 후보들이 무소속으로 출전했다.

자유당 유봉순 후보는 초계면 유권자로부터 "무슨 명목으로 또 출

마했느냐"는 항의와 함께 따귀를 맞음으로써 선거운동이 위축됐다.

30대 초반으로 지난 3대와 4대 총선에 무소속으로 출마하여 낙선한 이상신 후보가 두 번의 낙선에 따른 동정여론을 밑거름 삼아 초계면 유권자들의 전폭적인 지지로 민주당 공천을 받은 정경식 후보를 607표차로 꺾고 국회에 등원했다.

□ 득표상황

후보자	정당	연령	주요 경력	득표 (%)
이상신	무소속	31	국회의원 입후보(2회)	7,898 (22.3)
정경식	민주당	49	합천군당위원장	7,291 (20.6)
유봉순	자유당	41	2선의원(3대,4대)	4,548 (12.9)
배원효	무소속	28	회사원	3,876 (11.0)
이용조	무소속	60	해인대 학장	3,617 (10.2)
조창순	무소속	35	부산일보 조사부장	3,242 (9.2)
이인현	사회대중당	33	부산일보 기자	2,452 (7.2)
이수봉	무소속	43	대구매일 지사장	1,596 (4.5)
배상수	사회대중당	30	당 조직위원	844 (2.4)

〈합천 을〉 경남도의원 출신인 민주당 정길영 후보가 지난 4대 총선에 출전했던 무소속 변종봉 후보를 358표차로 꺾고 당선

지난 4대 총선 때에는 일본대 출신으로 3대의원인 자유당 최창섭 후보가 국회의장 비서였던 통일당 정용택, 주일대표부 영사였던

무소속 변종봉 후보들을 꺾고 재선의원이 됐다.

이번 총선에서 민주당은 이 지역구를 무공천 지역으로 남겨두자 경남도의원을 지낸 정길영, 치과의사인 박인범, 지구당위원장인 허수, 동덕여고 교사인 안근영 후보들이 민주당으로 출전했고, 10명의 무소속 후보들이 난립했다.

부산 해운조합장인 박인재, 민주당 지구당위원장을 지낸 구용우, 한의사로 2대의원을 지낸 노기용, 여론조사 경남단장이었던 김을갑, 독립촉성국민회 소속으로 제헌의원이었던 이원홍, 주일대표부 영사였던 변종봉, 의령과 산청 경찰서장을 지낸 강석진, 경남도의원을 지낸 김삼상, 삼가면 의회의장을 지낸 김자일, 회사원인 윤상현 후보 등이 무소속으로 출전했다.

자유당 최창섭 의원은 유봉순 의원에 대한 간첩 무고 사건 고법 판결에서 무죄 선고를 받았으나 출전을 포기하여, 민주당으로 출전한 정길영, 송근영, 허수, 박인범 후보들과 지난 총선에 출전했던 변종봉 후보들이 각축할 것으로 전망됐다.

산청경찰서장을 지낸 강석진, 경남도의원을 지낸 김삼상, 삼가면에서 기반을 닦은 김자일, 제헌의원인 이원홍, 2대의원인 노기용 후보들의 선전도 기대됐다.

면(面)대표주자를 선출하는 선거전에서 합천, 대병, 초계, 청덕면에서는 1명이 출전했고 가회, 대양면에서는 2명이, 삼가면에서는 3명이 출전했다.

경남도의원 출신인 민주당 정길영 후보가 지난 총선에 출전하여 2,178표를 득표한 변종봉 후보를 358표차로 꺾고 당선됐으며 이들은 모두 대양면 출신들이다.

차점으로 낙선한 40대인 변종봉, 경남도의원 출신인 김삼상 후보들은 제3공화국 시절 의회 진출의 문이 열렸다.

□ 득표상황

후보자	정당	연령	주요 경력	득표 (%)
정길영	민주당	36	경남도의원	4,467 (12.7)
변종봉	무소속	41	주일대표부 영사	4,109 (11.7)
강석진	무소속	43	의령, 산청경찰서장	3,831 (10.9)
송근영	민주당	49	동덕여고 교사	3,613 (10.3)
김삼상	무소속	39	경남도의원	3,127 (8.9)
김자일	무소속	40	삼가면의회 의장	3,046 (8.7)
허 수	민주당	57	지구당위원장	2,809 (8.0)
노기용	무소속	62	2대의원(합천 갑)	2,468 (7.0)
윤상현	무소속	26	회사원	1,877 (5.3)
구용우	무소속	50	약종상	1,851 (5.3)
이원홍	무소속	57	제헌의원(합천 을)	1,807 (5.1)
박인재	무소속	58	부산 해운조합장	1,087 (3.1)
김을갑	무소속	29	여론조사 경남단장	527 (1.5)
박인범	민주당	54	치과의사	502 (1.4)

경상북도

〈대구 갑〉 민주당에 대한 지지열기와 그동안 닦아 놓은 지역기반을 활용하여 정치신인 최석채 후보를 가볍게 제압한 서동진

갑, 을, 병구로 나뉘었던 대구는 지난 4대 총선 때 갑, 을, 병, 정, 무, 기구로 나뉘어 6개 선거구 체제가 확립됐다.

4대 총선 때 갑구에서는 주일대표부에 근무했던 무소속 신도환 후보가 3대의원인 민주당 서동진, 고시위원장을 지낸 2대의원 출신인 무소속 배은희 후보들을 꺾고 당선됐다.

이번 총선에서 민주당은 3대의원인 서동진 후보를 내세웠고, 사회대중당은 언론인으로 활발하게 활동한 최석채 후보를 내세워 한판 승부를 벌이도록 했다.

최석채 후보는 대구매일신문 테러사건의 원인이 된 사설의 집필자이다.

지난 총선에서 무소속 신도환 후보에게 대패한 서동진 후보가 민주당 지지 열기와 그동안 닦아 놓은 지역기반을 등에 업고, 언론인으로 지명도는 높으나 정치신인인 최석채 후보를 가볍게 제압하고 재선의원이 됐다.

최석채 후보는 "대구의 양식과 용기만이 일당독재를 막고 민주주의를 소생시킬 수 있다"고 호소했지만 역부족이었다.

□ 득표상황

후보자	정당	연령	주요 경력	득표 (%)

서동진	민주당	60	3대의원(대구 갑)	21,208 (73.8)
최석채	사회대중당	42	언론인	7,530 (26.2)

〈대구 을〉 지난 총선에서 4천여 표차로 낙선한 아픔을 딛고 이번 총선에서 3천여 표차로 승리한 사회대중당 서상일

지난 4대 총선 때에는 명치대 출신으로 판사를 거친 변호사인 민주당 이병하 후보가 제헌의원을 지낸 민혁당 서상일, 병원장인 자유당 손인식, 임정 국무위원을 지낸 독립노동당 유림 후보들을 제압했다.

이번 총선에서 이병하 의원이 고향 찾아 문경으로 옮겨 가자 민주당은 대구시의원을 지낸 황봉갑 후보를 내세우자, 사회대중당은 한민당 소속으로 제헌의원에 당선됐으며 혁신 진영의 지도자로 부상한 서상일 후보를 내세웠다.

대구시의원을 지낸 이근상 후보가 무소속으로 출전했고, 육군 의무관 출신으로 진보당 경북도당 부위원장을 지낸 윤지화 후보도 사회대중당으로 출전했다.

민주당 황봉갑 후보의 공천에 불만을 갖고 대구시의원인 이근상 후보가 출전하여 보수계가 양분된 상태에서 혁신계도 윤지화 후보가 출전하여 2 대 2 균형을 유지했다.

사회대중당 서상일 후보는 낙관(樂觀)불허의 선거전망 속에서 "상대방에선 마구 물량 공세로 나오니 큰 야단 아닙니까"라며 엄살

모드에 빠지고 있으나, 사회대중당 대표주자라는 점에서 대구시의 민주당 후보들의 집중적인 공세를 받았다.

서상일 후보는 "내 발등의 불이 바쁜데 딴 사람을 위한 유세계획을 엄두도 내지 못하고 있다"면서 지역구에 매달렸다.

유권자들은 서상일 후보의 정치적 이력과 연령이 혁신적이 아니라는 사실과 황봉갑 후보의 경제력이 막강하다는 사실이 승패를 예측할 수 없다고 전망했다.

무엇을 어떻게 하겠다는 것보다 보수와 혁신의 낱말만이 오고 가는데 불만을 가진 시민들이 있는가 하면, 그런 낱말의 뜻마저 실감하지 못한 무지 또는 정치적 무관심한 유권자들도 많은 가운데, 지난 총선에 출전하여 4천여 표차로 낙선한 서상일 후보가 이번 총선에서는 3천여 표차로 승리하여 재선의원이 됐다.

서상일 후보가 당선됐지만 보수계와 혁신계의 전투는 18,106표 대 16,146표로 보수계의 승리로 마감된 것을 보면, 이근상 후보가 서상일 후보 당선의 도우마 역할을 한 것으로 보인다.

□ 득표상황

후보자	정당	연령	주요 경력	득표 (%)
서상일	사회대중당	71	제헌의원(대구 을)	15,348 (44.8)
황봉갑	민주당	47	대구시의원	11,662 (34.0)
이근상	무소속	56	대구시의원	6,444 (18.8)
윤지화	사회대중당	48	진보당 경북부위원장	798 (2.3)

〈대구 병〉 대법원의 선거무효 판결로 의원직을 되찾은 민주당 임문석 후보가 대승을 거두고 재선의원 고지를 점령

지난 4대 총선에선 일본대 출신으로 대구시의원을 거쳐 3대의원인 자유당 이우줄 후보가 변호사인 민주당 임문석, 경북도 관재국장 출신인 무소속 김재권, 명치대 출신으로 사업가인 무소속 김영호, 대구대 출신으로 학생운동을 펼친 민혁당 김수한 후보들을 꺾고 재선의원이 됐다.

대구시의원을 지낸 무소속 김석현 후보는 중도 사퇴했다.

그러나 대법원의 선거무효 판결로 당선자가 자유당 이우줄 후보에서 민주당 임문석 후보로 교체됐다.

이번 총선에서 민주당은 전남도 내무국장을 거쳐 4대의원을 지낸 임문석 변호사를 공천했고, 사회대중당은 청년운동을 전개했던 김수한 후보를 내세웠다.

행정대학에 재학 중인 25세의 김영섭, 대구시의원을 지낸 김학봉, 교육재단 이사를 지낸 이근하, 경남 남해에서 2대의원과 체신부장관을 섭렵한 조주영 후보가 무소속으로 도전하여 6파전이 형성됐다.

선거 도중 조주영 후보마저 사퇴하여 흥미 잃은 선거전에서 사회대중당 김수한 후보는 "민주당은 과거의 한민당을 재연시키고 있다"고 독설(毒舌)을 퍼부었지만 돌아오지 아니한 메아리였다.

시민들의 부정선거에 분노하여 일으킨 난동으로 어렵게 의원직에 오른 민주당 임문석 후보의 옹벽(擁壁)을 넘어서기에는 상대 후보들의 지명도나 경력이 역부족이었다.

□ 득표상황

후보자	정당	연령	주요 경력	득표 (%)
임문석	민주당	56	4대의원(대구 병)	20,750 (53.6)
김학봉	무소속	44	대구시의원	5,987 (15.5)
김수한	사회대중당	31	무직	5,818 (15.0)
김영섭	무소속	25	대학생	4,954 (12.8)
이근하	무소속	47	교육재단 이사	1,194 (3.1)
조주영	무소속	64	2대의원(남해)	사퇴

〈대구 정〉 대구시민의 자랑거리인 민주당 조재천 후보가 진흙탕 선거전에서 양호민 후보를 꺾고 3선의원 고지를 선점

지난 4대 총선 때에는 경북도지사를 지내고 달성에서 3대의원에 당선된 민주당 조재천 후보가 동경 중앙대 출신으로 중학교장을 지낸 자유당 주덕근, 일본대 출신으로 경북도의원을 지낸 무소속 조병관 후보들에게 대승을 거두었다.

박춘석 후보는 농민회로 출전했다 중도에 사퇴했다.

이번 총선에서 민주당은 판사 출신 변호사로 3대와 4대의원을 지낸 조재천 후보를, 사회대중당은 대학교수로 활동하고 있는 양호

민 후보를 내세워 쌍벽을 이루도록 했다.

자유당에 대한 제1급 사수였을 뿐 아니라 재치 있던 야당의 입이 었던 그는 사뭇 대구시민의 자랑거리 의원이었다.

공박의 대상이던 자유당이 쓰러지고 민주당이 제1여당으로 올라서자 면도날 경찰국장으로 관심을 모으며 당선을 따놓은 당상으로 여겼지만, 대학교수로서 정치적으로 무구(無垢)하다는 것을 내세우고 있는 양호민을 한결 두드러지게 했다.

조재천 후보가 예상 밖의 고전을 한다는 소문에 "서울에 너무 오래 있었더니 고전이다"라는 조재천 후보는 당선이 안 될지도 모른다는 예감에 초조한 빛까지 띠웠다.

막연한 혁신계의 붐에 곁들어 6. 25 사변 때 경북도지사를 지내는 동안 많은 좌익계 인사들을 학살했다는 이야기까지 가세했으나, 조재천 후보는 "그 당시는 계엄하에 있었으며 도지사로 있으면서도 사건 후 사흘이 지나서 풍문으로 알았을 뿐"이라고 해명했다.

양호민 후보의 선거운동원 서 모씨가 조재천 경북 경찰국장이 암호 결재로 많은 학살 지령을 내렸다고 신문에 발표하자, 조재천 후보가 고소를 제기했고, 서 모씨는 조재천 후보를 살인교사죄로 고발하고 학살된 유가족들이 해골 시위를 한다는 풍문이 나돌기도 했다.

양호민 후보는 대학교수라는 직위와 12개의 학교가 있는 지역적 여건, 정치적으로 무구(無垢)하다는 선전 등이 인기를 높여가고 있으며, 예상외의 험한 진흙탕 선거전의 연설회장의 청중수는 조재천 후보가 약간 우세했다.

양호민 후보는 "거창 양민학살사건은 당시 경남도지사인 조재천 후보에게 책임이 있다"면서, "민주당이 집권하면 다시 독재할 것이며 신·구파 싸움만 하고 있으니 믿을 수 없다"고 주장한 반면, 조재천 후보는 "두 파로 나뉘어 서로 제명이니 탈당 소동을 일으킨 사회대중당이 민주당의 신·구파 싸움을 비난한 것은 마치 천장에 매달아 놓은 돼지가 땅에 묶인 돼지를 비웃는 격이다"라고 반격했다.

열광적인 박수를 보내는 젊은층 조차 "행동에 통일성이 없고 용공적이라는 오해를 받기 쉬운 과격한 몇몇 사람들의 발언으로 혁신세력은 큰 파도를 맞게 될 것"이라는 예상대로, 양호민 후보의 득표력은 보잘 것 없었다.

□ 득표상황

후보자	정당	연령	주요 경력	득표 (%)
조재천	민주당	48	2선의원(3대,4대)	31,672 (73.2)
양호민	사회대중당	40	대학교수	11,610 (26.8)

〈대구 무〉 지난 4대 총선에서 1,678표 차로 자유당 후보를 꺾은 여세를 몰아 재선의원 가도를 달려간 민주당 조일환

지난 4대 총선에는 대구대 출신으로 대구대 강사인 민주당 조일환 후보가 대구시의회 의장을 지낸 자유당 배정원, 대구시의원 출신인 민혁당 김행문 후보들을 꺾고 국회에 등원했다.

이번 총선에서 민주당은 대학강사 출신으로 4대의원에 당선됐던 조일환 후보를, 사회대중당도 대학교수로 활동하고 혁신계를 주도하고있는 이동화 후보를 내세웠다.

교사 출신으로 민주당 경북도당 선전부장을 지낸 윤중호, 사법서사 출신으로 신학교 교사인 이우철 후보들이 무소속으로 도전했다.

조일환 후보는 "이동화 후보는 김일성대에서 교편을 잡은 일이 있으니 용공주의자라고 지적할 수 있고, 사회대중당 정책은 이북에서 실시되고 있는 것과 같다"는 등의 발언으로 사회대중당으로부터 고소를 당했다.

이동화 후보는 "민주당은 동족을 학대한 친일파 집단"이라고 발언하여 민주당으로부터 고발당했다.

진흙탕 선거전에서 조일환 후보가 지난 4대 총선에서 1,678표 차로 자유당 후보를 꺾은 여세를 몰아, 이번 총선에서도 60%가 넘는 득표율로 압승을 거두고 재선의원 가도를 달려갔다.

□ 득표상황

후보자	정당	연령	주요 경력	득표 (%)
조일환	민주당	44	4대의원(대구 무)	22,772 (62.0)
이동화	사회대중당	53	대학교수	7,152 (19.5)
윤중호	무소속	33	교사, 신문지국장	4,904 (13.4)
이우철	무소속	57	신학교 교사	1,896 (5.1)

〈대구 기〉 민주당 후보에 대한 묻지마 지지열기를 타고 민주당 장영모 후보가 정치신인 후보들을 꺾고 당선을 일궈내

지난 4대 총선에서는 회사장인 자유당 이순희 후보가 경북도지사를 지낸 민주당 최희송 후보에게 218표 차로 승리했다. 대구 부의원(府議員)을 지낸 서석현 후보도 무소속으로 출전했다.

그러나 대법원의 선거무효 판결로 당선자가 자유당 이순희 후보에서 민주당 최희송 후보로 바뀌었다.

당선된 최희송 의원은 참의원 출전을 위해 의원직을 사퇴했다.

이번 총선에서 민주당은 지구당위원장인 장영모 후보를 공천했고 사회대중당은 농림부 귀속농지 관리국장을 지낸 이영옥 후보를 내세웠다.

전국노동조합 협의회에서는 노련위원장을 지낸 김말룡 후보를 공천했다.

경북도의원을 지낸 김정호, 경북도 공무원 출신으로 면장을 지낸 이석헌, 회사원인 서곤수 후보가 등록하여 6파전이 형성됐으나, 선거전은 민주당 공천 후보인 장영모, 경북도의원을 지낸 김정호 후보의 쟁패장으로 달려 갔다.

지난 4대 총선에 입후보자는 아무도 없고 정치 신인들의 격전장이 된 선거전에서, 민주당 지지 열기에 가득 찬 선거 분위기를 타고 민주당 장영모 후보가 경북도의원 출신인 무소속 김정호 후보를 3,578표 차로 꺾었다.

혁신계인 이영옥 후보보다 노련위원장인 김말용 후보의 득표력이 훨씬 앞섰다.

□ 득표상황

후보자	정당	연령	주요 경력	득표 (%)
장영모	민주당	53	사업가	11,207 (31.7)
김정호	무소속	32	경북도의원	8,629(24.4)
서곤수	무소속	34	회사원	6,625(18.7)
김말용	노동조합회	33	노련위원장	5,533 15.6)
이영옥	사회대중당	59	농림부 농지국장	2,506 (7.1)
이석헌	무소속	54	면장	895 (2.5)

〈포항〉 지난 4대 총선에서 자유당 하태환 후보에게 패배한 민주당 이상면 후보가 설욕전을 승리로 장식하고 등원에 성공

지난 4대 총선에서는 고교 교장 출신으로 3대의원인 자유당 하태환 후보가 포항시당위원장인 민주당 이상면, 회사장인 무소속 김병준 후보들을 꺾고 재선의원이 됐다.

이번 총선에서 민주당은 포항시당위원장인 이상면 후보를 내세우자, 사회대중당은 공군 중위 출신인 임부갑 후보를 내세웠다.

노동조합 임원으로 활약했던 박수영, 자유당 소속으로 3대와 4대 의원을 지낸 하태환, 대한정치협회 고문으로 활약한 정장출 후보들이 무소속으로 도전했다.

수백 명의 시민들이 반혁명세력에 대한 규탄 공세가 자유당의 아성이라고 불리는 포항시에서 연일 계속됐다.

강력한 조직과 풍부한 재력을 가진 하태환 후보는 "자기를 모략하면 역사의 심판을 받을 것"이라고 경고했다.

하태환 후보는 인쇄가 잘못된 투표용지를 소각한 선거위원회의 행동을 민주당과 결부시켜 부정선거를 꾸민 음모라고 선전했고, 유령 유권자 조작 발언으로 민주당으로부터 고발을 당했다.

민주당 이상면 후보는 "포항에서 부정선거 원흉이 누구이며 하태환 후보는 부정축재자로 자유당에서조차 쫓겨났다"고 공격했다.

하태환 후보를 찬양하고 민주당을 비난하는 책자 230권을 경찰이 압수하는 소동과 선거위원장이 괴한으로부터 구타당하는 괴변(怪變)도 발생했다.

지난 4대 총선에서 자유당 하태환 후보에게 8,853표차로 패배한 민주당 이상면 후보가 이번 총선에서는 4,258표 차로 되갚아 주었다. 이것이 정권교체, 4월혁명의 민심이었다.

□ 득표상황

후보자	정당	연령	주요 경력	득표 (%)
이상면	민주당	41	포항시당위원장	12,294 (52.0)
하태환	무소속	47	2선의원(3대,4대)	8,036 (34.0)
임부갑	사회대중당	31	공군중위	1,696 (7.2)
정장출	무소속	35	한국정치학회 고문	1,243 (5.6)
박수영	무소속	35	노조 수습위원	395 (1.7)

〈경주〉 지난 4대 총선에서 승리한 안용대 의원의 자리를 2위를 한 민주당 오정국 후보가 3위인 무소속 김동선 후보를 꺾고 차지

지난 4대 총선에서는 일본대 출신으로 2대의원을 지낸 무소속 안용대 후보가 육군병원장 출신인 민주당 오정국, 경북도 문교사회국장을 지낸 무소속 김동선 후보들을 꺾고 재선의원이 됐다.

회사장인 손상목, 대구대 출신인 이상하, 대학 강사인 장세환 후보들도 무소속으로 출전했다.

이번 총선에서 민주당은 육군병원장 출신인 오정국 후보를 내세웠고, 사회대중당은 중학교 교감이었던 장세환 후보를 내세웠다.

경주경찰서장 출신인 서영출, 경북도 문교사회국장 출신인 김동선, 개명상사 사장인 김정열, 고교 교사였던 김진훈, 장로로 대형 양복점을 운영한 김윤주 후보들이 무소속으로 출전하여 7파전이 전개됐으나 김윤주 후보가 중도에 사퇴하여 6명의 주자들이 완주했다.

안용대 의원의 정계 은퇴에 따라 이번 선거전은 지난 총선에서 낙선한 오정국, 김동선, 장세환 후보들의 재기전이 됐다.

지난 4대 총선에서 민주당 공천으로 6,267표를 득표하여 1,345표 차로 낙선한 오정국 후보가 지난 4대 총선에서 무소속으로 출전하여 5,012표를 득표하여 3위를 차지한 김동선 후보를 꺾고 국회에 등원했다.

금메달이 은퇴한 지역구를 은메달 오정국 후보가 동메달 김동선 후보를 2,170표 차로 꺾고 지역구 주인 자리를 차지했다.

□ 득표상황

후보자	정당	연령	주요 경력	득표 (%)
오정국	민주당	50	육군 18병원장	9,457 (32.8)
김동선	무소속	59	경북도 문교사회국장	7,287 (25.3)
김정열	무소속	44	개명상사 사장	4,385 (15.2)
서영출	무소속	54	경주 경찰서장	4,269 (14.8)
김진훈	무소속	28	교사	2,341 (8.1)
장세환	사회대중당	34	중학교 교감	1,115 (4.8)
김윤주	무소속	43	교회 장로	사퇴

〈김천〉 지난 총선에서 격돌했던 문종두, 배섭, 김세영 후보의 재대결에서 황금 살포 전술로 김세영 후보가 당선됐다고 수군수군

지난 4대 총선 때는 9명의 후보들이 난립된 가운데 동경 중앙대 출신으로 3대의원인 무소속 문종두 후보가 구주제대 출신으로 대전지검장을 지낸 자유당 이병용, 부통령 비서관을 지낸 민주당 배섭, 회사장인 무소속 심문, 탄광을 경영하고 있는 무소속 김세영, 김천부읍장 출신인 무소속 황병두 후보들을 어렵게 따돌렸다.

교육감을 지낸 최길진, 대한용사회 학도장인 김재홍, 민주당 중앙위원인 조필호 후보들도 무소속으로 출전하여 선전했다.

이번 총선에서 민주당은 회사원으로 지난 총선에서 낙선한 배섭 후보를 공천했고, 사회대중당은 의료업을 영위하고 있는 강중구

후보를 내세웠다.

영리산업 사장인 이필영, 3대와 4대의원을 지낸 문종두, 송운재단 이사장으로 재력가인 김세영 후보들이 무소속으로 등록했다.

재선의원인 문종두 후보가 민심이반으로 당선권에서 벌어지고, 민주당 공천자인 배섭, 광산업으로 부를 축적한 김세영 후보의 한판 승부가 펼쳐졌다.

지난 4대 총선에서 맞붙어 3,027표를 득표하여 당선된 무소속 문종두, 2,224표를 득표하여 낙선한 민주당 배섭, 2,112표를 득표하여 낙선한 무소속 김세영 후보가 3파전을 전개했다.

탄광업자인 김세영 후보가 20억 환을 살포하여 매표했다는 소문과 여론이 있었을 뿐 증거는 없었다.

탄광 하나만 해도 몇 백 억환 가량한다는 소문과 금전을 살포했다는 공공연한 여론이 있는데도 경찰은 수수방관했다고 배섭 후보 측은 줄기차게 주장했다.

반혁명세력 타도 운동보다 매표에 속지 말라는 계몽운동이 펼쳐졌으며, 돈 없는 설움을 톡톡히 받고 난 뒤의 개표 당일 김세영 후보가 앞설 때마다 얄미울 정도로 아줌마 부대가 박수를 쳐대자 "저것들이 돈 몇 푼에 팔려 저 따위 짓을 한다"라고 개탄하고 있지만 2천 환이 극빈자들에게는 한 달의 생활비였다.

경찰서장이 "통행금지 시간이 지났으니 집으로 돌아가시기 바랍니다"라는 방송 후 2천여 군중들이 개표장으로 진입하여 "매표(買票)로 인한 부정선거의 개표를 중지하라"며, 18개 투표함 가운데 투표함 13개가 파괴됐다.

배섭 후보의 운동원 30여 명이 구속되고 일부지역 재선거가 실시됐으나, 머리에 이를 줄이기 위해 DDT를 뿌리듯이 김세영 후보의 황금전술이 난무(亂舞)한 선거전에서 김세영 후보의 당선에는 이상이 없었다.

□ 득표상황

후보자	정당	연령	주요 경력	득표 (%)
김세영	무소속	40	송설재단 이사장	8,761 (46.0)
배 섭	민주당	45	회사원	5,354 (28.1)
문종두	무소속	43	2선의원(3대,4대)	2,631 (13.8)
강중구	사회대중당	40	의료업	1,933 (10.2)
이필영	무소속	53	영리산업 사장	358 (1.9)

〈달성〉 지난 4대 총선에서는 8,805표(27.2%) 득표에 머물렀지만, 이번 총선에서는 20,835표(71.6%)를 득표한 민주당 박준규

지난 4대 총선에서는 연합신문 사장인 자유당 김성곤 후보가 콜롬비아대 출신으로 대학 조교수인 민주당 박준규 후보를 꺾고 국회 등원에 성공했다.

이번 총선에서 민주당은 미국 국무성에 근무했으며 대학 조교수로 활동하고 있는 박준규 후보를 공천하자, 사회대중당도 양조업으로 부를 축적하여 학교 동창회장과 사친회(師親會) 회장을 맡아 활동한 곽병진 후보를 내세웠다.

지난 4대 총선에서 8,805표를 득표하여 27.2%의 득표율을 올린 민주당 박준규 후보는 이번 총선에서는 20,835표를 득표하여 71.6%의 득표율을 올려 민심은 조석변(朝夕變)을 실감했다.

박준규 후보는 조병옥 박사를 수행하여 미국 병원에서 활약한 비서관 출신이다.

□ 득표상황

후보자	정당	연령	주요 경력	득표 (%)
박준규	민주당	35	대학 조교수	20,835 (71.6)
곽병진	사회대중당	35	양조장 대표	8,244(28.,4)

〈군위〉 13명의 후보들이 난립한 선거전에서 4월 혁명 분위기를 타고 재력가 후보들을 물리치고 당선된 민주당 문명호

지난 4대 총선 때에는 2대와 3대의원을 지낸 자유당 박만원 후보가 재단 간사장인 무소속 장암권, 대구에서 2대의원에 당선됐던 무소속 박성하 후보들을 꺾고 3선의원이 됐다.

이번 총선에서 민주당은 영월군수를 지낸 문명호 후보를 내세웠고, 사회대중당은 재일거류민단 도지기현 재정위원장인 배기호 후보를, 혁신동지총연맹에서는 대구 을구에서 2대의원에 당선된 박성하 후보를 내세웠다.

대한농약 임원인 김석환 후보도 사회대중당으로 등록했다가 중도에 사퇴했다.

회사장인 서유준, 과물동업 취체역인 도대린, 서울시경 경위였던 박정열, 제일보험 상무인 추상엽, 영남일보 사장인 김인수, 신명상사 전무인 김창모, 경북공고 사친회장인 이정식, 현대극장 사장인 배인오, 서라벌예술대 강사인 서나사 후보들이 무소속으로 출전했다.

13명의 후보들이 난타전을 전개한 선거전은 4월 혁명정신의 고취를 호소한 문명호 후보가 노익장을 과시하며 선두권을 달렸고, 재력이 구비된 김창모, 도대린, 김인수, 박정열, 이정식, 추상엽 후보들과 혁신계열의 배기호, 박성하 후보들이 상위권을 형성했다.

혁명열기를 타고 민주당 문명호 후보가 대승을 거두었고, 2대의원을 지내고 지난 4대 총선에도 출전하여 2,748표를 득표했던 박성하 후보는 지명도에 비해 득표력은 미미했다.

□ 득표상황

후보자	정당	연령	주요 경력	득표 (%)
문명호	민주당	64	영월군수	6,709 (23.4)
김창모	무소속	42	신명상사 전무	3,220 (11.2)
배기호	사회대중당	37	재일거류민단 간부	2,975 (10.4)
도대린	무소속	36	경북과물회사 취체역	2,817 (9.8)
김인수	무소속	54	영남일보 회장	2,507 (8.7)
박정열	무소속	54	서울시경 경위	2,255 (7.9)
박성하	혁신동지연	52	2대의원(대구 을)	2,205 (7.8)
이정식	무소속	53	경북공고 사친회장	2,097 (7.3)
추상엽	무소속	43	제일보험 상무	1,963 (6.8)
서나사	무소속	30	서라벌예대 강사	801 (2.8)

배인오	무소속	36	현대극장 대표	628 (2.2)
서유준	무소속	60	회사장	543 (1.9)
김석환	사회대중당	52	대한농업화학 고문	사퇴

〈의성 갑〉 민주당 후보들의 용호상박 대결에서 예상을 뒤엎고 890표차로 신진욱 후보를 꺾어버린 오상직 후보

지난 4대 총선 때에는 지구당위원장인 민주당 김규만 후보가 안동군수와 경북도 관재국장을 지낸 자유당 신기훈 후보를 24표차로 꺾고 당선됐다.

해운공사 사장인 무소속 정운수 후보는 이 상황을 지켜봤다.

이번 총선에서 민주당은 대구 협성상고 교장으로 경북도의원을 지낸 신진욱 후보를 공천했고, 민주당 중앙상무위원인 오상직 후보가 공천에 반발하여 함께 출전했다. 군정청 경북도 고문이었던 박노수 후보는 사회대중당 공천으로 출전했다.

경북도의원으로 양조업을 경영하고 있는 장시영, 국민학교 교장을 지낸 유시벽, 회사장인 정운수 후보들도 출전하여 6파전을 전개했으나, 선거전은 민주당 공천자 신진욱과 낙천에 반발하여 출전한 오상직 후보의 한판승부가 예상됐다.

지난 4대 총선 때 민주당 공천을 받고 출전하여 당선되고서 자유당으로 전향한 김규만 의원의 공백을 메우기 위한 오상직 후보와 신진욱 후보의 쟁패전은 예측불허의 난타전이었다.

협성교육재단을 소유한 재력과 경북도의원을 지낸 경력으로 신진욱 후보의 승리가 예상됐으나, 의성읍민들의 전폭적인 지지와 해주 오씨 문중표가 결집되어 오상직 후보가 890표차로 신진욱 후보에게 예상을 뒤엎고 승리했다.

□ 득표상황

후보자	정당	연령	주요 경력	득표 (%)
오상직	민주당	35	민주당 중앙위원	9,036 (24.2)
신진욱	민주당	36	협성상고 교장	8,146 (21.7)
유시벽	무소속	45	교장, 면의회의장	7,147 (19.1)
장시영	무소속	51	경북도의원	5,814 (15.5)
정운수	무소속	57	회사장	5,141 (13.7)
박노수	사회대중당	53	미군정청 경북도고문	2,162 (5.8)

〈의성 을〉 지난 총선에선 무소속으로 4위를 했지만 이번 총선에선 지구당위원장으로 민주당 공천을 받아 기사회생한 우홍구

지난 4대 총선에선 안계면장 출신으로 3대의원에 당선된 자유당 박영교 후보가 혁신 정치운동을 펼쳐 온 독립노농당 박석홍, 검사 출신 변호사인 민주당 최성인 후보들을 꺾고 재선의원이 됐다.

중학교사 출신으로 회사장인 우홍구, 경북도의원을 지낸 양재목, 2대의원을 지낸 권병로, 법무관 출신 변호사인 정태흠 후보들도 무소속으로 함께 뛰었다.

이번 총선에서 민주당은 지구당위원장인 우홍구 후보를 공천했고, 혁신동지총연맹은 연맹의 중앙지도위원인 박석홍 후보를 내세워 건곤일척(乾坤一擲) 한판 승부를 펼치도록 했다.

정당공천 후보들에 대항하여 농협중앙회 판매부장인 황병학, 검사 출신 변호사인 최성인, 자유당 소속으로 3대와 4대의원을 지낸 박영교, 대학교수인 권경국, 경북도의원을 지낸 양재목 후보들이 무소속으로 출전했다가 권경국 후보는 중도 사퇴했다.

지난 4대 총선에서 당선된 박영교 후보는 무소속으로 출전했으나 반혁명세력 규탄 열기에 굴복하여 중도 사퇴하여, 지난 총선에서 낙선한 독립노농당 박석홍, 민주당 최성인, 무소속 우홍구, 무소속 양재목 후보들이 재대결을 펼쳤다.

최성인 후보에 이어 민주당 지구당위원장을 물려받은 우홍구 후보가 민주당 공천을 받아 혁신동지총연맹으로 소속을 바꾼 박석홍, 민주당에서 무소속으로 바꿔 출전한 최성인, 경북도의원 출신인 양재목 후보들을 꺾고 국회에 등원했다.

□ 득표상황

후보자	정당	연령	주요 경력	득표 (%)
우홍구	민주당	32	지구당위원장	12,417 (36.6)
박석홍	혁신동지련	64	당 중앙위원	7,559 (22.3)
양재목	무소속	45	경북도의원	6,379 (18.8)
최성인	무소속	46	검사, 변호사	3,969 (11.7)
황병학	무소속	45	농협 판매부장	3,591 (10.6)
박영교	무소속	54	2선의원(3대, 4대)	사퇴

| 권경국 | 무소속 | 37 | 대학 교수 | 사퇴 |

〈안동 갑〉 민주당 후보들의 이전투구(泥田鬪狗) 틈새를 78세의 노령을 잊고 옛날의 명성을 되살려 승리를 엮어 낸 무소속 김시현

지난 4대 총선 때에는 명치대 출신으로 3대의원인 민주당 권오종 후보가 일본대를 중퇴한 자유당 유시영, 자유당 지구당위원장 출신인 무소속 김봉웅 후보들을 꺾고 재선의원이 됐다.

경북도의원 출신인 임규하, 미곡창고 지점장 출신인 권오훈, 회사원인 장기팔 후보들도 무소속으로 출전했다.

이번 총선에서 민주당은 중앙위원인 유영하 후보를 공천했고, 사회대중당은 대학 강사인 김충섭 후보를 공천했다.

여기에 9명의 무소속 후보들이 등록하며 11명의 주자들이 난타전을 전개했다.

민주당 지구당위원장을 지낸 권기석, 병원장인 김명한, 양조업자인 강낙인, 미창회사 총무부장인 권오훈, 3. 1운동을 펼쳤던 권중순, 영남병원장인 김호윤, 안동사범교 강사인 김응한, 안동군 풍천면장을 지낸 강소원, 민국당 소속으로 2대의원을 지낸 김시현 후보들이 무소속으로 출전했다.

11명의 후보들이 난전을 전개한 선거전은 민주당 공천을 받은 유영하, 공천에 반발하여 출전했다 제명처분을 받은 권기석 후보들이 풍산 유씨와 안동 권씨 문중대결까지 벌이며 이전투구를 전개

했다.

30대의 패기를 앞세운 김충섭, 중졸이지만 고시에 합격한 권오훈 후보들이 두각을 나타나고 있는 가운데, 민국당 소속으로 2대 총선에서 당선됐지만 이승만 대통령 암살미수사건에 연루되어 옥고를 치루다가 허정 과도정부의 특별사면으로 출전한 김시현 후보가 그동안의 입소문에 의한 지명도와 풍산면 주민들의 전폭적인 지원으로 78세의 노령을 잊은 채 예상을 뒤엎고 당선됐다.

표면상 지극히 평온한 가운데 득표공작을 펼친 이곳은 정당 간 대립보다 씨족을 중심으로 득표공작이 음성적으로 벌어졌으며, 11명이 난립되어 1만여 표로도 무난히 당선될 것으로 예상됐다.

□ 득표상황

후보자	정당	연령	주요 경력	득표 (%)
김시현	무소속	78	2대의원(안동 갑)	7,492 (16.2)
김충섭	사회대중당	37	대학 강사	7,291 (15.7)
유영하	민주당	36	민주당 중앙위원	6,816 (14.7)
권기석	무소속	50	민주당 지구당위원장	6,682 (14.4)
권오훈	무소속	43	미창 총무부장	5,197 (11.2)
김호윤	무소속	51	영남병원장	3,762 (8.1)
강소원	무소속	32	안동군 풍천면장	2,931 (6.3)
김명한	무소속	57	병원장	2,111 (4.6)
김응한	무소속	59	안동사범 강사	1,494 (3.2)
권중순	무소속	59	3. 1 운동 참가	1,266 (3.2)
강낙인	무소속	51	양조업	1,259 (2.7)

〈안동 을〉 지난 4대 총선에서 2,098표로 석패한 민주당 박해충 후보가 6명의 정치신인 후보들을 가볍게 제압하고 등원에 성공

지난 4대 총선 때에는 일본대 출신으로 2대와 3대의원을 지낸 자유당 김익기 후보가 지구당위원장인 민주당 박해충 후보를 어렵게 따돌리고 3선의원이 됐다.

경북도 사회국장을 지낸 무소속 임병진, 회사원인 민족자주연맹 윤재관 후보들도 출전했다.

이번 총선에서 민주당은 삼천리교재 사장인 박해충 후보를, 사회대중당은 동창회 이사인 권태리 후보를, 한국사회당은 중학교 교장이었던 오성 후보를, 독로당은 독로당 대표로 활약하고 있는 유림 후보를 공천하여 자웅을 겨루도록 했다.

남산고 교사인 박무칠, 육군사관학교 출신인 강석일, 언론인으로 민주당 경북도당 상무위원을 지낸 김구직 후보들이 무소속으로 출전했다.

지난 4대 총선에서 자유당 김익기 후보에게 2,098표차로 석패한 민주당 박해충 후보가 참의원 출전을 위해 민의원을 사퇴한 김익기 의원의 퇴진을 바탕삼아 6명의 정치신인 후보들을 가볍게 제압하고 지역구의 새로운 주인이 됐다.

□ 득표상황

후보자	정당	연령	주요 경력	득표 (%)
박해충	민주당	32	삼천리교재 사장	15,413 (39.1)
유 림	독로당	62	독로당 대표	6,106(15.5)

김구직	무소속	38	민주당 도당상무위원	4,187(10.6)
박무칠	무소속	35	남산고 교사	4,067(10.3)
권태리	사회대중당	43	동창회 이사	4,051(10.3)
강석일	무소속	36	회사원	3,546 (9.0)
오 성	한국사회당	45	중학교 교장	2,020 (5.1)

〈청송〉 민주당 공천을 밑천삼아 재력이 풍부한 조용수, 지명도가 높은 김봉조 후보들을 어렵게 따돌린 민주당 심길섭

지난 4대 총선에선 3대의원인 자유당 윤용구 후보가 일본 입교대 출신으로 정치대 교수인 민주당 심명섭, 제약회사 회사원인 무소속 강호영 후보들을 꺾고 재선의원이 됐다.

이번 총선에서 민주당은 지구당위원장인 심길섭 후보를 공천하자, 사회대중당은 언론인으로 재일거류민단 부단장인 조용수 후보를 내세웠다.

검사 출신 변호사인 윤지선, 자유당 소속으로 3대와 4대의원을 지낸 윤용구, 예비역 육군대령인 민대식, 청송경찰서장을 지낸 윤운섭, 상해임시정부에 근무했던 신수대, 중학교 교감을 지낸 조옥제, 제헌과 2대의원을 지낸 김봉조, 청송군수를 지낸 안태석 후보들이 무소속으로 출전하여 국회의원, 검사, 군수, 경찰서장, 육군대령 등 다양한 후보들이 혈투를 전개했다.

선거 도중 무소속 민대식 후보와 무소속 조옥제 후보가 사퇴하여

8명의 주자가 혼전을 전개한 선거전은 민주당 공천을 받은 심길섭, 1대와 2대의원인 김봉조, 3대와 4대의원인 윤용구, 재력이 풍부한 사회대중당 조용수, 군수 출신인 안태석, 검사 출신인 윤지선 후보들이 선두권을 형성했다.

청송경찰서장인 윤운섭 후보는 민주당의 제명처분으로 위축됐고 반혁명세력 규탄의 열기로 자유당 출신인 윤용구 후보도 선두권에서 밀려났다.

민주당 공천을 받은 심길섭 후보가 민주당에 대한 지지 열기와 파천면들의 지원으로 재일거류민단 간부인 조용수 후보와 제헌 · 2대의원인 김봉조 후보들을 어렵게 따돌렸다.

□ 득표상황

후보자	정당	연령	주요 경력	득표 (%)
심길섭	민주당	51	청송군당위원장	5,913 (21.0)
김봉조	무소속	55	2선의원(1대,2대)	4,994 (17.7)
조용수	사회대중당	30	재일거류민단 부단장	4,277 (15.2)
안태석	무소속	48	군수	3,166 (11.2)
윤지선	무소속	42	검사, 변호사	3,070 (10.9)
윤용구	무소속	45	2선의원(3대,4대)	2,482 (8.8)
신수대	무소속	44	상해임시정부 근무	2,414 (8.6)
윤운섭	무소속	51	청송 경찰서장	1,860 (6.6)
민대식	무소속	32	육군대령	사퇴
조옥제	무소속	37	중학교 교감	사퇴

〈영양〉 자유당 소속 의원이었지만 무소속 후보로 위장(僞裝) 출전하여 지역에 뿌리가 옅은 후보들을 꺾고 당선된 박종길

지난 4대 총선에서는 육군대학 출신으로 3대의원인 박종길 후보가 변호사인 무소속 김은호 후보의 등록 무효로 무투표 당선되어 재선의원이 됐다.

이번 총선에선 민주당이 중앙감찰위원인 조근영 후보를 공천하자 경북도의원을 지낸 권영우가 반발하여 민주당으로 출전했다.

농업인인 임대규, 변호사인 김은호, 자유당 소속 3대와 4대의원을 지낸 박종길 후보가 무소속으로 등록했다.

자유당 의원으로 활동했지만 무소속으로 등록한 박종길 후보가 민주당 공천을 놓고 혈전을 전개한 조근영, 권영우 후보와 지난 총선에 출전했다 등록 무효된 김은호 후보들을 꺾고 당선됐다.

박종길 후보의 당선은 벽촌(僻村)으로 4월 혁명정신의 파급효과가 미치지 못하여 지명도와 선거자금이 위력을 발휘한 측면도 있었지만 김은호, 조근영, 권영우 후보들의 주소지가 서울과 대구로 지역에 뿌리가 옅다는 것도 간과(看過)할 수 없었다.

투표 당일 "박종길 물러가라"는 학생들의 데모대들이 개표소를 습격하여 13개의 투표함이 소각되어 일부 지역의 재선거가 실시됐으나, 재선거에서도 박종길 후보의 당선을 뒤엎을 수는 없었다.

□ 득표상황

후보자	정당	연령	주요 경력	득표 (%)

박종길	무소속	36	2선의원(3대, 4대)	6,438 (29.1)
조근영	민주당	64	민주당 감찰위원	6,380 (28.8)
김은호	무소속	41	변호사	4,586 (20.7)
권영우	민주당	48	경북도의원	2,950 (13.3)
임대규	무소속	27	농업	1,796 (8.1)

〈영덕〉 지난 4대 재선거에서 낙선했지만 알려진 지명도와 민주당 공천 후보로서 정치신인들을 가볍게 제압한 김영수

지난 4대 총선에선 회사장으로 3대의원인 김원규 후보가 비행사로 민주당 공천으로 출전한 김영수 후보의 등록 무효로 무투표 당선되어 재선의원이 됐다.

선거무효 판결로 실시된 재선거에서도 자유당 김원규 후보는 한국항공대 설립에 공을 세운 민주당 김영수, 예비역 육군대령인 김도영 후보들을 꺾고 재당선됐다.

이번 총선에서 민주당은 비행사로서 항공대학장을 지낸 김영수 후보를 공천했고, 농림부차관을 지낸 김병윤, 대한중석 달성광업소장인 신삼휴 후보들이 무소속으로 출전하여 3파전을 전개했다.

지난 재선거에서 낙선했지만 얻은 지명도와 4월 혁명정신의 홍보로 민주당 김영수 후보가 정치신인인 김병윤, 신삼휴 후보들을 가볍게 꺾고 국회에 등원했다.

3대와 4대의원을 지낸 김원규 의원은 혁명분위기에 휩싸인 지역

사정에 의해 정계를 은퇴하여 김영수 후보의 당선을 암묵적으로 도와주는 역할을 했다.

□ 득표상황

후보자	정당	연령	주요 경력	득표 (%)
김영수	민주당	52	항공대학장	24,467 (57.6)
신삼휴	무소속	41	달성광업소 소장	9,498 (22.4)
김병윤	무소속	55	농림부 차관	8,499 (20.0)

〈영일 갑〉 지난 4대 총선에서 민주당 공천으로 낙선한 경력으로 민주당 공천을 받고 무소속 최원수 후보를 밀쳐내고 당선된 최태능

지난 4대 총선 때에는 목사 출신으로 제헌과 3대의원인 자유당 박순석 후보가 일본 입명관대 출신으로 영일군수와 2대의원을 지낸 무소속 최원수, 지구당위원장인 민주당 최태능 후보들을 꺾고 3선의원이 됐다.

이번 총선에서 민주당은 지구당 위원장인 최태능 후보를 공천하자 6명의 후보들이 무소속으로 등록하여 한판 승부를 벌였다.

육군 법무관을 지낸 변호사 장남수, 제1군사령부 법무관을 지낸 변호사 최민기, 중학교 교장을 지낸 정봉섭, 양조업으로 성공한 최홍준, 2대의원을 지낸 최원수 후보들이 무소속으로 도전했다.

지난 4대 총선에서 당선된 박순석 의원은 경북도 참의원에 출전하여 103,786표를 득표했으나 11위로 아쉽게 낙선하고, 6,419표를

득표하여 2위로 낙선한 최원수 후보와 5,698표를 득표하여 3위로 낙선한 최태능 후보들은 이번 총선에서 자웅을 겨뤘다.

지난 4대 총선에서 민주당 공천으로 출전하여 낙선한 최태능 후보는 이번 총선에서 민주당 공천 후보임을 내세워 무소속으로 출전한 최원수 후보를 3위로 밀쳐내고 당선됐다.

양조업으로 부를 축적한 최홍준 후보가 차점 낙선했다.

□ 득표상황

후보자	정당	연령	주요 경력	득표 (%)
최태능	민주당	51	지구당위원장	14,948 (37.6)
최홍준	무소속	39	양조업	7,001 (17.6)
최원수	무소속	47	2대의원(영일 을)	6,712 (16.9)
장남수	무소속	34	육군 법무관	5,767 (14.5)
정봉섭	무소속	44	중학교 교장	3,151 (7.9)
최민기	무소속	49	1군사령부 법무부장	2,218 (5.6)

〈영일 을〉 민주당 최해용 후보가 재선거에서 맞붙은 김익로, 김상순, 경북도의원 출신인 강만철, 김종태 후보들을 꺾고 당선

지난 4대 총선 때에는 제헌, 2대, 3대의원인 자유당 김익로 후보가 의사인 무소속 이신근, 경성일보 지국장인 무소속 최장수 후보들을 가볍게 제압하고 4선의원이란 금자탑을 쌓았다.

민주당 중앙위원인 김상순 후보는 등록무효 됐고, 치안국장 출신

으로 유명한 무소속 김종원 후보는 중도에 사퇴했다.

선거무효 판결로 실시된 재선거에서 자유당 공천을 받은 김익로 후보가 민주당 공천을 받은 김상순, 무역협회 부산지점장 출신인 무소속 김헌수 후보들을 꺾고 재당선의 기쁨을 누렸다. 의사인 이신근 후보는 무소속으로 등록했다 사퇴했다.

그러나 자유당 김익로 후보 운동원이 민주당 김상순 후보에게 기표한 투표용지 350매를 훔친 것이 드러나 대법원에서 선거무효 판결을 받았다.

재재선거에서는 경찰들의 지나친 선거 관여에 의한 부정선거로 민주당 김상순 후보가 선거를 포기하여 자유당 공천을 받은 김장섭 후보가 단독 참관한 개표에서 승리하여 국회에 등원했다.

김장섭 의원이 사퇴하고 참의원에 출전한 이번 총선에서 민주당은 수산업자로서 중앙위원인 최해용 후보를 공천하자, 대학교수인 임종진 후보도 민주당으로 출전했다.

사회대중당은 약종상인 이종문을, 한국사회당은 해병대 장교 출신인 김정수 후보를 공천하여 맞불작전을 전개했다.

제헌의원부터 4대의원까지 당선됐으나 두 번이나 당선무효 판결을 받은 김익로 후보가 자유당에서 무소속으로 변신하여 출전했다.

경북도의원을 지낸 강만철, 동신무역 대표인 김헌수, 신문민론사 사장인 정태영, 경북도의원을 지낸 김종태, 만주 하알빈에서 조선인학원장을 지냈고 지난 재선거와 재재선거에 민주당 후보로 입후보했던 김상순, 예비역 대위인 이상우 후보들이 무소속으로 출전했다.

지난 재선거에서 맞붙어 영일 을구를 전국적으로 유명하게 만든 김익로 후보와 김상순 후보는 부정선거의 원흉, 민주당의 이탈 등으로 선두권에서 멀어졌고, 민주당 공천을 받은 최해용, 동신무역 대표인 김헌수, 경북도의원을 지낸 강만철과 김종태, 대학교수인 임종진 후보들이 선두권을 형성했다.

임종진 후보에 대한 민주당의 제명조치로 민주당 공천 후보임을 내세운 최해용 후보가 4월 혁명 분위기를 타고 당선됐다.

4선의원으로 6번째 출전한 김익로 후보와 350표 도둑이 없었더라면 의원 뱃지를 달았던 김상순 후보들은 10%의 득표율도 올리지 못했다.

□ 득표상황

후보자	정당	연령	주요 경력	득표 (%)
최해용	민주당	39	민주당 중앙위원	7,594 (21.0)
김헌수	무소속	53	동신무역 대표	5,277 (14.6)
강만철	무소속	36	경북도의원	4,804 (13.3)
임종진	민주당	37	대학교수	4,336 (12.0)
김종태	무소속	35	경북도의원	4,099 (11.3)
김익로	무소속	55	4선의원(1,2,3,4대)	3,309 (9.1)
정태영	무소속	56	신문민론사 사장	3,203 (8.9)
이종문	사회대중당	27	약종상	1,601 (4.4)
김상순	무소속	43	할빈 조선인 학원장	1,098 (3.0)
김정수	한국사회당	27	해병대 장교	570 (1.6)
이상우	무소속	29	육군 대위	279 (0.8)

〈월성 갑〉 경북도의원으로 지역기반과 감포읍민들의 전폭적인 지지로, 당선이 예상된 민주당 김봉태 후보를 꺾어버린 김종해

지난 4대 총선 때에는 2대와 3대의원인 자유당 이협우 후보가 판사 출신 변호사인 민주당 김봉태, 감포읍장 출신인 무소속 이상용, 회사 중역인 무소속 정운화, 무명(無名)인 무소속 강진희 후보들을 꺾고 3선의원 반열에 올라섰다.

자유당원으로 활동한 국민회 윤경양, 우체국장 출신인 무소속 임용택, 중학교 서기 출신인 무소속 김동윤 후보들은 등록했다 중도에 모두 사퇴했다.

이번 총선에서 민주당이 변호사인 김봉태 후보를 공천하자, 사회대중당은 석탄공사 전무인 김병윤을, 한국청년단은 정책위부위원장인 김수선 후보를 공천했다.

무소속 후보 7명이 등록하여 10명의 후보들이 난타전을 전개했다.

대한독립촉성국민회 내남면지부장인 정위진, 경북도의원을 지낸 김종해, 청해광산 대표인 김봉만, 자유당으로 2대와 4대의원을 지낸 안용대, 세무서장을 지낸 최근수, 계엄사령부 관리과장을 지낸 이상진, 회사원인 남호걸 후보들이 등록했다.

선거전은 경북도의원 출신인 무소속 김종해, 변호사인 민주당 김봉태, 2선의원인 무소속 안용대 후보들의 3파전으로 흘러갔다.

김봉태 후보가 지난 4대 총선에 민주당으로 출전하여 5,456표를 득표했고, 이번 총선에서도 민주당 공천을 받아 당선이 예상됐으나, 경북도의원 출신으로 지역기반이 넓은데다 인구가 가장 많은

감포읍 출신으로 감포읍민들의 전폭적인 지지를 받은 무소속 김종해 후보에게 188표차로 덜미가 잡혔다.

재선의원인 안용대 후보는 지난 4대 총선에 월성 갑구가 아닌 경주에 출전하여 당선되어 경주 국회의원으로 인식되어 표의 확장성에 한계가 있었다.

□ 득표상황

후보자	정당	연령	주요 경력	득표 (%)
김종해	무소속	38	경북도의원	7,178 (20.3)
김봉태	민주당	55	변호사	6,990 (19.8)
안용대	무소속	47	2선의원(2대, 4대)	5,633 (15.9)
최근수	무소속	60	세무서장	4,303 (12.2)
이상진	무소속	30	계엄사령부 관리과장	2,499 (7.1)
김수선	한국청년단	25	당 정책위 부위원장	2,157 (6.1)
김봉만	무소속	38	청해광산 대표	1,943 (5.5)
남호걸	무소속	34	회사원	1,582 (4.5)
정위진	무소속	54	독립촉성회 지부장	1,571 (4.4)
김병윤	사회대중당	30	석탄공사 전무	1,504 (4.3)

〈월성 을〉 지난 4대 총선에서 낙선한 지명도와 이대곤, 심봉섭, 이원영 후보들의 무더기 제명처분에 힘입어 당선을 일궈낸 황한수

지난 4대 총선 때에는 경동중학 교장으로 자유당 공천을 받은 이

종준 후보가 육사 출신으로 헌병사령부 서무과장을 지낸 자유당 황한수, 도정업자로서 경북도의원을 지낸 무소속 손삼호, 수련(조) 경북지부장인 민주당 이대곤 후보들을 제치고 당선됐다.

민주당원으로 활동한 심봉섭, 경찰서장을 지낸 서영출 후보들도 무소속으로 참전했다.

일부 지역 선거무효 판결로 실시된 재선거에서 자유당 이종준 후보가 민주당 공천을 받은 황한수, 무소속 손삼호 후보들을 꺾고 재당선됐다.

민주당 이대곤, 무소속 심봉섭, 무소속 서영출 후보들은 이종준 후보의 당선을 저지하기 위해 중도에 사퇴했다.

이번 총선에서 민주당은 육사 출신으로 지구당위원장인 황한수 후보를 공천하자, 서면 수리조합장 출신인 이대곤과 강동면장을 지낸 이원영 후보들이 민주당으로 출전하여 민주당 당내의 3파전을 전개했다.

대학을 중퇴하고 출전한 최홍걸, 경북도의원을 지낸 손삼호, 대학을 중퇴하고 정치운동을 펼친 심봉섭, 통신단 법무관을 지낸 오창욱 무소속 후보들도 4파전을 전개하며 추격전을 전개했다.

민주당은 공천자인 황한수 후보의 당선을 위해 민주당적을 가진 이대곤, 심봉섭, 이원영 후보들을 무더기로 제명처분 했다.

중앙당의 제명처분에 힘입어 황한수 후보는 9,221표를 득표하여 7,915표를 득표한 이대곤, 6,995표를 득표한 심봉섭 후보들을 꺾고 국회에 등원했다.

  □ 득표상황

후보자	정당	연령	주요 경력	득표 (%)
황한수	민주당	34	지구당위원장	9,221 (23.6)
이대곤	민주당	60	서면 수리조합장	7,915 (20.2)
심봉섭	무소속	30	대학 중퇴	6,955 (17.8)
손삼호	무소속	40	경북도의원	5,598 (14.3)
최홍걸	무소속	25	대학 중퇴	4,344 (11.1)
이원영	민주당	63	월성군 강동면장	3,746 (9.6)
오창욱	무소속	29	통신단 법무취급관	1,331 (3.4)

〈영천 갑〉 경북도의원으로서의 지역기반과 4월 혁명 열기에 힘입어 무소속 이활, 자유당 김상도 후보들을 꺾어버린 조헌수

지난 4대 총선에서는 3대의원인 자유당 김상도 후보가 예비역 육군 준장으로 국방부 총무과장을 지낸 무소속 김귀암 후보의 사퇴로 무투표 당선되어 재선의원이 됐다.

이번 총선에서 경북도의원을 지낸 민주당 조헌수, 3대와 4대의원을 지낸 자유당 김상도, 대한무역협회장을 지낸 무소속 이활 후보의 3파전이 예측불허의 난타전을 전개했다.

광산업자로서 사회사업을 펼친 민영찬, 회사원인 최효생과 박삼암 후보들도 무소속으로 등록하여 후발주자 3파전을 전개했다.

민주당 조헌수 후보가 영천읍을 중심으로 4월 혁명정신을 고취하고 반혁명세력 규탄을 호소하여, 이 지역 출신이지만 지역기반이

미약한 무소속 이활, 자유당의 명맥 유지를 호소한 김상도 후보들을 제치고 국회에 등원했다.

□ 득표상황

후보자	정당	연령	주요 경력	득표 (%)
조헌수	민주당	37	경북도의원	13,736 (39.0)
이 활	무소속	60	무역협회 회장	10,997 (31.2)
김상도	자유당	45	2선의원(3대, 4대)	7,700 (21.9)
민영찬	무소속	47	사회사업, 광업	1,558 (4.4)
박삼암	무소속	33	회사원	875 (2.5)
최효생	무소속	38	회사원	359 (1.0)

〈영천 을〉 3선의원으로서의 지명도와 민주당 공천자로서 위용을 자랑하며 4선의원 가도(街道)를 힘차게 달린 권중돈

지난 4대 총선에서는 조도전대 출신으로 2대, 3대의원을 지낸 민주당 권중돈 후보가 영천군수를 지낸 자유당 이규태, 경북도의원을 지낸 무소속 임재식 후보들을 가까스로 제치고 3선의원이 됐다.

이번 총선에서 민주당은 2대와 3대의원을 지낸 권중돈 후보를 공천했고, 사회대중당은 경북도 농산과장을 지낸 안범락 후보를 공천했다.

경북도의원을 지낸 임재식 후보와 언론계에 종사해 온 최윤동 후보들이 무소속 등록했으나, 지난 4대 총선에 출전하여 6,336표를

득표하여 3위를 한 임재식 후보는 중도 사퇴했다.

이번 총선에서도 3선의원으로서의 지명도와 민주당 조직을 갖춘 민주당 권중돈 후보가 무소속 최윤동, 사회대중당 안범락 후보들을 가볍게 제압하고 4선의원에 등극했다.

□ 득표상황

후보자	정당	연령	주요 경력	득표 (%)
권중돈	민주당	48	3선의원(2,3,4대)	18,475 (61.9)
최윤동	무소속	34	언론인	6,123(20.5)
안범락	사회대중당	66	경북도 농산과장	5,236(17.6)
임재식	무소속	47	경북도의원	사퇴

〈경산〉 사회대중당 강창덕 후보의 사퇴에 힘입어 이형우 후보가 턱밑까지 추격했지만, 박해정 후보의 철옹성 돌파에는 실패

지난 4대 총선에서는 동경 중앙대 출신으로 제헌, 3대의원인 민주당 박해정 후보가 공군대위 출신인 자유당 서문수, 하르빈대 출신으로 2대의원을 지낸 무소속 방만수, 과일조합지소장인 무소속 이형우 후보들을 제압하고 재선의원이 됐다.

이번 총선에서 민주당은 제헌, 2대, 3대의원을 지낸 박해정 후보를 공천했고, 사회대중당은 박하조합장을 지낸 이형우 후보를 대항마로 내세웠다.

국회사무처에 근무했던 강창덕 후보도 사회대중당으로 등록했다가 중도에 사퇴했다.

민주당 박해정 후보와 사회대중당 이형우 후보는 지난 4대 총선에서 대결을 펼쳐 박해정 후보는 22,848표를 득표하여 당선됐고, 무소속 이형우 후보는 16,208표를 득표하여 낙선했다.

이번 총선에서는 사회대중당 이형우 후보가 같은 당 강창덕 후보의 사퇴에 힘입어 턱 밑까지는 추격했으나, 3선의원에다 민주당 공천자인 박해정 후보의 철옹성(鐵甕城)을 돌파할 수는 없었다.

□ 득표상황

후보자	정당	연령	주요 경력	득표 (%)
박해정	민주당	44	3선의원(1,3,4대)	31,601(54.8)
이형우	사회대중당	38	박하조합장	26,100(45.2)
강창덕	사회대중당	31	국회사무처 직원	사퇴

〈청도〉 지난 4대 총선에서의 패배를 디딤돌 삼아 민주당 공천 후보임을 내세워 가볍게 재선의원 고지에 오른 김준태

지난 4대 총선에서는 청도군 내무과장을 지낸 무소속 반재현 후보가 3대의원인 자유당 김보영, 2대의원인 민주당 김준태 후보들을 꺾은 이변을 연출했다.

장교 출신인 무소속 김철수, 치과의사인 통일당 박응달 후보들도 출전했다.

이번 총선에서 민주당은 변호사 출신으로 2대의원을 지낸 김준태 후보를 공천했고, 육군 소령 출신인 강용백과 김순구, 경북도 보건과장을 지낸 박숙현 후보들이 무소속으로 도전하여 4파전이 전개됐다.

지난 4대 총선에서 무소속 후보로 출전하여 4,116표 차로 민주당 김준태 후보를 제압한 반재현 후보는 자유당으로 전향했다가 이번 총선을 맞이하여 정계를 은퇴했다.

지난 4대 총선에서의 패배를 설욕코자 다짐한 민주당 김준태 후보는 반재현 후보의 퇴장으로 당선을 예상했지만, 무소속 박숙현 후보를 맞이하여 고전을 면치 못했다.

민주당 공천 후보임을 내세워 정국안정을 위해 민주당을 밀어주어야 한다는 민심을 등에 업은 김준태 후보는 이서면에 지역적 기반을 갖고 범박씨 문중표를 규합하여 추격을 전개한 박숙현 후보를 5,347표차로 어렵게 따돌렸다.

□ 득표상황

후보자	정당	연령	주요 경력	득표 (%)
김준태	민주당	45	2대의원(청도)	23,671 (51.1)
박숙현	무소속	40	경북도 보건과장	18,324 (39.5)
김순구	무소속	45	육군소령	3,433 (7.4)
강용백	무소속	31	육군소령	906 (2.0)

〈고령〉 2대의원, 3대의원, 4대의원이 맞붙은 두 번째 대결에서 274표차로 승리하고 재선의원 고지를 점령한 민주당 곽태진

지난 4대 총선때에는 수리조합장 출신인 자유당 정남택 후보가 3대의원인 무소속 김홍식, 2대의원인 민주당 곽태진 후보들을 꺾고 국회에 등원했다.

이번 총선에서 민주당이 민국당 출신으로 2대의원을 지낸 곽태진 후보를 공천하자, 자유당은 자유당 소속으로 4대의원을 지낸 정남택 후보를 내세워 한판 승부를 펼치도록 했다.

농업인인 문규용 후보는 사회대중당으로, 자유당 소속으로 3대의원을 지낸 김홍식 후보는 무소속으로 출전하여, 2대의원 민주당 곽태진, 3대의원 무소속 김홍식, 4대의원 자유당 정남택 후보들의 한판 승부가 펼쳐졌다.

정남택 후보는 반혁명세력으로 규탄대상이 되어 선두권에서 초반부터 밀려나고, 민주당 공천을 받은 곽태진 후보가 3대 총선 이후 줄기차게 출전하는 재력이 풍부한 무소속 김홍식 후보를 274표차로 어렵게 꺾고 재선의원이 됐다.

□ 득표상황

후보자	정당	연령	주요 경력	득표 (%)
곽태진	민주당	44	2대의원(고령)	12,551 (42.5)
김홍식	무소속	48	3대의원(고령)	12,277 (41.6)
문규용	사회대중당	43	대졸	3,102 (10.5)
정남택	자유당	48	4대의원(고령)	1,589 (5.4)

〈성주〉 민주당 현역의원인 주병환 후보의 승리가 예상된 가운데 육군 경리감 출신인 이규동 후보의 도전과 선전이 돋보여

지난 4대 총선에선 국회 전문위원 출신인 민주당 주병환 후보가 예비역 해군 준장인 자유당 이민석, 회사원인 무소속 도정환, 의사인 무소속 최성장 후보들을 꺾고 국회에 등원했다.

자유당 중앙위원으로 자유당 공천을 받은 신동욱 후보는 중도에 사퇴했다.

이번 총선에서 민주당이 현역의원인 주병환 후보를 내세우자, 사회대중당은 여성인 김갑임 후보를 내세웠다.

육군대학 출신으로 육군 경리감을 지낸 이규동, 범일사 부사장인 배의석, 해륙물산 사장인 김대훈 후보들이 무소속으로 출전하여 5파전이 전개됐다.

지난 4대 총선에서 자유당 후보를 무너뜨린 민주당 현역의원이 버티고 있는 상황에서 도전하는 데는 상당한 용기가 필요했다.

민주당 주병환 후보의 일방적인 압승이 예상된 가운데 육군 경리감으로 전두환 전 대통령의 장인인 이규동 후보와 재력이 구비된 김대훈 후보의 선전이 돋보였다.

□ 득표상황

후보자	정당	연령	주요 경력	득표 (%)
주병환	민주당	56	4대의원(성주)	15,550 (36.5)
이규동	무소속	49	육군 경리감	10,746 (25.3)

김대훈	무소속	64	해륙물산 사장	9,911 (23.3)
배의석	무소속	30	범일주식 부사장	4,369 (10.3)
김갑임	사회대중당	28	대졸	1,970 (4.6)

〈칠곡〉 '칠곡의 인물은 역시 장택상이여' 라는 여론으로 재력의 김철호, 조직의 김순택 후보들을 제압하고 4선의원 고지를 점령

지난 4대 총선에서는 영국 에딘바라대 출신으로 국무총리를 지낸 무소속 장택상 후보가 한문 수학한 67세로 자유당으로 출전한 이수목 후보를 가볍게 제압하고 3선의원이 됐다.

이번 총선에서 민주당이 판사 출신으로 변호사인 김순택 후보를 공천하자, 사회대중당은 출판사 대표인 한병용 후보를 내세웠다.

영국 에딘바라대 출신으로 2대, 3대, 4대의원으로 국무총리를 지낸 장택상 후보를 비롯하여, 대학강사인 최종률, 기아산업 회장인 김철호, 대학강사인 장재용, 대구 후생병원장으로 경북도의원을 지낸 이건영, 육군본부 회계감사관을 지낸 이승조, 조선전업 사원인 이보영 후보들이 무소속으로 등록했다.

민주당 경북도당 상무위원인 이수성 후보가 무소속으로 등록했다 사퇴했다.

칠곡은 분명히 창랑 장택상 후보의 성곽(城廓)이지만 정책과 조직이 뚜렷하지 못한 허점을 찌르며 성주(城主)에게 육박하는 새로운 흐름이 거세게 소용돌이치는 풍운이 휘감은 성곽으로 알려졌다.

이번 선거가 가장 어려운 선거전임을 주민들은 물론 장택상 후보의 선거운동원들까지 실감했다.

"정치적 노선이 분명치 못하고 지조에 있어서도 의심스러운 점이 많다"는 약점을 갖고 인동 장씨 문중의 장재용 후보 등장, 매원 이씨 문중들이 담합하여 문중 후보들을 집중 지원했다.

재력이 있어서는 김철호 후보가 월등하며 장택상 후보에게 냉대를 받아온 7천 여명 천주교도들의 반장(反張)운동도 펼쳐졌다.

등록서류 피탈사건의 자금에 관한 충분한 해명을 못하고 있다는 여론과 "장 총리 각하를 누가 감히"라는 여론도 비등한 가운데, 거친 입공세, 음성적인 금전공세, 3천 명을 확보했다는 민주당의 조직공세에 시달렸다.

기지에 찬 연설은 청중들로부터 "역시 장택상 밖에 없구나"라는 의견이 지배적이며, 십 년 동안 뿌리를 키워 온 창랑의 권위와 김철호 사장의 재력과 김순택 후보의 조직력의 3파전이 형성됐다.

정・부통령 선거법 위반 및 무고 등 피고 사건을 심리중인 서울지법 이돈명 판사는 장택상 씨가 계속 출석하지 않으면 구인하겠다고 하자, 장택상 후보는 "이 사건은 민주당 압력에 의한 검사들의 조작이다"라고 하여 파문을 일으켰다.

칠곡의 인물은 역시 장택상이다라는 믿음은 재력이 풍부한 김철호, 민주당의 조직에 올라탄 김순택 후보를 제압하는 기본바탕이었다.

□ 득표상황

후보자	정당	연령	주요 경력	득표 (%)

장택상	무소속	67	3선의원(2,3,4대)	12,033 (30.6)
김철호	무소속	55	기아산업 회장	8,677 (22.1)
김순택	민주당	53	판사, 변호사	5,465 (13.9)
장재용	무소속	34	대학 강사	3,412 (8.7)
최종률	무소속	37	대학 강사	3,183 (8.1)
이승조	무소속	33	육본 회계감시관	3,172 (8.1)
이보영	무소속	42	조선전업 직원	1,744 (4.4)
한병용	사회대중당	39	출판사 대표	936 (2.4)
이건영	무소속	47	경북도의원	703 (1.8)
이수성	무소속	39	제조업	사퇴

〈금릉〉 지난 4대 총선에서 자유당 김철안 후보에게 649표차로 석패한 우돈규 후보가 동정여론으로 민주당이 아닌 무소속으로 당선

지난 4대 총선에서는 3대의원인 자유당 김철안 후보가 판사 출신 변호사인 민주당 우돈규, 금릉군 마산면장 출신인 무소속 박용준, 회사장인 무소속 정주영 후보들을 꺾고 재선의원이 됐다.

이번 총선에서 이 지역구는 지난 총선에 민주당으로 출전했던 우돈규 후보가 무소속으로 출전하여 무공천 지역으로 남겨두자 회사원인 이삼달, 경북도 공보과장 출신인 허곤, 육군중령 출신인 김병옥, 영남평보사 사장인 정주영, 대구매일 편집국장을 지낸 여세기 후보 등 5명이 민주당원이라며 난립됐다.

3대와 4대의원을 지낸 김철안 후보는 자유당으로, 학생연맹 집행위원인 김승환, 육군소령 출신인 김동환, 농민회 기수인 김래천, 고등학교 교사인 이예화, 김천시장을 지낸 여영복, 상이학도 장학위원인 김재곤, 고교 교사인 김동영 후보 등이 무소속으로 등록하여 14명의 후보들이 난립됐다.

지난 4대 총선에 민주당으로 출전하여 20,663표를 득표하여 자유당 김철안 후보에게 649표 차로 석패한 우돈규 후보가 설욕을 다짐하고 있는 가운데 자유당을 굳게 지킨 김철안 후보가 자유당으로 수성에 나섰다.

지난 4대 총선에서 석패에 대한 동정여론이 우돈규 후보의 압승으로 이어졌고, 자유당에 대한 규탄 여론이 김철안 후보를 13위 낙선이라는 수모를 겪게 했다.

30대의 패기를 앞세운 김동환 후보와 이예화 후보의 선전이 돋보였고, 민주당으로 출전한 후보들의 득표력은 보잘 것 없었다.

□ 득표상황

후보자	정당	연령	주요 경력	득표 (%)
우돈규	무소속	62	판사, 검사, 변호사	12,631 (22.8)
김동환	무소속	30	육군 소령	6,759 (12.2)
이예화	무소속	34	고교 교사	4,622 (8.4)
허 곤	민주당	35	경북도 공보과장	4,385 (7.9)
여영복	무소속	54	김천시장	4,091 (7.4)
정주영	민주당	44	영남평보 사장	3,643 (6.6)
김동영	무소속	29	고교 교사	2,739 (5.0)

김병옥	민주당	39	육군 중령	2,677 (4.8)
이삼달	민주당	50	회사원	2,629 (4.8)
김승환	무소속	27	학생연맹 중앙위원	2,389 (4.3)
김재곤	무소속	45	상이용사 장학위원	2,246 (4.1)
여세기	민주당	45	대구매일 편집국장	1,907 (3.4)
김철안	자유당	48	2선의원(3대, 4대)	1,885 (3.4)
김래천	무소속	39	농민회 기수	1,720 (3.1)

〈선산〉 민주당이 무공천 지역으로 설정하자 13명의 정치신인들이 난립한 선거전에서 구미면민들의 도움으로 당선된 신준원

지난 4대 총선에선 3대의원인 자유당 김우동 후보가 교원 출신인 무소속 김동석 후보를 1,930표차로 제압하고 당선됐다.

법문출판사 사장인 민주당 박기홍, 일본대 출신으로 국방부 법제과장을 지낸 무소속 박일상, 회사원인 무소속 윤지평 후보들도 출전했다.

당선 무효 판결에 의한 재심사로 당선자를 낙선한 김동석 후보로 교체됐다.

이번 총선에서 민주당이 무공천 지역으로 남겨 두어 민주당 군당 위원장을 지낸 김주경, 중앙위원을 지낸 김성묵, 농업인인 이재기, 회사 중역인 심경섭 후보들이 민주당으로 출전하여 난전을 벌였다.

국제웅변대 출신인 김정준은 사회대중당으로, 고교 교사와 국회의원 비서를 지낸 정지호는 혁신동지총연맹으로, 신문사 편집국장을 지낸 곽명호는 사회대중당으로 출전했다.

대학을 중퇴한 신준원, 고교 교사인 서기술, 제헌과 2대의원을 지낸 육홍균, 농협장과 면장을 지낸 김대성, 경북대 강사로 변호사인 김봉환 후보들이 무소속으로 등록했다.

동아양조 이사인 윤지평 후보는 무소속으로 등록했다 사퇴했다.

지난 4대 총선에서 당선된 김우동 후보와 당선무효 판결로 의원직을 승계한 김동석 후보들이 출전을 포기하여 신인들의 각축전을 벌이고, 더구나 민주당이 무공천 지역으로 남겨두어 13명의 후보들이 난립됐다.

정당후보 7명과 무소속 후보 6명이 대립하고 군청 소재지가 있는 선산면과 인구가 많은 구미면의 대결로 압축된 선거전은 무소속 후보들의 선전(善戰)과 구미면민들의 결집이 돋보였다.

구미면 신준원 후보와 선산면 김대성 후보의 대결은 구미면의 승리로 귀착됐고, 경북대 강사이며 변호사인 김봉환 후보의 선전도 돋보였다.

김주경, 김성묵, 이재기, 심경섭 등 민주당 후보들과 정지호, 김정준 혁신계 후보들의 득표력은 미미했으나 사회대중당 곽명호 후보는 해평면민들의 지지로 4위로 부상했으나 제헌, 2대의원인 육홍균 후보는 재선의원으로서의 위용은 찾아볼 수 없었다.

□ 득표상황

후보자	정당	연령	주요 경력	득표 (%)

신준원	무소속	60	대학 중퇴, 구미면	8,099 (18.9)
김대성	무소속	50	농산협동조합장, 면장	5,780 (13.5)
김봉환	무소속	39	변호사	5,524 (12.9)
곽명호	사회대중당	43	신문사 편집국장	4,486 (10.4)
서기술	무소속	30	고교 교사	4,125 (9.6)
김주경	민주당	43	중학재단 이사	3,510 (8.2)
김성묵	민주당	31	민주당 중앙위원	3,384 (7.9)
육홍균	무소속	59	2선의원(1대, 2대)	2,864 (6.7)
이재기	민주당	62	농업인	2,847 (6.6)
정지호	혁신동지연	31	국회의원 비서	871 (2.0)
심경섭	민주당	29	회사 중역	845 (2.0)
김정준	사회대중당	37	무직	617 (1.4)
윤지평	무소속	47	동아양조 이사	사퇴

〈상주 갑〉 4대 총선에서 낙선에 따른 지명도와 지지열기로 조봉암 대선후보 오른팔인 사회대중당 김달호 후보를 꺾어버린 홍정표

지난 4대 총선에서는 경도제대 출신인 자유당 조광희 후보가 검사 출신 변호사인 민주당 홍정표 후보를 2천여 표차로 꺾고 당선됐다.

재일거류민단 동경지부장인 장인건, 경북도 공보과장을 지낸 박인세 후보들은 무소속으로 도전했다.

이번 총선에서 민주당이 검사 출신 변호사인 홍정표를 내세우자

사회대중당은 변호사 출신으로 3대의원을 지낸 김달호 후보를 내세워 맞불을 놓았다.

조선민주당 창당위원이었던 이신덕 후보가 무소속으로 등록하여 파수꾼 역할을 했다.

지난 4대 총선에서 자유당 후보에게 석패한 민주당 홍정표 후보가 낙선했지만 얻은 지명도와 민주당에 대한 지지열기를 묶어, 조봉암 후보의 오른팔로써 혁신계열의 거물로 형무소를 들락날락했던 사회대중당 김달호 후보를 3천여 표차로 꺾고 국회에 등원했다.

□ 득표상황

후보자	정당	연령	주요 경력	득표 (%)
홍정표	민주당	44	검사, 변호사	21,069 (46.3)
김달호	사회대중당	48	3대의원(상주 갑)	17,526 (38.5)
이신덕	무소속	46	조선민주당 창당위원	6,950 (15.2)

〈상주 을〉 지난 4대 총선에서 9천여 표를 득표한 저력을 바탕으로 반혁명세력 규탄 열기를 받아 승리한 무소속 김기령

지난 4대 총선 때에는 상주군수 출신인 무소속 김정근 후보가 금융조합장 출신으로 2대와 3대의원을 지낸 자유당 백남식 후보를 4천여 표차로 꺾고 당선됐다.

지구당위원장인 민주당 추광엽, 학교재단 이사장인 무소속 김기령

후보들도 함께 뛰었다.

이번 총선에서 민주당이 중앙위원인 추광엽 후보를 공천하자, 7명의 무소속 후보들이 출전하여 난타전을 전개했다.

협동조합 운동을 펼쳤던 전준한, 도정업자로 4대의원인 김정근, 교사였던 임재영, 국회 출입기자단 간사였던 유상열, 2대와 3대의원을 지낸 백남식, 대학교수인 왕학수, 중학 중퇴 후 농업인으로 살아 온 김기령 후보들이 무소속으로 도전했다.

지난 4대 총선에서 4천여 표차로 당선된 무소속 김정근, 낙선한 자유당 백남식, 무소속 후보로 9천여 표를 득표한 김기령, 1천여 표를 득표한 민주당 추광엽 후보들이 재대결을 펼쳤다.

대학교수인 왕학수, 교직원인 임재영, 기자 출신인 유상열, 협동조합운동을 펼친 전준한 후보들이 가세했지만, 지명도(知名度)에서 지난 4대 총선에 출전한 후보들을 따라잡을 수 없었다.

자유당의 몰락과 정권교체의 열망으로 백남식 후보와 김정근 후보들이 위축된 선거전에서, 지난 4대 총선에서 9천여 표를 득표한 조직 기반에 화서면민들의 전폭적인 지원을 받은 김기령 후보가 도정업자로서 풍부한 재력을 지닌 4대의원인 김정근 후보를 802표차로 꺾고 국회 등원에 성공했다.

지난 총선에서 1천여 표 득표에 머문 민주당 추광엽 후보는 4월혁명 열기의 도움을 받지 못하고 민주당의 조직도 추수리지 못하여 2천여 표 득표에 만족해야만 했다.

□ 득표상황

후보자	정당	연령	주요 경력	득표 (%)
김기령	무소속	44	학교재단 이사장	11,662 (26.9)
김정근	무소속	44	4대의원(상주 을)	10,860 (25.0)
백남식	무소속	57	2선의원(2대,3대)	6,756 (15.6)
왕학수	무소속	42	대학 교수	4,940 (11.4)
임재영	무소속	38	교원	3,829 (8.8)
추광엽	민주당	54	민주당 중앙위원	2,936 (6.8)
유상열	무소속	33	국회출입기자단 간사	2,245 (5.2)
전준한	무소속	64	협동조합운동	1,188 (2.7)

〈문경〉 대구 을구를 버리고 이 지역구를 옮겨 민주당으로부터 제명 처분을 받았으나 예상을 뒤엎고, 민주당 공천자이며 3대의원인 윤만석 후보를 꺾고 지역의 주인이 되어버린 이병하

지난 4대 총선 때는 회사장인 자유당 이동녕 후보가 변호사로서 3대의원인 민주당 윤만석 후보를 큰 표차로 따돌리고 당선됐다.

이번 총선에서 이 지역구는 민주당 공천으로 검사 출신 변호사로 3대의원 시절 국회 법사위원장을 지낸 윤만석, 육사 출신으로 조선독립단 부대장을 지낸 장호문, 판사 출신 변호사로 UN총회 한국 대표로 활약한 이병하 후보들이 출전하여 혼전을 전개했다.

고교 교사 출신으로 공민학교 교장인 조규팔 후보는 사회대중당으로, 군수와 내무부 과장을 지낸 채문식, 문경탄광 사장인 강신채 후보들은 무소속으로 출전했다.

이 지역구는 지난 4대 총선에서 민주당 공천으로 17,838표를 득표하고도 낙선하고 이번 총선에서 민주당 공천을 받은 윤만석 후보와 지난 4대 총선에서 대구 을구에서 민주당 공천을 받고 15,621표로 당선한 이병하 후보가 지역구를 옮겨 민주당 구파끼리의 씨름으로 주목을 받았다.

민주당으로부터 제명 처분을 받은 이병하 후보는 "당선만 되면 민주당으로 되돌아간다"면서, 혈연과 지연을 파고들었고 무소속 채문식 후보는 달변(達辯)이어서 많은 주목을 받았다.

혈연과 지연에서 훨씬 좋은 조건을 갖고 있는 이병하 후보에게 새치기 위협을 받고 있다는 동정론을 윤만석 후보는 불러일으켰으며, 현석호 의원의 지원을 받으며 신파로 변신해 버렸다는 풍문이 나돌았다.

부정축재 수사대상인 대한양회로부터 차량제공을 받아 곤욕을 치른 이병하 후보는 자유당 계열 후원설까지 겹쳐 부담을 갖게 됐다.

1천여 가구의 문중표를 집중 공략한 이병하 후보가 예상을 뒤엎고, 민주당 신구파 대결을 벌여 이 지역구의 터줏대감인 윤만석 후보를 2,994표차로 꺾고 재선의원 대열에 올라섰다.

□ 득표상황

후보자	정당	연령	주요 경력	득표 (%)
이병하	민주당	46	4대의원(대구 을)	18,310 (33.1)
윤만석	민주당	49	3대의원(문경)	15,316 (27.7)
채문식	무소속	35	내무부 지방재정과장	10,454 (18.9)
조규팔	사회대중당	57	공민학교 교장	4,002 (7.2)

| 강신채 | 무소속 | 43 | 문경탄광 사장 | 3,653 (6.6) |
| 장호문 | 민주당 | 65 | 조선독립단 부대장 | 3,634 (6.6) |

〈예천〉 지난 4대 총선에서 11,663표차로 패배한 민주당 현석호 후보가 차기 정부 장관감이란 입소문으로 대승을 거두고 등원

지난 4대 총선 때는 경북도의원 출신인 자유당 정재원 후보가 경성제대 출신으로 3대의원인 현석호 후보를 꺾고 국회에 등원했다.

이번 총선에서는 민주당에서 남전(南電)부사장 출신으로 3대의원을 지낸 현석호 후보를 내세우자, 사회대중당은 일본 거류민단장인 정인석 후보를 내세워 맞불을 놓았고, 재무부 관재국장을 지낸 정진동 변호사가 무소속으로 출전했다.

재일본 거류민단장인 정인석 후보가 재력을 바탕으로 민주당 현석호 후보를 위협하고 있지만, 동래 정씨 문중인 정진동 후보의 등장으로 추격이 어렵게 느껴졌다.

"현 후보는 새 정부의 장관감이니까 꼭 뽑아야 예천을 위해서 좋을 것"이라는 야릇한 유언비어가 퍼져 현 후보의 독주가 예상됐다.

개인연설회에서 청중 숫자에서 현석호 후보가 정인석, 정진동 후보들을 크게 앞질러 대승이 예상되기도 했다.

예상에 부응하여 현석호 후보가 70%가 넘는 득표율로 대승을 거두고 재선의원 반열에 올라섰다.

□ 득표상황

후보자	정당	연령	주요 경력	득표 (%)
현석호	민주당	53	3대의원(예천)	40,314 (72.1)
정인석	사회대중당	48	재일거류민 단장	8,248(14.7)
정진동	무소속	50	재무부 관재국장	7,368(13.2)

〈영주〉 지난 4대 총선에서 함께 무소속으로 출전하여 4,718표 뒤졌지만, 민주당 공천을 받고 사회대중당 공천으로 출전한 박용만 후보를 1,757표차로 꺾어버린 황호영

지난 4대 총선에서 3대의원인 자유당 이정희 후보가 자유당 중앙당 조직부장 출신인 무소속 박용만, 재무부 이재국장 출신인 무소속 황호영 후보들을 꺾고 재선의원이 됐다.

민주당 공천을 받은 김기석 후보는 1,578표 득표에 머물렀다.

이번 총선에서 민주당이 재무부 이재국장을 지낸 황호영 후보를 공천하자, 사회대중당은 창당 발기위원을 지낸 박용만 후보를 내세워 건곤일척 한판 승부를 벌였다.

고교 교사인 최현우, 서울공대 전임강사인 정규만, 조선일보 사원인 김식영, 기계상사 사장인 김상기, 경북도의원인 강석일 후보들이 출전하여 7파전이 전개됐다.

이번 선거전은 민주당과 사회대중당의 쟁패전이지만, 사실은 지난

총선에서 낙선한 무소속 박용만과 황호영 후보들의 재대결장이다.

지난 총선에서 박용만 후보는 자유당 이정희 후보에게 1,443표 뒤진 17,372표를 득표하여 차점 낙선했고, 황호영 후보는 12,654표를 득표하여 박용만 후보에게 4,718표 뒤진 3위로 낙선했다.

이번 총선에서 황호영 후보는 민주당으로, 박용만 후보는 사회대중당으로 정당을 선택하고 재대결을 펼쳐 민주당 공천을 받은 황호영 후보가 17,883표를 득표하여, 16,126표를 득표한 박용만 후보를 1,757표 차로 누르고 당선됐다.

정권교체에 대한 지지 열기가 6,475명 유권자의 심금(心琴)을 울린 결과이며, 사회대중당 최현우 후보가 혁신계열의 지지표를 분산시킨 결과이기도 했다.

□ 득표상황

후보자	정당	연령	주요 경력	득표 (%)
황호영	민주당	41	재무부 관재국장	17,883 (34.8)
박용만	사회대중당	36	자유당 조직부장	16,126 (31.3)
강석일	무소속	41	경북도의원	6,979 (13.6)
정규만	무소속	33	서울대 전임강사	5,047 (9.8)
김식영	무소속	52	조선일보 사원	3,194 (6.2)
최현우	사회대중당	32	고교 교사	1,203 (2.3)
김상기	무소속	49	기계상사 사장	1,015 (2.0)

〈봉화〉 경북도의원인 최영두 후보가 무소속이라는 한계를 넘어서 이웃사촌인 민주당 강해원 후보를 꺾고 당선을 일궈

지난 4대 총선에서는 2대와 3대의원인 자유당 정문흠 후보가 민주당 중앙위원인 강해원, 국민회 봉화군회장으로 국민회 공천으로 출전한 심동국 후보들을 가볍게 제압하고 3선의원 반열에 올랐다.

이번 총선에서 민주당이 중앙위원인 강해원 후보를 내세우자, 7명의 무소속 후보들이 도전하여 혼전을 전개했다.

봉화중 교장을 지낸 박병기, 경북도의원을 지낸 최영두, 해무청장을 지낸 권성기, 변호사로서 서울대 강사인 신도순, 경북도의원을 지낸 심동국, 세계일보 편집국장을 지낸 김창엽, 예비역 육군대령인 오한영 후보들이 무소속으로 출전했다.

정문흠 의원 구속으로 신인들의 각축장이 된 선거전에서, 지난 4대 총선에서 11,121표를 득표한 민주당의 강해원 후보가 선두권에 진입한 가운데, 경북도의원을 지낸 무소속 최영두 후보와 해무청장을 지낸 무소속 권성기 후보가 협공을 펼쳤다.

진양 강씨, 해주 최씨, 안동 권씨 씨족대결까지 펼친 선거전은 춘양면 선양리 이웃사촌인 최영두 후보가 춘양면의 전폭적인 지원으로 강해원 후보를 1천 6백여 표차로 제압했다.

용호상박(龍虎相搏)의 결투장에서 어부지리를 노린 권성기 후보는 360표가 모자랐다.

☐ 득표상황

후보자	정당	연령	주요 경력	득표 (%)
최영두	무소속	54	경북도의원	9,992 (23.6)
권성기	무소속	51	해무청장	9,632 (22.7)
강해원	민주당	41	민주당 중앙위원	8,362 (19.7)
김창엽	무소속	44	세계일보 편집국장	4,062 (9.6)
신도순	무소속	58	서울대 강사	2,866 (6.8)
오한영	무소속	36	육군 대령	2,708 (6.4)
심동국	무소속	65	경북도의원	2,569 (6.1)
박병기	무소속	40	봉화중 교장	2,188 (5.1)

〈울릉〉 민주당의 지지 열기와 의료봉사로 닦은 지역기반으로 경북도의원을 지낸 허필 후보를 23표차로 꺾은 전석봉

지난 4대 총선에서는 3대의원인 자유당 최병권 후보가 경북도의원을 지낸 허필 후보의 사퇴로 무투표 당선됐다.

이번 총선에서 민주당은 중앙당 재정부 간사인 최동극 후보를 공천하자, 울릉군 선거관리위원장인 김석원, 의사 출신인 전석봉 후보들도 민주당으로 출전하여 내전을 전개했다.

경북도의원인 허필, 경북도 교육위원인 최경봉, 자유당 소속으로 4대의원을 지낸 최병권, 중소상공인인 이종오, 대학을 중퇴한 박장동, 울릉 천주교회 총회장인 현상현, 운송업자인 김용관 후보들이 무소속으로 도전했다.

서울에 거주한 최동극 후보가 울릉도에 도착하지 아니하여 민주당원의 5분의 4가 이탈하고 있다는 긴급한 상황이 보고되는 선거전은 민주당 공천을 받은 최동극, 의사로서 민주당 구파 공천자임을 내세운 전석봉, 지난 4대 총선에서 자유당으로 무투표 당선되고서 무소속으로 위장한 최병권, 지난 4대 총선에서 무소속으로 등록했다 사퇴하여 무투표 당선 도우미로 전락한 허필, 운송업으로 부를 축적한 것으로 알려진 김용관 후보들이 선두권을 유지했다.

민주당은 전석봉, 김석원, 현상현 후보 등을 무더기 제명하여 공천자 최동극 후보를 지원코자 했으나, 최동극 후보는 민주당 공천자라는 위용(偉容)을 보여주지 못하고 최하위권을 맴돌았다.

반혁명세력에 대한 규탄 열기로 지난 총선에서 무투표 당선된 최병권 후보와 무투표 당선을 도운 허필 후보를 따돌리고, 민주당 지지열기와 의료봉사로 지역기반을 닦은 전석봉 후보가 경북도의원 출신으로 지역기반이 두터운 허필 후보를 21표차로 꺾고 국회에 등원했다.

□ 득표상황

후보자	정당	연령	주요 경력	득표 (%)
전석봉	민주당	45	의사	1,513 (20.2)
허 필	무소속	42	경북도의원	1,492 (20.0)
최병권	무소속	46	4대의원(울릉)	1,188 (15.8)
김용관	무소속	44	운송업	1,013 (13.5)
최경봉	무소속	46	경북도 교육위원	923 (12.3)
김석원	민주당	36	울릉군 선거위원장	492 (6.6)
이종오	무소속	38	중학 중퇴	402 (5.4)

박장동	무소속	29	대학 중퇴	227 (3.0)
최동극	민주당	42	민주당 재정부 간부	212 (2.8)
현상현	무소속	53	천주교 총회장	45 (0.6)

제3장 강원·충청권 : 집권여당의 바람에 휘둘리고

1. 집권여당의 바람이 자유당에서 민주당으로

2. 강원·충청권 55개구 불꽃 튀는 격전의 현장으로

1. 집권여당의 바람이 자유당에서 민주당으로

(1) 4대 총선에선 자유당이 38석을, 이번 총선에선 1석

강원·충청권에는 강원도 20개 지역구, 충청북도 13개 지역구, 충청남도 22개 지역구 등 55개 지역구로 전국 233개 지역구의 23.6%를 점유하고 있다.

강원도에는 춘천, 원주, 강릉시가, 충청도에는 대전, 청주, 충주시가 있고 현재는 없어진 춘성군, 원성군, 명주군, 금화군, 청원군, 중원군, 대덕군, 연기군 등에서도 의원들을 배출했다.

지난 4대 총선에서 강원도는 자유당이 15석, 민주당 2석, 무소속이 3석을 차지했고, 충청권은 자유당이 22석, 민주당이 10석, 무소속이 2석을 점유하여 집권 여당인 자유당이 38석으로 69.1%를 차지한 자유당의 텃밭이었다.

양당의 틈새를 비집고 황호현(평창), 유기수(정선), 서임수(철원), 조종호(단양), 박병배(대덕) 후보들이 무소속으로 값진 승리를 엮어 냈다.

이번 총선에서는 집권 여당인 민주당이 강원도에서 12석을, 충청권에서 28석을 차지하여 전체의석의 72.7%인 40석을 석권했다.

자유당의 텃밭이 민주당의 안방으로 돌변했을 뿐 집권 여당의 선호 경향은 여전(如前)했다.

민주당을 제외한 정당으로는 윤길중(원성) 후보가 사회대중당으로, 조종호(단양) 후보가 헌정동지회로, 전형산(인제) 후보가 자유당으로 당선됐다.

이찬우(춘성), 이재학(홍천), 장춘근(평창), 황학성(철원), 김응조(고성), 최준길(명주), 안동준(괴산), 이정석(음성), 정상희(중원), 박병배(대덕), 김영환(홍성), 장경순(서산갑) 후보들은 민주당 후보들을 꺾고 무소속으로 당선됐다.

(2) 4대 총선에서 민주당 공천으로 낙선한 23명이 당선

지난 4대 총선에서 민주당 공천으로 당선되고서 이번 총선에서도 민주당 공천으로 당선되어 귀환한 의원은 계광순(춘천), 박충모(원주), 이민우(청주), 민장식(영동), 이태용(제천), 진형하(대전을), 김학준(공주을), 윤담(논산을), 우희창(서천) 의원 등 10명에 불과하다.

이재학(홍천), 정상희(중원) 의원은 자유당에서 무소속으로, 재선거에서 당선된 전형산 의원은 자유당으로 당선됐고, 박충식(공주갑) 의원은 자유당에서 무소속으로 위장하여 당선됐다.

조종호(단양) 의원은 무소속에서 헌정동지회로, 박병배(대덕) 의원은 무소속으로 연거푸 당선됐다.

그리하여 지난 총선에서 당선된 55명의 의원 가운데 이번 총선에서 당선되어 귀환한 의원은 15명으로 27.3% 수준이었다.

지난 4대 총선 때 당선된 강원도 의원 15명 가운데 임우영(춘성),

장석윤(횡성), 박현숙(금화), 박덕영(화천), 박용익(명주), 전만중(울진) 의원들은 정권교체를 탓하며 출전을 포기했고, 홍범희(원성), 최규옥(양구), 홍승업(고성)후보들은 참의원 출전을 위해 의원직을 사퇴했다.

나상근(인제) 의원은 선거무효 판결로 의원직을 잃고 전형산 후보가 승계했다.

이동근(양양) 의원은 자유당으로, 최용근(강릉), 정규상(영월), 김진만(삼척) 후보들은 무소속으로 도전했으나 낙선의 명에를 썼으며 김진만 의원은 중도에 사퇴했다.

참의원 출전을 위해 충청권에서 오범수(청원), 한광석(부여), 이원장(보령), 원용석(당진) 의원들이 사퇴하여 출전했지만, 오범수, 한광석 후보만 당선되었고 홍승업, 홍범희, 최규옥, 이원장, 원용석 의원들은 낙선했다.

국회부의장을 지낸 이재학 의원은 무소속으로 당선됐지만, 공민권 제한으로 보궐선거가 실시됐고, 자유당으로 당선된 전형산 의원도 공민권 제한으로 당선이 무효되어 재선거가 실시됐다.

민주당 계광순(춘천), 박충모(원주) 의원은 재당선의 기쁨을 누렸으나 무소속 황호현(평창), 유기수(정선), 서임수(철원) 의원들은 무소속으로 도전했으나 모두 낙선했다.

충청권에서 자유당으로 출전하여 당선된 22명 가운데 홍병각(충주), 오범수(청원갑), 곽의영(청원을), 권복인(옥천), 정낙훈(대전갑), 유지원(연기), 한광석(부여갑), 임철호(부여을), 이원장(서천), 원용석(당진을), 이민우(아산) 의원 등 11명은 정권교체의 불운을 탓하며 불출마했다.

김선우(보은), 정상희(중원), 김공평(논산), 김창동(청양) 의원들은 자유당 공천으로, 정운갑(진천), 김원태(괴산), 윤병구(예산), 유순식(서산을), 인태식(당진갑), 한희석(천안갑), 김종철(천안을) 의원들은 무소속으로 도전했으나 모두 낙선하여 아무도 의정 단상에 오르지 못했다.

민주당으로 출전하여 당선된 이민우(청주), 민장식(영동), 이태용(제천), 진형하(대전을), 김학준(공주을), 윤담(논산을), 우희창(서천) 의원들은 재당선의 기쁨을 누렸지만, 전영석(서산갑) 의원은 민주당 공천을 받고도 낙선했고, 자유당으로 전향 등으로 김주묵(음성), 유승준(보령) 의원들은 불출마했다.

무소속으로 당선된 조종호(단양) 의원은 헌정동지회로, 박병배(대덕) 의원은 무소속으로 당선됐다.

강원도에서 지난 4대 총선에서 낙선했지만 정권교체의 호기를 맞아 김명윤(무소속, 강릉), 양덕인(무소속, 횡성), 태완선(무소속, 영월), 신인우(민주당, 정선), 황학성(자유당, 철원), 신기복(민주당, 금화), 김준섭(민주당, 화천), 김재순(민주당, 양구), 김응조(무소속, 고성), 함종윤(민주당, 양양), 김광준(무소속 울진) 후보들이 이번 총선에서 당선했다.

충청권에서도 김기철(민주당, 충주), 신정호(민주당, 청원갑), 김창수(민주당, 청원을), 박기종(무소속, 보은), 신각휴(민주당, 옥천), 이충환(민주당, 진천), 유진영(무소속, 대전갑), 성태경(민주당, 연기), 김천수(민주당, 논산갑), 이석기(민주당, 부여갑), 이종순(민주당, 부여을), 김영선(민주당, 보령), 이상철(민주당, 청양), 성원경(민주당, 예산), 안만복(민주당, 서산을), 이규영(민주당, 당진갑), 박준선(민주당, 당진을), 성기선(민주당, 아산), 홍춘식(민주당, 천안갑), 이상돈(민주당, 천안을) 후보 등 지난 총선에서 민주당 공천이나 무소속으로 출전해 낙선한 23명의 후보들이 당선되는 기쁨을 누렸다.

(3) 이번 총선에서 민주당 후보가 낙선한 선거구는 27%인 15개구에 불과하여 민주당 공천은 곧 당선으로 직결

이번 총선에서 민주당 후보가 낙선한 선거구는 55개 선거구 가운데 강원도에서 8개구, 충북에서 4개구, 충남에서 3개구 등 15개구로 27% 수준이다.

춘성은 민주당 후보들의 이전투구로 무소속 이찬우 후보에게 의외의 승리를 안겨줬고, 홍천은 이재학 국회부의장의 왕국으로 옥중당선을 일궈냈다. 원성에서도 민주당 박영록, 김규원 후보의 난타전으로 사회대중당 윤길중 후보에게 당선을 헌납했다.

평창에서는 민주당 후보들의 난립 등으로 봉평면장 출신인 장춘근 후보의 당선을 도왔고, 철원에서는 민주당 공천에서 탈락한 무소속 황학성 후보가 당선됐다.

인제에서는 호남 출신인 김대중 후보를 공천하여 자유당 전형산 후보가 당선됐고, 고성에서는 민주당 후보의 난립으로 무소속 김응조 후보의 당선에 조력했고, 명주에서도 민주당 장후식, 김진영 후보의 이전투구가 무소속 최준길 후보 당선의 1등 공신이었다.

충북 괴산은 민주당 김사만 후보의 중도 사퇴로 위장 무소속 후보인 안동준 후보가 당선됐고, 음성에서는 민주당 지지표가 정석헌,

신이철, 구철회로 3분되어 자유당 계열의 무소속 이정석 후보가 당선됐다.

중원에서는 선거전략 미흡으로 무소속 정상희 후보에게 민주당 민영수 후보가 136표 차로 밀렸고, 단양에서는 공천자 선정에 실패하여 무소속에서 자유당으로 전향하여 헌정동지회로 위장한 조종호 후보의 당선에 일조했다.

충남 대덕에서는 무소속 박덕배 후보에게 인물·전략에서 뒤져 민주당 송석두 후보가 연패했고, 공주에서는 무소속 박충식 후보에게 218표 뒤졌으나 일부 선거무효 판결로 실시된 재선거에서 민주당 엄대섭 후보가 승리하여 의원직을 이어갔다.

홍성에서는 광천읍과 홍천읍의 지역대결에서 무소속 김영환 후보에게 민주당 전용안 후보가 패배했고, 서산 갑구에서는 낙천한 장경순 후보에게 현역의원이라는 이점을 안고 공천을 받은 전영석 후보가 패배했다.

2. 강원·충청권 55개구 불꽃 튀는 격전의 현장으로

강원도

〈춘천〉 민주당 계광순 현역의원이 민주당 구파 출신임을 내세운 무소속 서상준 후보를 가볍게 꺾고 재선(再選)에 성공

지난 4대 총선에서는 동경제대 출신으로 광업진흥 사장인 민주당 계광순 후보가 춘천시장 출신으로 2대와 3대의원을 지낸 홍창섭 후보를 꺾은 파란을 일으켰다.

이번 총선에서 민주당은 동경제대 출신으로 4대의원을 지낸 계광순 후보를 공천했고, 자유당은 장강건설 사장인 이건영 후보를, 사회대중당은 연희대 출신인 김충극 후보를 공천했다.

경성제대 출신으로 국회사무처 총무국장을 지낸 서상준, 춘천시의원이었던 이병문 후보들은 무소속으로 출전했다.

민주당 현역의원이 공천을 받고 재선을 예약한 선거전에서 무소속 서상준 후보가 구파출신임을 내세워, 당선되면 민주당에 입당하겠다는 공약으로 추격전을 전개했으나 추격에 머물렀으며, 홍창섭 의원의 불출마로 계광순 후보의 재선의 발걸음을 가볍게 해주었다.

☐ 득표상황

후보자	정당	연령	주요 경력	득표 (%)
계광순	민주당	51	4대의원(춘천)	15,748 (52.0)
서상준	무소속	54	국회 총무국장	8,650 (28.5)
이건영	자유당	38	장강건설 사장	2,762 (9.1)
이병문	무소속	40	춘천시의회 부의장	2,039 (6.7)
김충극	사회대중당	36	당 기획위원	1,115 (3.7)

〈원주〉 함재훈 후보에 대한 반혁명세력 규탄 열기와 조한규 후보의 민주당 제명처분에 힘입어 재선의원 고지에 오른 박충모

지난 4대 총선에서는 의사로서 원주읍의회 의장을 지낸 무소속 박충모 후보가 원주읍장 출신으로 3대의원인 자유당 함재훈 후보를 825표 차로 꺾은 파란을 일으켰다.

원성군수를 지낸 이중연, 신문사 사장인 한경수, 대성학원 이사장인 장호순 후보들도 무소속으로 출전했다.

이번 총선에서 민주당은 강원도당 최고위원으로 4대의원인 박충모 후보를 공천하자, 강원도당 부위원장을 지낸 조한규 후보도 민주당으로 등록했다.

사회대중당은 육영사업가인 장호순 후보를 공천했고, 자유당은 3대의원을 지낸 함재훈 후보를 공천했다.

태창운수 사장인 안명한, 원성군수를 지낸 이중연 후보들도 무소속으로 출전했다.

무소속에서 민주당으로 전향한 박충모, 3대의원을 지낸 자유당 함재훈, 민주당 구파 공천 후보임을 내세운 조한규 후보가 3파전을 전개한 상황에서, 박충모 후보를 지지하는 서익화 씨가 조한규 후보 선거운동원인 김호혁 씨에게 "너 이 새끼 민주당이면서 공천자를 밀지 않고 누구를 미느냐"고 욕설을 퍼붓자, 김호혁 씨가 "민주당 간판을 누가 짊어지고 나왔는데 그 따위 말을 하느냐, 너의 지배를 받을 내가 아니다"라고 대꾸하자 폭행을 했다.

또한 박충모 후보 운동원 홍경호 씨가 조한규 후보 운동원 신광철 씨를 구타하여 고막의 파열상까지 입혔다.

이러한 구타 사건은 도저히 융합을 기대하기 어려운 민주당 신·구파의 암투가 표면화된 것이다.

조한규 후보가 박충모 후보의 선거사무장 출신으로 지지기반이 중첩되어 충돌이 불가피한 상황이었지만, 핍박을 받은 조한규 후보에 대한 동정여론과 구타한 박충모 후보 운동원에 대한 반발심리가 유포되어 박충모 후보의 당선에 빨간불이 켜졌으나, 조한규 후보에 대한 제명처분과 함재훈 후보에 대한 반혁명세력에 대한 규탄대회 등으로 박충모 후보가 어렵게 승리를 거머쥐고 재선의원이 됐다.

☐ 득표상황

후보자	정당	연령	주요 경력	득표 (%)
박충모	민주당	66	4대의원(원주)	8,772 (31.2)
함재훈	자유당	42	3대의원(원주)	5,777 (20.6)
조한규	민주당	38	민주도당 부위원장	4,991 (17.8)

이중연	무소속	48	원성군수	3,962 (14.1)
장호순	사회대중당	31	육영사업	3,585 (12.8)
안명한	무소속	45	태창운수 사장	998 (3.5)

〈강릉〉 재선의원의 조직기반과 강원도의원, 강릉김씨 씨족기반을 갖고 있는 두 후보를 꺾고 당선을 일궈 낸 민주당 김명윤

지난 4대 총선 때에는 강릉농고 교장 출신으로 3대의원인 자유당 최용근 후보가 강원도 의사회장인 민주당 정순응, 강릉지청 검사였던 무소속 김명윤, 대창건설 사장인 무소속 김영하 후보들을 꺾고 재선의원이 됐다.

이번 총선에서 민주당은 울진 출신이지만 서울지검 검사로 활약한 김명윤 후보를 공천하자, 김명윤 후보와 같은 경성제대 출신으로 서울변호사회 부회장으로 활약한 조평재, 강원도의원을 지낸 김삼, 자유당 소속으로 3대와 4대의원을 지낸 최용근 후보들이 무소속으로 도전했다.

4월 혁명의 기운을 전혀 찾아볼 수 없고 자유당의 조직이 그대로 살아 있는 상황에서, 민주당 김명윤 후보는 "4월 혁명의 정신을 받들어 나를 지지해 달라"고 호소했고, 김삼 후보는 "새 사람을 국회에 내보내야 한다"고 주장했다.

왕국을 형성한 부정선거의 원흉인 박용익 의원으로부터 설움을 많이 받은 최용근 후보는 "자유당 입후보자만은 의원 자격이 없다"는 일반적인 상식에서 벗어나기 위해 자유당 굴레를 벗고 무소속

으로 출전하여 강릉 최씨 문중기반에 기대를 걸었다.

강릉 김씨의 문중을 업고 이·동까지 민주당 조직을 확장한 김명윤 후보는 민주당 신·구파의 싸움이 없어 유리한 고지를 선점했다.

이 지역의 유지와 지식인들로부터 상당한 지지를 받고 있는 조평재 후보는 무소속의 한계를 극복하며 선전했다.

재선의원의 조직을 확충한 최용근 후보와 강원도의원의 조직을 재구축한 김삼 후보의 조직 간 충돌이 있었고, 씨족 관념이 뿌리 박혀 있는 이곳에서 강릉 최씨와 강릉 김씨의 씨족 대결에서 김명윤 후보와 김삼 후보의 충돌은 불가피했다.

지역기반은 없지만 4월 혁명정신을 살려야 한다는 여론을 업은 김명윤 후보가 강원도의원 시절의 조직과 강릉 김씨 기반으로 선거전을 이끈 무소속 김삼 후보를 318표차로 꺾는 진땀승을 거뒀다.

□ 득표상황

후보자	정당	연령	주요 경력	득표 (%)
김명윤	민주당	36	검사, 변호사	7,446 (31.0)
김 삼	무소속	41	강원도의원	7,128 (29.7)
최용근	무소속	40	2선의원(3대,4대)	5,495 (22.9)
조평재	무소속	50	판사, 변호사	3,922 (16.4)

〈춘성〉 민주당 신파와 구파 후보들의 이전투구와 아홉이나 되는 후보들의 난타전에서 의외의 승리를 거머쥔 무소속 이찬우

지난 4대 총선에서는 조도전대 출신으로 3대의원인 자유당 임우영 후보가 대동청년단 춘성군단장인 민주당 권의준, 정선과 횡성군수를 역임한 국민회 황환근 후보들을 제치고 재선의원이 됐다.

조도전대 출신으로 심계원 총무과장을 지낸 유연국, 춘성 축산협동조합장인 김정은, 2대의원을 지낸 박승하, 홍천군수를 지낸 이호식 후보들도 무소속으로 함께 뛰었다.

민주당은 이번 총선에서 강원도당 부위원장을 지낸 이창근 후보를 내세우자, 지난 총선에서 민주당 공천으로 낙선한 권의준 후보가 민주당으로 등록하여 조직분규가 일어나자, 민주당은 권의준 후보를 제명처분했다.

조도전대 출신으로 3대와 4대의원을 지낸 임우영 후보는 자유당으로 등록했다.

서울시 관재국장을 지낸 황환승, 시사통신 논설위원인 이찬우, 반공특위 강원도위원장으로 2대의원을 지낸 박승하, 국민학교 교장과 강원도 장학사를 지낸 홍종욱, 조도전대 출신으로 심계원 총무과장을 거쳐 유신무역 사장인 유연국, 춘성군 농협조합장을 지낸 김정은 후보들은 무소속으로 출전했다.

민주당 신파의 이창근 후보가 공천을 받았으나 지구당 감사위에서 이 후보의 공천이 비민주적이었다며 이 후보를 제명처분했다.

민주당 구파는 지구당에서 권의준 후보가 11대 4로 승리했음에도 불구하고 중앙당에서 이창근 후보를 공천한 것은 계광순 의원의 비서라는데 힘 입은 것으로 이러한 독재성은 과거 이승만 정권하에서의 독재와 다를 바 없다고 비난했다.

민주당 신파는 권의준 후보를 중앙에서 제명했음에도 민주당 간판을 그대로 걸머지고 나가는 것은 선거법 위반이라고 경찰에 고소를 제기했고, 민주당 춘성군당 사무실을 서로 차지하기 위해 쟁탈전까지 벌여 이창근 후보를 밀쳐내고 권의준 후보가 승리하여 사용했다.

민주당 이창근 후보와 권의준 후보의 이전투구로 선거전은 예측불허의 난타전이 전개됐다.

출신지역 면(面)중심의 소지역 대결이 펼쳐진 선거전에서 지명도가 낮은 무소속 이찬우 후보가 지명도가 높은 재선의원인 자유당 임우영, 민주당 공천을 받은 이창근 후보들을 꺾고 당선됐다.

9명의 후보들의 득표율은 7.9%에서 12.7%로 편차는 4.8%차였으며, 1위 이찬우 후보와 2위 유연국 후보와의 표차는 100표, 3위 임우영 후보와의 표차는 109표였으며, 6위 박승하 후보와의 표차도 362표에 불과한 박빙(薄氷)이었다.

□ 득표상황

후보자	정당	연령	주요 경력	득표 (%)
이찬우	무소속	42	시사통신 논설위원	3,865 (12.7)
유연국	무소속	46	심계원 총무과장	3,765 (12.4)
임우영	자유당	55	2선의원(3대, 4대)	3,756 (12.4)
이창근	민주당	49	민주도당 부위원장	3,726 (12.3)
권의준	민주당	50	민주당 중앙위원	3,512 (11.6)

박승하	무소속	46	2대의원(춘성)	3,503 (11.5)
홍종욱	무소속	36	국민학교장	3,088 (9.9)
김정은	무소속	32	춘성 농협조합장	2,809 (9.3)
황환승	무소속	50	서울시 관재국장	2,404 (7.9)

〈홍천〉 유권자들의 빈축(嚬蹙)을 사지 않았다는 여론으로 옥중 당선되어 곽상훈 의원과 함께 5선의원 고지에 등극한 이재학

지난 4대 총선에서는 강원도지사 서리 출신으로 제헌, 2대, 3대의원을 지낸 자유당 이재학 후보가 국회부의장의 위명(偉名)으로 무투표 당선했다.

전국적으로 4선의원 반열에 오른 후보는 인천 을구의 곽상훈, 영일 을구의 김익로 후보등 3명에 불과했다.

이번 총선에서 민주당이 중앙상무위원인 홍영진 후보를 공천하자 자유당 홍천군당위원장을 지낸 성낙신, 의사 출신으로 민주당 홍천군당 고문을 지낸 남궁규, 자유당 출신으로 제헌, 2대, 3대, 4대 의원으로 국회부의장을 지낸 이재학, 의사 출신으로 서울 치의사 회장인 김종옥, 미국 루이지아나 주립대 출신으로 동국대 교수인 백대현 후보들이 무소속으로 도전했다.

그러나 실제적으로는 제헌의회부터 4대까지 의원을 독점한 이재학 후보에 대해 쟁쟁한 후보들이 도전한 셈이다.

홍천고교 5백여 명이 "이재학은 즉시 사퇴하라"는 프랑카드를 들고 데모를 벌였으며, "이재학의 옥중 출마는 4. 19 학생 혁명정신의 모독(冒瀆)행위다"는 구호를 제창했다.

그러나 허만훈 이재학 선거사무소 사무장은 "이재학 후보는 악이 많은 가운데서 선을 행한 사람이므로 홍천군민이 칭찬하여 줄 것이다"면서, "입후보 사퇴의 결정 문제는 이재학 자신이 결정할 문제"라고 사퇴를 거부했다.

학생들의 데모가 연일 계속되고 있지만 지역 유지들은 학생들의 데모를 못마땅하게 여기고 있으며 선거사무소는 활기를 띠고 있다. 유권자들은 이재학 후보의 덕분으로 이곳에는 영농자금, 구호양곡을 비롯하여 젊은이의 취직과 주둔(駐屯)군인들의 민폐 근절 등으로 지방 사람에게 최대의 혜택을 주었다고 칭찬했다.

이재학 후보의 당락은 자유당 홍천군당위원장을 지낸 성낙신 후보의 반기로 강원도 자유당의 사활문제가 걸려 있다.

일부에서는 이재학 후보가 당선이 된다 해도 형무소로 갈 사람이므로 재선거의 괴로움을 면키 위해 이재학 후보를 낙선시켜야 한다는 주장도 제기됐다.

선거가 종반전에 접어들자 자유당 조직은 흔들리기는 커녕 오히려 뭉쳐지는 현상을 보였으며 유권자의 매수, 매표행위가 성행했으나 증거를 포착할 수 없는 형편이었다.

이재학 후보가 옥중 당선된 것은 유권자들의 빈축을 사지 않고 있다는 점이었으며, 자유당의 조직이 이재학, 성낙신 후보로 양분(兩分)되었지만 민주당의 조직도 홍영진, 남궁규 후보로 양분되어 이재학 후보의 5선 당선을 도와줬다.

이재학 의원은 공민권 제한으로 당선무효되어 실시된 재선거에서 이재학 의원의 아들인 이교선 후보가 당선되어 아버지의 의원직을 이어가며 홍천은 이재학의 왕국임을 실증했다.

□ 득표상황

후보자	정당	연령	주요 경력	득표 (%)
이재학	무소속	56	4선의원(1,2,3,4대)	18,182 (38.4)
성낙신	무소속	44	자유당 군당위원장	9,003(19.0)
홍영진	민주당	54	민주당 중앙상무위원	7,965(16.8)
백대현	무소속	38	동국대 교수	5,819(12.3)
김종옥	무소속	43	서울 치의사회 회장	3,654 (7.7)
남궁규	무소속	50	의사, 민주당 고문	2,768 (5.8)

〈횡성〉 민주당 공천을 받고 낙승(樂勝)을 예상했으나, 자유당 조직의 반발로 진땀승을 거둔 횡성군당위원장인 양덕인

지난 4대 총선에서는 미국 밴드빌드대 출신으로 내무부장관과 3대 의원을 지낸 자유당 장석윤 후보가 횡성 교육위원인 무소속 양덕인, 제주대학장과 2대의원을 지낸 무소속 안상한, 강원도 내무과장 출신인 국민회 김형기 후보들을 꺾고 재선의원이 됐다.

이번 총선에서 민주당이 횡성군당위원장인 양덕인 후보를 공천하자, 북해도제국대 출신으로 제주대학장, 2대의원을 지낸 안상한, 국민대 출신인 엄재선 후보들이 무소속으로 출전했다.

지난 4대 총선에서 당선된 장석윤 의원이 출전을 포기하여, 지난 4대 총선에서 출전하여 11,477표를 득표하여 차점 낙선한 민주당 양덕인 후보와 4,636표를 득표하여 3위로 낙선한 무소속 안상한 후보가 재대결을 펼쳤다.

민주당 공천을 받은 양덕인 후보의 낙승이 예상됐으나, 뿌리 깊은 자유당 조직이 무소속 안상한 후보를 전폭적으로 지지하여 487표 차의 진땀승으로 선거전이 막을 내렸다.

□ 득표상황

후보자	정당	연령	주요 경력	득표 (%)
양덕인	민주당	50	횡성군당위원장	16,221 (43.5)
안상한	무소속	54	2대의원(횡성)	15,734 (42.2)
엄재선	무소속	26	농업인	5,323 (14.3)

〈원성〉 민주당 김규원 후보의 공천 반발(反撥)에 의한 출전에 힘입어 재선의원으로 발돋움한 사회대중당 윤길중

지난 4대 총선에서는 제헌의원과 내무부차관을 지낸 자유당 홍범희 후보가 원주시의원을 지낸 민주당 박영록, 국민대 교수인 무소속 차익교 후보들을 제치고 재선의원이 됐다.

이번 총선에서 서울시의원을 지낸 김규원, 원주시의원을 지낸 박영록 후보들이 민주당으로 등록했고, 일본대 출신인 변호사로서 2대의원을 지낸 윤길중 후보는 사회대중당으로 등록했다.

학교장과 회사장 출신인 한기준, 대한웅변협회 이사인 이종금, 강원도의원을 지낸 김흥배 후보들이 무소속으로 등록했다.

2대의원을 지낸 지명도와 사회대중당 간사장으로서의 중량감으로 윤길중 후보가 지난 4대 총선에서 아쉽게 낙선하고 민주당 공천을 받고 당선을 기대한 박영록 후보를 577표 차로 꺾고 재선의원이 됐다.

경성대 출신으로 재력을 구비한 한기준, 강원도의원 시절의 조직을 재정비한 김흥배 후보들의 선전이 돋보였으며, 김규원 후보가 민주당으로 출전하여 박영록 후보의 뒷덜미를 잡아채어 윤길중 후보가 당성된 결과를 만들었을 뿐이다.

□ 득표상황

후보자	정당	연령	주요 경력	득표 (%)
윤길중	사회대중당	43	2대의원(원주)	8,750 (25.0)
박영록	민주당	38	원주시의원	8,173 (23.3)
한기준	무소속	55	학교장, 회사장	7,373 (21.0)
김흥배	무소속	43	강원도의원	5,878 (16.8)
이종금	무소속	26	웅변협회 이사	2,794 (8.0)
김규원	민주당	55	서울시의원	2,085 (5.9)

〈영월〉 반혁명세력 규탄과 민주당 제명처분으로 위축된 정규상, 엄정주 후보들을 꺾고 재선의원으로 내달린 태완선

지난 4대 총선 때에는 3대의원인 자유당 정규상 후보가 2대의원을 지낸 무소속 태완선, 육군대 출신으로 석탄공사 단장인 무소속 고백규 후보들을 꺾고 재선의원이 됐다.

이번 총선에서 민주당이 경성대 출신으로 2대의원을 지낸 태완선 후보를 공천하자, 제38사단 정훈참모였던 박봉규, 일본대 출신으로 영월 경찰서장을 지낸 엄정주, 자유당 소속으로 3대와 4대의원을 지낸 정규상 후보들이 무소속으로 출전했다.

민주당은 무소속으로 위장 출전한 엄정주 후보를 제명처분하여 태완선 후보의 완승을 지원했다.

주천면을 중심으로 한 지역연고와 경찰서장 시절 얻은 인연과 지명도로 무소속 엄정주 후보가 당선권을 넘나들었으나, 민주당의 제명 처분으로 주춤거렸다.

반혁명세력 규탄대상이 된 무소속 정규상 후보는 선거운동을 활발하게 전개하지 못하여, 2대의원으로서의 관록과 지명도, 민주당 공천 후보를 내세우며 4월 혁명열기를 받은 태완선 후보가 여유있게 승리하여 재선의원이 됐다.

□ 득표상황

후보자	정당	연령	주요 경력	득표 (%)
태완선	민주당	45	2대의원(영월)	22,571 (52.3)
엄정주	무소속	40	영월 경찰서장	11,988 (27.8)
정규상	무소속	49	2선의원(3대,4대)	5,438 (12.6)
박봉규	무소속	33	사단 정훈참모	3,169 (7.3)

〈평창〉 강릉농고 동문, 봉평면 주민들의 지지로 반혁명세력 규탄으로 위축된 2선의원 황호현 후보를 꺾어버린 장춘근

지난 4대 총선에서는 제헌의원과 내무부장관 서리를 지낸 무소속 황호현 후보가 평창군당위원장인 자유당 이형진 후보를 꺾고 재선의원이 됐다.

원목(原木)조합 이사인 이창호, 광업소 총무과장을 지낸 손천일, 대창농림 사장인 조경환 후보들도 무소속으로 출전했다.

이번 총선에서 민주당의 평창군당위원장을 지낸 백낙삼 후보가 민주당으로 출전하자, 내무부 경리과장과 군수를 역임한 이영배 후보가 반발하여 민주당으로 출전하여 혼선을 빚자, 민주당은 이영배 후보를 제명처분하여 교통정리했다.

봉평면장을 지낸 장춘근, 제헌의원과 4대의원으로 내무부장관 서리도 지낸 황호현, 남북농림개발 사장인 조경환, 서울 원목조합 감사인 이창호, 대화면장을 지낸 최윤구 후보들이 무소속으로 출전했다.

민주당의 백낙삼, 이영배 후보들이 신·구파로 나뉘어 혼전을 벌이는 상황에서 강릉농고 출신으로 봉평면장인 장춘근, 대화면장인 최윤구 후보들이 라이벌전을 전개했다.

내무부장관을 지낸 지명도와 제헌의원 시절부터 다듬은 자유당 조직이 황호현 후보의 버팀목이었다.

강릉농고 동문들의 전폭적인 지원과 메밀꽃 필 무렵의 고장인 봉

평면 주민들의 눈물겨운 지지로 무소속 장춘근 후보가 반혁명세력으로 지탄을 받아 위축된 무소속 황호현 후보를 690표 차로 힘겹게 따돌렸다.

민주당 백낙삼 후보는 연륜의 부족으로, 이영배 후보는 지역 연고가 엷어 당선권에서 멀어졌다.

□ 득표상황

후보자	정당	연령	주요 경력	득표 (%)
장춘근	무소속	43	평창군 봉평면장	8,958 (25.5)
황호현	무소속	49	2선의원(1대, 4대)	8,268 (23.5)
최윤구	무소속	47	평창군 대화면장	4,559 (13.0)
조경환	무소속	43	남북농림개발 사장	4,368 (12.4)
이영배	민주당	54	내무부 경리과장	3,670 (10.5)
백낙삼	민주당	34	평창군당위원장	3,349 (9.5)
이창호	무소속	49	원목조합 감사	1,962 (5.6)

〈정선〉 민주당 공천 후보임을 내세워 4대의원인 유기수, 패기에 찬 최승천 후보들을 어렵게 제압한 신인우

지난 4대 총선에서는 대한체신사업 전무인 무소속 유기수 후보가 서울신문 상무인 자유당 전홍진, 토건업자인 민주당 신인우 후보들을 꺾고 당선됐다.

예비역 육군 중령인 문병태, 다복면업 대표인 전부일 후보들도 무

소속으로 출전했다.

이번 총선에서 민주당이 경찰서장인 총경 출신으로 중앙위원인 신인우 후보를 공천하자, 회사 사무원인 고석영, 4대의원을 지낸 유기수, 강원도의원을 지낸 홍태식, 민족정기단 간사장인 최승천, 동면의회 의장을 지낸 이종수 후보들이 무소속으로 출전했다.

선거전은 민주당 공천을 받고 지난 4대 총선에서의 아쉬움을 달래며 등장한 신인우, 지난 4대 총선에선 무소속으로 당선됐으나 반혁명세력으로 지탄받은 유기수 4대의원 대결로 압축됐다.

신인우 후보는 유기수 후보와의 대결에 집중하다 젊은 패기를 앞세워 활발하게 지역 구석구석을 파고들며 욱일승천(旭日昇天)한 최승천 후보에게 414표 차의 아찔한 승리를 거두었다

□ 득표상황

후보자	정당	연령	주요 경력	득표 (%)
신인우	민주당	46	총경, 민주당중앙위원	7,500 (26.5)
최승천	무소속	41	민족정기단 간사장	7,086 (25.0)
유기수	무소속	52	4대의원(정선)	5,231 (18.5)
홍태식	무소속	42	강원도의원	3,717 (13.1)
이종수	무소속	49	동면 의회의장	3,398 (12.0)
고석영	무소속	44	회사원	1,382 (4.9)

〈철원〉 민주당 공천경쟁에서 탈락하고 제명처분을 받았지만, 공천경쟁자였던 최열, 김준하 후보들은 꺾어버린 황학성

지난 4대 총선에선 공군 정훈감 출신으로 국회 총무국장을 지낸 무소속 서임수 후보가 철원군수와 철원 수리조합장을 지낸 자유당 황학성, 3대의원으로 삼남일보 사장인 국민회 손권배, 육군중위 출신인 무소속 최열 후보들을 꺾고 국회에 등원했다.

이번 총선을 맞이하여 민주당이 동아일보 기자 출신인 김준하 후보를 공천하자, 지난 4대 총선에 출전하여 낙선한 국제일보 논설의원인 최열, 경성제대 출신으로 경찰국장과 철원 수리조합장을 지낸 황학성 후보가 반발하여 출전하자, 민주당은 두 후보를 제명처분하여 김준하 공천후보를 지원했다.

제6군단 부군단장을 지낸 최석용, 조도전대 출신으로 영천곡물 중역인 권태숙, 목사로서 과도정부 입법의원을 지낸 신숙, 의사로서 고려대후원회 이사인 석리경, 육군중령 출신인 우현, 국민일보 논설위원인 손진, 일본 육사 출신으로 체신부장관을 지낸 이응준, 기쁜소리사 취체역인 김영일 후보들이 출전했다.

4대의원을 지낸 서임수 후보도 무소속으로 등록했으나 규탄대상의 열기에 놀라 중도 사퇴했다.

강력한 조직을 거느린 서임수 후보의 사퇴로 민주당 공천경쟁을 벌인 김준하, 최열, 황학성 후보와 지명도가 높은 체신부장관 출신인 이응준, 과도정부 입법의원인 신숙 후보의 각축장이 됐다.

무소속 우현 후보 이외에는 주소지가 모두 외지사람인 선거전에서 경찰전문학교장, 경찰국장을 지낸 황학성 후보가 서임수 4대의원의 사퇴에 힘입어 민주당 공천경쟁을 벌인 최열, 김준하 후보들과 지명도는 높지만 연로한 이응준, 신숙 후보들을 제압하고 국회 등원에 성공했다.

□ 득표상황

후보자	정당	연령	주요 경력	득표 (%)
황학성	무소속	43	강원도 경찰국장	6,282 (38.7)
최 열	민주당	38	국제일보 논설위원	2,143 (13.2)
김준하	민주당	30	동아일보 기자	2,060 (12.7)
이응준	무소속	69	체신부장관	1,746 (10.7)
신 숙	무소속	64	과도정부 입법의원	1,376 (8.5)
권태숙	무소속	43	영천곡물 중역	926 (5.7)
최석용	무소속	57	제6군단 부군단장	628 (3.9)
석리경	무소속	46	의사	400 (2.5)
김영일	무소속	44	기쁜소리사 취체역	308 (1.9)
우 현	무소속	39	육군중령	240 (1.5)
손 진	무소속	36	국민보사 논설위원	188 (1.2)
서임수	무소속	37	4대의원(철원)	사퇴

〈금화〉 뿌리 깊은 자유당의 조직을 재정비하는데 심혈을 기울인 김용해, 박현숙 후보들을 꺾고 등원에 성공한 민주당 신기복

지난 4대 총선에서는 숭의학원 이사장인 자유당 박현숙 후보가 금화 축산협동조합장을 지낸 민주당 신기복 후보를 꺾고 국회에 등원했다. 중동기업 사장인 송효정, 자유당 금화군당위원장을 지낸

김용해 후보들도 무소속으로 출전했다.

이번 총선에서 민주당은 지난 4대 총선에서 석패한 신기복 후보를 공천하자, 중앙위원인 최경립 후보가 반발하여 민주당으로 출전했으나 제명처분을 당했다.

북경사범대 출신으로 4대의원인 송우범 후보는 자유당으로, 국부군 정보관을 지낸 김병철 후보는 한국독립당으로 출전했다.

의회평론사 부사장인 조태룡, 부민건설 사장인 전경석, 자유당 금화군당위원장을 지낸 김용해, 의사로서 민주당 중앙위원을 지낸 이웅룡, 숭의학원 이사장으로 4대의원을 지낸 박현숙, 육군대 출신으로 제3사단 부사단장을 지낸 최병준, 육군 방공학교 출신인 이진선 후보들이 무소속으로 출전했다.

유권자가 1만명 미만으로 2천 표만 얻어도 당선될 수 있다는 생각에서 부정축재를 했던 반혁명분자들이 돈을 뿌리면서 선거운동을 하기에는 적합한 지역으로 자유당 출신인 김용해, 송우범, 박현숙, 최병준 후보 등 4명이 입후보하여 은밀히 벌어지는 매표(買票)공작이 한창이었다.

무소속 김병철 후보는 "내가 떨어져도 좋으니 최병준 후보를 낙선시키면 된다"고 연대장 시절 최병준 후보에게 당한 앙갚음을 하여 군인들의 표를 믿고 나왔던 최병준 후보에게 타격을 주기도 했다.

뿌리가 깊은 자유당 조직이 갈래갈래 나뉘어지고, 최경립 후보의 제명처분 등에 힘을 얻은 민주당 신기복 후보가 지난 4대 총선에서 낙선에 따른 동정여론을 등에 업고, 자유당 조직을 재구축하는 데 심혈을 쏟은 무소속 김경해, 4대의원인 박현숙, 퇴역군인으로 장병들의 지지를 기대한 최병준 후보들을 꺾고 국회에 등원했다.

□ 득표상황

후보자	정당	연령	주요 경력	득표 (%)
신기복	민주당	51	축산업협동조합장	1,752 (27.3)
김용해	무소속	44	자유당 군당위원장	1,040 (16.2)
박현숙	무소속	63	4대의원(금화)	900 (14.0)
최병준	무소속	34	제3사단 부사단장	824 (12.9)
조태룡	무소속	28	의회평론사 부사장	641 (10.0)
최경립	민주당	48	민주당 중앙위원	317 (4.9)
이웅룡	무소속	49	의사	316 (4.9)
김병철	한국독립당	31	중국 국부군 정보관	217 (3.4)
송우범	자유당	45	4대의원(충남 대덕)	179 (2.8)
이진선	무소속	45	회사원	156 (2.4)
전경석	무소속	51	부민건설 사장	84 (1.3)

〈화천〉 지난 4대 총선에서 낙선에 따른 동정여론, 민주당 공천후보, 실향민 유권자들을 묶어 승리한 김준섭

지난 4대 총선 때 자유당 공천을 받은 박덕영 후보가 내외무역 대표인 민주당 김준섭, 경성전업 직원인 무소속 차국찬 후보들을 꺾고 국회에 등원했다.

서울건물 취체역인 원세덕, 남북여객 사장인 최영선, 국민학교장을 지낸 길호경, 동일금속 사장인 김연우 후보들도 무소속이 아닌 자

유당으로 등록했다가 길호경 후보는 중도에 사퇴했다.

이번 총선에서 민주당은 지난 총선에서 낙선한 김준섭 후보를 공천했고, 자유당은 화천군수와 수리조합장을 지낸 유병하 후보를, 한국사회당은 외교관 시험에 합격한 김연우 후보를 내세웠다.

공무원 생활을 오래 한 박보한, 재무부장관과 상공부장관을 역임한 박희현, 한국노총 중앙위원인 차국찬, 한국석탄 상임감사인 장영희, 축산협동조합장과 화천면장을 지낸 길호경, 화천체육관장인 오관섭, 서울대 출신인 남상명, 해상화재보험 상무인 원세덕 후보들은 무소속 출전했다.

지난 4대 총선에 출전했던 김준섭, 차국찬, 원세덕, 김연우, 길호경 후보들이 재격돌한 선거전에서, 지난 4대 총선에서 은메달, 동메달을 확보한 김준섭, 차국찬 후보의 쟁패장에 장관 출신이라는 지명도를 활용한 박희현, 화천군수를 지낸 유병하 후보들이 틈새를 비집고 들어섰다.

민주당 조직을 가장(假裝)한 선거운동을 벌이고 있다는 무소속 박희현 후보의 비난을 뒤로한 채 북한 실향민들을 아우르고 지난 4대 총선에서 낙선에 따른 지명도와 민주당의 조직을 활용하여 김준섭 후보가 여유 있는 승리를 거두고 등원했다.

☐ 득표상황

후보자	정당	연령	주요 경력	득표 (%)
김준섭	민주당	37	민주당 중앙위원	4,602 (25.5)
차국찬	무소속	32	대한노총 중앙위원	3,152 (17.5)
유병하	자유당	53	화천군수,수리조합장	2,099 (11.6)

박희현	무소속	49	재무부, 상공부장관	1,861 (10.3)
장영희	무소속	36	한국석탄 상임감사	1,628 (9.0)
길호경	무소속	60	화천면장, 축협장	1,100 (6.1)
원세덕	무소속	48	화재해상보험 상무	943 (5.2)
남상명	무소속	37	청년운동회 강원회장	682 (3.8)
오관섭	무소속	38	화천체육관장	667 (3.7)
김연우	한국사회당	36	당 상임위원	658 (3.6)
박보한	무소속	37	공무원	636 (3.5)

〈양구〉 공천에 반발하여 출전한 이병희 후보의 제명처분에 힘입어 217표 차의 어려운 승리를 이끌어 낸 민주당 김재순

지난 4대 총선에는 춘천에서 제헌의원에 당선되고 강원도지사와 농림부장관을 지낸 자유당 최규옥 후보가 월간 새벽 주간인 민주당 김재순 후보를 제치고 재선의원이 됐다.

회사장인 곽진호 후보는 무소속으로 등록했다가 사퇴했다.

이번 총선에서 민주당은 지난 4대 총선에서 낙선한 김재순 후보를 공천하자, 의회정치보도 사장인 이병희 후보가 공천에 불복하고 구파 공천이라며 민주당으로 등록했으나 제명처분 됐다.

민주당 양구군 지구당 상무회에서 18표 대 3표로 김재순 후보에게 승리한 이병희 후보는 신파의 공천 전횡(專橫)을 보복하겠다며 출전했다.

자유당 양구군당 부위원장으로 활약했던 성완경 후보가 자유당으로 출전했고, 동만상사 사장인 허순원, 육군대학 출신으로 연대장을 지낸 임규호 후보들도 무소속으로 출전했다.

자유당 성완경 후보는 아직도 혁명의 참뜻을 이해 못하는 산간지역의 주민들에게 "구관이 명관"이라는 식의 선거운동을 공공연하게 전개했다. 그리고 자유당을 지지했던 반혁명 분자들은 은근히 민주당 낙천자인 이병희 지원군으로 둔갑했다.

그러나 서울대 출신으로 새벽사 주간인 민주당 김재순 후보가 이병희 후보의 제명처분에 힘입어 육군대학 출신으로 지역에서 연대장을 하면서 신망을 쌓은 무소속 임규호 후보를 217표 차라는 간발(間髮)의 차로 꺾고 등용문을 통과했다.

김재순 후보는 "과거 자유당이 수복지구에서 군인의 표를 강탈하여 가짜 국회의원을 제조해 내더니 자유당이 지능적으로 군인의 투표권을 빼앗고 있다"면서, "도대체 자기 고향에 누가 입후보 했는지 모르는 판에 어떻게 우편으로 투표를 한단 말인가"라며 부재자 투표제를 강력하게 반대했다.

□ 득표상황

후보자	정당	연령	주요 경력	득표 (%)
김재순	민주당	36	새벽사 주간	3,597 (27.5)
임규호	무소속	35	보병사단 연대장	3,380 (25.9)
이병희	민주당	35	의회정치보도 사장	3,084 (23.6)
성완경	자유당	42	자유당군당 부위원장	2,531 (19.4)
허순원	무소속	52	동만상사 사장	467 (3.6)

〈인제〉 부정선거 소송으로 실시한 재선거에서 낙선했으나, 공민권 제한으로 실시된 재선거에서 어렵게 당선된 민주당 김대중

지난 4대 총선에서는 대한염업(鹽業)조합장인 자유당 나상근 후보가 경찰서장을 지낸 무소속 신현규, 농림부장관 비서관을 지낸 무소속 엄각종 후보들을 꺾고 국회에 등원했다.

후보 추천한 인원수의 부족으로 등록무효된 민주당 김대중 후보가 선거무효소송을 제기하여 당선무효를 이끌어냈다.

대법원의 선거무효로 실시된 재선거에서 고성과 인제 경찰서장을 지낸 전형산 후보가 흥국해운과 목포일보 사장인 민주당 김대중, 전북경찰서장과 사단장을 지낸 무소속 김웅조 후보들을 꺾고 당선됐다.

국제 인권옹호연맹 한국회장인 이활 후보도 무소속으로 등록했지만 중도 사퇴했다.

이번 총선에서 민주당은 목포일보 사장으로 강원도당 부위원장으로 활약한 김대중 후보를 공천했고, 자유당은 인제 경찰서장을 거쳐 4대의원을 지낸 전형산 후보를 공천하여 자웅을 겨루도록 했다.

태백운수 상무인 박주성, 경기고 교사였던 이종배, 국제 인권옹호연맹 한국지회장인 이활, 육군중령으로 예편한 신현규 후보들이 무소속으로 등록했다.

외자청 경리국장을 지낸 이태호 후보는 무소속으로 등록했다 선거 도중 사퇴했다.

부정선거 소송으로 승소하여 재선거에 출전했으나 낙선한 김대중 후보는 수차 합동 정견발표회를 통해 많은 지지자들을 확보했으나, 치밀한 지하공작으로 선거운동을 펼치며 자유당의 조직을 재구축한 전형산 후보에게 이번 총선에서도 낙선했다.

민주당 조직 내에서도 민주당 구파임을 자처하는 당원들이 무소속 후보를 지원한 결과이기도 했다.

전형산 의원의 공민권 제한으로 당선 무효되어 실시한 재선거에서 민주당 공천을 받은 김대중 후보는 3수(三修) 끝에 당선을 일궈냈으나 5. 16 군사쿠데타로 3일 천하에 머물렀다.

□ 득표상황

후보자	정당	연령	주요 경력	득표 (%)
전형산	자유당	36	4대의원(인제)	7,556 (35.8)
김대중	민주당	35	목포일보 사장	6,538 (31.0)
신현규	무소속	54	경찰서장, 육군중령	2,430 (11.5)
박주성	무소속	30	태백운수 상무	1,609 (7.6)
이 활	무소속	53	국제인권옹호협회장	1,523 (7.2)
이종배	무소속	41	경기교 교사	1,444 (6.9)
이태호	무소속	45	외자청 경리국장	사퇴

〈고성〉 지난 총선에 출전하여 얻은 지명도와 민주당의 복수공천에 의한 분열에 힘입어 국회에 등원한 무소속 김응조

지난 4대 총선에선 강원도 경무과장을 지낸 자유당 홍승업 후보가 육군대학 출신으로 사단장을 지낸 무소속 김응조, 춘천역장을 지낸 민주당 우경훈, 육군 장교출신인 무소속 정훈 후보들을 꺾고 국회에 등원했다.

이번 총선에서는 민주당은 서울시당 조직부장 출신인 최계명, 어민시보 사장 출신인 최순원 후보들은 복수로 공천했다.

한진상사 섭외부장인 최정식, 조도전대 출신으로 예비역 육군소령인 정훈, 동방제사 사장으로 2대의원을 지낸 이동환, 부산여대 부학장을 지낸 정재철, 동경제대 출신으로 연세대 강사인 이종민, 함경남도 문천 군민회장인 채희승, 육군대학 출신으로 전북도 경찰국장과 사단장을 지낸 김응조, 재경강원도민 사업부장인 김철, 극동정유 사장인 장세환 후보들은 무소속으로 출전했다.

지난 4대 총선에서 아쉽게 낙선한 지명도와 동정여론, 사단장 시절 얻은 민심을 등에 업은 무소속 김응조 후보가 민주당 공천을 받고 출전한 최계명 후보를 148표 차로 꺾고 당선됐다.

최계명 후보는 지역기반이 미약한 것과 최순원 후보와 복수공천 받은 것을 통탄(痛歎)스러워 했으며, 최정식 후보와 정재철 후보의 득표력은 보잘 것 없었다.

유권자의 3분의 2가 월남 피난민인 이 지역구에 민주당 구파의 최순원 후보가 도전하여 "어쨌든 신파는 때려잡자"는 구호를 내걸고 선거운동을 펼쳤다.

선거운동 중 피살된 민주당원 이갑종의 추도식에서 최순원 후보는 사망 사건은 신파가 저지른 일이라며 규탄했고, 정치적 모함에 시달린 최계명 후보는 낙선으로 직결됐다.

밤거리의 풍성한 주연(酒宴)에서 포식(飽食)하고 귀가하는 유권자들도 많은 선거전이었다.

□ 득표상황

후보자	정당	연령	주요 경력	득표 (%)
김응조	무소속	50	재향군인회 사무총장	2,373 (19.8)
최계명	민주당	38	서울시당 조직부장	2,225 (18.5)
장세환	무소속	57	극동정유 사장	1,648 (13.7)
정 훈	무소속	39	육군 소령	1,474 (12.3)
김 철	무소속	51	재경강원도민회 부장	1,119 (9.3)
최정식	무소속	31	한진상사 부장	887 (7.4)
이동환	무소속	54	2대의원(경기 파주)	694 (5.8)
채희승	무소속	49	함남 문천군민회장	571 (4.8)
정재철	무소속	32	부산여대 부학장	508 (4.2)
이종민	무소속	38	연세대 강사	260 (2.2)
최순원	민주당	51	어민시보 사장	254 (2.1)

〈양양〉 지난 4대 총선에서 석패한 민주당 함종윤 후보가 신효순 후보의 제명처분에 힘입어 이동근 후보와의 설욕전에서 승리

지난 4대 총선에선 동경대 출신으로 경향여객 사장인 이동근 후보

가 인천대 강사인 민주당 함종윤, 양양 경찰서장을 지낸 무소속 최정, 중앙산업 사장인 무소속 진승국, 부산공업 취체역인 무소속 김창열 후보들을 꺾고 당선됐다.

경남 김해군 내무과장을 지낸 국민회 이준택, 휘문중고 교사였던 무소속 최기선, 농사원 교도국장인 무소속 전덕민, 부산하역 이사인 무소속 김형구 후보들이 출전하여 9명의 후보들이 난립했다.

이번 총선에서 언론인 출신인 신효순, 고려대 출신으로 의회평론사 편집부장인 함종윤 후보는 민주당으로, 동경대 출신으로 4대 의원인 이동근 후보는 자유당으로, 청년단 중앙위원인 최기선 후보는 한국청년단으로, 무명의 이재춘 후보는 사회대중당으로 등록했다.

일본대 출신으로 신문평론사 논설위원인 강칙모, 일본 동북대 출신으로 서울공대 교수인 박희선, 명륜중 이사인 박태송, 대한모방직협회 이사장인 서남룡, 서울대 출신으로 한일은행원인 이홍영, 양양경찰서장을 지낸 최정, 관북(關北)동지회 부회장인 김중덕 후보들은 무소속으로 출전했다.

지난 4대 총선에서 당선된 이동근, 낙선한 함종윤, 최정 후보들의 재대결장에 언론인 출신인 신효순, 은행원 출신인 이홍영 후보들이 혜성처럼 등장하여 5파전을 전개했다.

지난 4대 총선에서 석패한 민주당 함종윤 후보가 중앙당의 신효순 후보에 대한 제명처분에 힘입어, 반혁명세력 규탄 열기에 위축된 자유당 이동근 후보를 제압하고 설욕전을 승리로 장식했다.

☐ 득표상황

후보자	정당	연령	주요 경력	득표 (%)
함종윤	민주당	37	의회평론사 편집국장	12,480 (29.9)
신효순	민주당	36	언론인	5,871 (14.1)
최 정	무소속	47	양양 경찰서장	5,531 (13.3)
이홍영	무소속	39	제일은행 차장	4,198 (10.1)
이동근	자유당	55	4대의원(양양)	3,716 (8.9)
최기선	한국청년단	37	청년단 중앙위원	2,468 (5.9)
박희선	무소속	41	서울공대 교수	2,312 (5.5)
박태송	무소속	51	명륜중학 이사	2,202 (5.3)
김중덕	무소속	31	관북동지회 부회장	1,012 (2.4)
서남룡	무소속	50	대한모방 사장	683 (1.6)
이재춘	사회대중당	51	무직, 서울시민	638 (1.5)
강칙모	무소속	43	신문평론사 논설위원	573 (1.4)

〈명주〉 주문진읍과 묵호읍의 남북 지역대결에 의한 민주당 복수공천의 틈새를 비집고 어부지리를 얻어 당선된 무소속 최준길

지난 4대 총선에선 명주군수 출신으로 3대의원인 자유당 박용익 후보가 무투표 당선되어 재선의원이 됐다.

이번 총선에선 강원도의원과 민주당 중앙위원인 장후식, 민주당 묵호읍 위원장인 김진영 후보들이 민주당으로, 과도정부 입법의원을 지낸 정주교, 강원도 교육감을 지낸 최준길, 대동청년단 소속으로 제헌의원을 지낸 원장길, 운수사업조합 이사장인 홍순복 후보

들이 무소속으로 출전했다.

강릉시를 가운데 두고 주문진읍과 묵호읍의 깊은 지역 대결은 민주당 공천의 장애가 되어 주문진의 장후식 후보와 묵호의 김진영 후보의 복수공천의 빌미가 되었다.

민주당의 복수공천은 강원도 교육감으로서의 교육공무원들의 자발적인 지원과 강릉 최씨 문중들의 전폭적인 지지를 받은 무소속 최준길 후보에게 어부지리를 안겨줬다.

기독교인들의 전폭적인 지지를 받은 정주교 후보도 당선권을 맴돌았으나 차점 낙선에 만족해야만 했다.

□ 득표상황

후보자	정당	연령	주요 경력	득표 (%)
최준길	무소속	46	강원도 교육감	13,750 (24.2)
정주교	무소속	46	과도정부 입법의원	12,201 (21.4)
장후식	민주당	38	강원도의원	12,062 (21.2)
김진영	민주당	55	민주당 묵호읍위원장	10,878 (19.1)
원장길	무소속	47	제헌의원(강릉 갑)	4,359 (7.7)
홍순복	무소속	44	운수조합 이사장	3,675 (6.4)

〈삼척〉 당선이 유력시됐던 무소속 김진만 후보의 사퇴로 민주당 공천 후보임을 내세워 당선된 삼척군당위원장 최경식

지난 4대 총선에선 강원일보 사장으로 3대의원인 자유당 김진만 후보가 북평읍 소방서장 출신인 무소속 김진성, 예비역 육군중령인 무소속 김석남 후보들을 가볍게 제압하고 재선의원이 됐다.

이번 총선에선 민주당은 삼척군당위원장인 최경식 후보를 내세웠고, 대한청년단 소속으로 2대의원을 지낸 임용순, 서울법대 출신으로 이화여대 교수인 김효영, 삼척읍장을 지낸 김세형 후보들은 무소속으로 등록했다.

자유당 소속으로 3대와 4대의원을 지낸 김진만 후보가 무소속으로 등록했다 반혁명 열기로 투표 3일 전에 사퇴했다.

건실한 자유당 조직과 풍부한 재력으로 당선이 유력했으며 무소속으로 위장 등록한 김진만 후보가 연이은 삼척공고 학생들의 반혁명세력 규탄 데모에 시달리다 선거일에 임박(臨迫)하여 사퇴함으로써 혼전이 예상됐다.

중졸 출신으로 민주당 삼척군위원장을 지낸 최경식 후보가 반혁명세력 규탄 열기에 힘입어, 삼척읍장으로 지역기반을 다진 김세형, 2대의원을 지낸 임용순, 서울법대 출신으로 이화여대 강사인 김효영 후보들을 가볍게 제압하고 국회에 등원했다.

☐ 득표상황

후보자	정당	연령	주요 경력	득표 (%)
최경식	민주당	43	삼척군당위원장	25,568 (33.2)
김세형	무소속	46	삼척읍장	21,707 (28.2)
임용순	무소속	53	2대의원(삼척)	15,187 (19.7)
김효영	무소속	37	서울대 강사	14,576 (18.9)

| 김진만 | 무소속 | 41 | 2선의원(3대, 4대) | 사퇴 |

〈울진〉 재선의원이었지만 지난 4대 총선에서 자유당 후보에게 낙선한 설움을 딛고 민주당 공천을 받아 3선의원에 등극한 김광준

지난 4대 총선에선 3대의원인 자유당 전만중 후보가 동경 중앙대 출신으로 제헌과 2대의원을 지낸 무소속 김광준, 울진면의원을 지낸 국민회 장화영 후보들을 가볍게 꺾고 재선의원이 됐다.

이번 총선에서 민주당이 일본 중앙대 출신으로 제헌의원과 2대의원을 지낸 김광준 후보를 내세우자, 신동아보험 사장인 황병석, 사단참모장을 지낸 안교명, 사법위원회 조사관을 지낸 오춘삼, 동국대 평의원인 진기배 후보들이 무소속으로 출전했다.

지난 4대 총선에서 낙선한 김광준 후보가 민주당 공천이라는 날개를 달고 정치 신인들인 무소속 네 후보들을 가볍게 제압하고 3선의원으로 달려갔다.

해인대 출신으로 동국대 평의원인 무소속 진개배 후보는 7,892표(18.6%)를 득표하여 3위를 차지했다.

□ 득표상황

후보자	정당	연령	주요 경력	득표 (%)
김광준	민주당	44	2선의원(1대, 2대)	13,629 (32.1)
오춘삼	무소속	40	사법위원회 조사관	8,034 (18.9)
진기배	무소속	39	동국대 평의원	7,892 (18.6)

황병석	무소속	54	신동아보험 사장	7,104 (16.7)
안교명	무소속	30	사단참모장	5,843 (13.7)

충청북도

〈청주〉 지난 4대 총선 때 꺾었던 최순룡, 최병길, 김춘성, 홍원길 무소속 후보들을 가볍게 제압한 민주당 이민우

지난 4대 총선에선 청주시의원 출신인 민주당 이민우 후보가 충북도지사 출신인 자유당 이명구 후보를 꺾은 이변을 연출했다.

제헌 및 3대의원을 지낸 박기운, 자유당 청주시당위원장을 지낸 최순룡, 변호사인 최병길, 충북도 공보과장을 지낸 김춘성, 청주시장과 충북도의원을 지낸 홍원길 후보들은 무소속으로 출전했다.

이번 총선에서 민주당은 현역의원인 이민우 후보를 공천했고, 사회대중당은 사회부 총무과장을 지낸 김춘성 후보를 공천했다.

변호사로서 청주대 강사인 최병길, 대한청년단 충북단장을 지낸 최순룡, 충북도의원과 청주시장을 역임한 홍원길, 조선청년연맹 고문을 지낸 김상순 후보들도 무소속으로 도전했다.

지난 4대 총선 때 차점 낙선한 이명구 후보는 정계를 은퇴하고, 재선의원인 박기운 후보는 참의원에 도전하고, 무소속으로 출전했던 최순룡, 최병길, 김춘성, 홍원길 후보들이 모두 재도전했다.

자유당 출신인 김춘성 후보는 사회대중당으로 출전했고, 무소속 후보로 출전한 네 후보가 현역의원에 민주당 공천이라는 갑옷까지 입은 이민우 후보의 옹벽(擁壁)을 넘어서기에는 역부족이었다.

신·구파 분쟁이 없는 이점까지 구비한 이민우 후보는 지피지기(知彼知己)한 네 후보들을 가볍게 제압하고 재선의원이 됐다.

□ 득표상황

후보자	정당	연령	주요 경력	득표 (%)
이민우	민주당	45	4대의원(청주)	12,695 (38.1)
최병길	무소속	40	청주대 강사, 변호사	9,889 (29.7)
김춘성	사회대중당	46	사회부 총무과장	5,652 (17.0)
최순룡	무소속	44	대한청년단 충북단장	2,218 (6.7)
홍원길	무소속	44	충북도의원, 청주시장	2,207 (6.6)
김상순	무소속	45	조선청년연맹 고문	639 (1.9)

〈충주〉 제헌 및 3대의원인 민주당 김기철 후보가 지난 총선에서 패배한 아픔을 딛고 2대의원으로 무역협회장 출신인 정운근 후보를 가볍게 꺾고 3선의원에 등정

지난 4대 총선에선 충북도 교육위원인 자유당 홍병각 후보가 제헌 및 3대의원을 지낸 민주당 김기철, 국회사무처 차장과 무역협회 부회장을 지낸 무소속 정운근, 동양사 사장인 무소속 권태하 후보들을 꺾고 국회에 등원했다.

이번 총선에서 민주당은 2선의원 출신으로 당 중앙위원인 김기철 후보를 공천했고, 만주대 의과 출신으로 한국무역협회장을 지낸 정운근 후보가 도전하여 건곤일척 자웅을 겨뤘다.

홍병각 의원의 정계은퇴의 호기를 맞아 재선의원으로 지난 4대 총선에서 패배에 따른 동정여론에 민주당 공천까지 받은 김기철 후보가 지난 총선에서 함께 낙선하고서 조직 복구에 심혈을 기울인 정운근 후보를 2,360표 차로 꺾고 3선의원 반열(班列)에 올랐다.

□ 득표상황

후보자	정당	연령	주요 경력	득표 (%)
김기철	민주당	43	2선의원(1대,3대)	14,196 (54.5)
정운근	무소속	53	무역협회장	11,836 (45.5)

〈청원 갑〉 지난 4대 총선에서 패배한 아픔을 딛고 5명의 무소속 후보들을 제압하고 재선의원 고지에 오른 민주당 신정호

지난 4대 총선에선 일본대 출신으로 회사장인 자유당 오범수 후보가 3대의원인 민주당 신정호 후보를 가까스로 제압했다.

청원군 미원면장 출신인 윤정현, 인사통신 사장인 신면식 후보들은 무소속으로 출전했다.

오범수 의원이 참의원에 도전하는 이번 총선에서 민주당은 충북도 경찰국 수사과장 출신으로 3대의원을 지낸 신정호 후보를 공천했고, 숙명여대 교수인 이관우, 동경 중앙대 출신으로 민주당 지구당

위원장으로 활약했던 박승완, 대한금융 충북지부 참사인 오병숙, 충북도의원을 지낸 한상대, 교통강생회 상무인 임봉학 후보들이 무소속으로 도전장을 내밀었다.

신흥운수 부사장인 오문식 후보도 무소속으로 등록했으나 선거 운동기간 중 사퇴했다.

지난 4대 총선에서 자유당 후보에게 패배한 동정여론과 혁명정신의 열기를 결합시킨 신정호 후보가 민주당 신·구파 분열의 틈새를 비집고 추격전을 전개한 박승완 후보를 큰 표차로 제압하고 재선의원이 됐다.

□ 득표상황

후보자	정당	연령	주요 경력	득표 (%)
신정호	민주당	45	3대의원(청원 갑)	15,637 (37.1)
박승완	무소속	42	민주당 지구당위원장	8,951 (21.2)
오병숙	무소속	58	금련 충북지부 참사	6,969 (16.5)
한상대	무소속	50	충북도의원	4,829 (11.5)
이관우	무소속	34	숙명여대 교수	3,774 (9.0)
임봉학	무소속	49	교통강생회 상무	1,984 (4.7)
오문식	무소속	51	신흥운수 부사장	사퇴

〈청원 을〉 지난 4대 총선에서 낙선했지만 얻은 지명도와 민주당 공천을 결합시켜 당선을 일궈낸 변호사 김창수

지난 4대 총선에선 2대와 3대의원을 지낸 자유당 곽의영 후보가 변호사인 민주당 김창수, 교육사업가인 무소속 이홍세 후보들을 꺾고 3선의원이 됐다.

곽의영 의원이 은퇴한 이번 총선에서 민주당은 변호사로 지역기반을 다진 김창수 후보를 공천하자, 6명의 무소속 후보들이 야멸차게 도전했다.

중국 천진 남개대 출신으로 재향군인회 충북지부장을 지낸 민종식, 청원군 북일면장을 지낸 이형복, 공군대령 출신으로 교육사업을 펼친 이홍세, 민주당 충북 선거대책위원장으로 활약했던 김병수, 공영기업 사장인 박노식, 농연비료 대표인 윤두병 후보들이 등록했다.

지난 4대 총선에서 낙선했지만 얻은 지명도와 민주당 공천이란 철갑(鐵甲)을 두른 김창수 후보가 공천에 불복하고 무소속으로 출전한 김병수, 북일면장을 11년 9개월 지낸 이형복 후보들을 가까스로 제압하고 국회에 등원했다.

□ 득표상황

후보자	정당	연령	주요 경력	득표 (%)
김창수	민주당	38	변호사	9,056 (20.8)
이형복	무소속	42	청원군 북일면장	7,505 (17.3)
김병수	무소속	61	민주당 충북선대위원	7,415 (17.1)
이홍세	무소속	47	공군대령	7,377 (17.0)
박노식	무소속	47	공영기업 사장	5,670 (13.0)
민종식	무소속	50	충북 재향군인회장	4,655 (10.7)

| 윤두병 | 무소속 | 39 | 농연비료 대표 | 1,771 (4.1) |

〈보은〉 지난 4대 총선에선 무소속이었지만 이번 총선에선 민주당으로 변신하여 자유당 김선우 후보에게 설욕한 박기종

지난 4대 총선에선 3대의원을 지낸 자유당 김선우 후보가 충북교육위원인 무소속 박기종, 충북도의원을 지낸 민주당 구연홍, 보은면의원을 지낸 무소속 박좌현 후보들을 꺾고 재선의원이 됐다.

이번 총선에서 민주당은 신흥운수 사장으로 민주당 중앙위원인 박기종 후보를 공천하자, 대한청년단 출신으로 3대와 4대의원을 지낸 김선우 후보가 자유당 공천으로 출전했다.

서울법대 출신으로 대구와 광주지검에서 검사로 할약한 김주일, 재일(在日)한국 경제인연합회 사무국장을 지낸 조만제 후보들이 무소속으로 도전했다.

지난 4대 총선에서 무소속으로 출전하여 패배한 박기종 후보가 이번 총선에선 민주당 공천장을 받아들고, 이제는 반혁명세력의 대상이 된 자유당 김선우 후보와의 설욕전에서 승리했다.

자유당 충북도당위원장을 지낸 김선우 후보는 재선의원으로서 위용은 찾아볼 수 없었으나, 젊음과 패기를 앞세운 재일교포인 조만제, 검사 출신인 김주일 후보들의 선전이 돋보였다.

□ 득표상황

후보자	정당	연령	주요 경력	득표 (%)
박기종	민주당	49	신흥운수 사장	19,963 (50.4)
조만제	무소속	35	재일거류민단 중앙위원	7,762 (19.6)
김선우	자유당	45	2선의원(3대,4대)	6,767 (17.0)
김주일	무소속	29	대구,광주지검 검사	5,155 (13.0)

〈옥천〉 재선의원으로 지난 4대 총선에서는 패배했지만 이번 총선에서는 권토중래(捲土重來)가 당연하게 예상된 민주당 신각휴

지난 4대 총선에선 충북도의원 출신인 자유당 권복인 후보가 2대와 3대의원을 지낸 민주당 신각휴 후보를 여촌야도 현상에 힘입어 가볍게 꺾었다.

권복인 의원이 정계에서 사라진 이번 총선에서 민주당은 2대와 3대의원으로 중앙당 노동부장으로 활약한 신각휴, 조도전대 출신으로 조선광업 회사원인 홍종한 후보들이 공천경쟁을 벌이자 무공천 지역으로 남겨졌다.

자유당원으로 활동했던 조용구 후보는 자유당으로, 국흥토건 전무인 강병익 후보는 한국사회당으로, 국회 사무처에서 근무했던 김범성 후보는 사회대중당으로 출전했다.

농업인인 이용희 후보와 회사원인 장용호 후보들이 젊음을 밑천 삼아 무소속으로 도전하여 7파전을 전개했다.

재선의원으로 민주당 공천을 받고 지난 4대 총선에서 낙선한 신각

휴 후보가 지명도나 관록으로 볼 때 이번 총선에서 당선이 예상된 것은 당연하다. 다만 다른 후보들이 얼마나 추격하고 어느 후보가 선전할 것인가가 관심의 대상이 됐다.

정치 초년생으로 29세의 젊은 패기를 앞세운 무소속 이용희 후보가 무너진 자유당 조직을 재정비한 조용구 후보나 조도전대 출신으로 신파 공천을 내세우며 민주당으로 출전한 홍종한 후보들을 꺾고 은메달을 차지한 것이 이채로웠다.

□ 득표상황

후보자	정당	연령	주요 경력	득표 (%)
신각휴	민주당	64	2선의원(2대,3대)	14,432 (37.0)
이용희	무소속	29	농업인	7,702 (19.7)
조용구	자유당	39	자유당원	5,733 (14.7)
홍종한	민주당	42	광업진흥회 사원	5,365 (13.8)
장용호	무소속	31	회사 전무	3,288 (8.4)
김범성	사회대중당	28	민의원 사무처 직원	1,637 (4.2)
강병익	한국사회당	49	국흥토건 전무	847 (2.2)

〈영동〉 자유당 집권시절 자유당 현역의원을 꺾어버린 저력(底力)으로 거침없이 재선의원 고지에 오른 민주당 민장식

지난 4대 총선에선 민교출판사 사장인 민주당 민장식 후보가 영동군수 출신으로 3대의원을 지낸 자유당 손준현 후보를 꺾은 이변을

연출했다.

충북도의원과 영동군 농민회장을 지낸 유성연, 예비역 육군대령인 김기형 후보들은 무소속으로 출전했다.

이번 총선에서 민주당은 4대의원으로 활약한 민장식 후보를 공천했고, 사회대중당은 진보당 추진위원으로 활약한 여운복 후보를 공천하여 자웅을 겨루도록 했다.

국방부 경리국장 출신으로 자유당 중앙위원을 지낸 김기형, 부안군수와 상공부 양정과장을 역임한 이진홍, 일본 신호대 출신으로 서울상대 학장과 체신부차관을 섭렵한 박용하, 창성기업 사장인 홍기철, 건국대 대학원에 재학(在學)중인 손영주 후보들이 무소속으로 출마했다.

지난 총선에서 자유당 현역의원을 꺾고 당선된 민장식 후보가 민주당 공천을 받고 건립한 옹벽을 자유당 중앙위원 출신으로 자유당 조직을 재구축한 김기형 후보가 뛰어넘기에는 역부족이었다.

□ 득표상황

후보자	정당	연령	주요 경력	득표 (%)
민장식	민주당	50	4대의원(영동)	12,986 (28.8)
김기형	무소속	39	국방부 경리국장	9,877 (21.9)
박용하	무소속	56	체신부 차관	7,561 (16.8)
손영주	무소속	25	건국대 대학원생	4,655 (10.3)
이진홍	무소속	47	부안군수, 상공부과장	3,885 (8.6)
여운복	사회대중당	34	진보당 추진위원	3,493 (7.7)
홍기철	무소속	43	산업은행 이사	2,618 (6.3)

〈진천〉 8년 동안 가지고 놀던 금뱃지를 자유당 정운갑 후보에게 2년간 맡겼다가 되찾아 온 민주당 이충환

지난 4대 총선에서 내무부차관과 농림부장관을 지낸 자유당 정운갑 후보가 2대와 3대의원을 지낸 민주당 이충환 후보와의 진검승부에서 승리하여 국회 등원에 성공했다.

이번 총선에서 민주당은 일본 고등문관시험에 합격하고 2대와 3대 의원으로 활약한 이충환 후보를 공천하자, 경성제대 출신으로 헌법 기초위원을 지내고 농림부장관, 4대의원으로 활약한 정운갑 후보가 무소속으로 출전하여 자웅을 겨뤘다.

4월 혁명이라는 시대적 상황에 맞춰 진천군민들은 이번에는 자유당에서 무소속으로 위장한 정운갑 후보보다 민주당을 꿋꿋하게 지킨 이충환 후보를 지지하여 설욕(雪辱)토록 했다.

이충환 후보는 8년 동안 가지고 있던 금뱃지를 2년간 정운갑 후보에게 맡겼다가 되찾아 왔다.

☐ 득표상황

후보자	정당	연령	주요 경력	득표 (%)
이충환	민주당	43	2선의원(2대,3대)	17,783 (53.6)
정운갑	무소속	47	4대의원, 농림부장관	15,425 (46.4)

〈괴산〉 민주당 김사만 후보가 사퇴한 선거전에서 4대의원인 김원태 후보를 꺾고 설욕전에서 승리한 무소속 안동준

지난 4대 총선에선 내무부차관을 지낸 자유당 김원태 후보가 국방부 정훈부장 출신으로 3대의원인 자유당 안동준 후보와의 자유당 후보들의 대전(對戰)에서 승리했다.

이번 총선에서는 국방부 정훈부장 출신으로 3대의원 시절 국방위원장을 맡았던 안동준, 광복군으로 활약했던 심상열, 국민방위군 제3연대장으로 활동했던 이화종, 삼화실업 사장인 김기탁, 일본 고등문관 시험에 합격하여 내무부차관과 4대의원으로 활약한 김원태 후보들이 무소속으로 등록하여 혈전을 전개했다.

지난 4대 총선에서 혈전을 전개했던 김원태 후보와 안동준 후보가 재격돌을 펼친 상황에서 재력을 갖춘 김기탁 후보가 다크호스로 급부상했다.

무소속 김원태 후보는 "민주당이 집권당이 될 것은 사실이나 분당되어 일당은 여당이 되고 일당은 야당이 되어 자유당과 합작할 것이다"라고 전망했다.

민주당 김사만 후보가 사퇴하여 무소속 후보의 대결장이 된 선거전에서 3대의원 안동준 후보가 4대의원인 김원태 후보에게 승리하여 지난 4대 총선에서의 패배를 설욕했다.

안동준 의원의 공민권 제한으로 당선이 무효되어 실시한 보궐선거에서 민주당 김사만 후보가 승리하여 의원직을 승계했다.

보궐선거에서 당선된 김사만 후보는 대통령 선거 때 "경상도에는

빨갱이가 많다"는 발언으로 논란을 일으켰다.

□ 득표상황

후보자	정당	연령	주요 경력	득표 (%)
안동준	무소속	41	3대의원(괴산)	23,332 (48.5)
김원태	무소속	50	4대의원(괴산)	10,244 (20.8)
김기탁	무소속	38	삼화실업 사장	10,013 (20.4)
이화종	무소속	46	제7사단 연대장	2,846 (5.8)
심상열	무소속	43	광복군 변사처 위원	2,200 (4.5)
김사만	민주당	41	서울지법 판사	사퇴

〈음성〉 민주당 지지표가 정석헌, 신이철, 구철회 후보로 3분되어 자유당 계열의 무소속 이정석 후보에게 당선증을 헌납

지난 4대 총선에선 일본 조도전대 출신으로 국무총리 비서관과 조선일보 정치부장을 지낸 민주당 김주묵 후보가 치안국 통신과장 출신인 자유당 이정석 후보를 꺾고 국회 등원에 성공했다.

2대와 3대의원을 지낸 이학림, 육군대령 출신인 이명근, 국민대 중퇴생인 권영복, 미국 키폴스대 박사 출신으로 상법대 교수부장과 대학원장을 지낸 정인소 후보들은 무소속으로 출전했다.

이번 총선에서 민주당은 당 감찰위원인 구철회 후보를 공천했고, 자유법조단은 서울법대 출신으로 육군 3관구 법무부장을 지낸 김홍관 후보를, 사회대중당은 한독당 재정부장과 진보당 재정위원장

을 역임한 신창균 후보를 공천했다.

동아제약 경리부장을 지낸 고용식, 민주당원으로 음성읍의회 의장을 지낸 신이철, 서울상운 사장인 반석홍, 민주당 중앙위원에 선임된 정석헌, 치안국 통신과장을 지낸 이정석, 신덕산업 전무인 정인승, 대전일보 충북분실장인 오병호, 뉴욕 콜롬비아대 출신으로 서울대 강사인 권영중, 일본 중앙대 출신으로 충청산업 취체역인 남영우, 자유당원으로 2대와 3대의원을 지낸 이학림 후보들이 무소속으로 등록하여 올망졸망한 13명의 후보들이 혈투(血鬪)를 전개했다.

음성 중·고생들이 반혁명세력 규탄데모를 일으킴으로써 선거 분위기가 완전 전복(顚覆)되어 지난 4대 총선에서 민주당 공천으로 당선되었다가 자유당으로 전향한 김주묵 후보의 출전이 봉쇄됐다.

그러나 2천여 명의 당원을 거느린 민주당은 중앙 감찰위원인 구철회 후보를 공천했으나, 구철회 후보는 지역연고가 엷고 음성읍의회 의장인 신이철, 음성군당 위원장을 지낸 정석헌 후보들의 잠식(蠶食)으로 당선권에서 멀어졌다.

연이은 반혁명세력 규탄 데모에도 불구하고 지난 총선에서 자유당 후보로 출전했던 이정석 후보가 자유당의 조직을 재정비하여 15.2%의 낮은 득표율로 당선됐다.

민주당은 정석헌 후보가 13.7%, 신이철 후보가 13.5%, 구철회 후보가 10.1%로 37.3%의 득표율을 올리고도 위장(僞裝) 무소속 후보에게 당선증을 헌납했다.

이정석 의원의 공민권 제한으로 당선이 무효되어 실시된 보궐선거에서는 정인소 후보가 당선됐다.

□ 득표상황

후보자	정당	연령	주요 경력	득표 (%)
이정석	무소속	43	치안국 통신과장	6,981 (15.2)
정석헌	무소속	48	민주당 군당위원장	6,305 (13.7)
신이철	무소속	38	음성읍의회 의장	6,218 (13.5)
반석홍	무소속	51	서울상운 사장	5,706 (12.4)
구철회	민주당	40	민주당 감찰위원	4,663 (10.1)
남영우	무소속	44	충청산업 취체역	3,932 (8.5)
이학림	무소속	47	2선의원(2대,3대)	2,863 (6.2)
김홍관	자유법조단	37	육군 회계감사단 고문	2,529 (5.5)
신창균	사회대중당	51	한독당 재정부장	1,952 (4.2)
고용식	무소속	38	동아제약 경리부장	1,719 (3.7)
권영중	무소속	37	서울대 강사	1,264 (2.7)
정인승	무소속	36	신덕산업 전무	1,239 (2.7)
오병호	무소속	32	대전일보 충북실장	677(1.5)

〈중원〉 명치대 출신으로 자유당 4대의원인 무소속 정상희 후보가 변호사인 민주당 민영수 후보를 꺾고 재기(再起)에 성공

지난 4대 총선에선 명치대 출신으로 동화통신 부사장인 자유당 정

상희 후보가 신명중 교장인 민주당 민건식, 사업가인 무소속 이향기 후보와의 3파전에서 승리했다.

이번 총선에서 민주당은 일본 고등문관 시험에 합격하여 판사를 지내고 변호사로 활약하고 있는 민영수 후보를 공천하자, 일본 명치대 출신으로 4대의원을 지낸 정상희, 일본 중앙대 출신으로 충북자동차 취체역인 이희승 후보들이 무소속으로 도전하여 3파전을 전개했다.

조선총독부와 미군정청에 근무했던 최용희, 강원도 문교사회국장을 지낸 현원덕, 덕수상고 교사였던 홍성태, 육사 출신으로 의회평론 사장인 홍규선 후보들도 무소속으로 등록하여 후발주자 4파전을 전개했다.

일본 명치대 출신으로 자유당 4대의원으로 재력을 활용하여 자유당 조직을 재구축한 위장 무소속 정상희 후보가 일본 동북제대 출신으로 판사를 거친 변호사로 4월 혁명의 열기를 받고 출전한 민주당 민영수 후보를 136표 차로 꺾고 재선의원 가도를 달렸다.

충주시가 아닌 충주시를 둘러싸고 있는 농촌이라는 지역정서가 자유당 출신의 재기를 북돋아 준 것으로 보일 뿐이다.

□ 득표상황

후보자	정당	연령	주요 경력	득표 (%)
정상희	무소속	53	4대의원(중원)	12,369 (25.5)
민영수	민주당	59	판사, 변호사	12,233 (25.2)
이희승	무소속	46	기술교육원 부원장	10,330 (21.3)
현원덕	무소속	49	강원도 문교사회국장	4,805 (9.9)

홍규선	무소속	31	육군소령	3,760 (7.8)
최용희	무소속	38	조선총독부 근무	2,689 (5.5)
홍성태	무소속	35	국제대 전임강사	2,285 (4.7)

〈제천〉 3대와 4대의원으로 민주당 공천을 받고서 철옹성(鐵甕城)임을 과시하며 3선의원으로 발돋움한 이태용

지난 4대 총선에선 체신부 감리국장 출신으로 3대의원인 민주당 이태용 후보가 충북도의원 출신인 자유당 노의중 후보에게 압승을 거두고 재선의원이 됐다.

이번 총선에서 민주당은 일본 고등문관시험에 합격하고 3대와 4대 의원을 지낸 이태용 후보를 공천했고, 자유법조단은 일본 명치대 출신으로 변호사로 활약하고 있는 이태수 후보를 공천했다.

제헌 국회의원으로 활약한 유홍열, 국도신문 편집국장 출신으로 충북도의원을 지낸 김경, 조선전업 참사인 유건목 후보들도 무소속으로 출전했다.

재선의원으로 지역에 뿌리를 깊게 내린 민주당 이태용 후보가 4월 혁명의 기운을 듬뿍 안고 압승으로 3선의원에 등극했다.

제헌의원인 유홍열, 충북도의원인 김경, 변호사인 이태수 후보들이 추격전을 전개하기에 이태용 후보는 너무나 버거운 철옹성이었다.

□ 득표상황

후보자	정당	연령	주요 경력	득표 (%)
이태용	민주당	51	2선의원(3대,4대)	31,100 (64.6)
유홍열	무소속	53	제헌의원(제천)	5,917 (12.3)
이태수	자유법조단	43	해군중령, 변호사	5,251 (10.9)
김 경	무소속	42	충북도의원	4,192 (8.7)
유건목	무소속	48	조선전업 참사	1,710 (3.5)

〈단양〉 지난 4대 총선에서 무소속으로 당선됐으나 자유당으로 전향했다가 헌정동지회 위장막을 치고 재기에 성공한 조종호

지난 4대 총선에선 윤보선 의원 비서 출신인 무소속 조종호 후보가 단양군수와 경찰서장을 지낸 자유당 경태호 후보를 꺾고 당선됐다. 국제관광 사장 출신으로 3대의원인 장영근 후보는 무소속으로 출전했으나 3위에 머물렀다.

이번 총선에서 민주당은 서울법대 출신으로 육군 법무관을 거쳐 변호사로 활동하고 있는 배동학 후보를 내세웠고, 사회대중당은 운수업자인 권태근 후보를, 헌정동지회는 현역의원인 조종호 후보를, 한국사회당은 토건업자인 김화경 후보를 내세웠다.

단양경찰서장을 지낸 오기창, 국민학교 교사였던 정운동, 3대의원으로 국제흥산 사장인 장영근, 충북도의원을 지낸 지덕구, 단양군수와 진천군수를 역임한 경태호 후보들도 무소속으로 도전했다.

지난 4대 총선에서 무소속으로 출전하여 자유당 경태호 후보를 꺾고 당선됐던 조종호 후보는 집권여당인 자유당 의원으로 변신했다.

거액의 입당사례를 받고 자유당에 입당했다는 풍설에 대해 조종호 후보는 "내가 사정상 어쩔 수 없어서 자유당에 들어갈 때는 도대체 그런 거액의 거래가 있었다는 것조차 몰랐다"고 해명했다.

지난 4대 총선에서 승부를 겨뤘던 헌정동지회 조종호, 무소속 경태호, 무소속 장영근 후보들의 재대결장에 육군법무관 출신 변호사인 배동학 후보가 민주당 공천을 받아 혜성처럼 등장했고, 경찰서장으로 지역기반을 다진 오기창 후보가 다크호스로 꿈을 다졌다.

무소속에서 자유당으로 변절했다가 헌정동지회라는 위장막을 쓰고 재등장한 조종호 후보는 지난 4대 총선에서 닦아 논 조직을 재정비하여 4월 혁명의 열기가 충북의 최북단까지 불을 품어내지 않는 지역정서를 안고 재선에 성공했다.

지역에 뿌리가 없는 배동학 후보는 민주당의 조직을 활용하지 못했고, 경태호 후보는 자유당의 조직을 재구축하는데 실패했다.

□ 득표상황

후보자	정당	연령	주요 경력	득표 (%)
조종호	헌정동지회	39	4대의원(단양)	8,746(31.6)
오기창	무소속	36	경찰서장	3,924(14.2)
배동학	민주당	36	육군 법무관	3,438(12.4)
경태호	무소속	48	단양, 진천군수	3,407(12.3)
장영근	무소속	68	3대의원(단양)	2,959(10.7)
정운동	무소속	39	국민학교 교사	1,790(6.5)
김화경	한국사회당	40	토건업자	1,551(5.6)
지덕구	무소속	45	충북도의원	1,452(5.2)

권태근	사회대중당	33	운수업자	403(1.5)

충청남도

〈대전 갑〉 당선권에서 멀어진 여섯 후보가 사무착오를 부정선거라고 선동(煽動)하고 투표함을 파손하여 재선거에서 당선된 유진영

지난 4대 총선에선 농림부장관을 지낸 자유당 정낙훈 후보가 대전시 보건후생과장을 지낸 민주당 임경승, 부장판사 출신으로 민주당 충남도당 최고위원을 지낸 유진영 후보들을 꺾고 국회에 등원했다.

군수와 대전시의회 의장은 물론 3대의원을 지낸 국민회 정상열, 명치대 출신인 무소속 계성범 후보들도 함께 뛰었다.

이번 총선에서 민주당은 지방법원 부장판사를 지낸 유진영 후보를 공천하자, 사회대중당은 대학강사인 김형수 후보를, 한국독립당은 입법의원을 지낸 김원봉 후보를 내세웠다.

약업사 사장인 임경승, 동방신문 사장인 송도용, 중앙대 강사인 황의문, 지방법원장을 지낸 문용선 후보들이 무소속으로 출전했다.

민주당 중앙위원인 김석규 후보도 무소속으로 도전했다.

합동연설회에서 모든 후보들은 한결같이 당선가능성이 높은 민주당 유진영 후보에 대한 비난과 인신공격에 치중했으나, 유권자들은 도리어 유진영 후보에게 많은 박수와 동정을 보냈다.

이 지역구의 개표중단은 당선권에서 벗어난 후보들이 부재자 투표 계수(計數)를 트집잡아 계획적으로 저지른 난동의 결과였다.

부재자 투표계수를 갑구와 을구의 계표(計票)를 바꾸어 발표한 사무착오를 "부정선거니 참관할 수 없다"고 차점 이하 후보자의 참관인들이 모두 퇴장했다.

2천여 명의 군중들을 향해 "무더기 투표 용지가 나왔습니다. 부정선거입니다"라고 한 청년이 외쳐대자, 이와 함께 수 만개의 투표용지같은 종이조각이 바람에 흩날리고 1백 개의 투표 묶음을 들고 공연히 선동하며 투표함을 내동이쳤다.

부재자 투표 계수의 갑구와 을구가 바뀌어 발표한 사무착오를 부정선거라고 우겨댄 것이다.

부재자 1,440표를 1,398표로 발표한 것은 갑구와 을구의 집계를 바꾸어 발표한 사무착오였고, 대전 갑구 선거위원장이 군중들에게 해명하지 않고 겁을 먹고 도망친 것이 더욱 큰 소동을 일으켰다.

검찰은 재선거를 노려 그런 행동을 지령한 혐의로 김석규 후보를 비롯한 30여 명을 구속했으며 문용선 후보만 난동에 불참했다.

선거 참관인들은 "부정선거니 참관할 수 없다"며 퇴장하면서, "참관인의 참관 없이 단독 개표는 안 된다"고 호통을 쳤다.

투표함의 소각과 파손으로 15일 늦게 재선거가 실시됐으나 민주당 유진영 후보의 당선에는 변함이 없었다.

☐ 득표상황

후보자	정당	연령	주요 경력	득표 (%)

유진령	민주당	51	대전지법 부장판사	14,927 (48.1)
문용선	무소속	64	법원장, 변호사	6,555 (21.1)
임경승	무소속	53	약업사 사장	2,856 (9.2)
김형수	사회대중당	43	대학 강사	2,235 (7.2)
송도용	무소속	47	동방신문 사장	2,109 (6.8)
황의문	무소속	29	중앙대 강사	1,165 (3.8)
김원봉	한국독립당	49	입법의원	876 (2.8)
김석규	무소속	33	민주당 중앙위원	331 (1.0)

〈대전 을〉 자유당 시절에도 당선을 일궈 냈던 민주당 진형하 후보가 철옹성을 구축하고 재선의원에 성공

갑·을구로 분구된 지난 4대 총선에선 부장판사 출신인 민주당 진형하 후보가 충남도의원 출신인 자유당 최석환 후보를 꺾고 당선됐다.

충남도의원 출신인 이정우 후보는 통일당으로, 대전시의원 출신인 홍재현 후보는 국민회로, 사회부 노동국장 출신인 한몽연, 덕치철도학교 이사장 출신인 이정근, 민주당 중앙위원을 지낸 장영훈, 충남도의원을 지낸 성주연 후보들은 무소속으로 출전했다.

이번 총선에서 민주당은 변호사로써 현역의원인 진형하 후보를 공천하자, 7명의 무소속 후보들이 도전하여 한판 승부를 펼쳤다.

충남도의회 부의장을 지낸 이정우, 대전시의회 부의장을 지낸 강

오봉, 대전시의원인 박노정, 민혁당 조직국장 출신인 주기영, 공명선거 추진위원인 황관의, 대구매일 지사장인 임윤수, 변호사로 활약하고 있는 김광열 후보들이 무소속으로 금뱃지를 향해 달려갔다.

자유당 시절에도 대전에서는 반(反)자유당 정서가 팽배하고 민주당 지지 열기가 높은 지역으로 4월 혁명 이후 민주당 현역의원을 꺾고 당선의 열매를 맺는 것은 언감생심이었다.

□ 득표상황

후보자	정당	연령	주요 경력	득표 (%)
진형하	민주당	53	4대의원(대전 을)	15,282 (42.2)
주기영	무소속	49	민혁당 조직국장	6,267 (17.3)
황관의	무소속	25	공명선거 추진위원	4,931 (13.6)
박노정	무소속	45	대전시의원	3,085 (8.5)
이정우	무소속	42	충남도의회 부의장	2,564 (7.1)
김광열	무소속	46	변호사	1,483 (4.1)
강오봉	무소속	51	대전시의회 부의장	1,399 (3.9)
임윤수	무소속	42	대구매일 지사장	1,197 (3.3)

〈대덕〉 지난 총선에서 자유당 송우범 후보를 꺾은 여세를 몰아 이번에도 민주당 송석두 후보를 꺾어버린 무소속 박병배

지난 4대 총선에선 서울 시경국장을 지낸 무소속 박병배 후보가 전북 도경국장을 지낸 민주당 송석두 후보와 강원 도경국장을 지

낸 자유당 송우범 후보들을 꺾고 당선됐다.

이번 총선에서 민주당은 충남도 경찰국장을 지낸 송석두 후보를 공천했고, 무소속으로 4대의원을 지낸 박병배 후보가 무소속으로 다시 출전하여 자웅을 겨루게 됐다.

수리조합장 출신인 자유당 박찬욱 후보와 중견회사 사장인 무소속 한영진 후보가 후발주자로 출전하여 동메달 쟁탈전을 벌였다.

지난 4대 총선에 이어 맞붙은 경찰 선후배인 박병배와 송석두 후보들의 쟁패전은 무소속으로 자유당 후보를 꺾고 당선된 저력을 지닌 서울 시경국장 출신인 박병배 후보가 이번 총선에서도 혁명 열기로 승리를 자신한 민주당 송석두 후보를 2,283표 차로 꺾고 연승(連勝)을 이어갔다.

전북도 경찰국장 출신인 송석두 후보는 지난 4대 총선에서는 16,730표를 득표했지만, 이번 총선에서는 20,582표를 득표하는 것에 만족해야만 했다.

□ 득표상황

후보자	정당	연령	주요 경력	득표 (%)
박병배	무소속	43	4대의원(대덕)	22,865 (49.9)
송석두	민주당	50	전북도 경찰국장	20,582 (44.9)
박찬욱	자유당	48	수리조합장	1,425 (3.1)
한영진	무소속	58	회사장	981 (2.1)

〈연기〉 지난 총선에서의 패배를 딛고 압승을 거두고 재기에 성공한 부통령 비서실장을 지낸 민주당 성태경

지난 4대 총선에선 3대의원을 지낸 자유당 유지원 후보가 장면 부통령 비서실장을 지낸 민주당 성태경 후보를 꺾고 당선됐다.

족청계의 거두로 제헌의원과 내무부장관을 지낸 진헌식, 교통부 수송과장을 지낸 임봉학, 국방부장관 보좌관을 지낸 김복래 후보들은 무소속으로, 통일당 중앙위원인 이병규 후보는 통일당으로 출전했다.

이번 총선에서 민주당은 국회 전문위원 출신으로 변호사인 성태경 후보를 내세우자, 3명의 무소속 후보들이 출전하여 무투표 당선을 저지했다.

예비역 육군중령인 박노일, 만주국에서 관리를 지낸 김상근, 신문 지국장인 홍순영 후보들이 도전장을 내밀었으나 도전에 머물렀다.

자유당 치하의 제4대 총선에선 13,537표 득표에 머물렀던 민주당 성태경 후보는 이번 총선에서는 23,075표를 득표하여 4월 혁명 열기로 9,538표를 더 득표한 것으로 나타났다.

□ 득표상황

후보자	정당	연령	주요 경력	득표 (%)
성태경	민주당	43	국회 전문위원	23,075 (59.6)
홍순영	무소속	60	신문지국장	6,803 (17.6)
박노일	무소속	36	육군 중령	5,748 (16.1)
김상근	무소속	46	만주국 관리	3,065 (7.9)

〈공주 갑〉 지난 4대 총선에서 무공천지역에서 자유당 후보로 당선되고 오랜 조직과 씨족기반으로 3선의원에 등극한 무소속 박충식

지난 4대 총선에선 2대의원을 지낸 자유당 박충식 후보가 3대의원인 자유당 염우량 후보를 꺾고 금뱃지를 되돌려 받았다.

이번 총선에 민주당은 충남도의원 출신인 엄대섭 후보를, 자유당은 3대의원을 지낸 염우량 후보를, 사회대중당은 충남도의원을 지낸 김영택 후보를 내세워 정당공천 후보간에 한판 승부를 벌이도록 했다.

서울시 교육위원을 지낸 윤재중, 변호사로서 법전편찬 위원을 지낸 민동식, 민주당 중앙위원인 박휴서, 4대 총선에서 자유당으로 당선된 박충식, 변호사로 지역 기반을 다진 정경모 후보들이 무소속으로 등록하여 난타전을 전개했다.

이 지역구는 자유당으로 당선됐다가 무소속으로 위장 출전한 박충식 후보와 민주당을 지켜 낸 엄대섭 후보와의 대결에서 그래도 박충식이 인물이여라는 인물론이 4월 혁명정신을 부르짖은 엄대섭 후보를 218표 차로 꺾고 3선의원이 됐다.

4월 혁명정신이 평화로운 농촌 지역까지 파급되지 못한 것보다 10년 이상 가꾸어 온 박충식 후보의 조직과 씨족 기반이 행적(行蹟)을 불문하고 지지하는 분위기였을 뿐이다.

그러나 법원의 일부지역 선거무효 판결로 실시된 재선거에서 엄대섭 후보가 승리하여 박충식 의원으로부터 의원직을 이어받았다.

□ 득표상황

후보자	정당	연령	주요 경력	득표 (%)
박충식	무소속	57	2선의원(2대,4대)	5,845 (18.4)
엄대섭	민주당	45	충남도의원	5,627 (17.7)
정경모	무소속	50	변호사	4,720 (14.9)
김영택	사회대중당	36	충남도의원	4,457 (14.0)
민동식	무소속	48	법전 편찬위원	3,377 (10.6)
윤재중	무소속	50	서울시 교육위원	3,273 (10.3)
박휴서	무소속	32	민주당 중앙위원	2,559 (8.5)
염우량	자유당	48	3대의원(공주 갑)	1,922 (6.0)

〈공주 을〉 지난 총선에서 자유당 현역의원을 꺾은 여세를 몰아 손쉽게 재선의원 고지에 오른 민주당 김학준

지난 4대 총선에선 공주사대 조교수인 민주당 김학준 후보가 3대 의원인 자유당 김달수 후보를 꺾고 당선됐다. 문교부 문화국장을 지낸 무소속 임명직 후보가 파수꾼 역할을 수행했다.

이번 총선에서 민주당은 4대의원으로 활약한 김학준 의원의 공천을 보류하여 충남도의원을 지낸 박찬 후보와 정치운동을 펼쳤던 이은봉 후보들이 민주당 간판을 내걸고 출전하여 혼전을 전개했다.

언론인 이건정 후보는 사회혁신당으로, 3대 국회에서 자유당 의원으로 활동했던 김달수 후보는 자유당으로 출전했다.

회사장인 이명상, 공무원 출신인 임명직, 회사원인 강용식, 신문사 사장인 이의택 후보들도 무소속으로 도전하여 9명의 후보들이 난립했다.

지난 4대 총선에서 맞붙었던 3대의원 김달수 후보와 4대의원 김학준 후보의 대결장에 민주당으로 활동을 내세워 박찬, 이은봉 후보들이 가세하여 예측불허의 4파전이 전개됐다.

반혁명세력 규탄 데모로 김달수 후보는 위축됐고, 활기를 찾은 민주당 세 후보의 쟁패전은 현역의원이 충남도의원을 지낸 박찬 후보를 1,949표 차로 꺾고 의원직을 사수했다.

□ 득표상황

후보자	정당	연령	주요 경력	득표 (%)
김학준	민주당	37	4대의원(공주 을)	10,102 (25.2)
박 찬	민주당	36	충남도의원	8,153 (20.3)
이은봉	민주당	54	정치운동가	6,954 (17.3)
김달수	자유당	42	3대의원(공주 을)	5,865 (14.6)
이명상	무소속	51	회사장	3,043 (7.6)
임명직	무소속	53	공무원	2,259 (5.6)
이의택	무소속	49	신문사 사장	1,859 (4.6)
이건정	사회혁신당	33	언론인	1,362 (3.4)
강용식	무소속	44	회사원	552 (1.4)

〈논산 갑〉 지난 4대 총선에서 아쉽게 낙선했던 민주당 김천수 후

보가 김공평, 육완국, 신태권 후보등 전직 의원들을 꺾고 기사회생

지난 4대 총선에선 강경읍장을 지낸 자유당 김공평 후보가 충남도의원을 지낸 민주당 김천수 후보를 가까스로 제압했다.

농업협동조합장을 지낸 임순식 후보는 국민회로, 3대의원인 신태권 후보는 민주혁신당으로, 경찰서장을 지낸 이세환 후보와 충남도의원을 지낸 임승복 후보는 무소속으로 출전했다.

이번 총선에서 민주당은 충남도의원을 지낸 김천수 후보를 공천했고, 4대의원인 김공평 후보가 자유당으로 출전하여 자웅을 겨루고자 했다.

교화사업을 전개했던 박철호, 3대의원으로 활동했던 육완국, 역시 3대 국회에서 자유당 의원으로 활약했던 신태권, 학교재단 이사로 활동하였던 이보철 후보들이 무소속으로 출전했다.

3대의원이었던 육완국과 신태권, 4대의원인 김공평 후보 등 3명의 전직 의원들이 난타전을 전개했다.

지난 4대 총선에서 자유당 김공평 후보에게 2,592표 차로 석패했던 민주당 김천수 후보가 4월 혁명의 열기와 동정여론을 일으켜 지난 4대 총선에서 패배를 안겨 준 김공평, 3대 총선 때 논산 갑구에서 당선된 신태권, 논산 을구에서 당선된 육완국 후보들을 꺾고 설욕전에서 승리했다.

□ 득표상황

후보자	정당	연령	주요 경력	득표 (%)
김천수	민주당	50	충남도의원	18,205 (42.1)

신태권	무소속	45	3대의원(논산 갑)	6,767 (15.8)
육완국	무소속	47	3대의원(논산 을)	5,692 (13.3)
김공평	자유당	53	4대의원(논산 갑)	5,307 (12.4)
이보철	무소속	35	학교재단 이사	3,593 (8.4)
박철호	무소속	26	학생친선 중국방문	3,356 (7.9)

〈논산 을〉 지난 총선에서 민주당 후보로 출전하여 승리한 여세를 몰아 잠업(蠶業)강습소 출신이지만 3선의원에 등극한 윤담

지난 4대 총선에서 2대의원을 지낸 민주당 윤담 후보가 대전시의회 의장을 지낸 자유당 김용우 후보를 꺾고 재선의원이 됐다.

경찰 출신인 최동성 후보는 반공청년회로, 예비역 육군대령인 장준식 후보와 제2훈련소 민사부장을 지낸 손창진 후보는 무소속으로 출전했다.

이번 총선에서 민주당은 독립촉성국민회 소속으로 2대 국회에서, 민주당 소속으로 4대 국회에서 활약한 윤담 후보를 공천했다.

민주당 윤담 후보에게 충남도의원을 지낸 강인수, 구국운동을 전개한 김호성, 제2훈련소 민사부장을 지낸 손영진, 대동청년단 산업부장을 지낸 장필홍, 육군대위 출신인 유홍선 후보들이 나름대로 지역적 기반을 갖고 도전했다.

자유당 시절 자유당 후보를 꺾은 민주당 윤담 후보에게 도전하는 데는 크나큰 용기가 필요하며, 충남도의원을 지낸 강인수 후보가 도전해 보았으나 도전 자체에 의미를 부여해야 할 것 같다.

□ 득표상황

후보자	정당	연령	주요 경력	득표 (%)
윤 담	민주당	59	2선의원(2대,4대)	18,205 (45.4)
강인수	무소속	44	충남도의원	9,133 (22.8)
김호성	무소속	54	한의사, 구국운동	4,744 (11.8)
유홍선	무소속	35	육군대위	4,665 (11.6)
장필홍	무소속	44	대동청년단 산업부장	1,949 (4.9)
손영진	무소속	33	제2훈련소 민사부장	1,844 (4.6)

〈부여 갑〉 한광석 의원의 의원직 사퇴로 지난 4대 총선에서는 낙선했지만 거침없이 3선의원에 등정한 민주당 이석기

지난 4대 총선에선 육군 보병부대 중대장 출신인 자유당 한광석 후보가 일본 중앙대 출신으로 서울 부시장과 2대, 3대의원을 지낸 이석기 후보를 꺾고 국회에 등원했다.

이번 총선에서 민주당은 2대와 3대의원 출신으로 중앙당 재정부장을 맡고있는 이석기 후보를 공천했고, 사회대중당은 서울 성동공고 교사인 김덕현 후보를 공천했다.

군의관 출신인 이덕희, 독립촉성국민회 소속으로 초대의원을 지낸 남궁현 후보들이 무소속으로 출전했다.

지난 4대 총선에서 당선된 한광석 의원이 참의원 출전을 위해 의원직을 사퇴함에 따라, 지난 4대 총선에서 석패한 민주당 이석기 후보의 3선의원 고지 점령에는 하등의 장애물이 없었다.

제헌의원 출신인 남궁현, 성동고교 교사 출신인 김덕현, 군의관 출신인 이덕희 후보들이 이석기 후보의 질주(疾走)를 막아서기에는 역부족이었다.

이런 상황에서도 이석기 후보는 "무엇보다도 돈이 없어 남궁씨와의 씨름에 힘이 겨웁다", "남궁씨가 옛 자유당 조직을 송두리째 활용하고 돈을 물 쓰듯 하는 통에 벅차다"며 엄살 무드에 빠졌다.

이에 남궁현 후보는 "이번만은 공명선거가 될 줄 알았는데 자유당 때 못지않게 금력에 쫓기고 선거 보복의 위험까지 나오는 판이니"라고 불법선거를 개탄했다.

무소속 이덕희 후보는 "아무리 구파가 헐값이라 해도 옛 족청이며 자유당으로 낙인을 받고 있는 남궁 씨와 손을 잡기는 아직 빠르다"면서 "민주당의 주류는 구파이며 신파의 관료적 배타성은 규탄되어야 한다. 나는 혹정(惑情) 아닌 신념으로 신파와 싸울 것이다"라고 주장했다.

남궁현 후보는 "이범석씨 자신이 돈에 쫓기고 있는데 어떻게 족청이 일어나겠습니까? 이젠 그런 시대도 아니고"라며 족청과의 관계를 부정했다.

□ 득표상황

후보자	정당	연령	주요 경력	득표 (%)
이석기	민주당	53	2선의원(2대,3대)	20,254 (53.7)

남궁현	무소속	48	제헌의원(부여 갑)	10,457 (27.8)
김덕현	사회대중당	30	성동공고 교사	3,808 (10.1)
이덕희	무소속	40	의사, 군의관	3,162 (8.4)

〈부여 을〉 지난 총선에서 석패했지만 반혁명세력 규탄 열기에 힘입어 올망졸망한 후보들을 꺾고 3선 고지를 점령한 민주당 이종순

지난 4대 총선에선 명치대 출신으로 대통령 비서관, 농림부장관을 지낸 임철호 후보가 군수 출신으로 2대와 3대의원을 지낸 민주당 이종순, 3대의원인 무소속 조남수 후보들을 꺾고 국회에 입성했다.

이번 총선에서 민주당은 2대와 3대의원을 지낸 이종순 후보를 공천했다.

이종순 후보의 옹벽을 넘어서고자 경성제대 출신으로 국회 전문위원이었던 김승진, 충남도의원을 지낸 조준구, 종로구청 자문위원이었던 조준구, 덕수상고 교사였던 백병암, 경찰서장을 지낸 신승열 후보들이 무소속으로 출전했다.

임철호 의원의 구속에 따라 독무대가 된 민주당 이종순 후보가 옹망졸망한 무소속 후보들을 가볍게 제압하고 3선의원에 등정했다.

□ 득표상황

후보자	정당	연령	주요 경력	득표 (%)
이종순	민주당	51	2선의원(2대, 3대)	10,751 (36.6)

김승진	무소속	49	국회 전문위원	6,519 (22.2)
조준구	무소속	39	충남도의원	6,207 (21.1)
백병암	무소속	35	덕수상고 교사	2,867 (9.7)
조준구	무소속	41	종로구 자문위원	1,937 (6.6)
신승열	무소속	52	경찰서장	1,130 (3.8)

〈서천〉 지난 4대 총선에서도 자유당 현역의원을 꺾은 여세를 몰아 김종갑 후보를 연파하고 재선의원 가도를 달린 민주당 우희창

지난 4대 총선에선 충남도의원을 지낸 민주당 우희창 후보가 3대 의원인 자유당 나희집 후보와 육군 중장 출신으로 국방부차관을 지낸 무소속 김종갑 후보들을 꺾고 국회에 등원했다.

이번 총선에서 민주당은 소장파 의원으로 활동했던 우희창 후보를 내세우자, 국방부차관을 지낸 김종갑 후보가 무소속으로 출전하여 한판 승부를 펼쳤다.

동국대 출신인 노승삼, 남장(男裝)여인으로 모자원을 운영하고 있는 김옥선 후보들이 정치 신예로서 유권자들에게 얼굴을 알렸다.

지난 4대 총선에서 민주당 우희창 후보는 23,282표를 득표하여 당선됐고, 육군중장 출신인 김종갑 후보는 무소속으로 13,413표를 득표하여 낙선했다.

4. 19 혁명으로 민주당의 지지 열기가 충천(衝天)한 상황에서 무

소속 김종갑 후보가 민주당 우희창 후보를 넘어서기에는 여건이 너무나 맞지 아니했다.

□ 득표상황

후보자	정당	연령	주요 경력	득표 (%)
우희창	민주당	34	4대의원(서천)	29,282 (54.9)
김종갑	무소속	38	국방부차관	14,655 (27.5)
노승삼	무소속	32	동국대졸	4,762 (8.9)
김옥선	무소속	26	모자원(母子院)원장	4,653 (8.7)

〈보령〉 이원장 의원의 참의원 출전을 위한 사직으로 4대 총선에서 낙선했던 민주당 김영선 후보가 자연스럽게 고토(故土)를 회복

지난 4대 총선에선 육군소장 출신으로 군단장을 지낸 자유당 이원장 후보가 군수와 2대, 3대의원을 지낸 민주당 김영선 후보를 큰 표차로 따돌렸다.

경위 출신인 무소속 백기홍 후보는 완주했으나, 광업을 영위한 무소속 백남진 후보는 중도 사퇴했다.

이번 총선에서 민주당은 경성제대 출신으로 2대와 3대의원을 지낸 김영선 후보를 내세웠고, 중앙대 총무처장 출신인 김영기 후보가 무소속으로 출전하여 김영선 후보의 무투표 당선을 막아섰다.

4. 19 혁명에 의한 집권세력 교체에 힘입어 지난 4대 총선에서 당

선된 이원장 의원은 참의원 출전을 위해 의원직을 사퇴하고, 낙선한 김영선 의원은 무소속 김영기 후보를 가볍게 제압하고 고토를 회복했다.

□ 득표상황

후보자	정당	연령	주요 경력	득표 (%)
김영선	민주당	42	2선의원(2대,3대)	32,930 (70.3)
김영기	무소속	40	중앙대 총무처장	13,904 (29.7)

〈청양〉 4월혁명에 의한 민심 이반으로 지난 4대 총선에서는 562표 차로 낙선했지만, 이번 총선에서는 16,673 표차로 승리한 이상철

지난 4대 총선 때에는 충남도의원 출신인 자유당 김창동 후보가 명치대 출신으로 2대의원을 지낸 민주당 이상철 후보를 562표 차로 꺾고 국회 등원에 성공했다.

이번 총선에서 2대의원을 지낸 이상철 후보가 고토회복을 선언하여 출전하자, 만주 한국인학교장을 지낸 서승택 후보도 민주당 구파 공천을 내세우며 출전했고, 4대의원으로 활동한 김창동 후보가 자유당 공천으로 출전하여 3파전을 벌였다.

자유당, 민주당 신파, 민주당 구파 출신임을 내세운 3파전은 민주당 신파의 이상철 후보가 압도적인 승리를 엮어냈다.

지난 4대 총선에서는 김창동 후보는 18,131표를 득표하여 당선됐지만, 이번 총선에서는 7,321표를 득표하여 낙선한 것은 4월 혁명

에 의한 민심의 이반(離叛)에서 원인을 찾아야 할 것이다.

□ 득표상황

후보자	정당	연령	주요 경력	득표 (%),
이상철	민주당	67	2대의원(청양)	23,994 (64.3)
김창동	자유당	52	4대의원(청양)	7,321 (19.6)
서승택	민주당	44	만주 한국인학교장	6,023 (16.1)

〈홍성〉 변호사로 지역기반을 다진 김영환 후보가 김좌진 장군의 아들인 김두한, 민주당 공천자인 전용안 후보들을 꺾고 당선을

지난 4대 총선에선 문교부 교도과장 출신으로 2대의원을 지낸 민주당 유승준 후보가 미국 하바드대 출신으로 사세청장을 지낸 자유당 이창규, 경찰청장 출신인 무소속 신우균 후보들을 꺾고 재선의원이 됐다.

이번 총선에서 유승준 의원의 변절로 공천 후보 물색에 나선 민주당은 문교부 총무과장을 지낸 전용안 후보를 공천했고, 자유당은 3대의원을 지낸 김지준 후보를 내세웠다.

회사장인 전문수, 일본 구주 제국대 출신으로 민의원 전문위원을 지낸 이창규, 김좌진 장군의 아들로 서울 종로에서 3대의원을 지낸 김두한, 회사장인 윤여홍, 일본 구주 제국대 출신으로 상공부 수출과장을 지낸 김준, 고학생 연합회장으로 활동하고 있는 채형식, 대한청년단 청양군단장인 김동주, 판검사 시험에 합격하여 변

호사로 활동하고 있는 김영환 후보들이 무소속으로 도전했다.

이 지역의 터줏대감으로 자리잡은 유승준 의원의 퇴장으로 정치신인들의 쟁패장이 된 선거전에 김좌진 장군의 아들로 종로에서 3대 의원 선거에 당선되었던 김두한 후보가 아버지의 고향을 찾아 들어 당선권을 넘나들었다.

혁명정신의 열기로 3대의원인 자유당 김지준 후보의 선두권 탈락이 예상되는 가운데, 민주당 공천을 받은 전용안 후보와 변호사로 지역기반을 닦은 무소속 김영환 후보가 광천읍과 홍성읍의 소지역 대결까지 겹친 혈투에서 김영환 후보가 힘겨운 승리를 낚아챘다.

□ 득표상황

후보자	정당	연령	주요 경력	득표 (%)
김영환	무소속	48	변호사	10,370 (19.9)
김두한	무소속	42	3대의원(서울 종로)	9,593(18.4)
전용안	민주당	55	문교부 총무과장	8,444(16.2)
전문수	무소속	43	회사장	6,394(12.2)
김동주	무소속	44	한청 홍성군단장, 의사	5,731(11.0)
이창규	무소속	42	국회 전문위원	3,745 (7.2)
채형식	무소속	27	고학생 연합회장	2,136 (4.1)
김 준	무소속	59	상공부 수출과장	2,000 (3.8)
김지준	자유당	51	3대의원(홍성)	1,947 (3.7)
윤여홍	무소속	36	회사장	1,840 (3.5)

〈예산〉 무소속으로 위장 출전한 윤병구 후보의 사퇴로 정치신인들을 가볍게 제압하고 고토를 회복한 민주당 성원경

지난 4대 총선에선 제헌의원인 자유당 윤병구 후보가 일본 중앙대 출신으로 3대의원인 민주당 성원경 후보를 꺾고 재선의원이 됐다.

이번 총선에서 민주당은 일본 중앙대 출신으로 3대의원을 지낸 성원경 후보를 공천하자, 5명의 후보들이 무소속으로 도전하여 일전을 벌였다.

재무부 전매국장을 지낸 박종화, 조도전대 출신으로 국회 전문위원을 지낸 한건수, 교사 출신인 윤규상, 정치대학 출신인 김한태 후보들은 끝까지 완주했으나, 경성제대 출신으로 초대의원과 4대의원으로 활약한 윤병구 후보는 반혁명세력 규탄 데모에 못 이겨 중도에 사퇴했다.

재선의원인 윤병구 후보에게 설욕을 벼르던 민주당 성원경 후보는 윤병구 후보의 사퇴로 싱거운 선거전에서 정치신인들인 무소속 후보들을 가볍게 제압하고 재선의원이 됐다.

30대의 패기를 앞세운 국회 전문위원 출신인 한건수 후보와 교사 출신인 윤규상 후보들의 선전(善戰)이 돋보였다.

□ 득표상황

후보자	정당	연령	주요 경력	득표 (%)
성원경	민주당	66	3대의원(예산)	25,798 (42.5)
한건수	무소속	38	국회 전문위원	14,813 (24.4)

윤규상	무소속	35	고교 교사	11,029 (18.2)
박종화	무소속	49	재무부 전매국장	6,466 (10.7)
김한태	무소속	42	정치대학 졸업	2,561 (4.2)
윤병구	무소속	48	2선의원(1대, 4대)	사퇴

〈서산 갑〉 전영석 4대의원, 임창재 민주당 지구당위원장간의 민주당 내전(內戰)에서 어부지리를 챙겨 승리한 무소속 장경순

지난 4대 총선에서 서산읍장을 지낸 민주당 전영석 후보가 일본대 출신으로 2대의원을 지낸 자유당 김제능, 3대의원인 무소속 나창헌 후보들을 꺾고 국회에 등원했다.

이번 총선에서 민주당은 현역의원인 전영석 후보를 공천하자, 2대 의원을 지낸 김제능 후보가 자유당 공천으로 출전하여 지난 총선에서의 패배를 설욕코저 했다.

민주당 지구당위원장을 지낸 장경순, 임창재 후보들이 공천에 반발하여 무소속으로 출전하여 민심의 동향을 살폈다.

충남도의원을 지낸 최병린, 조도전대 출신으로 체신대학 강사인 지창하, 병사구사령관을 지낸 이풍우 후보들도 무소속으로 도전하여 7파전이 전개됐다.

민주당 지구당위원장으로 활약한 장경순 후보와 임창재 후보가 60대의 현역의원인 전영석 후보를 협공하여 무너뜨렸다.

단국대 출신인 장경순 후보가 농업고 출신인 전영석, 상업고 출신인 임창재 후보를 꺾었을 뿐이다.

빛 바랜 자유당 공천으로 출전한 김제능 후보는 "자유당은 몰락했으나 옥석을 구분해 달라"고 호소했지만 당선권에서 멀어졌다.

□ 득표상황

후보자	정당	연령	주요 경력	득표 (%)
장경순	무소속	34	민주당 지구당위원장	10,010 (22.4)
전영석	민주당	62	4대의원(서산 갑)	9,021(20.2)
임창재	무소속	45	민주당 지구당위원장	6,307(14.1)
김제능	자유당	49	2대의원(서산 갑)	5,777(12.9)
이풍우	무소속	34	병사구 사령관	5,340(12.0)
최병린	무소속	44	충남도의원	4,553(10.2)
지창하	무소속	55	체신대 강사, 의사	3,626 (8.1)

〈서산 을〉 두 번이나 낙선의 설움을 안긴 유순식 후보의 사퇴로 6년 만에 고토를 회복한 민주당 안만복

지난 4대 총선에선 3대의원인 자유당 유순식 후보가 2대의원을 지낸 무소속 안만복 후보를 꺾고 재선의원이 됐다. 회사장인 장봉진과 서울법대 출신인 박완교 후보들이 무소속으로 도전했다.

이번 총선에서 민주당은 2대의원을 지낸 안만복 후보를 공천하자 9명의 후보들이 무소속으로 도전하여 죽립(竹立)상태를 이뤘다.

대전일보 사장인 이경진, 충남도의원을 지낸 채상근, 오랫동안 기자 생활을 한 정동훈, 서산군 남면장을 지낸 문원모, 회사장인 장봉진, 서산군 태안면장을 지낸 김동열, 충남도의원을 지낸 유제풍, 단국대 강사인 김영수, 고려대 재학중인 한영수 후보들이 무소속으로 도전했다.

자유당 공천으로 3대와 4대의원을 지낸 유순식 후보는 선거운동 기간 중 사퇴했다.

민주당 안만복 후보를 두 번에 걸쳐 연파했던 유순식 후보가 무소속으로 위장 출전했으나 반혁명세력 규탄 데모가 계속되어 당선에 대한 승산이 엷어지자, 총선 3일을 앞두고 사퇴하여 민주당 공천을 받고 설욕을 벼르던 안만복 후보의 발걸음을 가볍게 해 주었다.

두 번의 낙선에 따른 동정여론과 4월 혁명의 기운을 업고 안만복 후보가 가까스로 6년 만에 고토를 회복했다.

대전일보 사장인 무소속 이경진 후보의 추격이 위협적이었으며, 고려대 재학 중인 한영수 후보가 7.0%인 3,205표를 득표했다.

□ 득표상황

후보자	정당	연령	주요 경력	득표 (%)
안만복	민주당	50	2대의원(서산 을)	10,924 (24.0)
이경진	무소속	50	대전일보 사장	8,549 (18.8)
채상근	무소속	42	충남도의원	4,855 (10.7)
정동훈	무소속	29	기자	3,878 (8.5)
김영수	무소속	34	단국대 강사	3,414 (7.5)
문원모	무소속	50	서산군 남면 면장	3,313 (7.3)

한영수	무소속	25	고려대 재학중	3,205 (7.0)
장봉진	무소속	47	회사장	3,061 (6.7)
김동열	무소속	41	서산군 태안면장	2,291 (5.0)
유제풍	무소속	50	충남도의원	2,051 (4.5)
유순식	무소속	48	2선의원(3대, 4대)	사퇴

〈당진 갑〉 지난 4대 총선에는 7,544표 차로 자유당 인태식 후보에게 패배했지만, 이번 총선에서는 3,368표 차로 설욕한 이규영

지난 4대 총선 때 갑, 을구로 분구된 이 지역구에서는 관재청장, 재무부장관을 지낸 3대의원인 자유당 인태식 후보가 육군사관학교 교관 출신인 민주당 이규영 후보를 꺾고 재선의원이 됐다.

이번 총선에서 민주당은 30대의 정치 신예인 이규영 후보를 내세웠고, 일본 동북제국대 출신으로 3대와 4대의원을 지낸 인태식 후보가 무소속으로 자웅을 겨뤘다.

무명의 이문세 후보가 무소속으로 출전하여 두 후보의 선거전을 지켜봤다.

지난 4대 총선에서는 자유당 인태식 후보가 17,637표를 득표하여 7,544표 차로 재선의원이 됐으나, 4월 혁명이라는 정치적 격동을 맞이한 이번 총선에서는 민주당 이규영 후보가 14,541표를 득표하여 3,368표 차로 꺾고 금뱃지를 인계 받았다.

☐ 득표상황

후보자	정당	연령	주요 경력	득표 (%)
이규영	민주당	35	육군사관학교 교관	14,541 (51.1)
인태식	무소속	57	2선의원(3대, 4대)	11,173 (39.3)
이문세	무소속	59	의사	2,724 (9.6)

〈당진 을〉 지난 4대 총선에서 석패한 민주당 박준선 후보가 정치 신인인 무소속 후보들을 제압하고 국회에 등원

지난 4대 총선에선 농림부차관을 지낸 자유당 원용석 후보가 국학대학 강사인 민주당 박준선 후보를 어렵게 따돌리고 재선의원이 됐다.

이번 총선에서 민주당은 고려대 출신으로 당진군당위원장인 박준선 후보를 내세웠고, 회사장인 박선원, 문교부 사회국장을 지낸 박명진, 대학교수인 문장욱, 사회사업을 펼친 허윤 후보들이 무소속으로 출전했다. 회사장 김연규 후보도 무소속으로 출전했다가 중도 사퇴했다.

국학대학 강사로 지난 4대 총선에서는 1,596표 차로 아쉽게 낙선한 민주당 박준선 후보가 원용석 의원의 참의원 진출을 위한 사직을 틈타 정치 신인들인 무소속 후보들을 가볍게 제치고 국회 등원에 성공했다.

□ 득표상황

후보자	정당	연령	주요 경력	득표 (%)

박준선	민주당	37	국학대 강사	12,012 (34.6)
문장욱	무소속	57	대학 교수	9,201 (26.5)
박명진	무소속	62	문교부 문사국장	5,224 (15.1)
허 운	무소속	51	사회사업가	4,410 (12.7)
박선원	무소속	30	회사장	3,846 (11.1)
김연규	무소속	29	회사장	사퇴

〈아산〉 지난 4대 총선에서 석패에 대한 동정여론과 정권교체의 열망을 딛고 국회 등원에 성공한 민주당 성기선

지난 4대 총선 때에는 회사장인 자유당 이민우 후보가 아산 군당위원장인 민주당 성기선 후보를 390표 차로 꺾고 국회 등원에 성공했다.

이번 총선에서 민주당은 중앙위원으로 활동하고 있는 성기선 후보를 공천하자, 회사 취체역인 김안기, 신문사 부사장인 성인기, 제헌의원을 지낸 서용길 후보들이 무소속으로 도전하여 4파전을 전개했다.

이민우 의원의 정계 은퇴에 따라 민주당 성기선 후보가 지난 4대 총선에서의 석패에 따른 동정여론과 정권교체에 대한 열망을 안고 재헌의원인 서용길, 정치 신예인 김안기와 성인기 후보들을 가볍게 제압하고 국회 등원에 성공했다.

□ 득표상황

후보자	정당	연령	주요 경력	득표 (%)
성기선	민주당	37	민주당 중앙위원	34,659 (58.4)
성인기	무소속	52	신문사 부사장	10,186 (17.2)
서용길	무소속	47	제헌의원(아산)	10,135 (17.1)
김안기	무소속	58	회사 취체역	4,338 (7.3)

〈천안 갑〉 지난 4대 총선에서 자유당 한희석 후보에게 패배했던 민주당 홍춘식 후보가 혁명 열기에 힘을 얻어 설욕전에서 승리

지난 4대 총선 때에는 내무부차관 출신으로 3대의원인 자유당 한희석 후보가 워싱턴대 출신으로 경찰대 교수인 민주당 홍춘식 후보를 꺾고 재선의원이 됐다.

대한노총 사무국장인 유화룡 후보는 노농당으로, 영화계에 종사한 노정 후보는 무소속으로 출전했다.

이번 총선에서 민주당이 저술가인 홍춘식 후보를 내세우자, 민주당 천안군당위원장을 지낸 김기환 후보가 반발하고 출전하여 혼전을 벌였다.

근농당 서기장을 지낸 유화룡, 건국대 조교수인 김일주, 3대와 4대 의원으로 민의원 부의장을 지낸 한희석, 대한체육회 이사인 이성구, 영화전문학교에 다녔던 노정, 후생회 이사장을 지낸 정두용, 예비역 육군중령인 김재홍 후보들이 무소속으로 출전했다.

한독당원으로 활동했던 이중화 후보도 무소속으로 등록했다 중도에 사퇴했다.

이 지역구 최대의 관심사는 국회부의장을 지내고 3. 15 부정선거 원흉(元兇)으로 구속중인 한희석 후보의 출전으로 "한희석이 천안에 똥칠을 하고 무슨 낯을 들고 다시 출마냐, 사퇴하라"는 여론이 비등한 가운데 출마한 한희석 후보가 사퇴를 하느냐? 끝까지 버티어 갈 거냐라는 것이다.

한희석 후보는 천안 농고생의 데모와 일반 여론 때문에 선거운동을 전혀 하지 않고 있으며 할려고 해도 할 수도 없는 상황이었다.

그러나 한희석 후보는 "당선보다도 선거제도의 맹점(盲點)을 짚어 입후보라는 명분만을 확보하려는 속셈"이 드러났고, "한희석이 드디어 굴복하고 사퇴하고 말았다"는 호외가 길거리에 나붙기도 했지만 끝까지 완주했다.

한희석 후보의 위축으로 선거전은 민주당 공천을 받은 홍춘식 후보와 민주당 신파 공천을 내세우며 낙천에 반발하여 출전한 지구당위원장을 지낸 김기환 후보의 민주당 내전에 한독당 요원으로서 혁신세력의 이론가인 무소속 이중화 후보가 어부지리로 3파전이 형성됐다.

선거 이틀 전에 이중화 후보가 사퇴하여 이 지역구는 신·구파의 싸움이 아니라 구파끼리의 싸움이라는 홍춘식 후보가 "천안에서 나를 모를 사람이 없다"며, 옥중 출마한 한희석 후보를 3천여 표 차로 따돌리고 국회에 입성했다.

□ 득표상황

후보자	정당	연령	주요 경력	득표 (%)
홍춘식	민주당	39	경찰대 교수	8,732 (25.5)
한희석	무소속	50	2선의원(3대, 4대)	5,619 (16.4)
김기환	민주당	61	민주당 지구당위원장	5,285 (15.4)
노 정	무소속	52	무직	3,731 (10.9)
유화룡	무소속	49	노농당 서기장	3,453 (10.1)
김재홍	무소속	32	육군 중령	3,041 (8.9)
김일주	무소속	27	대학 조교수	2,362 (6.9)
이성구	무소속	49	체육회 상무	1,707 (5.0)
정두용	무소속	57	후생회 이사장	318 (0.9)
이중화	무소속	63	한독당 간부	사퇴

〈천안 을〉 지난 4대 총선에서 4,291표차로 김종철 후보에게 패배한 민주당 이상돈 후보가 이번 총선에서 1,993표 차로 설욕

지난 4대 총선 때 분구 신설된 이 지역구에서는 명치대 출신으로 대동청년단 선전부장을 지낸 자유당 김종철 후보가 조도전대 출신으로 제헌의원을 지낸 민주당 이상돈 후보를 4천여 표차로 꺾고 국회 등원에 성공했다.

이번 총선에서 민주당은 조도전대 출신으로 제헌의원으로 활약하고 중앙당에서 활동한 이상돈 후보를 공천했고, 한국독립당은 한독당 간부로 활약했던 장순원 후보를 공천했다.

자유당 현역의원으로 활약했던 김종철, 민주당 간부로 활약했던 노상규, 회사 중역으로 활동했던 오영, 회사장인 박영민, 공군대위 출신인 고광헌 후보들이 무소속으로 출전했다.

부정선거관련자를 규탄하는 학생데모로 자유당 충남 도당위원장인 김종철 후보는 위축된 상황에서 선거운동을 하고 있지만, 풍부한 재력을 활용하여 총력전을 전개했다.

민주당에서 제명된 노상규 후보가 무소속으로 출전하여 폭로전술을 쓰고 있어 민주당 이상돈 후보가 고전하고 있는 선거전에서, 장순원 후보가 어부지리할 수도 있다는 가능성도 점쳐졌다.

그러나 지난 4대 총선에서 진검(眞劍) 승부를 펼쳐 자유당 김종철 후보에게 4,291표 차로 낙선한 민주당 이상돈 후보가 혁명 열기와 정권교체 열망을 담아 이번 총선에서는 1,993표 차로 김종철 후보를 꺾고 설욕하며 재선의원이 됐다.

□ 득표상황

후보자	정당	연령	주요 경력	득표 (%)
이상돈	민주당	48	제헌의원(천안)	12,784 (35.5)
김종철	무소속	39	4대의원(천안 을)	10,791 (29.9)
박영민	무소속	45	회사장	3,723 (10.3)
장순원	한국독립당	47	한독당 간부	2,896 (8.0)
오 영	무소속	46	회사원	2,618 (7.3)
노상규	무소속	38	민주당 간부	2,351 (6.5)
고광헌	무소속	28	공군대위	882 (2.5)

제4장 호남권 : 집권당에 대한 반대 깃발을 높이들고

1. 전국 선거구의 4분 1을 점유한 호남권
2. 호남권 59개 지역구 불꽃 튀는 격전의 현장으로

1. 전국 선거구의 4분 1을 점유한 호남권

(1) 호남권은 전국 233개 지역구의 25.3% 수준

호남권은 전북도 24개구, 전남도 32개구로 56개구이며 1천년 이상 전라도의 속현이었다가 정부수립 이후 독립된 제주도 3개구를 포함하면 59개로 전국 233개구의 25.3% 수준이다.

당시 선거구 분포는 영남권이 3분의 1인 33%, 호남권과 강원, 충청권이 각각 4분의 1인 25%, 수도권이 17% 수준으로 지금의 지역구 분포와 비교하면 엄청난 세태의 변화를 느낄 수밖에 없다.

호남권에는 광주, 목포, 여수, 순천, 전주, 군산, 이리 등 7개 시가 있었고 제주도에도 제주시가 있었다.

당시에는 이리시, 옥구군, 광산군, 여천군, 승주군, 북제주군, 남제주군 등에서 의원들을 배출했다.

4대 총선에서 자유당은 전북도에서 10석, 전남도에서 18석, 제주도에서 1석으로 29석에 불과하여 59석의 절반에 미치지 못한 49.2% 수준이었다.

민주당이 전북도에서는 자유당보다 많은 11석, 전남도에서 10석, 제주도에서 1석으로 자유당에 버금가는 22석을 차지했다.

김준연(영암) 후보는 통일당으로 당선됐고 이옥동(진안), 정세환(고창), 양일동(옥구), 김향수(강진), 이사형(나주갑), 손재형(진도),

현오봉(남제주) 후보들은 무소속으로 출전하여 당선됐다.

(2) 4대 총선에서 낙선한 민주당 후보 20명이 당선

호남권 59개 지역구 가운데 재당선된 의원은 민주당의 유청(전주갑), 이철승(전주을), 배성기(완주을), 나용균(정읍을), 조한백(김제갑), 윤제술(김제을), 유진산(금산), 윤택중(익산을), 정성태(광주갑), 정재완(여수), 윤형남(순천), 유옥우(무안을), 김의택(함평), 조영규(영광), 김선태(완도), 고담룡(제주) 의원 등이고 통일당 김준연 의원과 무소속에서 민주당으로 전향한 양일동 의원까지 18명의 의원들이 의정 단상으로 돌아왔다.

지난 4대 총선에서 자유당으로 당선된 29명 중 안용백(보성) 의원은 선거무효 판결로 의원직을 잃었고 황성수 후보가 의원직을 승계했다.

전북도의 김원전(군산), 김원중(이리), 박세경(임실), 임차주(순창), 김형섭(익산갑) 의원들은 불출마했고, 신규식(부안) 의원은 참의원 출전을 위해 사퇴했다.

김진원(무주)의원은 자유당으로, 이존화(완주갑), 정준모(장수), 안균섭(남원을) 의원들은 무소속으로 출전했으나 모두 낙선했다.

재선거에서 당선된 황성수(보성) 의원을 비롯하여 박철웅(고흥을), 손문경(강진), 이은태(여천), 황숙현(광양), 국쾌남(담양) 의원들은 참의원 출마를 위해 의원직을 사직했으나 황성수, 박철웅 의원만 당선됐다.

그리고 이정휴(광산), 조순(곡성), 손석두(장흥), 변진갑(장성) 의원들은 불출마했으나 김병순(해남갑), 김석진(해남을), 나판수(무안갑), 정명섭(나주을) 의원들은 자유당으로, 박홍규(광주을), 이갑식(구례), 이형모(승주) 의원들은 무소속으로, 구흥남(화순) 의원은 헌정동지회로 출전했으나 모두 낙선했다.

제주도의 김두진(북제주) 의원도 무소속으로 도전했으나 낙선했다.

민주당으로 당선되고서 민주당 공천을 받았지만 이필호(광주을), 정중섭(목포) 의원들을 낙선했고, 자유당의 유혹을 벗어나지 못한 송영주(정읍을), 김삭(무안병) 의원들은 불출마했고 조정훈(남원갑) 의원은 자유당으로, 홍순희(고창을) 의원은 무소속으로 출전했지만 낙선했다.

무소속으로 당선된 이옥동(진안) 의원은 불출마했고 정세환(고창갑), 이사형(나주갑) 의원은 자유당으로, 손재형(진도), 현오봉(남제주) 후보들은 무소속으로 출전했으나 모두 낙선했다.

김향수(강진) 의원은 참의원 출전을 위해 의원직을 사퇴했으나 참의원 선거에서 낙선했다.

지난 4대 총선에서는 낙선했지만 민주당으로 출전한 김판술(군산), 이춘기(이리), 신현돈(무주), 송영선(장수), 윤정구(남원을), 홍영기(순창), 고몽우(광산), 김동호(담양), 윤추섭(곡성), 고기봉(구례), 김석주(광양), 김우평(여천), 조연하(승주), 박형근(고흥갑), 이정래(보성), 고영완(장흥), 양병일(강진), 김옥형(무안갑), 정문채(나주갑), 김병수(장성), 무소속으로 출전한 홍광표(해남갑), 김성숙(남제주), 자유당으로 출전한 송능운(정읍을) 후보들이 낙선을 딛고 일어섰다.

(3) 민주당 후보가 낙선한 지역구는 9개 지역구에 불과

호남권에서 민주당 후보가 낙선한 선거구는 56개 선거구 가운데 9개 선거구로 16% 수준이다.

전북 진안에서는 4월 혁명은 민주당이 주도한 것이 아니라 고려대가 주도했다는 논리를 내세워 고려대 출신으로 26세의 전휴상 후보가 민주당 이희종 후보를 꺾었고, 임실에서는 민주당 김상진 후보와 무소속 이정우 후보의 혼전(混戰) 틈새를 전북도의원 출신인 한상준 후보가 파고들어 승리했다.

남원에서도 민주당 양해준 후보와 고려대 출신인 25세의 김병오 후보의 난투장에 전북도 관재국장 출신인 박환생 후보가 사회대중당 후보로 의외의 승리를 거뒀고, 장수에서도 민주당 출신인 김응만, 한정석, 최성석 후보들의 난투극을 벌인 결과 전북도의원 출신인 무소속 송영선 후보가 당선증을 낚아챘다.

정읍 을구에서는 지난 총선에서 자유당 후보로 출전하여 패배한 동정여론과 옛날 자유당 조직을 복원한 송능운 후보가 민주당 계열 후보들의 난투를 응징했고, 고창 을구에서는 김성수 선생의 정치적 유업을 계승하겠다는 김성수 선생의 넷째 아들인 김상흠 후보가 26세의 민주당 공천 후보와 자유당 계열 후보들을 제압하고 당선됐다.

전남 고흥에서는 과도정부의 정치적 사면으로 복권된 무소속 서민호 후보가 과거의 명성을 되살려 지난 4대 총선에서 석패한 민주당 지영춘 후보를 꺾었고, 해남 갑구에서는 지명도가 낮은 지구당 위원장과 당선 가능성은 높으나 민주당에서 제명당한 윤영선, 윤철하 후보들이 이전투구를 전개한 선거전에서 전남도의원 출신인 무소속 홍광표 후보가 어부지리를 취했고, 영암에서는 독일 베를린대 출신으로 정계의 거물로 성장한 통일당 김준연 후보를 상대하기는 민주당 현영원 후보에게는 역부족이었다.

또한 광주 을구에서는 공천자인 이필호 4대의원이 낙선하고 제명당한 민주당 김용환 후보가 당선됐고, 목포에서도 당연 공천후보인 정중섭 4대의원이 제명처분을 받은 민주당 김문옥 후보에게 패배하여 사실상 민주당 공천자 패배지역이 됐다.

2. 호남권 59개 지역구 불꽃 튀는 격전의 현장으로

전라북도

〈전주 갑〉 민주당 신파 후보가 등록하지 않아 혁신계열 후보들을 가볍게 제압하고 재선의원 가도를 달린 유청

갑·을구로 분구된 지난 4대 총선 때에는 중학교 교장 출신인 민주당 유청 후보가 대법관 출신인 무소속 이우식, 전북도 농무과장 출신인 자유당 이양호, 전북도의원 출신인 무소속 이주상 후보들을 꺾고 국회에 등원했다.

이번 총선에서 민주당은 현역의원인 유청 후보를, 한국독립당은 전북도의원 출신인 이주상 후보를, 사회대중당은 조선일보 이리지국장인 조기하 후보를 공천하여 3파전이 전개됐다.

민주당 구파의 유청 후보는 가톨릭의 3천여 표가 동조하지 않아 골치 아프다고 엄살 무드에 빠졌지만, 구파의 기반이 확고한 이곳에서 당선은 절대적이다.

유청 후보는 혁신진영 후보들은 운동에 활기가 없고 민주당의 인기는 최고조에 달하여 말단 이·동의 세포조직까지 구비했다.

사회대중당 조기하 후보는 탄압받았던 과거 경력을 나열하며 죄

없는 진보당 간부들을 자유당은 감옥에 넣고 민주당은 묵인했다고 비난했다.

한국독립당 이주상 후보는 김구 선생이 피살된 음모를 밝혀야 한다면서 "남북협상 문제로 탄압을 받았다"고 주장했다.

혁신계열의 두 후보는 민주당 공천을 받은 현역의원의 적수가 결코 되지 못했다.

□ 득표상황

후보자	정당	연령	주요 경력	득표 (%)
유 청	민주당	41	4대의원(전주 갑)	18,039 (58.6)
이주상	한국독립당	52	전북도의원	10,502 (34.1)
조기하	사회대중당	63	조선일보 이리지국장	2,225 (7.3)

〈전주 을〉 민주당 구파 세 후보들의 포위작전에도 불구하고, 60%가 넘는 득표율로 3선의원에 등극한 이철승

지난 4대 총선에서 3대의원인 민주당 이철승 후보가 동경제대 출신으로 2대와 3대의원을 지낸 자유당 박정근, 전주시의원을 지낸 무소속 장해권, 한청 전주시 단장을 지낸 무소속 정진호 후보들을 가볍게 제치고 재선의원이 됐다.

이번 총선에서 민주당은 고려대 학생시절 반공투쟁으로 명성을 날리고 3대 와 4대의원으로 맹활약한 이철승 후보를 공천했다.

자유당 공천으로 완주 을구에서 당선된 3대의원인 손권배 후보가

자유당이 아닌 민주당 구파 공천이라며 출전했고, 혁신동지총연맹은 온삼엽 후보를 발굴하여 공천했다.

고교 교사인 김영석, 전북도의원을 지낸 최재면 후보들이 무소속으로 도전했고, 미국 버지니아 신학대 출신으로 세계일보사 취체역인 김홍전 후보가 무소속으로 출전했다가 중도 사퇴했다.

민주당으로 등록한 손권배 후보는 자유당 공천으로 완주 을구에서 3대의원에 당선됐으나, 4대 총선에서는 강원도 철원에 출전하여 낙선했고, 이번 총선에서는 진안에서 출마하려다 낙천했다.

자유당에서 활약한 손권배 후보는 이범석의 공화당으로 옮겼다가 민주당으로 전향했으며, "신파인 이철승 후보가 당선되면 관리는 모두 파면되고 이북사람이 세도를 잡는다"고 주장했다.

이철승 후보는 손권배, 최재면, 김홍전 등 민주당 구파 후보들의 포위작전에 대해 "3명의 구파가 계획적으로 합동작전을 벌려 나를 죽이려고 한다. 종반에 두 명이 사퇴하고 손권배 후보에 모아주려 해도 당선은 어림없다"고 주장했다.

이철승 후보는 다섯 번째 출전으로 리·동의 세포조직까지 가동하며 민주당의 선봉(先鋒)으로서 위용을 자랑했다.

□ 득표상황

후보자	정당	연령	주요 경력	득표 (%)
이철승	민주당	38	2선의원(3대, 4대)	19,598 (62.6)
손권배	민주당	43	3대의원(완주 을)	6,552 (20.9)
최재면	무소속	54	전북도의원	2,352 (7.5)

온삼엽	혁신동지연	53	서울시민	1,723 (5.5)
김영석	무소속	36	고교 교사	1,062 (3.4)
김홍전	무소속	45	세계일보 취체역	사퇴

〈군산〉 3대 의원으로 4대 총선에서 자유당 후보에게 패배, 민주당 공천이라는 3박자를 갖춰 대승을 거둔 김판술

지난 4대 총선에선 고려제지 사장인 자유당 김원전 후보가 동경제국대 출신으로 3대의원인 민주당 김판술 후보를 1,099표 차로 꺾고 승리했다.

검사 출신 변호사인 차형근, 전북도의원을 지낸 김형기와 서홍선 후보들도 무소속으로 출전했다.

이번 총선에서 민주당은 경성제대 농학부 출신으로 3대의원을 지낸 김판술 후보를 공천했고, 미국 시카코 서북대 출신인 경제학박사로 사회부차관으로 한중협회 부회장을 지낸 김용택 후보가 무소속으로 도전하여 자웅을 겨뤘다.

3대의원 출신으로 4대 총선에서는 자유당 후보에게 비록 패배했지만, 이번 총선에서 무명의 정치신인을 꺾는 것은 김택술 후보에겐 너무나 싱거운 선거전이었다.

□ 득표상황

후보자	정당	연령	주요 경력	득표 (%)
김판술	민주당	51	3대의원(군산)	22,719 (72.7)

| 김용택 | 무소속 | 53 | 사회부차관 | 8,530 (27.3) |

〈이리〉 지난 총선 때 함께 뛰었던 자유당 김춘호, 무소속 최경진 후보들을 가볍게 꺾고 재선의원 고지에 오른 민주당 이춘기

지난 4대 총선에선 수리조합장 출신인 자유당 김원중 후보가 2대 의원인 민주당 이춘기 후보를 727표 차로 꺾고 당선됐다.

토건업자인 최경진, 3대의원인 김춘호 후보들은 무소속으로 출전했다.

이번 총선에서 민주당은 함흥상고 출신으로 2대의원을 지낸 이춘기 후보를 공천했고, 자유당은 전국 기독청년연합회장인 김춘호 후보를 공천했다.

사회대중당은 일본 입교대 출신으로 대륙화학 임원인 민남기 후보를 공천했다.

경찰국장과 전북도 식산국장을 지낸 신상묵, 자유당 이리시당위원장과 원광대 기성회장을 지낸 최경진 후보들이 무소속으로 출전하여 5파전이 전개됐다.

자유당 김춘호 후보는 "3대 총선 때 호랑이 잡으려면 호랑이 굴 속에 들어가야 한다고 외쳤으나 호랑이에게 먹혔다", "민주당은 3개월 밖에 정권을 잡지 못한다"면서, "민주당이 선거자금을 뿌리고 있다", "민주당 이춘기 후보가 당선되면 이리시 직원과 통반장까지도 파면시킬 것이다"라고 주장했다.

민주당 이춘기 후보는 "이번만은 독재와 싸운 대가를 지불해야한다"면서 지지를 호소했다.

지난 4대 총선 때 출전했던 최경진, 이춘기, 김춘호 후보들이 재격돌한 선거전에서 지난 4대 총선 때 자유당 김원중 후보에게 727표 차로 무너진 민주당 이춘기 후보가 압승을 거두고 재선의원 고지에 올랐다.

□ 득표상황

후보자	정당	연령	주요 경력	득표 (%)
이춘기	민주당	54	2대의원(이리)	12,204 (50.8)
김춘호	자유당	43	3대의원(이리)	5,921 (28.2)
신상묵	무소속	43	전북도 식산국장	2,423 (10.1)
최경진	무소속	44	자유당 지구당위원장	1,817 (8.7)
민남기	사회대중당	45	회사원	1,652 (6.9)

〈완주 갑〉 지난 총선에서 민주당 후보로 낙선한 안개세 후보의 낙천 반발로 인한 혼전을 뚫고 당선된 민주당 이정원

지난 4대 총선 때엔 3대의원인 자유당 이존화 후보가 민주당 완주군당위원장인 안개세, 면장 출신으로 양조업자인 무소속 이존형 후보들을 가볍게 제치고 재선의원이 됐다.

이번 총선에서 민주당은 이정원 후보를 내세웠고, 사회대중당은 조도전대 출신으로 전북 전시연합대학 강사인 송재규 후보를 내세

웠다.

홍야공사 사장인 국영호, 서울대 출신으로 군산중 교사인 송주인, 대전대 서무과장 출신인 김규동, 자유당으로 3대와 4대의원 생활을 한 이존화, 약국을 영위하고 있는 안개세, 농업인인 차종인, 변호사로서 동양대 부교수인 소중영, 남성중고 교장을 지낸 김용환, 대한석탄공사 직원인 배병천 후보들도 무소속으로 도전했다.

지난 4대 총선에서 자유당 이존화 후보에게 6,854표 차로 패배한 안개세 후보를 도외시하고 민주당이 이정원 후보를 공천하자, 안개세 후보가 공천에 반발하고 무소속으로 출전하여 3파전이 전개됐다.

이 상황에서 남성중·고 교장인 김용환, 대전대 서무과장인 김규동, 동양의대 부교수인 소중영 후보들이 맹렬하게 추격전을 벌여 선거전은 오리무중 혼전이 전개됐고, 20대의 송주인 후보가 여산 송씨의 문중을 파고들어 당선권을 넘나들었다.

종반전에 접어들면서 반혁명세력에 대한 규탄 데모와 4월혁명 정신을 살리자는 분위기를 타고, 민주당 공천을 받은 이정원 후보가 똑똑하다는 여론을 등에 업고 3·15 부정선거 때 3인조, 9인조 투표를 창안했으며 무소속으로 위장 출전한 이존화 후보를 488표 차로 어렵게 제압하고 국회에 등원했다.

□ 득표상황

후보자	정당	연령	주요 경력	득표 (%)
이정원	민주당	41	서울대 중퇴	5,630 (17.4)
이존화	무소속	46	2선의원(3대, 4대)	5,143 (15.9)

안개세	무소속	38	민주당 지구당위원장	3,871 (11.9)
송주인	무소속	29	군산중 교사	3,701 (11.4)
소중영	무소속	37	동양의대 부교수	3,433 (10.6)
김규동	무소속	54	대전대 서무과장	2,545 (7.9)
김용환	무소속	51	남성중고 교장	2,355 (7.3)
국영호	무소속	43	동아공사 사장	2,158 (6.7)
차종인	무소속	52	농업인	1,336 (4.1)
송재규	사회대중당	32	전북전시연합대 강사	1,227 (3.8)
배병천	무소속	30	대한석탄공사 직원	998 (3.1)

〈완주 을〉 이석주, 유침 후보들의 공천 반발 내홍을 극복하고 4대 의원으로 압승을 거두고 재선의원 고지에 오른 민주당 배성기

지난 4대 총선 때에는 전북도 농축산과장을 지낸 민주당 배성기 후보가 전북도의원 출신인 자유당 김용남, 조촌면장 출신인 무소속 유택 후보들을 꺾고 국회 등원에 성공했다.

이번 총선에서 민주당은 수의사 출신으로 현역의원인 배성기 후보를 공천했고, 자유당은 전북도의원을 지낸 이학희 후보를 공천했다.

민주당 전북도 재정부장을 지낸 유침, 농민총연맹 출신으로 제헌의원을 지낸 이석주, 구이 고등공민학교를 경영하고 있는 김택주, 양조업자인 김정하, 청년동맹 집행위원장이었던 송정섭 후보들이

무소속으로 등록하여 7파전이 전개됐다.

선거 초반에는 이석주, 유침 후보들의 공천 반발에 의한 출전으로 배성기 후보의 고전이 예상됐으나, 민주당 공천이라는 갑옷과 4대 의원의 잇점을 안고 소지역주의가 팽배한 선거전에서 배성기 후보가 대승을 거두었다.

□ 득표상황

후보자	정당	연령	주요 경력	득표 (%)
배성기	민주당	43	4대의원(완주 을)	10,847 (38.5)
이학희	자유당	43	전북도의원	4,779 (17.6)
이석주	무소속	56	제헌의원(완주 을)	4,453 (15.8)
유 침	무소속	43	민주당 전북 재정부장	3,499 (12.4)
송정섭	무소속	25	청년동맹 집행위원장	2,215 (7.9)
김택주	무소속	32	구이 고등공민학교장	1,790 (6.4)
김정하	무소속	43	양조업	573 (2.0)

〈진안〉 4월 혁명을 고려대가 주도했으며 혁명의 주체라고 홍보하여 군웅이 할거한 선거전에서 승리한 무소속 전휴상

지난 4대 총선에서는 일본 중앙대 출신으로 재일 거류민단 부단장인 무소속 이옥동 후보가 상공부 광업과장을 지낸 자유당 고영추 후보를 꺾고 당선됐다.

이번 총선에서 민주당은 서울법대를 중퇴한 이희종 후보를 공천하

자, 7명의 무소속 후보들이 경쟁적으로 등록하여 8파전인 혼전을 전개했다.

면장 출신으로 범양약화학 전무인 박동식, 은행원인 안일, 정치신인으로 해동농림 취체역인 전휴상, 전북도의원인 전태주, 진안군수였던 김재영, 일본대 출신으로 계리사인 고주상, 영신여중 서무주임인 오재천 후보들이 무소속으로 쟁패전을 벌였다.

진안군수로 5년간 기반을 다진 김재영, 민주당 공천을 받은 이희종, 일본대 출신인 고주상 후보를 꺾은 26세의 전휴상 후보는 고려대 출신이란 것 이외에는 내놓을 것이 없었다.

그러나 젊은 패기와 진안읍을 중심으로 청년조직을 최대한 활용하여 4월 혁명은 서울대 출신이 아닌 고려대 출신이 주도했다는 것을 홍보하여 승리를 쟁취할 수 있었다.

전휴상 후보는 민주당 이희종, 무소속 안일 후보와의 패기 대결과 진안면과 부귀면의 소지역 대결에서 승리한 것이 국회 등원의 밑거름이 됐다.

□ 득표상황

후보자	정당	연령	주요 경력	득표 (%)
전휴상	무소속	26	해동농림 취체역	6,590 (18.9)
박동식	무소속	48	범양약화학 전무	5,902 (17.0)
이희종	민주당	32	농업인	4,886 (14.1)
전태주	무소속	54	전북도의원	4,532 (13.0)
안 일	무소속	36	은행원	4,167 (12.0)
고주상	무소속	40	계리사	3,897 (11.2)

| 김재영 | 무소속 | 48 | 진안군수 | 3,336 (9.6) |
| 오재천 | 무소속 | 48 | 영신여중 서무주임 | 1,470 (4.2) |

〈금산〉 민주당 원내총무로서 당선권에서 벗어난 후보들에게 학생들을 동원하여 힘을 과시한 유진산

지난 4대 총선에선 조도전대 출신으로 3대의원인 민주당 유진산 후보가 일본 중앙대 출신으로 변호사인 자유당 오승근 후보를 꺾고 재선의원이 됐다.

이번 총선에서 민주당은 조도전대 중퇴생으로 3대와 4대의원으로 원내총무로 맹활약한 유진산 후보를 공천했고, 자유당은 3대와 4대 전북도의원 출신인 김귀복 후보를 대항마로 내세웠다.

일본 고시에 합격하여 판사를 거쳐 변호사로 활동하고 있는 오승근, 대전사범 졸업생인 송준빈, 교도문화 연구소장인 박태영, 금산군 제원면장을 지낸 박명서 후보들이 무소속으로 출전했으나 유진산 후보의 옹벽을 넘어서기에는 조직, 자금, 지명도가 취약했다.

당선이 확실히 보장된 민주당 유진산 후보는 "이번 선거에 자유당이 떼를 지어 다시 출마하고 있는 걸 보니 해방 직후에 주춤했던 친일분자들이 다시 고개를 들어 자유당 독재에 붙어먹던 욕된 사실을 연상케 된다"며 인재의 빈곤을 한탄했다.

유진산 후보는 이재학 국회부의장의 구속을 공공연히 반대하고 자유당 의원들과 함께 민, 참의원 동시선거를 관철하고서 자유당 이

성주 의원 등과 승리의 악수를 교환하여 빈축을 사기도 했다.

자유당 김귀복 후보는 "지난 4대 의원선거 때 자유당 공천을 내가 받았으나 경찰은 유진산 후보를 밀었기 때문에 내가 낙천했다"고 푸념했다.

민주당 신파의 지원을 받고 있는 무소속 박명서 후보는 "주일대사 유태하 부인의 여권 알선과 부정선거 원흉 최인규와 추잡한 거래가 있었다"고 지적하며 유진산 후보를 비난하자, 유진산 후보는 50명의 학생들을 동원하여 박명서 후보를 연단에서 끌어내리고 침을 뱉고 야유하는 등 힘을 과용(過用)했다.

□ 득표상황

후보자	정당	연령	주요 경력	득표 (%)
유진산	민주당	54	2선의원(3대, 4대)	25,939 (66.1)
김귀복	자유당	44	전북도의원	7,963 (20.3)
오승근	무소속	51	판사, 변호사	3,096 (7.9)
박명서	무소속	49	금산군 제원면장	981 (2.5)
박태영	무소속	59	교도문화 연구소장	654 (1.7)
송준빈	무소속	26	대전사범 졸업	625 (1.6)

〈무주〉 지난 4대 총선 때 패배를 안겨줬던 자유당 김진원 후보에게 설욕하고 재선의원 고지에 오른 민주당 신현돈

지난 4대 총선에선 무주군수 출신인 자유당 김진원 후보가 의사

출신으로 제헌의원, 경북과 전북도지사를 지낸 민주당 신현돈 후보를 꺾고 당선됐다.

이번 총선에서 민주당은 제헌의원으로 전북도지사를 역임한 신현돈 후보를 공천하자, 자유당은 명치대 출신으로 무주군수를 거쳐 4대의원으로 활약한 김진원 후보를 내세웠다.

전북대를 갓 졸업한 김용재, 목사로서 한국신학대학장인 김종대 후보들이 무소속으로 등록하여 두 거물들의 쟁패전을 감시했다.

이번 총선에서는 신현돈 후보가 지난 4대 총선에서 패배를 안겨줬던 자유당 김진원 후보를 일방적으로 몰아붙여 5,550표 차로 꺾고 설욕전을 승리로 장식했다.

□ 득표상황

후보자	정당	연령	주요 경력	득표 (%)
신현돈	민주당	56	제헌의원(무주)	12,596 (46.8)
김진원	자유당	43	4대의원(무주)	7,046 (26.2)
김용재	무소속	26	전북대졸	3,670 (13.6)
김종대	무소속	50	한국신학대 이사장	3,579 (13.4)

〈장수〉 지난 4대 총선에서 민주당 후보로 출전하여 차점 낙선한 지명도와 동정 여론으로 승기를 잡은 무소속 송영선

지난 4대 총선에선 보사부장관을 지낸 3대의원 자유당 정준모 후보가 장수경찰서장을 지낸 무소속 최연식, 전북도의원을 지낸 민

주당 송영선 후보들을 꺾고 재선의원이 됐다.

목사로써 미국 공보원장을 지낸 홍양춘, 대지광업 사장으로 제헌의원을 지낸 김봉두 후보들도 무소속으로 출전했다.

이번 총선에서 민주당은 장수군당위원장인 김응만 후보를 공천하자, 전북도당 상무위원인 최성석 후보가 출전하여 민주당 내에서 혼전을 전개했다.

민주당 장수군당 부위원장으로 활약했던 한정석, 경도 제국대 출신인 의사로서 자유당 소속으로 3대와 4대의원 생활을 한 정준모, 장수경찰서장을 지낸 최연식, 전북도의원을 지낸 송영선, 서울에서 직업청소년 학교장으로 활동하고 있는 이상민 후보들이 무소속으로 출전하여 민주당의 내홍(內訌)을 파고들었다.

4월 혁명에 의한 반혁명세력 규탄 데모로 재선의원이지만 무소속으로 위장 출전한 정준모 후보의 위축된 호기를 맞이하여, 지난 4대 총선에서 정준모 후보에게 4,679표차로 대패한 송영선, 장수군당위원장으로 민주당 공천을 받은 김응만, 전북도당 상무위원으로 공천에 반발한 최성석 후보들이 정권교체를 호소하며 유권자들에게 달려갔다.

지난 4대 총선에서도 4,568표를 득표한 최연식 후보도 장수경찰서장 시절을 회상하며 또다시 출전했다.

무소속 송영선 후보가 비록 민주당의 공천에서 탈락하고 무소속으로 출전했지만, 지난 4대 총선에서 아쉽게 패배했다는 동정여론을 등에 업고, 민주당으로 출전하여 신·구파의 이전투구를 벌인 김응만, 최성석 후보들을 제치고 국회 등원에 성공했다.

□ 득표상황

후보자	정당	연령	주요 경력	득표 (%)
송영선	무소속	41	전북도의원	6,563 (22.3)
김웅만	민주당	45	민주당 장수군위원장	6,307 (21.4)
한정석	무소속	54	민주당 장수군 위원	4,064 (13.8)
최성석	민주당	37	민주당 전북도 위원	4,037 (13.7)
정준모	무소속	56	2선의원(3대, 4대)	3,991 (13.6)
최연식	무소속	52	장수경찰서장	2,321 (7.9)
이상민	무소속	25	국제직업소년학교장	2,160 (7.3)

〈임실〉 정권교체의 열기 속에서 이정우, 김상진 후보들의 이전투구 틈새를 비집고 승리한 무소속 한상준

지난 4대 총선에서는 변호사로서 3대의원인 자유당 박세경 후보가 대검찰청 검사 출신 변호사인 무소속 이정우 후보를 꺾고 재선의원이 됐다.

민주당은 이번 총선에서 임실 군당위원장인 김상진 후보를 내세우자, 4명의 무소속 후보들이 등록하여 혼전을 전개했다.

전북도의원을 지낸 한상준, 대검 검사출신인 변호사 이정우, 전북대 중퇴생인 김판산, 서울대 중퇴생인 홍춘식 후보들이 출전했다.

반혁명세력 규탄 데모에 시달린 박세경 재선의원의 불출마로 민주당 공천자의 승리가 예상된 가운데, 민주당은 지난 4대 총선에서

18,159표를 득표하여 3,338 표차로 낙선한 이정우 후보를 배제하고, 의사 출신으로 임실군당위원장을 맡고 있는 김상진 후보를 공천하여 민주당 조직의 분산은 불가피했다.

김상진, 이정우 후보들의 혈투(血鬪)의 틈새를 전북도의원으로 지역적 기반을 다진 무소속 한상준 후보가 어부지리를 취했다.

□ 득표상황

후보자	정당	연령	주요 경력	득표 (%)
한상준	무소속	38	전북도의원	12,565 (29.0)
김상진	민주당	44	임실군당위원장, 의사	12,021 (27.7)
이정우	무소속	50	대검 검사	11,238 (25.9)
홍춘식	무소속	35	서울대 중퇴	4,543 (10.5)
김판산	무소속	35	전북대 중퇴	2,964 (6.9)

〈남원 갑〉 양영주, 김병오 후보들의 협공에 비틀거리는 민주당 양해준 후보를 꺾고 의외의 당선을 일궈 낸 사회대중당 박환생

지난 4대 총선에선 2대의원을 지낸 민주당 조정훈 후보가 3대의원인 자유당 양영주 후보를 659표 차로 꺾고 당선되어 재선의원이 됐고, 해운사 사장인 무소속 공성술 후보는 파수꾼 역할을 수행했다.

이번 총선에서 민주당은 전북도의원 출신인 양해준 후보를 공천했

고, 사회대중당은 만주 신경대 출신으로 전북도 관재국장을 지낸 박환생 후보를, 자유당은 민주당 공천으로 당선됐으나 자유당으로 전향한 전북도의원을 지낸 조정훈 후보를 내세워 쟁패전을 벌이도록 했다.

자유당 소속으로 3대의원을 지낸 양영주, 재경 전북학우회 지도위원인 김병오, 장수군 농업협동조합장인 이형우, 서울대 출신으로 대학 강사인 안재준 후보들이 무소속으로 도전했다.

전북도 교육위원인 이만기 후보도 무소속으로 출전했으나 개표 중단에 의한 재선거가 실시되자 후보직을 사퇴했다.

재선의원인 조정훈 후보가 민주당에서 자유당으로의 변절로 당선권에서 멀어지자, 3대의원을 지낸 양영주 후보가 자유당 조직의 복원에 매달렸다.

전북도의원으로 지역 기반을 다진 양해준 후보의 당선이 예상됐으나 남원 양씨의 씨족기반을 양영주 후보가 잠식했고, 고려대 출신인 25세의 김병오 후보가 출현하여 혁명주체임을 내세워 양해준 후보의 뒷덜미를 잡아챘다.

혁신계열 후보로 당선권을 예상하지 못한 사회대중당 박환생 후보가 양영주, 김병오 후보들의 협공에 절뚝거리는 양해준 후보를 55표 차로 꺾고 당선의 열매를 차지했다.

□ 득표상황

후보자	정당	연령	주요 경력	득표 (%)
박환생	사회대중당	45	전북도 관재국장	6,644 (22.4)
양해준	민주당	33	전북도의원	6,589 (22.2)

양영주	무소속	45	3대의원(남원 갑)	4,290 (14.5)
안재준	무소속	36	대학 강사	4,180 (14.1)
김병오	무소속	25	재경 전북학우회원	3,981 (13.4)
이형우	무소속	55	남원군 대산면장	1,928 (6.5)
조정훈	자유당	46	2선의원(2대, 4대)	1,086 (3.7)
이만기	무소속	47	전북도 교육위원	972 (3.3)

〈남원 을〉 지난 4대 총선에서는 자유당 안균섭 후보에게 4,557 표 차로 패배했지만, 이번 총선에선 2,958표 차로 설욕한 윤정구

4대 총선 때 분구된 이 지역구에서는 군인 출신으로 자유당 공천을 받은 안균섭 후보가 전북도의원 출신인 민주당 윤정구 후보를 꺾고 지역구의 주인이 됐다.

전북도 교육감을 지낸 이기홍, 병원장인 백순관 후보들도 무소속으로 출전했다.

이번 총선에서 민주당은 전북도의원 출신인 윤정구 후보를 내세우자, 자유당 소속으로 4대의원 생활을 한 안균섭 후보가 무소속으로 등록하여 응전했다.

오랫동안 공직생활을 한 박재굉, 남원농고 교사인 유운종, 고등문관 시험에 합격한 소인호 후보들이 무소속으로 도전하여 두 후보들과 어깨를 나란히 하고자 했다.

지난 4대 총선에서 안균섭 후보에게 4,557표 차로 패배한 민주당 윤정구 후보가 이번 총선에서는 2,958표 차로 꺾고 설욕했다.

이들의 표차로 4월 혁명 민심의 바로미터이며, 남원군 보절면과 운봉면민들의 소지역 대결도 펼쳐진 결과였다.

□ 득표상황

후보자	정당	연령	주요 경력	득표 (%)
윤정구	민주당	32	전북도의원	10,343 (31.7)
안균섭	무소속	57	4대의원(남원 을)	7,385 (22.6)
박재굉	무소속	42	공무원	6,789 (20.8)
소인호	무소속	37	변호사예비시험 합격	6,287 (19.2)
유운종	무소속	52	남원농고 교사	1,869 (5.7)

〈순창〉 인물이냐 정당이냐의 갈림길에서 김병로라는 인물을 버리고 민주당 홍영기 후보를 선택한 순창군 유권자들

지난 4대 총선 때에는 3대의원인 자유당 임차주 후보가 변호사로 대학 강사인 민주당 홍영기, 2대의원을 지낸 무소속 김정두 후보들을 꺾고 재선의원이 됐다.

이번 총선에서 민주당은 일본 동북제국대 출신으로 국회 전문위원으로 활약한 변호사인 홍영기 후보를 공천하자, 일본대 출신으로 초대 대법원장을 지낸 김병로 후보가 자유법조단이 아닌 무소속으로 출전하여 자웅을 겨뤘다.

육군 중위 출신인 유홍수 후보가 무소속으로 출전하여 파수꾼 역

할을 했다.

인물이냐 정당이냐의 갈림길에서 순창군 유권자들은 법조계의 원로로서 차기 대통령 후보로 거론된 김병로 후보를 외면(外面)하고 지난 4대 총선에서 낙선한 홍영기 후보를 선택했다.

유권자의 6분의 1 이상을 민주당원으로 확보했다는 홍영기 후보의 호언(豪言)이 적중한 결과이기도 했다.

□ 득표상황

후보자	정당	연령	주요 경력	득표 (%)
홍영기	민주당	41	국회 전문위원	19,929 (51.6)
김병로	무소속	73	대법원장	17,244 (44.6)
유홍수	무소속	27	육군 중위	1,485 (4.2)

〈정읍 갑〉 전북도의원을 지낸 김상술 후보가 신파 공천을 내세우며 추격했으나, 철옹성을 과시하며 3선의원에 등극한 나용균

지난 4대 총선 때는 영국 유학생 출신으로 제헌의원을 지낸 민주당 나용균 후보가 중국 상해대 출신으로 3대의원인 자유당 김창수 후보를 꺾고 재선의원이 됐다.

이번 총선에서 민주당은 런던대 출신으로 제헌의원과 4대의원을 지낸 나용균 후보를 공천했고, 한국사회당은 서울외국어대를 중퇴한 정치신인 유종영 후보를, 사회대중당은 정읍 농업협동조합장

출신인 전공우 후보를 공천했다.

전북도의원 출신인 김상술 후보가 민주당 신파 지원을 업고 민주당으로 출전하여 신·구파 대결을 펼쳤고, 전주지법 정읍지원장을 지낸 전용욱 후보가 무소속으로 출전하여 5파전을 전개했다.

전북도의원 시절 닦아 논 기반을 활용하여 추격전을 전개한 김상술 후보는 민주당의 제명처분으로 의기소침했고, 호남지역은 신파보다 구파를 지지하는 지역정서로 추격의 고삐를 움켜잡을 수가 없었다.

□ 득표상황

후보자	정당	연령	주요 경력	득표 (%)
나용균	민주당	64	2선의원(1대, 4대)	25,950 (53.5)
김상술	민주당	40	전북도의원	16,784 (34.6)
유종영	사회대중당	26	외국어대 재학중	2,623 (5.4)
전공우	한국사회당	37	정읍 농협장	1,753 (3.6)
전용욱	무소속	50	정읍 지원장	1,423 (2.9)

〈정읍 을〉 지난 4대 총선에서 석패에 따른 동정여론, 자유당 조직의 복원, 신태읍민들의 지원으로 예상을 뒤엎고 승리한 송능운

지난 4대 총선 때에는 만주대 출신인 민주당 송영주 후보가 전북도 의원 출신으로 자유당 공천을 받은 송능운, 일본 중앙대 출신으로 2대와 3대의원을 지낸 무소속 김택술 후보들을 꺾은 이변을

만들어 냈다.

자유당 지구당위원장이었지만 자유당 공천에서 밀리자 무소속으로 출전한 전용필 후보의 출전이 승패의 갈림길이었다.

이번 총선에서 민주당은 한국의사단 사무국장을 지낸 김경운 후보를 공천했고, 자유당은 민주당 공천으로 4대 총선에서 당선됐으나 자유당으로 전향한 송영주 후보를 공천했다.

한국독립당은 서울대 출신인 조창옥 후보를, 혁신동지총연맹은 해방통신 사장인 김진기 후보를 내세웠고, 이들외에도 9명의 무소속 후보들이 난립하여 13명의 주자들이 뛰게 됐다.

정읍군 산내면장을 지낸 김광효, 화호여중 교장인 김성환, 전북도의원을 지낸 송능운, 한국중석 관리부장 출신인 홍병식, 국무총리 비서를 지낸 김환덕, 한국고시연구원 부원장인 노용식, 제일화물 사장인 김종민, 중학교 교사였던 송문섭, 해군중위 출신인 송정덕 후보들이 무소속으로 뛰어들었다.

13명의 후보들이 혼전을 벌인 선거전은 송능운, 송영주, 송문섭, 송정덕 등 여산 송씨 문중과 김성환, 김광효, 김경운, 김환덕, 김진기, 김종민 등 범김씨 씨족대결도 펼쳐졌다.

민주당에서 자유당으로 변절한 송영주 후보에 대한 동정과 반감이 교차되어 송영주 후보는 일찍부터 선두권에서 밀려났고, 지난 총선에서 전북도의원 출신으로 자유당 공천을 받고 출전했으나 민주당 송영주 후보에게 의외의 일격을 받고 3,560표 차로 낙선한 송능운 후보가 낙선에 따른 동정여론과 옛날의 자유당 조직을 되살리고 신태인읍민들의 지원을 받아 예상 밖의 승리를 거뒀다.

그러나 송능운 의원은 반공연맹 정읍군단장 이력으로 인한 공민권 제한에 의한 당선 무효로 실시된 재선거에서 민주당 김성환 후보가 당선되어 의원직을 이어갔다.

□ 득표상황

후보자	정당	연령	주요 경력	득표 (%)
송능운	무소속	57	전북도의원	6,453 (15.2)
김성환	무소속	49	화호여중 교장	5,593 (13.2)
송문섭	무소속	39	중학교 교사	5,512 (13.0)
김진기	혁신동지연	44	해방통신 사장	4,013 (9.5)
송영주	자유당	57	4대의원(정읍 을)	3,854 (9.1)
김종민	무소속	51	제일화물 사장	3,481 (8.2)
김경운	민주당	41	한국의사단 사무국장	3,069 (7.2)
송정덕	민주당	26	해군 중위	2,806 (6.6)
김광효	무소속	49	정읍군 산내면장	2,128 (5.0)
김환덕	무소속	37	국무총리 비서	1,738 (4.1)
홍병식	무소속	26	중석개발 관리과장	1,706 (4.0)
노용식	무소속	32	고시연구원 부원장	1,264 (3.0)
조창옥	한국독립당	32	서울대졸	716 (1.7)

〈고창 갑〉 지난 4대 총선에 출전하여 승패를 가른 정세환, 진의종 후보들의 혼전을 즐기며 승리를 낚아챈 유진

지난 4대 총선에서는 3대의원인 무소속 정세환 후보가 변호사 출신으로 자유당 공천을 받은 진의종 후보를 650표 차로 꺾고 재선 의원이 됐다.

회사원인 민주당 이래범, 상무회 전북지회장인 무소속 조병후 후보는 완주했지만, 2대의원을 지낸 무소속 김수학 후보는 중도에 사퇴했다.

이번 총선에서 민주당은 서울대 교수인 유진 후보를 공천했고, 자유당은 3대와 4대의원을 지낸 정세환 후보를 공천하여 자웅을 겨루도록 했다.

민주일보 사장인 김우정, 해양대 조교수인 김용석, 전북도의회 의장을 지낸 배상기, 경성제대 출신으로 상공부 광무국장을 지낸 진의종 후보들이 무소속으로 뛰어들었다.

이번 총선에서는 지난 4대 총선에서 자웅을 겨뤘던 자유당 정세환 후보, 3대의원을 제치고 자유당 공천을 받고 출전했지만 3대의원에게 650표 차로 무너진 진의종, 서울대 교수로 민주당 공천을 받고 혜성처럼 등장한 유진 후보가 3파전을 전개했다.

자유당 출신들인 정세환, 진의종 후보의 혈투를 즐긴 유진 후보가 이번 총선에서는 25표 차로 무소속 진의종 후보를 올리고 국회에 등원했다.

장면 부통령의 비서인 박종률 후보가 이 지역구에 출마하려고 노력했으나 장면 대표의 회유와 설득으로 좌절됐다.

□ 득표상황

후보자	정당	연령	주요 경력	득표 (%)

유 진	민주당	54	서울대 교수	8,800 (26.0)
진의종	무소속	38	상공부 광무국장	8,775 (26.0)
배상기	무소속	38	전북도의회 의장	5,668 (16.7)
정세환	자유당	44	2선의원(3대, 4대)	4,998 (14.8)
김용석	무소속	36	해운공사 선장	2,899 (8.5)
김우정	무소속	50	대한행정신문 사장	2,707 (8.0)

〈고창 을〉 반혁명세력의 발호를 막고 김성수 선생의 정치적 유업을 계승하겠다는 호소로, 민주당 공천에서 낙선하고 민주당 공천 후보를 제치고 무소속으로 승리한 김상흠

지난 4대 총선에서는 회사원인 민주당 홍순희 후보가 비행사 출신으로 2대와 3대의원에 당선된 자유당 신용욱 후보를 778표 차로 꺾고 당선되는 이변을 연출했다.

이번 총선에서 민주당은 고려대 출신으로 동아일보 기자인 이형연 후보를 공천하자, 5명의 후보들이 무소속으로 도전하여 난타전을 전개했다.

전주여고 교사와 전북체육관장을 지낸 원영희, 단국대를 중퇴한 김효남, 민주당 공천으로 4대 총선에서 당선됐으나 자유당으로 전향한 홍순희, 자유당 소속으로 3대와 4대의원을 지낸 신용욱, 김성수 부통령의 아들로서 동아일보 편집국장을 지낸 김상흠 후보들이 무소속으로 출전하여 난타전을 전개했다.

민주당에서 자유당으로 전향한 홍순희 현역의원의 기세가 꺾인 가운데 김성수 전 부통령의 넷째 아들인 무소속 김상흠, 2대와 3대 의원을 지낸 무소속 신용욱, 동아일보 기자 출신으로 26세에 민주당 공천을 받은 이형연 후보의 3파전이 예상됐다.

민주당에서 자유당으로 변절한 홍순희 후보는 "필승의 신념과 태세를 갖추자"고 자유당원들에게 호소했고, 신용욱 후보는 "옛 주인 여러분! 나를 다시 상머슴으로 국회에 보내 달라", "나는 자유당원의 자격이 없는 사람, 정치가는 기회를 봐서 헤엄을 잘 쳐야한다"고 자신의 출마와 태도를 합리화했다.

민주당 이형연 후보는 "늙은 상머슴이 거짓말만 하고 돌아다니니 나같이 젊고 건강한 상머슴을 국회에 보내달라"며 무던한 돈을 매표 공작비로 방출했다.

김성수 선생 태생지인 이 지역구에 넷째 아들 김상흠 후보가 민주당 공천을 받지 못한 채 출전하자, 지지자들은 "중앙당에서 버림받은 사람, 고향에서 밀어주지 않으면 누가 인촌 후계자를 봐주겠는가"라고 호소했다.

반혁명세력의 발호(跋扈)는 무슨 수를 써서든지 막아야겠다는 일념에서 인촌 선생의 부인도 선거운동에 가담하여 "인촌 선생을 생각해봐도 자제분이 마땅히 민주당 공천을 받아야 할 텐데 어찌된 일입니까"라고 주민들을 설득했다.

정치적 유업의 계승이 과연 실현되느냐의 여부가 초점인 가운데 김상흠 후보는 파벌의식을 초월하고 오로지 민족의 융성만을 위해 일해야 한다는 인촌의 이념을 역설했다.

자유당 세력기반이 든든한 가운데 정치적인 무감각지대에서 "반혁명 세력을 아무리 규탄해 봐도 유권자들은 무감각한 것 같다"는 분위기에서 벗어나, 배를 충분히 채우고 있지 못한 농민들이 반혁명 세력 규탄 운운에 관한 이야기가 귀에 쏙쏙 들어가 "인촌의 유업을 계승해 보겠다"는 김상흠 후보가 역전승에 성공했다.

□ 득표상황

후보자	정당	연령	주요 경력	득표 (%)
김상흠	무소속	39	동아일보 편집국장	7,648 (24.1)
김효남	무소속	37	단국대 중퇴	6,792 (21.4)
신용욱	무소속	58	2선의원(2대, 3대)	5,907 (18.6)
이형연	민주당	26	동아일보 기자	4,736 (14.9)
홍순희	무소속	47	4대의원(고창 을)	4,636 (14.6)
원영희	무소속	31	전주여고 교사	2,016 (6.4)

〈부안〉 전북도의원과 부안군당위원장 시절의 조직을 되살려 지난 4대 총선에서 낙선한 김용대 후보를 꺾어버린 민주당 송을상

지난 4대 총선 때는 조도전대 출신으로 3대의원인 자유당 신규식 후보가 농업인인 민주당 김용대, 중학교 교장 출신인 무소속 신기원 후보들을 꺾고 재선의원이 됐다.

이번 총선에는 신규식 의원은 참의원 후보로 출전했고, 김용대 후보는 민주당으로, 신기원 후보는 무소속으로 재출격했다.

전북도의원을 지내고 민주당 부안군당위원장을 지낸 송을상 후보가 민주당으로 출전하여 김용대 후보와 신·구파의 공천을 주장하며 혼전을 전개했다.

김제군수와 부안군수를 지낸 고봉조, 육사 출신으로 예비역 육군 중령인 이병옥, 동경대 출신으로 부안군수를 지낸 백남기, 전주방직 총무부장을 지낸 김종태, 중학교 교사인 조기승 후보들이 무소속으로 얼굴을 내밀었다.

전북도의원과 부안군당위원장 시절 닦아 논 조직과 여산 송씨 문중을 결집시킨 송을상 후보가 지난 4대 총선에서 자유당 신규식 후보에게 10,678표 차로 패배한 김용대 후보를 137표 차로 꺾고 국회에 등원했다.

지난 4대 총선에 출전했던 신기원, 회사원인 김종태, 부안군수 출신인 고봉조 후보들도 선전했다.

지난 4대 총선에서 석패한 김용대 후보에게는 너무나 아쉬운 선거전이었다.

□ 득표상황

후보자	정당	연령	주요 경력	득표 (%)
송을상	민주당	49	전북도의원	10,545 (19.4)
김용대	민주당	45	국민대 중퇴	10,408 (19.2)
김종태	무소속	49	전주방직 총무부장	9,160 (16.9)
신기원	무소속	43	중학교 교장	9,150 (16.8)
고봉조	무소속	44	부안, 김제군수	7,023 (12.9)
이병옥	무소속	33	육군 중령	4,039 (7.4)

조기승	무소속	60	목사, 중학교사	2,220 (4.1)
백남기	무소속	59	부안군수	1,803 (3.3)

〈김제 갑〉 제헌의원 시절부터 닦아 온 조직을 활용하여 혁신세력의 중추적 인물인 정화암 후보를 가볍게 제친 조한백

지난 4대 총선에선 제헌의원인 민주당 조한백 후보가 2대와 3대 의원에 당선된 무소속 송방용, 도정업자인 무소속 임종기 후보들을 꺾고 재선의원이 됐다.

이번 총선에서 민주당은 제헌의원과 4대의원을 지낸 조한백 후보를 내세우자, 중국 노동대학 출신으로 사회대중당 창당을 주도한 정화암 후보가 사회대중당 후보로 출전하여 자웅을 겨뤘다.

민주당 조한백 후보는 제헌의원 시절부터 닦아 온 조직을 활용하여 사회대중당의 지도적 인물이지만 지역에서는 생소한 정화암 후보를 가볍게 제압하고 3선의원에 등정했다.

□ 득표상황

후보자	정당	연령	주요 경력	득표 (%)
조한백	민주당	52	2선의원(1대, 4대)	26,281 (59.6)
정화암	사회대중당	43	사회대중당 발기인	17,784 (40.4)

〈김제 을〉 6년 이상 닦아 온 조직을 활용하여 무명의 정치신인들을

가볍게 제치고 3선의원에 등극한 민주당 윤제술

지난 4대 총선에선 3대의원인 민주당 윤제술 후보가 일본 중앙대 출신인 자유당 최광식 후보를 5천여 표차로 꺾고 재선의원이 됐다.

이번 총선에서 민주당은 동경사범 출신으로 남성중고 교장을 거쳐 3대와 4대의원을 지낸 윤제술 후보를 공천했고, 전북도의원을 지낸 유흥철 후보가 무소속으로 등록하여 한판 승부를 벌였다.

1954년부터 닦아 온 조직을 활용하고 민주당 인기에 힘입은 윤제술 후보는 정치 신예이지만 신인인 유흥철 후보를 가볍게 제치고 3선의원에 등극했다.

□ 득표상황

후보자	정당	연령	주요 경력	득표 (%)
윤제술	민주당	56	2선의원(3대, 4대)	24,444 (62.7)
유흥철	무소속	33	전북도의원	14,557 (37.3)

〈옥구〉 무소속으로 3대와 4대의원에 당선된 양일동 후보가 민주당 공천을 받고 정치신인인 무소속 후보들을 가볍게 제압

지난 4대 총선에선 3대의원인 무소속 양일동 후보가 전북도지사를 지낸 자유당 이을식, 서울시 상공국장을 지낸 통일당 노긍식 후보들을 꺾고 재선의원이 됐다.

이번 총선에서 민주당은 3대와 4대의원을 지낸 양일동 후보를 공천하자, 명치대 출신으로 삼남일보 주필을 지낸 전평배, 중앙대 출신인 강근호, 회사원인 장수성 후보들이 무소속으로 출전하여 한판 승부를 벌였다.

재선의원인 민주당 양일동 후보가 정권교체 열기가 팽배(澎湃)한 상황에서 정치신인들인 무소속 세 후보를 가볍게 제압하고 3선의원 반열에 올랐다.

대학생인 강근호 후보의 나름대로 선전이 돋보였을 뿐이다.

□ 득표상황

후보자	정당	연령	주요 경력	득표 (%)
양일동	민주당	47	2선의원(3대, 4대)	30,786 (61.6)
전평배	무소속	39	삼남일보 주필	10,927 (21.9)
강근호	무소속	26	중앙대 재학중	5,891 (11.8)
장수성	무소속	31	회사원	2,342 (4.7)

〈익산 갑〉 이 지역구 터줏대감 소선규 재선의원의 참의원 진출로 민주당 공천을 받은 조규완 후보가 정치신인들을 꺾고 당선

지난 4대 총선에서는 자유당 공천을 받은 김형섭 후보가 2대와 3대의원을 지낸 민주당 소선규 후보를 2천여 표차로 꺾고 국회에 등원했다.

이번 총선에서 민주당은 항일 학생운동을 펼쳤고 익산군 오산면장

을 지낸 조규완 후보를 내세우자, 사회대중당은 대진통상 사장인 송기만 후보를 내세웠다.

서울대 출신으로 전북대 교수인 임익두, 조선총독부 중추원 참의원을 지낸 박지근 후보가 무소속으로 출전하여 4파전을 전개했다.

이 지역구의 터줏대감인 소선규 재선의원이 참의원 출전으로 방향을 잡자, 민주당은 익산군 오산면장 출신인 조규완 후보를 내세워 정권교체 열기에 가득 찬 지역 분위기를 등에 업고 정치신인들인 임익두, 박지근, 송기만 후보들을 가볍게 제압하도록 했다.

서울대 출신으로 전북대 교수인 임익두 후보는 무소속의 한계를 극복하지 못하고 주저앉았고, 대진통상 사장인 송기만 후보는 혁신계열 후보로서 득표력의 한계를 보였다.

□ 득표상황

후보자	정당	연령	주요 경력	득표 (%)
조규완	민주당	44	익산군 오산면장	17,222 (44.7)
임익두	무소속	38	전북대 교수	9,672 (25.1)
박지근	무소속	70	중추원 참의원	7,330 (19.1)
송기만	사회대중당	37	대진통상 사장	4,273 (11.1)

〈익산 을〉 재선의원인 윤택중 후보가 지난 4대 총선에서 겨뤘던 강세형, 이성주 후보들을 가볍게 꺾고 3선의원 반열에

지난 4대 총선에서는 2대의원으로 민주당 공천을 받은 윤택중 후

보가 독일 베를린대 출신으로 3대의원인 자유당 강세형 후보를 2 천여 표차로 꺾고 재선의원이 됐다.

일본 중앙대 출신으로 면장을 지낸 이진우, 강원도 경무과장을 지 낸 이성주 후보들은 무소속으로 도전했다.

이번 총선에서 민주당은 일본 중앙대 출신으로 단국대 학장을 지 내고 2대의원과 4대의원을 지낸 윤택중 후보를 공천했다.

자유당은 베를린대 출신으로 3대의원을 지낸 강세형 후보를, 한국 독립당은 한국독립군과 광복군에서 활약했고 임시정부 국무위원을 지낸 조경한 후보를 공천했다.

국민학교 교장을 지낸 임양희, 농림부장관 비서실장을 지낸 이성 주, 길림 사도대 출신인 한갑수 후보들이 무소속으로 출전하여 정 당공천 후보들과 한판 승부를 벌였다.

지난 4대 총선에 출전했던 민주당 윤택중, 자유당 강세형, 무소속 이성주 후보들이 재격돌한 가운데 임양희, 조경한, 한갑수 후보들 이 새롭게 뛰어들어 선거전을 달구었다.

그러나 4월 혁명의 열기가 충만한 지역 분위기에 편승한 민주당 재선의원을 다섯 후보들이 따라잡기에는 역부족이었다.

□ 득표상황

후보자	정당	연령	주요 경력	득표 (%)
윤택중	민주당	46	2선의원(2대, 4대)	17,226 (45.5)
강세형	자유당	61	3대의원(익산 을)	5,287 (14.0)
임양희	무소속	56	초등학교 교장	4,946 (13.1)

이성주	무소속	37	농림부장관 비서실장	4,829 (12.7)
조경한	한국독립당	60	임정 국무위원	3,923 (10.3)
한갑수	무소속	41	길림대 중퇴	1,685 (6.1)

전라남도

〈광주 갑〉 전통적으로 야당도시인 광주에서 민주당 재선의원으로 정치신인들을 가볍게 제압하고 3선의원 반열에 오른 정성태

갑, 을, 병구로 3분된 지난 4대 총선 때에는 3대의원인 민주당 정성태 후보가 갑구를 선택하여 지구당위원장인 자유당 노인환, 전남도의회 의장을 지낸 무소속 김창선 후보들을 가볍게 꺾고 재선의원이 됐다.

이번 총선에서 민주당은 3대와 4대의원을 지낸 정성태 후보를 공천했고, 사회대중당은 광주 양복점조합장과 요식업조합, 위생협회장을 지낸 서동열 후보를 내세워 자웅을 겨루도록 했다.

광주 YMCA 이사인 곽인송, 창평 국민학교 교사였던 고광희 후보들이 무소속으로 뛰어들었다.

재선의원으로 전통적 야도인 광주에서 민주당 공천을 받은 정성태 후보를 정치 신인인 곽인송, 서동열, 고광희 후보들이 따라잡기에는 역부족이었다.

☐ 득표상황

후보자	정당	연령	주요 경력	득표 (%)
정성태	민주당	45	2선의원(3대,4대)	23,158 (67.1)
서동열	사회대중당	47	광주 양복점조합장	6,297 (27.2)
곽인송	무소속	32	광주 YMCA 이사	3,637 (10.6)
고광희	무소속	49	창평국교 교사	1,397 (4.1)

〈광주 을〉 민주당 공천을 받은 4대의원으로서 민주당에서 제명당한 무소속 김용환 후보에게 일격을 맞고 쓰러진 이필호

지난 4대 총선에선 광주시의원 출신인 민주당 이필호 후보가 광주 사세청장 출신인 자유당 최태근, 광주시 부시장과 교육감을 지낸 무소속 정해규, 화순에서 제헌의원에 당선된 민주당 조국현 후보들을 꺾고 국회에 등원했다.

이번 총선에서 민주당은 현역의원인 이필호 후보를 공천했으나, 민주당 전남도당 부위원장으로 활약한 김용환 후보가 공천에 반발하여 민주당으로 출전했다.

삼영기업 사장인 임문평 후보는 사회대중당으로, 광주시 반공단장과 호남신문 편집국장을 지낸 박상기 후보가 무소속 후보로 출전하여 민주당 후보 간의 혈전을 지켜봤다.

민주당의 제명으로 무소속이 된 김용환 후보는 "나는 구파 공천입니다. 신·구파는 앞으로 분명히 갈라집니다"라며 지지를 호소했고, 민주당 이필호 후보는 "무소속이 어떻게 국회에서 혼자 시민 여러

분들을 위하여 무엇을 하겠다는 겁니까"라고 무소속 의원의 한계를 역설했다.

원래 광주지역 갑부의 아들인 이필호 후보는 "어떻게 해서 4. 19가 일어났는지도 모르고 3·15 때는 보따리를 싸고 서울에 가 있던 자들이 이제와서 4. 19를 떠받드는데는 구역질이 난다"고 다른 후보들을 비난하고, 3·15 정부통령 선거일에 민주주의 장송 데모를 하다가 경찰관의 발에 차여서 세 번이나 복부 수술을 한 부인을 서울에 입원시킨 채 왔다고 눈물로 호소했다.

"이왕이면 신·구파가 갈라져야 합니다. 일당독재를 막기 위해서라도"라는 주장으로 신·구파의 대결은 이제 당내 분쟁의 양상을 넘어서 완전히 공개된 당대당이 벌리는 접전이라는 양상을 보였다.

광주라는 야당 강세 지역에서 민주당 공천을 받고 재력까지 풍부한 현역의원이 광주농고 출신으로 회사 중역인 김용환 후보, 그것도 민주당에서 제명당한 후보에게 패배할 수 있는지 쉽게 이해될 수는 없다.

다만 전통적인 민주당 구파가 우세한 야당 도시에서 집권세력인 민주당 신파에 맞서 민주당 내 야당의 길을 걷겠다는 김용환 후보에게 묻지마 갈채를 보낸 결과일지도 모를 일이다.

☐ 득표상황

후보자	정당	연령	주요 경력	득표 (%)
김용환	민주당	60	전남도당 부위원장	21,878 (57.8)
이필호	민주당	46	4대의원(광주 을)	11,223 (29.7)

| 임문평 | 사회대중당 | 46 | 삼영기업 사장 | 3,390 (9.0) |
| 박상기 | 무소속 | 37 | 광주시 반공단장 | 1,333 (3.5) |

〈광주 병〉 민주당 조직이 세 갈래로 나뉘어 고전이 예상됐으나 자유당 조직의 양분으로 승리를 엮어 낸 민주당 이필선

지난 4대 총선 때에는 광산에서 3대의원에 당선된 자유당 박흥규 후보가 민주당 전남도당 선전부장으로 활약한 민주당 김석주, 동경제대 출신으로 전남도 농지개량과장을 지낸 무소속 최인환 후보들을 큰 표차로 꺾고 재선의원이 됐다.

이번 총선에서 민주당은 전남도의원을 지낸 임근택 후보와 민주당 갑구에서 간부로 활약했던 이필선 후보를 공천하자, 명치대 출신으로 광주지법 판사대리를 한 김찬곤 후보가 반발하여 역시 민주당으로 출전하여 을구와 같이 이전투구 양상을 보였다.

협진기업 사장인 정균형 후보는 사회대중당으로, 조도전대 출신으로 전남도의원을 지낸 정의식 후보와 자유당 소속으로 3대와 4대 의원을 지낸 박흥규 후보들도 무소속으로 출전했다.

지난 4대 총선에서 당선된 박흥규 후보가 무소속으로 위장 출전하여 자유당 조직을 재구축하고 있는 가운데 민주당은 공천자인 이필선 후보와 임근택, 김찬곤 후보들이 민주당 내에서 난타전을 전개하여 혼전 양상을 보였다.

그러나 전남도의원을 지낸 무소속 정의식 후보가 출전하여 자유당 조직 결집을 방해하여 민주당 이필선 후보가 무소속 박흥식 후보에게 278표 차로 승리할 수 있는 빌미를 제공했다.

□ 득표상황

후보자	정당	연령	주요 경력	득표 (%)
이필선	민주당	32	지구당 상무위원	6,342 (27.3)
박흥규	무소속	47	2선의원(3대, 4대)	6,064 (26.1)
정의식	무소속	40	전남도의원	3,947 (17.0)
김찬곤	민주당	40	광주지법 판사대리	3,947 (17.0)
임근택	민주당	46	전남도의원	1,456 (6.3)
정균형	사회대중당	37	고등법원 서기	1,413 (6.0)

〈목포〉 전남일보 사장으로 재력을 구비한 김문옥 후보가 제명에도 불구하고 바꿔보자는 민심을 등에 업고 현역의원을 격파

지난 4대 총선 때는 전남대 상과대학장을 지낸 3대의원인 민주당 정중섭 후보가 목포시의회 의장을 지낸 자유당 유정두, 검사 출신 변호사인 통일당 김하중, 전남도의원 출신인 노농당 홍익선, 제헌의원을 지낸 무소속 강선명, 외자청 목포지소장을 지낸 무소속 안길호 후보들을 꺾고 재선의원이 됐다.

이번 총선에서 민주당은 3대와 4대의원을 지낸 정중섭 의원을 공천하자, 전남일보 사장으로 민주당 중앙상무위원을 지낸 김문옥 후보도 민주당으로 출전하여 자웅을 겨뤘다.

평양신학교 출신 목사로서 2대의원과 진보당 총무위원을 지낸 임기봉 후보가 사회대중당으로 출전하여 파수꾼 역할을 했다.

민주당의 현역의원이거나 지난 4대 총선 때 민주당 공천으로 석패한 후보에 대하여 무조건 공천한다는 원칙에 따라 재선의원 정중섭 의원이 공천을 받게 됐고, 목포일보 사장으로 재력을 구비한 김문옥 후보가 공천에 반발하여 민주당으로 출전하자 민주당은 김문옥 후보를 제명하여 정중섭 후보의 당선을 도와줬다.

그러나 김문옥 후보는 6년 동안 국회의원으로 봉직한 정중섭 후보를 갈아보자, 바꿔보자는 민심을 일으켜 민주당 내전에서 3,606표 차라는 압승을 거두고 국회에 등원했다.

□ 득표상황

후보자	정당	연령	주요 경력	득표 (%)
김문옥	민주당	64	민주당 상무위원	20,144 (47.5)
정중섭	민주당	62	2선의원(3대, 4대)	16,538 (39.0)
임기봉	사회대중당	56	2대의원(목포)	5,693(13.5)

〈여수〉 패기를 앞세우고 맹렬하게 추격한 김봉채 후보를 민주당의 제명처분으로 가까스로 제압하고 4선의원에 등정한 정재완

지난 4대 총선 때에는 여천군수 출신으로 2대와 3대의원을 지낸 민주당 정재완 후보가 여수시장 출신으로 제헌의원과 2대의원을 지낸 자유당 황병규 후보를 꺾고 3선의원이 됐다.

고교교사 출신인 무소속 정인제 후보도 무소속으로 출전했다.

이번 총선에서 민주당은 2대, 3대, 4대의원으로 3선의원인 정재완 후보를 내세우자, 여수시의원을 지낸 김봉채 후보가 무소속으로 뛰어들어 한판 승부를 벌였다.

의사로서 전남도 교육위원인 서선모 후보는 사회대중당으로, 조도 전대 출신으로 제헌의원을 지낸 김문평 후보는 무소속으로 출전했다.

3선의원인 민주당 정재완 후보가 40대의 패기를 앞세워 여수수고 동문들의 전폭적인 지지를 받고 추격전을 전개한 김봉채 후보를 민주당의 제명처분이라는 지원을 받아 어렵게 1,101표 차로 꺾고 4선의원에 등정했다.

□ 득표상황

후보자	정당	연령	주요 경력	득표 (%)
정재완	민주당	60	3선의원(2, 3, 4대)	12,336 (38.5)
김봉채	무소속	45	여수시의원	11,235 (35.0)
김문평	무소속	54	제헌의원(여수 갑)	4,621 (14.4)
서선모	사회대중당	41	전남 교육위원, 의사	3,882 (12.1)

〈순천〉 욕설과 험담이 오고 간 흙탕물 선거전에서 민주당의 제명처분에 힘입어 고종사촌 최의남 후보를 꺾고 깊은 상처를 입은 채 3선의원 반열에 오른 윤형남

지난 4대 총선 때는 3대의원인 민주당 윤형남 후보가 조도전대 출신으로 순천제당 사장인 자유당 김병수, 순천극장 주인인 무소속 반승룡, 순천시장을 지낸 무소속 윤구혁 후보들을 꺾고 재선의원이 됐다.

이번 총선에서 민주당은 2대와 3대의원을 지낸 윤형남 후보를 공천하자, 전남도의원을 지낸 최의남 후보가 반발하여 민주당 신파 공천임을 내세우며 출전하여 혈투를 전개했다.

동양인쇄 사장인 반승룡과 회사장인 김정중 후보들도 무소속으로 뛰어들어 양 거두의 혈전을 지켜봤다.

고종사촌끼리 민주당 신·구파로 나뉘어 전개한 흙탕물 싸움은 공천자인 윤형남, 낙천자 최의남 후보들은 서로 쌍스럽지 못한 욕설(辱說)까지 교환했다.

민주당의 분열상과 추태를 무소속 후보들이 어부지리를 노리고 있으나 발을 붙여 줄 여유가 없는 것으로 전망됐다.

윤형남 후보는 순천시 의회의장 등 20여명을 제명처분하면서 최후보 측에서 입에 못 담을 욕과 중상모략을 하고 있다고 불평했다.

그러나 최의남 후보는 윤 후보 측에서 "종직이의 아들, 무식한 자"라고 욕설을 하니 분해서 참을 수가 없었다고 호소했다.

4대 총선 때 선거사무장을 지낸 최의남 후보는 이번만 한번 더 하면 다음 5대 국회의원 선거에는 입후보를 양보하겠다는 각서를 중요한 선전책의 방안으로 활용했으며, 민주당 원로 김양수 씨가 입회까지 한 권위 있는 약속이라고 강조했다.

윤형남 후보는 민주당원 이계식 등 27명이 집단탈당하고 20명이 제명되어 분열된 상황에서 4. 19 직전 자유당으로 전향하려 했다는 소문에 대해서는 모략이라고 해명하며 어렵게 수성에 성공했다.

□ 득표상황

후보자	정당	연령	주요 경력	득표 (%)
윤형남	민주당	49	2선의원(3대, 4대)	11,430 (42.7)
최의남	민주당	47	전남도의원	10,352 (38.7)
김정중	무소속	43	회사장	4,041 (15.1)
반승룡	무소속	43	동양인쇄 사장	937 (3.5)

〈광산〉 전남도의원 출신으로 지난 4대 총선에서의 패배를 디딤돌 삼아 여유 있게 승리한 민주당 고몽우

지난 4대 총선에선 때 동경제대 출신으로 3대의원인 자유당 이정휴 후보가 전남도의원을 지낸 무소속 고몽우 후보를 가볍게 제치고 재선의원이 됐다.

광주시로 일부를 할양하고 갑·을구가 통합된 이 지역구에 민주당은 이번 총선에서 전남도의원을 지낸 고몽우 후보를 내세웠고, 사회대중당은 서울법대 출신으로 월간영화세계 사장인 강대진 후보를 내세웠다.

화순 광업소장인 박선규 후보는 사회대중당으로 등록했다가 중도에 사퇴했다.

거류민단 조직부장을 지낸 조윤구, 전남극장협회 상무를 지낸 오

희수, 제헌의원을 지낸 박종남, 외무부장관 비서관을 지낸 김판우, 송정읍장을 지낸 김삼길, 육군사관학교 출신으로 제1관구 헌병부장을 지낸 송인섭 후보들이 무소속으로 도전했다.

축산업을 영위하고 있는 김우성 후보가 무소속으로 등록했다가 사퇴하여 입후보는 11명이었지만 2명이 중도에 하차하여 9명의 주자들만이 완주했다.

32개 전남 지역구의 민주당 후보 중 구파 22명, 신파 10명으로 구파의 뿌리가 신파보다 깊어 전반적으로 구파 출신들이 선전했다.

그러나 이 지역구는 신·구파의 갈등이 없어 지난 4대 총선 때 11,387표 차로 크게 패배했지만 이정휴 현역의원이 출전을 포기하고 민주당 내에서 강력한 도전자가 없고 더구나 사회대중당이 복수 공천하여 민주당 고몽우 후보가 여유 있게 승리를 거머쥘 수 있었다.

극장을 갖고 있는 오희수, 회사장인 김상기, 송정읍장 출신인 김삼길 후보들이 10%의 낮은 득표율로 추격했을 뿐이다.

□ 득표상황

후보자	정당	연령	주요 경력	득표 (%)
고몽우	민주당	46	전남도의원	11,509 (37.8)
오희수	무소속	46	전남극장협회 이사	4,088 (13.4)
김상기	무소속	44	회사장	4,083 (13.4)
김삼길	무소속	38	광산군 송정읍장	3,431 (11.3)
송인섭	무소속	35	제1관구 헌병부장	2,602 (8.5)
박종남	무소속	45	제헌의원(광산)	1,270 (4.2)

강대진	사회대중당	27	월간 영화세계 사장	1,233 (4.1)
김판우	무소속	41	외무부장관 비서관	1,185 (3.9)
조윤구	무소속	46	거류민단 조직부장	1,040 (3.4)
박선규	사회대중당	39	화순광업소 소장	사퇴
김우성	무소속	41	축산업	사퇴

〈담양〉 지난 4대 총선에서 국쾌남, 박영종, 남상기 후보에 밀려 4위로 낙선했지만 130표 차로 아찔한 승리를 엮어낸 민주당 김동호

지난 4대 총선에선 조도전대 출신으로 무역상인 자유당 국쾌남 후보가 의사 출신으로 담양군수를 지낸 민주당 김동호, 전남도의원을 지낸 대한농민회 남상기, 조도전대 출신으로 호남신문 편집국장 출신으로 3대의원인 통일당 박영종 후보들을 꺾고 당선됐다.

이번 총선에서 민주당은 의사로서 담양군당위원장을 지낸 김동호 후보를 공천하자, 4명의 후보들이 무소속으로 도전하여 한판 승부를 벌였다.

한청 담양군단장을 지낸 조규태, 일본 중앙대 출신으로 국회 사무처 법제조사국장을 지낸 고재필, 북경 민국대 출신으로 동아일보 기자로 활약했던 국순엽, 동경제대 출신으로 대사관 참사관을 지낸 김성용 후보들이 맹렬하게 도전했다.

국쾌남 의원은 자유당을 탈당하고 의원직을 사퇴하고서 무소속으로 참의원에 도전했으나 당선권에서 멀어지자 중도에 사퇴했다.

담양군수 출신이지만 지난 4대 총선에서 4,351표로 4위에 머물러 공천이 불투명했으나 계파의 적극적인 지원으로 공천을 받은 김동호 후보가 일본 중앙대 출신으로 국회에서 법제조사국장으로 활약하였고, 제주 고씨들의 전폭적인 지지자를 받은 무소속 고재필 후보를 130표 차로 아슬아슬하게 꺾고 국회에 등원했다.

동경제대 출신으로 외무부 참사관으로 활약한 무소속 김성용 후보가 고향인 창평면에서 많은 지지를 받아 동메달을 확보했다.

□ 득표상황

후보자	정당	연령	주요 경력	득표 (%)
김동호	민주당	55	담양군당위원장	11,752 (28.0)
고재필	무소속	47	국회사무처 국장	11,442 (27.3)
김성용	무소속	41	외무부 참사관	9,851 (23.5)
국순엽	무소속	51	동아일보 기자	6,434 (15.3)
조규태	무소속	40	한청 담양군단장	2,483 (5.9)

〈광양〉 지난 4대 총선에서 낙선한 실패를 디딤돌 삼아 이번 총선에서 정치신인들을 가볍게 꺾고 당선된 민주당 김석주

지난 4대 총선 때에는 국회 전문위원 출신인 자유당 황숙현 후보가 경찰국장 출신으로 3대의원인 무소속 김정호, 광양과 보성군수를 역임한 민주당 김석주 후보들을 가볍게 제압했다.

이번 총선에서 민주당은 광양군수, 보성군수, 전남도의원, 광양군

당위원장을 지낸 김석주 후보를 공천하자 일본 중앙대 출신으로 서울, 부산, 대전, 광주 체신청장을 섭렵한 김선주 후보가 무소속으로 도전했다.

근민당 총무부장을 지낸 최백근 후보는 혁신동지총연맹 공천으로, 내무부 지도과장을 지낸 박준호 후보는 무소속으로 도전했다.

지난 4대 총선에서 낙선한 아픔을 딛고 재기한 민주당 김석주 후보가 정치신인인 최백근, 김선주, 박준호 후보들을 가볍게 제압했다.

일본 중앙대 출신으로 서울체신청장을 지낸 김선주 후보와 내무부 지도과장 출신인 박준호 후보는 이번 총선에서 무소속 후보로 출전하여 선전한 것이 정계에서 활약하는 디딤돌이 됐다.

김석주 후보의 고전이 예상되자 민주당은 무소속으로 위장 출전한 박준호 후보를 추가 제명하여 김석주 후보 당선의 도우미 역할을 했다.

□ 득표상황

후보자	정당	연령	주요 경력	득표 (%)
김석주	민주당	59	광양군수, 전남도의원	15,533 (45.4)
김선주	무소속	51	서울체신청장	9,248 (27.0)
박준호	무소속	43	내무부 지도과장	6,927 (20.2)
최백근	혁신동지련	46	근민당 총무부장	2,516 (7.4)

〈여천〉 지난 4대 총선에서 자유당 이은태 후보에게 266표 차로 석

패하고서 이번 총선에서 66.3%의 득표율을 올린 민주당 김우평

지난 4대 총선 때에는 명치대 출신으로 조선대 법정대학장과 전남 도의원을 지낸 자유당 이은태 후보가 외자청 구매처장을 지낸 민주당 김우평, 광주시장을 지낸 국민회 홍용구, 전남도 수산과장을 지낸 무소속 이경근 후보들을 어렵게 따돌리고 국회에 등원했다.

이번 총선에서 민주당은 미국 콜럼비아대 출신으로 외자청 구매처장을 지낸 김우평 후보를 내세우자, 국제연합 한국협회 경남도 이사였던 유지용, 화순군수를 지낸 곽봉수 후보들이 무소속으로 도전했다.

이은태 의원은 자유당을 탈당하고 무소속으로 참의원 선거에 출전했으나 79,050표를 득표하여 낙선했다.

지난 4대 총선에서 자유당 이은태 후보에게 966표 차로 아쉽게 패배한 김우평 후보는 민주당 공천을 받고서 조도전대 출신으로 화순군수를 역임하고 전남대 교수로 봉직하고 있는 무소속 곽봉수 후보와 부산대 출신인 유지용 후보를 가볍게 제압했다.

□ 득표상황

후보자	정당	연령	주요 경력	득표 (%)
김우평	민주당	62	외자청 구매처장	34,625 (66.3)
곽봉수	무소속	49	화순군수, 전남대 교수	10,998 (21.0)
유지용	무소속	34	국련 경남도 대표	6,660 (12.7)

〈곡성〉 지난 4대 총선에서 자유당 선전위원장 조순 후보에게 아쉽게 패배한 전력을 디딤돌 삼아 국회에 등원한 민주당 윤추섭

지난 4대 총선 때에는 2대와 3대의원인 자유당 조순 후보가 민주당 중앙위원인 윤추섭 후보를 꺾고 3선의원 반열에 올랐다.

정경민보 전남지국장인 최진기 후보는 무소속으로 등록했다가 사퇴했다.

이번 총선에서 민주당은 구례군당위원장을 지낸 윤추섭 후보를 공천했고, 무소속 후보 6명이 등록하여 7파전이 전개됐다.

고등기술학교장인 조용기, 조선대 출신인 신승원, 경찰국장 출신인 심형택, 전남도의원을 지낸 최영섭, 연희대 정치학과 출신으로 대양해양 대표인 조희철, 북경 민국대 출신으로 대학교수인 정래동 후보들이 무소속으로 출전하여 민주당의 옹벽을 돌파하고자 했다.

지난 4대 총선에서 낙선했지만 지명도를 높인 민주당 윤추섭 후보가 전남도 경찰국장 출신인 심형택, 전남도의원 출신인 최영섭 후보들을 어렵지 않게 따돌리고 국회에 등원했다.

민주당은 윤추섭 후보의 당선을 위협하여 추격전을 전개한 심형택 후보를 추가로 제명하여 윤추섭 후보의 당선을 도왔다.

□ 득표상황

후보자	정당	연령	주요 경력	득표 (%)
윤추섭	민주당	63	곡성군당위원장	16,829 (27.1)
심형택	무소속	69	전남도 경찰국장	8,098 (20.2)

최영섭	무소속	46	전남도의원	6,002 (15.0)
조용기	무소속	32	고등기술학교 교장	5,840 (14.6)
조희철	무소속	32	대한해업사 대표	3,599 (9.0)
정래동	무소속	57	대학 교수	3,435 (8.6)
신승원	무소속	35	조선대졸	2,210 (5.5)

〈구례〉 지난 4대 총선에서는 이갑식 후보에게 9,682표 차로 패배했지만, 이번 총선에서 6,025표 차로 되갚아준 민주당 고기봉

지난 4대 총선 때에는 일본 신호대 출신으로 3대의원인 자유당 이갑식 후보가 마산면장 출신인 민주당 고기봉, 구례중학교 교장 출신인 무소속 김무규 후보들을 꺾고 재선의원이 됐다.

이번 총선에서 민주당은 구례군 마산면장 출신으로 구례군당위원장을 지낸 고기봉 후보를 공천했고, 사회대중당은 여수지구 해운조합 이사장인 이상기 후보를 공천했다.

고려대 출신으로 민주당 중앙위원을 지낸 안홍순, 일본 신호대 출신으로 자유당 소속으로 3대와 4대의원을 지낸 이갑식 후보가 무소속으로 출전했다.

지난 4대 총선에서는 자유당 이갑식 후보가 15,592(72.5%)표를 득표하여 5,910표에 머문 민주당 고기봉 후보를 9,682표차로 승리했지만, 이번 총선에서 민주당 고기봉 후보는 14,372표(51.8%)를, 이갑식 후보는 8,320표(30.0%)득표에 머물러 낙선했다.

이것이 바로 전남 농촌지역 민심의 바로미터이다.

□ 득표상황

후보자	정당	연령	주요 경력	득표 (%)
고기봉	민주당	55	구례군 마산면장	14,372 (51.8)
이갑식	무소속	56	2선의원(3대,4대)	8,320 (30.0)
이상기	사회대중당	40	여수해운조합 이사장	3,399 (12.2)
안홍순	무소속	32	민주당 중앙위원	1,676 (6.0)

〈승주〉 지난 4대 총선에서 1,188표 차의 석패를 이번 총선에서 6,410표 차로 이형모 후보에게 되갚아준 민주당 조연하

지난 4대 총선 때에는 상공회의소 부회장 출신으로 3대의원인 자유당 이형모 후보가 대한부흥건설단 요원인 민주당 조연하 후보를 1,188표 차로 꺾고 재선의원이 됐다.

이번 총선에서 민주당은 중앙상무위원을 지낸 조연하 후보를 공천했다.

고시위원회에 근무했던 최운기 후보는 사회대중당으로, 민주당 공천에 불만을 가진 민주당 중앙위원인 남정수 후보는 민주당 구파 내천자임을 내세우며 민주당으로 등록했다.

자유당 소속 3대와 4대의원으로 국회 부흥분과위원장을 지낸 이형모, 미국 피빠의대 출신으로 성균관대 부교수인 유영대, 승주군 별양면장을 지낸 심하택 후보들이 무소속으로 출전했다.

대판시 대한청년단장으로 활약한 강길만 후보는 무소속으로 등록했다가 중도에 사퇴했다.

지난 4대 총선에서 농촌지역임에도 자유당 이형모 후보와 민주당 조연하 후보의 표차가 25,115표 대 23,927표로 1,188표 차에 불과했는데, 이번 총선에서도 10,305표 대 17,445표로 6,410표 차로 벌어져 민심의 이반 현상을 감지할 수 있었다.

민주당 구파 공천자임을 내세운 남정수 후보가 민주당의 제명에도 불구하고 황전면 고향 표와 의령 남씨 문중표를 결집시켜 선전했고, 성균관대 교수 출신인 유영대 후보는 박사라며 득표활동을 전개했으나 여의치 아니하자 이형모 후보와의 연대설이 나돌았다.

황전면 출신인 재일교포 강길만 후보가 남정수 후보와의 고향이 겹쳐 당선 가능성이 희박해지자 중도에 사퇴했다.

60년대 농촌지역에서의 득표는 같은 면 출신이거나 같은 문중 출신이거나 같은 학교 출신을 파고든 것이 기본이며, 여기에다 운동원의 활동비나 매수자금을 뿌리며 홍보자료를 입소문으로 널리 퍼뜨리는 것이었다.

지난 4대 총선에서 패배한 조연하 후보가 압승을 거둘 수 있었던 것은 승주군에서 인구가 가장 많은 주암면 출신으로 대성인 옥천 조씨 문중표가 기반이 되었기 때문이었다.

□ 득표상황

후보자	정당	연령	주요 경력	득표 (%)
조연하	민주당	37	민주당 중앙위원	17,445 (33.9)
이형모	무소속	47	2선의원(3대, 4대)	10,305 (20.0)

남정수	민주당	53	민주당 중앙위원	8,632 (16.8)
유영대	무소속	45	성균관대 부교수	7,488 (14.5)
심하택	무소속	35	승주군 별양면장	4,707 (9.1)
최운기	사회대중당	32	고시위원회 근무	2,932 (5.7)
강길만	무소속	31	대판 대한청년단장	사퇴

〈고흥 갑〉 자유당 손문경 재선의원의 사퇴로 당선이 예상되었고 김선홍 후보의 제명처분으로 승세를 굳힌 민주당 박형근

지난 4대 총선에선 명치대 출신으로 숙명여대 교수, 3대의원인 자유당 손문경 후보가 경찰학교장을 지낸 민주당 박형근, 전남도의원을 지낸 무소속 정성순 후보들을 꺾고 재선의원이 됐다.

이번 총선에서 민주당이 전남도당 부위원장으로 활약한 박형근 후보를 공천하자, 전남여객 사장인 김선홍, 서울대 출신으로 민주당 정치연구부 간사인 신형식 후보들이 무소속으로 출전하여 3파전을 전개했다.

미군 군정청 문화과장을 지낸 황상원 후보가 무소속으로 출마했다 중도에 사퇴했다.

재선의원인 손문경 후보는 국회의원을 사직하고 자유당 공천을 받고 참의원 선거에 도전했으나 8명을 선출한 전남도에서 84,375표를 득표하여 14위로 낙선했다.

손문경 후보가 빠져버린 상황에서 지난 총선에서 손문경 후보에게

1만 표 이상 뒤진 박형근 후보가 승세를 굳혀가고 있는데도 맹렬하게 추격하고 있는 김선홍 후보가 추가로 민주당에서 제명처분을 받아 추격의지마저 흘날렸다.

서울대 출신으로 민주당 정치연구부 간사인 신형식 후보도 무소속으로 출전했지만, 당선 가능성이 없다는 판단으로 제명 명단에서 제외됐다.

□ 득표상황

후보자	정당	연령	주요 경력	득표 (%)
박형근	민주당	45	전남도당 부위원장	24,112 (53.9)
김선홍	무소속	63	전남여객 사장	12,991 (29.0)
신형식	무소속	33	민주당 정치연구부원	7,668 (17.1)
황상원	무소속	34	군정청 문화과장	사퇴

〈고흥 을〉 과도정부의 정치범 사면(赦免)으로 복권된 서민호 후보가 4대 총선에서 민주당 공천으로 석패한 지영춘 후보에게 승리

지난 4대 총선에선 명치대 출신으로 조선대 총장, 광주에서 2대 의원을 지낸 자유당 박철웅 후보가 고흥군 포두면장 출신으로 3대 의원인 자유당 송경섭, 부산수산대 출신인 민주당 지영춘 후보들을 꺾고 재선의원이 됐다.

여수서중 교사인 송몽선 후보도 자유당으로 출전했다.

이번 총선에서 미국 콜럼비아대 출신으로 2대의원을 지낸 서민호

후보가 무소속으로 출전하자 민주당은 무공천 지역으로 배려했다. 이에 민주당 지구당위원장인 지영춘 후보가 무소속으로 등록하여 한판 승부를 벌였다.

백화점 번영회장인 송효석, 거류민단 중앙위원으로 팔영사 대표인 김원태 후보가 무소속으로 도전했으나 들러리 수준을 벗어나지 못했다.

허정 과도정부 정치범 특별사면으로 복귀한 무소속 서민호 후보와 지난 4대 총선에서 자유당 박철웅 후보에게 938표 차로 석패한 민주당 지영춘 후보가 막상막하의 숨가쁜 백병전을 펼쳤다.

유권자 9천 명인 라로도를 기반으로 조직망을 구축하고 금력의 사용에서도 우위를 차지하고 있는 지영춘 후보를 향해 서민호 후보가 열세를 만회해 보려는 필사적인 추격전을 전개하여, 우세를 더욱 강화하여 골인까지 지속하려는 당선권 내의 후보자 사이의 각축전이 벌어졌다.

"곳곳에서 나더러 찬조연설을 부탁해 오는 형편인데 어디 갈 틈이 있어야지, 삼척동자도 알걸"이라고 푸념하며, 4. 19 혁명을 계기로 8년 동안의 정치감옥 생활을 청산한 월파 서민호 후보는 감옥 가기전에 쌓아 올린 인기와 관록을 되살려 움직이고 있지만 고전 중이며, 출옥 이후 아직까지 충분히 자라지 않은 머리카락이 트레이드 마크가 되었다.

고흥군민들이 환영탑까지 세워준 서민호의 왕국이요, 아성인 선거구는 나로도를 기반으로 광대무변한 조직력을 구비한 지영춘 후보를 무너뜨리고 굳건한 아성임을 선포했다.

서민호 후보는 "돈의 준비나 조직의 준비가 없어서 고전이지"라며 젊은 후보자들이 당선만을 목표로 해서 자유당식 선거운동을 벌리고 있음을 개탄했다.

□ 득표상황

후보자	정당	연령	주요 경력	득표 (%)
서민호	무소속	57	2대의원(고흥 을)	23,624 (59.6)
지영춘	무소속	37	민주당 지구당위원장	12,070 (30.5)
송효석	무소속	34	백화점 번영회장	2,917 (7.4)
김원태	무소속	31	거류민단 중앙위원	980 (2.5)

〈보성〉 지난 4대 총선에서 당선된 황성수 후보는 참의원으로, 낙선한 이정래 후보는 압승을 거두고 민의원으로 등원

지난 4대 총선에선 문교부 편수국장 출신인 자유당 안용백 후보가 제헌의원을 지낸 민주당 이정래 후보를 꺾고 국회 등원에 성공했다. 그러나 선거무효 판결로 의원직을 상실했다.

선거무효 판결로 실시된 재선거에서 일본 동북제대 출신으로 전남도지사와 국회부의장을 지낸 자유당 황성수 후보가 지난 4대 총선에서 낙선한 민주당 이정래 후보를 다시 한번 울리고 뒤늦게 국회에 등원했다.

이번 총선에서 민주당은 경성제대 출신으로 중앙상무위원인 이정래 후보를 공천하자, 사회대중당은 근로대중당 재정부장을 지낸 정해룡 후보를 내세웠다.

미진산업 사장인 전창권, 재일거류민단 부단장을 지낸 김금석, 동경대 출신으로 전남일보 동경특파원으로 활동한 김규남 후보들이 무소속으로 출전했다.

지난 4대 총선에서 당선된 황성수 의원은 자유당으로 참의원에 도전하여 전남도지사로 봉직하여 얻은 지명도를 활용하여 25명의 후보 가운데 1위에 등극하는 쾌거를 이룩했다.

지난 4대 총선에서 낙선한 경력을 디딤돌 삼은 민주당 이정래 후보는 민주당의 조직, 지난 4대 총선에서의 석패에 따른 동정여론, 광주 이씨 문중 표밭을 개간하여 압승을 거두었다.

민주당은 회사장으로 풍부한 재력을 활용하여 추격전을 전개한 전창권 후보를 제명하여 이정래 후보의 압승을 거들었다.

재일거류민단 부단장인 김금석, 전남일보 동경 특파원인 김규남 후보들도 함께 뛰었으나 득표력은 10%에도 미치지 못했다.

□ 득표상황

후보자	정당	연령	주요 경력	득표 (%)
이정래	민주당	61	제헌의원(보성)	29,499 (48.1)
전창권	무소속	44	미진산업 사장	10,221 (16.7)
정해룡	사회대중당	46	근로당 재정부장	9,545 (15.5)
김규남	무소속	31	전남일보 동경특파원	6,054 (9.9)
김금석	무소속	34	거류민단 부단장	6,038 (9.8)

〈화순〉 2선의원으로 화순의 터줏대감인 헌정동지회 구흥남 후보를

꺾고 고토(故土)를 회복한 민주당 박민기

지난 4대 총선에선 조도전대 출신으로 3대의원인 자유당 구흥남 후보가 한국민사처 경제관으로 활약한 민주당 양회수 후보를 꺾고 재선의원이 됐다.

이번 총선에서 민주당은 화순 금융조합장으로 2대의원으로 활동한 박민기 후보를 공천했고, 사회대중당은 일본대 출신인 조규선 후보를, 헌정동지회는 조도전대 출신으로 3대와 4대 국회에서 자유당 소속 의원으로 활동한 구흥남 후보를 공천했다.

전남도의원으로 민주당 중앙위원을 지낸 정병갑, 민권수호연맹 기획위원으로 변호사인 조기항, 홍익대 교수로서 인천일보 사장인 김종국 후보들은 무소속으로 도전했다.

민주당은 지난 4대 총선에서 민주당 공천으로 16,999표를 득표한 양회수 후보를 제치고, 2대의원과 화순 금융조합장을 역임한 박민기 후보를 공천했다.

민주당 공천을 받은 박민기 후보는 풍부한 재력과 민주당의 조직을 활용하여 당선권을 넘나들었고, 조도전대 출신으로 자유당 공천을 받아 3대와 4대의원을 지낸 구흥남 후보도 헌정동지회로 위장 출전하여 넘쳐나는 재력을 활용하여 득표활동을 전개하고 있으나, 민심의 이반으로 고전을 면치 못했다.

변호사로서 민권수호 활동으로 지명도를 높인 조기항 후보의 선전이 돋보였으나, 지역기반이 견고한 전남도의원 출신인 정병갑 후보는 상대적으로 득표율이 저조했다.

헌정동지회 구홍남 후보는 "과거의 잘못을 속죄하는 뜻에서 당선만 되면 꼭 야당의원 노릇을 하겠다"고 공약했으나 화순군민들의 호응을 얻지는 못했다.

□ 득표상황

후보자	정당	연령	주요 경력	득표 (%)
박민기	민주당	48	2대의원(화순)	15,056 (32.2)
조기항	무소속	51	민권수호위원, 변호사	12,164 (26.0)
정병갑	무소속	40	전남도의원	5,688 (12.1)
구홍남	헌정동지회	46	2선의원(3대, 4대)	5,114 (10.9)
조규선	사회대중당	55	일본 법정대졸	4,848 (10.4)
김종원	무소속	49	인천일보 사장	3,948 (8.4)

〈장흥〉 2대 의원으로 3대와 4대에 걸쳐 자유당 후보에게 패배했지만 4월 혁명의 분위기를 타고 고토를 회복한 민주당 고영완

지난 4대 총선에선 3대의원인 자유당 손석두 후보가 2대의원을 지낸 민주당 고영완 후보를 가까스로 물리치고 재선의원이 됐다.

이번 총선에서 민주당은 2대의원을 지낸 고영완 후보를 공천하자, 명치대 출신으로 중앙 농민대 강사인 이양래 후보가 사회대중당 공천으로, 명치대 출신으로 민주당 장흥군당위원장을 지낸 김형배 후보가 무소속으로 도전했다.

지난 4대 총선에서 민주당 고영완 후보는 자유당 손석두 후보에게

5,603표차로 무너져 연패의 늪에서 헤어나지 못하자, 민주당은 기사회생의 기회를 부여했고, 손석두 의원은 이곳저곳을 방황하다가 정계 은퇴의 수순을 밟았다.

거칠 것 없이 당선을 향해 질주하는 고영완 후보에게 명치대 출신으로 민주당 장흥군당위원장으로 활약한 김형배 후보가 무소속으로 위장 출전하여 추격전을 전개하자, 민주당은 추가로 제명조치하여 고영완 후보의 당선을 지원했다.

□ 득표상황

후보자	정당	연령	주요 경력	득표 (%)
고영완	민주당	46	2대의원(장흥)	26,663 (56.8)
김형배	무소속	49	민주당 장흥군위원장	11,869 (25.3)
이양래	사회대중당	44	근로시보사 편집위원	8,404 (17.9)

〈강진〉 장흥의 고영완, 보성의 이정래, 화순의 박민기 후보들과 같이 지난 4대 총선에서의 패배를 딛고 고토를 회복한 양병일

지난 4대 총선에서는 국제연합 전문위원 출신으로 무역회사를 경영중인 무소속 김향수 후보가 동경 중앙대 출신으로 2대의원을 지낸 민주당 양병일, 검사 출신 변호사로 3대의원인 자유당 김성호 후보들을 꺾고 국회에 등원했다.

강진군 군동면장과 전남도의원을 지낸 차종채 후보는 무소속으로 등록했다 중도 사퇴했다.

이번 총선에서 민주당은 일본 중앙대 출신으로 전남도당위원장을 지낸 변호사인 양병일 후보를 공천하자, 이에 반발하여 일본대 출신으로 강진군당위원장을 지낸 김현준, 광주시 교육위원을 지낸 최권성 후보들이 민주당으로 등록하여 당내 경쟁을 펼쳤다.

사회대중당도 일본 신호대 출신인 김용규 후보를 공천했고, 미국 마사츄세츠 앰하스대 출신으로 한미합동경제위원회 간사를 지낸 김병국, 경동공립중학 강사인 정동진, 동경 입교대 출신으로 강진군수를 지낸 유수현, 재무부 공무원이었던 윤재춘 후보들이 무소속으로 출전했다.

김향수 의원은 참의원 출전을 위해 의원직을 사퇴했으나 등록무효로 정계를 등졌고, 지난 4대 총선에서 석패한 동정여론과 민주당 조직에 대한 기대감을 가진 양병일 후보는 강진군당 선전부장으로 활약한 김현준 후보의 민주당 출전을 방임하며 자신감을 가지고 선거전을 이끌어 갔다.

민주당 양병일 후보는 장흥의 고영완, 화순의 박민기 후보와 함께 2대의원으로 지난 4대 총선에서 패배를 딛고 고토를 회복했다.

동경 입교대 출신으로 전남도 과장과 강진군수를 지낸 무소속 유수현 후보와 도암면민들의 전폭적인 지지를 받은 무소속 윤재춘 후보들의 선전이 돋보였다.

□ 득표상황

후보자	정당	연령	주요 경력	득표 (%)
양병일	민주당	50	2대의원(강진)	11,362 (25.7)
유수현	무소속	44	전남도 과장, 군수	8,963 (20.3)

윤재춘	무소속	38	재무부 관세국 직원	6,816 (15.4)
김현준	민주당	43	당 강진군 선전부장	6,687 (15.1)
김용규	사회대중당	48	일본 신호대졸	4,633 (10.5)
김병국	무소속	36	한미경제위원회 간사	3,207 (7.2)
정동진	무소속	40	경동공립중학 교사	1,348 (3.0)
최권성	민주당	37	광주시 교육위원	1,236 (2.8)

〈해남 갑〉 반혁명세력의 규탄 대상, 지명도의 미약, 파평 윤씨의 분열을 틈타 의외의 승리를 엮어 낸 무소속 홍광표

지난 4대 총선에선 3대의원인 자유당 김병순 후보가 전남도의원을 지낸 무소속 홍광표, 동경대 출신으로 2대의원을 지낸 무소속 윤영선 후보들을 꺾고 재선의원이 됐다.

이번 총선에서 민주당은 지구당위원장인 현경호 후보를 공천했고, 자유당은 3대와 4대의원을 지낸 김병순 후보를 공천했다.

서울대 출신으로 광주고법 판사를 지낸 윤철하, 전남도의원을 지낸 홍광표, 민주당 소속으로 2대의원을 지낸 윤영선 후보들이 무소속으로 출전했다.

지난 4대 총선에서 격돌을 펼쳤던 자유당 김병순, 무소속 윤영선, 무소속 홍광표 후보의 재격전장에 민주당 공천을 받은 현경호, 광주고법 판사를 지낸 윤철하 후보가 가세하여 5파전이 전개됐다.

김병순 후보는 4월 혁명으로 반혁명세력 규탄의 대상이 되어 위축됐고, 현경호 후보는 지명도와 씨족 기반이 미약하여 당선이 불투명했다. 반면 윤철하와 윤영선 후보는 파평 윤씨 문중표의 분산으로 당선권에서 멀어졌다.

목포상고 동문들의 적극적인 지원과 전남도의원 시절 닦아 논 조직을 활용한 무소속 홍광표 후보가 어려운 승리를 엮어냈다.

민주당은 현경호 후보의 당선을 위해 윤영선 후보와 윤철하 후보를 제명 조치까지 벌였으나 역부족이었다.

□ 득표상황

후보자	정당	연령	주요 경력	득표 (%)
홍광표	무소속	43	전남도의원	12,470 (30.2)
김병순	자유당	50	2선의원(3대,4대)	9,515 (23.0)
윤영선	무소속	54	2대의원(해남 갑)	8,212 (19.9)
현경호	민주당	39	지구당위원장	6,535 (15.8)
윤철하	무소속	34	광주고법 판사	4,569 (11.1)

〈해남 을〉 재선의원의 지명도, 광산 소유주로서 풍부한 재력을 뚫고 민주당 지지열기를 결집시켜 당선된 김채용

지난 4대 총선에선 전남도의원 출신인 자유당 김석진 후보가 일본 경도제대 출신으로 3대의원인 민주당 민영남 후보를 꺾고 국회에 등원했다.

이번 총선에서 민주당은 지구당위원장인 김채용 후보를 공천했고,

자유당은 전남도의원, 4대의원을 지낸 김석진 후보를 내세웠다.

광공업자로 지역의 기반을 다진 이성일, 육군본부 법무관을 지낸 이기홍 후보들이 무소속으로 도전했다.

전남도의원과 4대의원으로 지역기반을 다진 자유당 김석진 후보는 반혁명규탄 대상으로 지목되어 초반부터 당선권에서 멀어졌고, 변호사로서 민주당 공천을 받은 김채용 후보가 혜성처럼 나타나 혁명정신을 홍보하며 선두권에 진입했다.

광산소유주로서 지역에서 봉사활동을 벌여왔던 무소속 이성일 후보가 풍부한 재력으로 맹렬한 추격전을 벌여 김채용 후보의 당선을 위협했다.

□ 득표상황

후보자	정당	연령	주요 경력	득표 (%)
김채용	민주당	46	민주당 지구당위원장	13,754 (51.9)
이성일	무소속	32	광산업	10,912 (32.6)
김석진	자유당	49	4대의원(해남 을)	5,818 (17.4)
이기홍	무소속	26	육군 법무관	2,947 (8.8)

〈영암〉 지난 4대 총선에서 겨뤘던 무소속 박종오, 사회대중당 박찬일 후보 등을 꺾고 4선의원에 등극한 통일당 김준연

지난 4대 총선에선 독일 베를린대 출신으로 제헌, 3대의원을 지낸 통일당 김준연 후보가 동경대 출신으로 전남도의원을 지낸 자유당

박찬일, 영암군수 출신으로 전남일보 주간(主幹)인 무소속 박종오 후보들을 제압하고 3선의원 반열에 올랐다.

이번 총선에서 민주당은 일본대 출신으로 도서출판업으로 재력을 쌓은 현영원 후보를 내세웠고, 자유당은 전남도의원 출신으로 도정업으로 지역기반을 쌓은 천수봉 후보를 공천했다.

베를린대 출신으로 제헌, 3대와 4대의원을 지낸 김준연 후보가 통일당 위원장으로 출전하자, 지난 총선에서 자유당으로 출전하여 낙선했던 박찬일 변호사가 이번 총선에서는 사회대중당으로 변신하여 출전했다.

육군 제6군단장을 지낸 이백우 후보와 전남도 과장, 영암군수를 지낸 박종오 후보가 무소속으로 도전했다.

6. 25 동란중에 농민학살이 극심했던 이곳에서는 보도연맹 세력이 강력한 곳으로 정당도 혈연도 초월하여 투표하는 경향이 뚜렷했다.

토지 수특세를 금납제로 한다는 민주당 선거공약에 많은 관심을 가지고 민주당이 집권했을 때 비료와 농자금을 많이 줄 것인가 하는 문제에 귀가 솔깃했으나, 민주당 공천 현영원 후보를 철저하게 외면했다.

독일 베를린대 출신으로 한민당 소속으로 제헌의원에 당선됐고, 3대와 4대 총선에서 당선된 통일당 김준연 후보가 누가 뭐라도 영암의 인물이라는 여론을 등에 업고, 전남도 과장, 영암군수, 명륜대 교수, 전남일보 주간 등 다채로운 경력을 가지고, 지난 4대 총선에도 출전하여 낙선한 무소속 박종오 후보를 또 다시 울리고 4선의원에 등극했다.

□ 득표상황

후보자	정당	연령	주요 경력	득표 (%)
김준연	통일당	65	3선의원(1, 3, 4대)	14,878 (33.5)
박종오	무소속	41	영암군수	8,026 (18.1)
이백우	무소속	40	보병 제6군단장	5,926 (13.4)
천수봉	자유당	46	전남도의원	5,758 (13.0)
박찬일	사회대중당	52	변호사	5,746 (13.0)
현영원	민주당	46	도서출판업	3,997 (9.0)

〈무안 갑〉 고등학교 교감 출신으로 지난 4대 총선에서 낙선한 기반으로 민주당 공천을 받고 설욕전을 승리로 장식한 김옥형

지난 4대 총선에선 무안군 일노면장 출신으로 사회사업가인 자유당 나판수 후보가 고교 교감 출신인 민주당 김옥형, 동경 중앙대 출신으로 전남도 과장과 무안군수를 지낸 무소속 오세찬, 전남도의원을 지낸 무소속 박천재 후보들을 꺾고 초선 의원이 됐다.

이번 총선에서 민주당은 서울대 출신으로 지구당위원장인 김옥형 후보를, 자유당은 4대의원인 나판수 후보를, 사회대중당은 언론인 출신인 이장영 후보를 공천했다.

동경대 출신으로 목포시청 직원이었던 서남기, 광주사범대 교수였던 박기석, 일본 중앙대 출신으로 무안군수를 지낸 오세찬, 고등고시에 합격하고 통일당 중앙위원을 지낸 조병숙, 민주당 지구당

위원장을 지낸 강수복, 신문사 논설위원으로 활약한 김용암 후보들이 무소속으로 출전하여 9파전을 전개했다.

민주당 공천자, 4대의원, 무안군수 출신 후보들의 3파전 양상으로 선거전은 흘러갔다.

지난 4대 총선에서 8,468표로 당선된 자유당 나판수, 7,780표로 낙선한 무소속 오세찬 후보들이 혼전을 전개한 선거전은 민주당 김옥형 후보가 4월 혁명의 열기와 민주당 지구당위원장으로 활약했으나 낙천되자 무소속으로 출전한 강수복 후보의 제명처분에 힘입어 승리할 수 있었다.

목포에서 일어난 반혁명세력 규탄데모의 영향으로 나판수 후보가 오세찬 후보에 밀려 동메달에 머물렀다.

□ 득표상황

후보자	정당	연령	주요 경력	득표 (%)
김옥형	민주당	36	민주당 지구당위원장	8,337 (25.3)
오세찬	무소속	51	무안군수	5,677 (17.2)
나판수	자유당	38	4대의원(무안 갑)	5,515 (16.8)
서남기	무소속	42	목포시 지방주사	3,937 (12.0)
박기석	무소속	46	광주사범대 교수	2,257 (6.9)
강수복	무소속	45	민주당 지구당위원장	2,178 (6.6)
조병숙	무소속	36	통일당 중앙위원	1,356 (4.1)
김용암	무소속	56	논설위원	1,073 (3.3)
이장영	사회대중당	33	창당 준비위원	581 (1.8)

〈무안 을〉 3대와 4대의원을 지낸 유옥우 후보가 사회대중당, 무소속 후보들을 가볍게 제압하고 3선의원에 등극

지난 4대 총선에선 3대의원인 민주당 유옥우 후보가 조선대 교무과장을 지낸 자유당 배길도, 염업조합 전무인 통일당 김종욱 후보들을 꺾고 재선의원이 됐다.

이번 총선에서 민주당은 3대와 4대의원을 지낸 유옥우 후보를 공천했고, 사회대중당은 제헌과 2대의원을 지낸 장홍염 후보를 공천하여 쌍벽을 이루도록 했다.

고려대 출신으로 국회 사무처에 근무했던 박찬문 후보가 무소속으로 출전하여 파수꾼 역할을 했다.

자유당 시절에도 조선대 교수로 자유당 공천 후보를 꺾어버린 민주당 유옥우 후보가 제헌, 2대의원인 혁신계열 후보를 제압하는 것은 너무나 쉬운 일이었다.

□ 득표상황

후보자	정당	연령	주요 경력	득표 (%)
유옥우	민주당	47	2선의원(3대, 4대)	16,973 (55.7)
장홍염	사회대중당	49	2선의원(1대, 2대)	9,156 (30.0)
박찬문	무소속	30	민의원 사무처 직원	4,363 (14.3)

〈무안 병〉 노병건, 정판국, 김남철 후보들의 무더기 제명에 힘입어

어렵게 당선을 일궈 낸 민주당 주도윤

지난 4대 총선에서 신설된 이 지역구는 판사 출신 변호사인 민주당 김삭 후보가 3대의원인 무소속 신행용 후보를 어렵게 따돌리고 당선됐다.

전남도의원을 지낸 자유당 이영준, 회사원인 무소속 홍성균, 항공협회 이사장을 지낸 무소속 이창섭 후보들도 함께 뛰었다.

이번 총선을 맞이하여 민주당은 일본 중앙대 출신으로 지구당위원장인 주도윤 후보를 공천하자, 전남도당 청년부장을 지낸 정판국 후보가 반발하여 민주당으로, 중앙당 총무위원으로 활약한 김철중 후보가 사회대중당으로 출전했다.

수산업협동조합장 출신인 정태술, 명치대 출신으로 판사를 거친 변호사인 노병건, 무역회사 사장인 김남철, 신망원 이사장으로 사회사업가인 박상진 후보들이 무소속으로 도전했다.

민주당은 공천자인 주도윤 후보의 당선을 위해 명치대 출신으로 판사를 거쳐 변호사로 지역기반을 닦은 노병건, 민주당 전남도당 청년부장으로 활약한 정판국, 무역회사 사장으로 지역사업을 벌인 김남철 후보들은 무더기로 제명처분했다.

4월 혁명에 대한 열기와 민주당의 조직, 임자면들의 결집으로 주도윤 후보가 가까스로 승리를 엮어냈다.

민주당 공천으로 당선됐으나 자유당으로 전향한 김삭 후보는 판단착오를 인정하고 정계에서 조용히 사라졌다.

□ 득표상황

후보자	정당	연령	주요 경력	득표 (%)
주도윤	민주당	39	민주당 지구당위원장	8,100 (25.4)
노병건	무소속	57	판사, 변호사	7,663 (24.1)
김남철	무소속	50	무역회사 사장	5,956 (18.7)
정태술	무소속	62	수산업 조합장	2,948 (9.3)
정판국	민주당	33	전남도당 청년부장	2,931 (9.2)
김철중	사회대중당	34	사대당 총무위원	2,225 (7.0)
박상진	무소속	55	신망원 이사장	2,011 (6.3)

〈나주 갑〉 지난 4대 총선에서 무소속으로 자유당 후보를 꺾고 당선됐으나 자유당으로 전향한 원죄(原罪)로 금뱃지를 넘겨준 이사형

지난 4대 총선 때에는 전남도의원을 지낸 무소속 이사형 후보가 전남도의원을 지낸 3대의원인 자유당 최영철 후보를 561표 차로 꺾고 당선됐다.

면장과 면의회 의장을 지낸 민주당 정문채, 광주지법 판사 출신으로 2대의원을 지낸 무소속 김종순, 면장 출신으로 자유당 지구당 위원장을 지낸 무소속 안일환 후보들도 나름대로 선전했다.

이번 총선에서 민주당은 지구당위원장인 정문채 후보를 공천했고 자유당은 전남도의원 출신으로 지난 4대 총선에서 무소속으로 당선됐지만 자유당으로 전향한 이사형 후보를 공천했다.

사회대중당도 조선대 출신으로 변호사인 염동호 후보를 공천했다.

한민당 전남도당 총무부장을 지낸 강익수, 동경 입교대 출신인 강진성 후보들이 무소속으로 출전했다가 강진성 후보는 중도에 사퇴했다.

지난 4대 총선에 출전하여 11,996표를 득표하여 당선된 이사형 후보와 9,124표로 낙선한 민주당 정문채 후보가 재격돌했다.

지난 4대 총선에서는 자유당 최영철, 무소속 김종순과 안일환 후보들이 출전했고, 이번 총선에는 강익수, 강진성, 염동호 후보들이 출전했을 뿐이다.

무소속으로 출전하여 당선됐으나 자유당으로 전향한 원죄를 뒤집어쓴 이사형 후보가 민주당을 굳건하게 지킨 정문채 후보에게 8,838표 차로 패배하여 금뱃지를 넘겨줬다.

□ 득표상황

후보자	정당	연령	주요 경력	득표 (%)
정문채	민주당	45	민주당 지구당위원장	18,182 (45.9)
이사형	자유당	41	4대의원(나주 갑)	9,344 (23.6)
염동호	사회대중당	33	변호사	7,063 (17.8)
강익수	무소속	65	민국당 상무부장	5,047 (12.7)
강진성	무소속	43	농업인	사퇴

〈나주 을〉 지난 4대 총선에서 뛰었던 자유당 정명섭, 민주당 서상덕 후보들을 민주당 지구당위원장의 위명(威名)으로 제압한 이경

지난 4대 총선에서 동경 중앙대 출신으로 나주군수와 3대의원을 지낸 자유당 정명섭 후보가 산문 발행에 종사한 무소속 김자락, 2대의원을 지낸 민주당 서상덕 후보들에게 대승을 거두고 재선의원이 됐다.

이번 총선에서 민주당이 지구당위원장인 이경 후보를 공천하자, 국민회 지부장 출신으로 지구당위원장을 지냈던 김영필 후보가 민주당으로 출전하여 민주당 내에서 혼전을 전개했다.

동경 중앙대 출신으로 3대와 4대의원을 지낸 정명섭 후보가 자유당으로, 양조업을 영위하여 지역기반을 다진 홍정희 후보가 사회대중당으로 출전했다.

대법원 서기국장을 지낸 정순봉, 2대의원을 지낸 김종순, 호남비료 사원인 최창희, 일본대 출신으로 내무부장관 비서실에 근무했던 김태호, 대한청년단 소속으로 2대의원을 지낸 서상덕, 서울대 출신으로 변호사인 김동주 후보들이 무소속으로 출전했다.

지난 4대 총선에서 자유당 공천으로 76%인 33,849표를 득표하여 재선한 정명섭 후보가 이번 총선에도 자유당 공천으로 당당하게 출전했지만 5,159표(12.4%) 득표에 머물렀고, 2대의원 출신으로 지난 4대 총선에 민주당으로 출전하여 7,630표를 득표했지만 낙선하고, 이번 총선에는 무소속으로 출전한 서상덕 후보도 4,959표(11.9%) 득표에 머물렀다.

민주당 지구당위원장이라는 직함 하나로 지명도는 낮지만, 혁명 열기를 받은 이경 후보는 8,867표를 득표하여 당선됐다.

□ 득표상황

후보자	정당	연령	주요 경력	득표 (%)
이 경	민주당	50	민주당 지구당위원장	8,867 (21.2)
홍정희	사회대중당	58	양조업	5,490 (13.2)
정명섭	자유당	50	2선의원(3대, 4대)	5,159 (12.4)
서상덕	무소속	52	2대의원(나주 을)	4,959 (11.9)
김동주	무소속	35	변호사	4,484 (10.8)
김영필	민주당	49	민주당 지구당위원장	3,923 (9.4)
김종순	무소속	52	2대의원(나주 갑)	3,377 (8.1)
최창희	무소속	49	호남비료 사원	2,791 (6.7)
정순봉	무소속	63	대법원 서기국장	2,652 (6.3)
김태호	무소속	53	내무부 비서실 근무	사퇴

〈함평〉 지난 4대 총선에서 자유당 후보를 연파(連破)한 여세를 몰아 거침없이 3선의원에 등극한 민주당 김의택

지난 4대 총선에서 전남도 경찰국장 출신으로 3대의원인 민주당 김의택 후보가 함평군 농민회장인 자유당 이필중, 목포 영흥중 교장을 지낸 무소속 노경수 후보들을 꺾고 재선의원이 됐다.

이번 총선에서 민주당은 3대와 4대의원으로 활약한 김의택 후보를 내세우자, 중국 상해대 출신으로 한독당 중앙위원을 지낸 김석 후보가 무소속으로 등록하여 무투표 당선을 막아 냈다.

민주당 내홍이 없는 가운데 혁신계열의 무소속 후보와 진검승부를

펼친 행운을 잡은 민주당 김의택 후보가 휘파람 불며 3선의원에 등정했다.

□ 득표상황

후보자	정당	연령	주요 경력	득표 (%)
김의택	민주당	51	2선의원(3대, 4대)	29,195 (63.3)
김 석	무소속	50	한독당 중앙위원	16,942 (36.7)

〈영광〉 영원한 정치적 라이벌인 2대의원인 무소속 정헌조 후보를 4,377표 차로 연파하고 4선의원에 등극한 조영규

지난 4대 총선 때에는 북경대 출신으로 제헌과 3대의원을 지낸 민주당 조영규 후보가 수리조합장 출신으로 2대의원을 지낸 무소속 정헌조 후보를 946표 차로 꺾고 3선의원이 됐다.

전남도의원을 지낸 자유당 이강후, 상업학고 교장을 지낸 무소속 김영길, 경남 병사참모장을 지낸 무소속 박종식 후보들도 출전하여 선전했다.

이번 총선에서 민주당은 한국민주당, 민주국민당, 민주당을 거치며 제헌, 3대, 4대의원을 지낸 조영규 후보를 내세우자, 전남도 의원을 지낸 정헌승 후보도 민주당으로 출전했다.

대한청년단 전남도 단장을 지내고 2대의원에 당선된 정헌조 후보가 무소속으로, 중학교 교사였던 조응환 후보는 사회대중당 공천으로 출전했다.

민주당 조영규 후보는 "자금을 구하러 서울에 갔다가 붙들려 찬조강연을 하느라 목이 쉬었다"면서, 그의 독특한 만담조의 연설은 제법 제스츄어까지 섞어 가며 일품이었다.

신파(新派) 공천을 자칭하는 정헌승 후보를 향해 곽상훈 국회의장은 "공천을 못 받았다고 당의 명령이나 법도 어기고 야단법석을 치는 사람이 과연 국회에 가서 일할 수 있을까요"라고 따끔한 일침을 가한 찬조연설을 하자, 신파인 곽상훈 최고위원이 어떻게 신파를 때릴까라고 의아해했다.

더위에 패배할 지도 모른다는 아슬아슬한 고비에서 민주당 조영규 후보는 민주당의 정헌승 후보에 대한 추가제명의 혜택을 받고 1950년 제2대 총선때부터 영원한 라이벌인 무소속 정헌조 후보를 지난 4대 총선에서 946표 차(15,875표 대 14,929표)로 승리한 여세를 이번 총선에서도 4,377표 차로 꺾고 4선의원에 등정했다.

□ 득표상황

후보자	정당	연령	주요 경력	득표 (%)
조영규	민주당	46	3선의원(1, 3, 4대)	23,198 (46.7)
정헌조	무소속	40	2대의원(영광)	18,821 (37.9)
조응환	사회대중당	40	중학교 교사	4,199 (8.5)
정헌승	민주당	37	전남도의원	3,429 (6.9)

〈장성〉 지난 4대 총선에서 자유당 3선의원에게 4,322표 차로 석패한 아쉬움을 안고 민주당의 열기로 대승을 거둔 김병수

지난 4대 총선 때에는 2대와 3대의원을 지낸 자유당 변진갑 후보가 민주당 공천을 받은 김병수, 전남도의원을 지낸 무소속 김후생 후보들을 꺾고 3선의원이 됐다.

조도전대 출신으로 상공부 경리과장을 지낸 이강일 후보는 무소속으로 도전했다 중도사퇴했다.

이번 총선에서 민주당은 장성군당위원장인 김병수 후보를, 사회대중당은 전남도의원을 지낸 박래춘 후보를 공천했다.

민주당 전남도당 외교부장을 지낸 김요건, 조도전대 출신으로 조선전업 감사를 지낸 이강일, 전남도의원을 지낸 김태종 후보들이 무소속으로 도전했다.

이 지역의 터줏대감인 변진갑 의원의 정계은퇴에 따라 지난 4대 총선에서 무소속으로 출전하여 13,672표를 득표하여 차점 낙선한 민주당 김병수 후보와 무소속으로 출전했다 중도사퇴한 이강일 후보의 쟁패장이 됐다.

지난 4대 총선에서 아쉽게 패배했다는 동정여론과 민주당이면 무조건 찍고 보는 지역정서에 따라 민주당 김병수 후보가 50%가 넘는 득표율로 당선됐다.

□ 득표상황

후보자	정당	연령	주요 경력	득표 (%)
김병수	민주당	48	장성군당위원장	22,897 (52.5)
이강일	무소속	50	조선전업 감사	7,072 (16.2)

김태종	무소속	43	전남도의원	5,023 (11.5)
김요건	무소속	38	민주당 전남도당 부장	4,405 (10.1)
박래춘	사회대중당	42	전남도의원	4,226 (9.7)

〈완도〉 지난 4대 총선에서 자유당 최서일 후보를 6,248표 차로 격파한 여세를 몰아 3선의원에 등극한 민주당 김선태

지난 4대 총선에서는 일본대 출신으로 3대의원인 민주당 김선태 후보가 전남도의원을 지낸 자유당 김완주, 일본대 출신으로 국방부 서기관을 지낸 무소속 이준호 후보들을 꺾고 재선의원이 됐다.

전남도의원을 지낸 농민회 김태섭, 상공부 수산국장을 지낸 무소속 최서일 후보들도 출전했다.

이번 총선에서 민주당은 일본대 출신으로 3대와 4대의원을 지낸 김선태 후보에게 공천장을 건네줬고, 경도 입명관대 출신으로 목포공고 교사였던 이제혁 후보가 사회대중당으로, 완도 어업조합장인 김용호 후보가 무소속으로 출전했다.

민주당 김선태 후보는 지난 4대 총선에서 자유당 후보를 6,248표 차로 대파한 여세를 몰아, 이번 총선에서도 무소속, 사회대중당 후보들을 제치고 철옹성을 구축하며 3선의원에 등극했다.

☐ 득표상황

| 후보자 | 정당 | 연령 | 주요 경력 | 득표 (%) |

김선태	민주당	49	2선의원(3대, 4대)	32,057 (72.3)
이제혁	사회대중당	39	목포공고 교사	8,257 (18.6)
김용호	무소속	39	완도 어업조합장	4,041 (9.1)

〈진도〉무소속으로 출전하여 당선되고서 자유당으로 전향한 무소속 손재형 후보를 혁명열기로 꺾어벼린 민주당 박희수

지난 4대 총선 때는 서화가로 국전(國展) 심사위원인 무소속 손재형 후보가 2대와 3대의원을 지낸 자유당 조병문 후보를 꺾고 당선됐다.

이번 총선에서 민주당은 의사 출신으로 진도군당위원장을 지낸 박희수 후보를 내세웠고, 무소속에서 자유당으로 전향하여 국회 문교위원장을 지낸 손재형 후보가 무소속으로 출전했다.

육군대위 출신으로 문화사업을 하고 있는 조규탁 후보는 사회대중당으로, 명치대 출신으로 여론통신사 부사장인 이남준 후보가 무소속으로 도전했다.

지난 4대 총선에서 무소속으로 입후보하여 자유당 재선의원을 꺾고 당선됐으나 자유당에 의탁했다가 이번 총선에는 무소속으로 출전한 손재형 후보에게 민주당 진도 군당위원장으로 활약한 박희수 후보와 명치대 출신으로 회사장인 무소속 이남준 후보들이 야멸차게 도전하여 3파전이 전개됐다.

4월 혁명의 열기가 남해안 외딴 섬까지 미쳐 민주당 박희수 후보가 자유당의 굳건한 조직망을 뚫고 승리를 가져왔다.

□ 득표상황

후보자	정당	연령	주요 경력	득표 (%)
박희수	민주당	39	진도군당위원장	13,170 (37.3)
손재형	무소속	58	4대의원(진도)	10,443 (29.6)
이남준	무소속	41	여론통신 부사장	10,005 (28.3)
조규탁	사회대중당	34	육군 대위	1,700 (4.8)

제주도

〈제주〉 "무소속 김진근 후보가 조총련계 선거자금을 받았다"고 폭로하여 어렵게 따돌리고 재선의원 고지에 오른 민주당 고담룡

지난 4대 총선에서는 성균관대 교수인 민주당 고담룡 후보가 제주도의원을 지낸 자유당 고창협 후보를 678표 차로 꺾고 당선됐다.

서울지검 수사과장을 지낸 안정립, 연합신문 조사부장을 지낸 김주태 후보들은 무소속으로 출전했다.

이번 총선에서 민주당이 4대의원인 고담룡 후보를 내세우자, 고교 교사 출신인 문성선 후보는 재향군인회 추천으로 출전했다.

법제실 제2국장을 지낸 문종철, 출판업자인 고시현, 공무원 출신인 안정립, 언론인인 김진근 후보들은 무소속으로 출전했다.

4월 혁명으로 민주당 공천을 받은 고담룡 후보의 독주체제가 예상됐으나, 법제실 국장 출신인 문종철 후보와 언론인으로 명성을 쌓은 김진근 후보가 의외로 강세를 보여 3파전이 형성됐다.

고담룡 후보는 "김진근 후보는 일본에서 조총련 선거자금을 받았으며 좌익 인물이다"라는 사실을 유포한 혐의로 김진근 후보로부터 고소당한 난타전에서, 민주당 조직과 제주 고씨 문중표의 집결에 힘입어 무소속 김진근 후보를 771표 차로 어렵게 따돌리고 재선의원이 됐다.

□ 득표상황

후보자	정당	연령	주요 경력	득표 (%)
고담룡	민주당	44	4대의원(제주)	7,905 (28.8)
김진근	무소속	46	언론인	7,134 (26.0)
문종철	무소속	52	법제실 제2국장	6,698 (24.4)
안정립	무소속	42	서울지검 수사과장	4,224 (15.4)
문성선	재향군인회	26	고교 교사	919 (3.3)
고시현	무소속	37	출판업	574 (2.1)

〈북제주〉 군웅이 할거한 선거전에서 지난 총선에서 격전을 펼친 김두진, 김구, 김옥천, 임병수 후보들을 꺾어버린 무소속 홍문중

지난 4대 총선에선 3대의원인 자유당 김두진 후보가 의사 출신인 민주당 김옥천, 동경 중앙대 출신으로 서울 통신대학장을 지낸 무소속 김구, 동양형재 사장인 무소속 주장환, 변호사인 무소속 임병

수 후보들을 꺾고 재선의원이 됐다.

이번 총선에서 민주당이 의사 출신으로 북제주 군당위원장인 김옥천 후보를 내세우자, 3대와 4대의원을 지낸 김두진, 회사 사장인 김구, 금융조합 이사인 홍문중, 정치활동을 펼친 진문종, 일본대 출신으로 변호사인 임병수 후보들이 무소속으로 도전했다.

선거전은 지난 4대 총선에서 격전을 벌였던 무소속 김두진, 민주당 김옥천, 무소속 김구, 무소속 임병수 후보들이 재대결을 펼친 와중에 언론, 금융 활동을 전개한 무소속 홍문중, 정치활동을 펼친 무소속 진문종 후보들이 가세했다.

예측불허의 난타전이 전개된 선거전에서 금융조합 이사로서 재력이 풍부한 홍문중 후보가 4월 혁명으로 "민족반역자 물러가라"는 함성으로 의기소침한 3대와 4대의원인 김두진, 한림읍을 거점으로 득표활동을 전개한 서울통신대 학장인 김구, 민주당 공천자인 김옥천, 부산에서 활발하게 변호사 활동을 한 임병수 후보들을 가볍게 꺾고 국회에 등원했다.

□ 득표상황

후보자	정당	연령	주요 경력	득표 (%)
홍문중	무소속	41	금융조합 이사	12,615 (28.2)
김 구	무소속	43	회사장	7,981 (17.8)
김옥천	민주당	51	북제주군당위원장	7,725 (17.3)
임병수	무소속	42	변호사	7,630 (17.1)
김두진	무소속	44	2선의원(3대, 4대)	6,855 (15.3)
진문종	무소속	38	정치활동	1,916 (4.3)

〈남제주〉 지난 총선에서 1,797표 차로 낙선하고서 이번 총선에서는 3,242표 차로 설욕전에서 승리한 한국사회당 김성숙

지난 4대 총선에서 제주경찰청 통신과장 출신인 무소속 현오봉 후보가 일본 입명관대 출신으로 2대와 3대의원을 지낸 자유당 강경옥, 조도전대 출신으로 3.1 운동을 주도한 무소속 김성숙, 남제주 군수 출신으로 자유당 남제주 군당위원장을 지낸 제주여객 사장인 무소속 강성익 후보들을 제치고 국회에 등원했다.

이번 총선에서 항일운동가인 김성숙 후보가 한국사회당으로 출전하자 민주당, 자유당 등 모든 정당들은 공천 후보를 내놓지 아니했다.

4대의원을 지낸 현오봉, 언론인인 강필생, 농촌사업을 전개한 강인숙, 회사 중역인 강성익, 회사장인 송왕열, 민주당 중앙위원이었던 김일용 후보들이 무소속으로 출전했다.

고교 교사 출신인 강권민, 제주도의원을 지낸 강성건 후보들도 출전했지만 진양 강씨 문중의 압력으로 선거도중 사퇴했다.

지난 4대 총선 때 무소속으로 자유당 재선의원을 꺾은 현오봉, 지난 4대 총선에도 출전했던 자유당 지구당위원장 출신인 강성익 후보들의 선전이 돋보였다.

4대 총선에는 무소속으로 출전하여 10,203표를 득표하여 자유당 현오봉 후보에게 1,797표 차로 낙선한 김성숙 후보는 4월 혁명의 기운을 타고 무소속 현오봉 후보를 3,242표 차로 되갚아주었다.

□ 득표상황

후보자	정당	연령	주요 경력	득표 (%)
김성숙	한국사회당	64	항일운동	13,114 (31.6)
현오봉	무소속	37	4대의원(남제주)	9,872 (23.8)
강성익	무소속	69	회사 중역	8,902 (21.4)
송왕열	무소속	50	회사장	2,791 (6.7)
김일용	무소속	28	민주당 딩원	2,598 (6.3)
강필생	무소속	53	언론인	2,418 (5.8)
강인숙	무소속	47	농촌사업	1,841 (4.4)
강권민	무소속	39	고등학교 교사	사퇴
강성건	무소속	55	제주도의원	사퇴

──── 〈참고·인용자료〉 ────

○ 역대 국회의원 선거총람(중앙선거관리위원회, 2016년 11월)

○ 해방 후 정치사 100장면(가람기획, 1994년 7월)

○ 한국정당통합운동사(을유문화사, 2000년 9월)

○ 주요일간지(1958. 1. 1~1960. 8. 31)

 - 동아일보

 - 조선일보

 - 경향신문

○ 주요지방일간지 (1960. 7. 15~8.15)

 - 강원일보

 - 대전일보

 - 전남일보

 - 대구매일

 - 부산일보